은유는 어디에서 오는가

은유는 어디에서 오는가

은유 속 맥락의 역할

졸탄 쾨브체시 지음

유석훈·김동환·나익주 옮김

KOREA
UNIVERSITY
PRESS
고려대학교
출판문화원

Where Metaphors Come From: Reconsidering Context in Metaphor
by Zoltán Kövecses

Korean translation rights arranged with Oxford University Press
through EYA(Eric Yang Agency).

부모님을 추억하며

옮긴이의 말

이 책은 개념적 은유 이론의 태동과 정교화 과정에서 선도적인 역할을 해 온 헝가리의 유명한 언어학자인 졸탄 쾨브체시(Zoltán Kövecses) 교수가 2015년에 옥스퍼드대학출판부에서 펴낸 *Where Metaphors Come From: Reconsidering Context in Metaphor*의 한국어판이다. 제목에서 짐작할 수 있겠지만 이 연구는 맥락이 은유의 생성과 해석, 사용에 정확히 어떤 영향을 미치는가에 초점을 맞추고 있다.

아마도 저자의 시각에 대한 가장 선명한 서술은 서문에 있는 다음 문장이다. "인간의 개념 체계는 본성상 심히 은유적이며, 우리는 일상의 의사소통에서 은유를 어려움 없이 자연스럽게 사용한다"(원서 p. ix). 이것은 비축자적인 언어를 다루는 전통적인 연구와 다르다. 전통적인 연구는 의미 핵심을 개별 낱말의 축자적인 의미 자질로 해체할 수 있다고 가정한다. 그러나 의미의 토대 그 자체가 은유라는 단언은 언어의 이해가 이제 언어 표현을 은유적인 개념의 의미 핵심으로 환원하는 것임을 의미하지 않는다. 오히려 그와 반대로 이 책에서 강조하는 바는 새로운 개념과 범주, 의미의 생성과 창조이다.

최근 몇 십 년 동안에 두각을 나타낸 은유 견해에 따르면, '어떤 표현이 은유적이 된다는 것'은 유리된 개별적인 발화나 문장, 구, 낱말의 실재 속성 때문이 아니다. 오히려 은유는 언어 표현과 화자/청자의 상호작용을 통해서 개인들이 해석하는 맥락을 통해 새로운 범주를 창조한다. 저자 쾨브체시는 이 견해를 진지하게 수용하며, 맥락이 다양한 층위에서 어떻게 작동하는가와 맥락이 비유적인 표현의 의미와 사용, 기원에 어떻게 중요한가에 대해 더 정밀한 질문을 제기한다. 그의 말대로 이 책의 목적은 맥락과 그 역동성을 분석하여 개념적 은유 이론 내의 빈틈을 메우는 것이다. 맥락은 개인적·직접적 층위에서 문화적·국가적·역사적 층위까지의 다양한 척도에서 수용된다.

처음 세 장은 맥락 의존성과 중의성, 신체화, 은유 대 환유의 관계, 개념 체계의 구성, 개념적 은유를 비롯한 매우 중요한 개념과 쟁점을 다룬다. 개념적 은유의 핵심적 통찰은 레이코프와 존슨의 1980년 연구에서 시작되었다고들 평가한다. 그들은 수많은 예를 제시하며 흔한 은유 표현들이 주제에 따라 어떻게 연결할 수 있는가를 보여주었다. 물론 그들의 발상이 허공에서 나온 것은 아니다. 그들은 '도관 은유'(Conduit Metaphor)라는 제목으로 1979년에 나온 마이클 레디(Michael Reddy)의 연구에서 통찰을 얻었다. 레디는 언어적 의사소통에 대한 대부분의 언어 표현이 의미가 도관을 따라 흐르는 물질이나 물건이라는 은유에 의존한다는 것을 보여주었다. 저자인 쾨브체시는 레디의 통찰과 신체 기반 은유를 강조하는 레이코프와 존슨 유의 발상을 넘어서는 수준에까지 개념적 은유를 이끌어가고자 한다.

이 책의 가장 핵심적인 주장은 맥락이 은유의 이해는 물론 은유의 창조와 생성에서도 결정적인 요인이라는 것이다. 또 다른 주요한 주장은 은유와 환유가 새로운 범주와 개념을 생성하는 방식이라는 것이다. 이 주장은 깁스(Gibbs 2008)를 비롯한 여타의 학자들의 주장과도 일맥상통한다. 저자는 이러한 방식을 포코니에와 터너(Fauconnier & Turner 2003)가 도입한 개념을 빌어서 '개념적 혼성'이라 칭하며, 개념들의 이러한 합성을 어떻게 표상하고 이해할 수 있는지를 보여준다. 이 발상 덕택에 은유는 은유를 주제와 매체 사이의 유사성에 근거하는 사상으로 보는 전통적인 견해를 넘어서게 된다. 주제와 매체 사이에 그러한 구조가 있다 하더라도 이것은 은유나 환유의 본질이 아니다. 저자는 "실제 의사소통 상황에서 화자/개념화자는 자신의 은유를 크게 네 유형의 경험—상황 맥락과 담화 맥락, 개념적/인지적 맥락, 신체적 맥락—에서 나온다고 주장한다. 이것은 은유의 대부분이 단지 어떤 특정한 의미를 지니는 관습화된 언어 표현에 불과하다는 전통적 견해에 반한다"(원서 p.199).

4장은 맥락을 담화, 이데올로기, 문화, 역사 등으로 나누어 탐구한다. 5장은 감정의 개념적 모형을 예로 들어 문화적 유사성과 차이를 더 자세히 파고든다. 5장에서 처음부터 끝까지 은유가 어떻게 공통의 틀이나 범주와 관련을 맺는지를 강조하면서, 색다른 은유와 시적 은유가 어떻게 발생하는가와 이들이 또한 어떻게 맥락에 의존하는가의 문제를 당연히 제기한다. 6장과 7장은 창조적인 시적 은유에서 사회적·물리적 맥락이 수행하는 역할을 탐구한다. 언어적 유머에 대해 맥락이 수행하는 역할을 탐구하는 8장은 사회적 불일치와 인지적 불일치, 담화 내 불일치에 초점을 맞춘다. 우리가 어떤 특별한 감정—특히 행복—을 이해할 때 맥락이 수행하는 역할에 초점을 맞춘 9장에서는 이 개념을 은유적으로 어떻게 파악하고 이해하는지를 분석한다. 4장에서 8장까지는 풍부한 예를 들어 프레임, 합성, 문화적 차이, 보편성 등의 개념을 논의한다.

이 책의 결말인 10장에서는 앞에서 제시한 많은 발상을 종합한다.

여기에서 쾨브체시는 개념적 은유 이론을 겨냥하여 제기했던 수많은 비판에 답하며 그러한 비판을 해소하고, 나아가 맥락과 이 맥락의 역할에 대한 다양한 발상을 통합한다. 이 책이 계산적인 은유 분석이라는 주제를 다루었다는 점에도 주목해야 한다. 은유와 환유의 관계를 강조하는 개념적 은유 이론은 은유의 컴퓨터 해석과 은유의 문화 간 이해에 대한 최근의 연구 경향에 토대가 되었다. 하지만 이 책이 다루고자 하지 않았던 주제를 검토하지 않았다는 이유로 저자를 폄하해서는 안 된다.

3장에서 저자가 주장하는 바와 같이, 이 연구는 은유와 환유의 생성과 이해에 대한 통합적인 이론이자 인간의 개념 체계에 대한 종합적인 이론이다. 바살루를 비롯한 여타의 학자들과 함께 쾨브체시는 인간의 마음이 세계를 어떻게 이해하고 추론하여 생산성과 창의성을 활성화하는가를 설명하기 위한 이론으로 나아가고 있다. 그는 개념 체계가 매우 영상적이고 도식 의존적이고 어느 정도 위계적이며, 또한 공간적이고 물리적이며 생리적인 참조 틀에 많이 의존한다는 점에서 신체화되어 있다고 단언한다.

저자 쾨브체시가 은유 연구에 기여한 바는 하나하나 열거하기 어려울 정도이다. 그는 감정의 은유적 개념화를 선도적으로 탐구했고(Kövecses, 1986, 2000, 2011a), 은유의 문화적 변이를 탐구하는 데에도 큰 기여를 했으며(2005), 개념적 은유 이론을 전반적으로 정교화하는 데 중요한 역할을 했다(Kövecses, 2002, 2010, 2011b). 이 최신 연구는 그의 학문적 이력에서 아주 중요하고 흥미로운 연구 업적의 하나로 우뚝 설 것이다. 따라서 은유를 탐구하는 모든 전문 연구자들의 관심을 끌기에 충분하다. 인지언어학의 은유 견해—개념적 은유 이론—를 정교하게 소개하고 있으며, 새롭게 문화와 역사 등의 맥락이 비유적인 의사소통에서 수행하는 중요한 역할을 탁월하게 개괄하고 있다는 점에서 이 책은 대학원생들을 위한 교재로서도 충분한 가치를 지니고 있다.

끝으로 이 번역판을 내도록 허락하고 번역 과정에서 난해하거나 혼란스러운 부분에 대한 백여 개가 넘는 질문에 친절하게 답을 해 주신 저자인 졸탄 쾨브체시 교수에게 감사드린다. 또한 번역이 늦어지는 과정에서 잘 인내해 주신 고려대학교출판문화원의 여러 분들께도 감사의 마음을 전한다. 번역 문체상의 일관성을 유지하기 위해 김동환이 초벌 번역을 하고 나익주가 편집과 교열을 하고 유석훈이 마지막 감수를 하며 오역을 최소화하고자 애썼다. 그럼에도 불구하고 옮긴이들의 한계로 인해 불가피하게 나오는 오역과 졸역에 대해서는 독자들의 지적과 조언을 바라며, 이 책이 은유를 연구하는 사람들에게 조금이나마 유익하기를 소망한다.

2020년 10월

유석훈 · 김동환 · 나익주

한국어판 출간에 부쳐

항상 그러하듯이, 가장 최근에 나온 나의 책이 한국어 독자들을 맞이하게 되어 정말로 기쁘다. 나의 연구에 관심이 있는 모든 사람들에게 깊이 감사드린다. 이 책은 개념적 은유 이론의 주된 약점—이 이론이 은유를 창조할 때 맥락이 하는 역할을 진지하게 고려하지 않았다는 문제점—을 다룬다. 내가 주장하듯이, 사람들이 은유를 사용하는 맥락은 맥락의 어떤 요소를 점화하는 효과를 가지며, 결과적으로 이런 요소가 해당 목표영역을 위한 근원영역이 될 것이다. 은유적 개념화에 미치는 맥락의 영향을 고려해야만 은유적 창의성의 전체 범위를 인식할 수 있다.

하지만 이런 영향이 서로 다른 문화와 언어에서는 동일한 방식으로 발생할 가능성은 낮다. 은유적 개념화에서 활용하는 맥락 요인은 아마도 문화마다 특별한 담화 맥락이 다를 것이다. 이것은 자연스러운 담화와 코퍼스 데이터에서 맥락 영향을 관찰함으로써 통제된 실험 상황에서 연구할 수 있다. 나는 이 책의 한국 독자들이 맥락이 은유 사용에 미치는 영향을 실제로 세 가지 방식으로 다 측정하여, 한국어에서 맥락의 영향에 관한 실험과 통계 데이터를 찾아내기를 바란다. 이렇게 하면 문화들 사이에서 은유 생산에 대한 맥락 효과를 비교할 수 있을 것이다.

나의 연구에 지속적으로 관심을 가져 준 독자들에게 다시 한 번 감사드린다. 나는 이러한 관심의 결과가 한국어 속의 은유 사용에 대한 학문적 출판물로 나오기를 정말 기대한다.

마지막으로 세심하게 정성을 들여 번역을 한 유석훈 박사와 김동환 박사, 나익주 박사에게 특별히 감사드린다.

2017년 3월 22일
졸탄 쾨브체시
에오트보스로란드대학 언어학교 교수
헝가리 부다페스트

차례

서문

레이코프와 존슨(Lakoff & Johnson 1980)의 개척적인 《삶으로서의 은유》(*Metaphors We Live By*)에서 시작된 은유 연구는 은유가 일상 언어와 사고의 본질적인 부분임을 매우 명확하고 설득력 있게 보여 주었다. 일상 언어와 일상적 목적을 위해 우리가 사용하는 개념 체계는 모두 언어적 은유와 이 언어적 은유의 기초가 되는 개념적 은유를 이용한다. 초기 연구는 물론 그 이후의 연구 과정에서 레이코프와 존슨은 인간의 개념 체계가 본질상 상당히 은유적이고, 우리가 일상의 의사소통 중에 자발적으로 기꺼이 은유를 사용한다는 것을 암시한다. 이 견해에 따르면, 이러한 사용은 어떻게 가능한가? 개념적 은유가 두 가지 경험 영역 간의 체계적인 대응, 즉 사상의 집합으로 구성된다는 사실과 심층의 개념적 은유를 실현하는 특별한 은유 표현의 의미가 그러한 대응에 기초한다는 사실 덕택이다. 개념적 은유와 그 사상은 쉽게 이용 가능하다. 따라서 화자/개념화자는 일상의 의사소통 과정에서 필요할 때마다 사상에 근거한 의미를 쉽게 사용할 수 있다.

이러한 견해로 인해, 은유에 의한 의사소통이 마치 단지 마음속에 저장된 개념적 은유와 그 사상에 대한 우리의 지식 문제인 것처럼 보이게 된다.

은유에 의한 의사소통과 개념화는 이미 존재하는 개념적 은유로부터 발생하는 것처럼 보인다. 이러한 개념적 은유에서 쉽게 사용할 수 있는 이미 존재하는 은유적 의미가 나온다. 그러나 이러한 견해는 의사소통에 대한 속설의 한 버전에 불과할 것이다. 이 속설에 대해 마이클 레디(Reddy 1979)는 도관 은유라고 기술하고 타당한 비판을 제기했다. 레디는 의사소통이 언어적 그릇에 미리 포장되어 이미 담겨 있는 의미(사물)를 다른 마음(그릇)에 보내는 것과는 매우 다르게 작용한다는 점을 지적했다. 다양한 학문 분야에 종사하는 학자들은 인간의 의사소통과 의미형성이 작용하는 방식에 대해 훨씬 더 정교한 이론을 제안했다. 특히 인지언어학자들은 (거의 동의하는) 의미형성 모형을 가정한다. 이 모형은 다음과 같이 기술할 수 있다.

사람들은 우리의 신체적 경험을 바탕으로 획득하고 세상에 대한 개념을 구성한다. 신체적 경험으로부터 발생하는 정신적 표상은 우리의 사회적 활동에 내포되어 있으며, 이러한 활동 과정에서 우리의 표상 덕택에 우리는 다른 사람과 세계(의 양상)를 공유할 수 있다. (세계에 대한 우리의 표상을 통해) 다른 사람들과 세계를 공유하는 과정에서 일어나는 일의 특성은 '누군가가 다른 누군가의 주의를 무언가에 유도하는 것'이라 정의할 수 있다.

이러한 '공유된 주의의 영역'(Sinha 2007)은 의사소통 파트너의 주의를 또 다른 장면, 즉 '지시적 장면'으로 돌린다. 이 둘은 '담화의 세계'라 불리는 상호주관적 상황을 구성한다. 이 상황에서 화자/개념화자 1은 언어적 상징(이나 여타의 상징)을 사용해서 청자/개념화자 2의 주의를 지시적 장면으로 돌린다.

의사소통에서 사용되는 언어적 상징이 지닌 결정적인 특성은 세계를 제시할 때 어떤 관점을 부과한다는 것이다. 이러한 특성으로 인해 언어적 기호와 비언어적 기호는 구별된다. 언어적 상징은 내재적으로 세계를 특별한 방식으로 해석한다. 즉, 세계를 주어진 어떤 관점에서 제시한다. 따라서 의사소통 과정에서 언어적 상징의 선택은 항상 언어적 기호와 세계의 양상 간의 협소한 지시적 관계를 넘어선다. 본질적으로, 원근법의 선택은 의사소통 상황에서 '지시적 중심'과 '의식의 주체'라는 두 가지 참조점, 즉 방위의 중심에 의존한다. 우리는 지시적 장면을 해석하기 위해 공간적·시간적·사회적 관계를 생산하는 지시적 중심의 원근법으로부터 상황을 관찰할 수 있다. 다른 한 참조점은 '의식의 주체', 즉 지각하고 바라고 사고하고 말하는 의식의 능동적 행위자이다. 기본적인 경우에는, 지시적 중심과 마찬가지로 이 지시적 참조점은 발화를 하는 사람이다. 언어적 상징의 의미는 상호주관적 맥락에서만, 즉 공유된 주의의 영역에서만 발생한다.

발화의 생산과 이해, 즉 의미형성은 항상 더 큰 맥락으로부터 영향을 받고 또한 발생한다. 더 큰 맥락은 화자와 청자 외에 (누가 누구와 언제 어디에서 의사소통하는지를 비롯해) 발화를 하는 상황, 발화가 한 부분으로 들어 있는 행동의 상황(발화 행위에 동기를 제공하는, 즉 왜 의사소통이 발생하는가라는 질문에 반응하는 의도와 여타의 정신적 상태), 의사소통의 주제와 연관된 배경 지식(즉, '무엇에 관하여'라는 질문에 답하기)도 포함한다. 이것들은 다양한 정신적 구조의 형태로 우리의 개념적 체계에 표상된다. (상세한 논의를 위해서는 Verschueren 1999 참조.)

의사소통 상황에 존재하는 모든 정보가 다 특별한 발화의 생산과 이해, 즉 의미형성에 어떤 역할을 하는 것은 아니다(Van Dijk 2009). 어떤 요인이 의미형성에 적절하거나 적절하지 않은지를 결정해야 하는 사람은 의사소통 과정의 참여자다. 이것은 맥락이 미리 결정되거나 객관적으로 존재하는 것이 아님을 의미한다. 즉, 맥락은 의사소통 중에 창조(재창조되)되어야 한다. 맥락의 본질에 대한 이러한 견해는 의미형성이 상당히 맥락 의존적이고, 형식상 동일한 발화도 서로 다른 맥락에서는 매우 다른 의미를 가질 수 있다는 것을 암시한다. 다시 말해, 의미형성은 한편으로 신체화된 경험과 다른 한편으로 적절하다고 여겨지는 맥락 요인을 바탕으로 (언어적) 상징의 (다소간) 관습적인 의미들의 상호작용으로부터 발생하는 동적이고 창조적인 과정이다.

화용론을 비롯한 인문학과 사회과학의 많은 분야에서 맥락이 의미형성에 중요하다는 것을 많이 강조함에도 불구하고(가령, Duranti & Goodwin 1992; Verschueren 1999; Mey 2001; van Dijk 2008, 2009, 2014), 이제는 지배적인 은유 견해인 개념적 은유 이론은 일반적으로 여전히 맥락을 은유적 의미형성의 모형으로 통합하지 못하는 어려움을 겪고 있다. 이러한 상황으로 인해 개념적 은유 이론은 수년 동안 다양한 연구자들과 학문 분야로부터 많은 비판을 받았다(Leezenberg 2001; Cameron 2007a; Cameron & Low, eds. 1999, Brandt & Brandt 2005; Steen 2011 참조; Deignan 2010; 일반적인 개관을 위해서는 Gibbs, ed. 2008 참조). 그러나 맥락이 실세계에서 은유를 생산하고 이해하는 데 결정적이라는 것은 갈수록 명확해졌다(가령, Goatly 1997, 2007; Musolff 2004; Charteris-Black 2004; Kövecses 2005; Pragglejaz Group 2007; Semino 2008; Musolff & Zinken 2009; MacArthur et al. 2012; Schmid 2012 참조).

하지만 개념적 은유 이론에 호의적인 많은 연구자들의 입장에서 맥락의 이론이 은유 발생과 은유적 의미 이해의 설명에 본질적이라는 것을 보여 주려는 시도가 있었다(특히 깁스와 그의 동료들을 보라. 가령, Gibbs 1987, 1994, 2012; Gibbs & Gerrig 1989; Ritchie 2004, 2006 참조). 더욱이 몇몇 연구자들은 개념적 은유의 견해와 일치하고, 동역학적 체계 이론 틀에서 맥락의 역할을 고려하는 은유 이론을 제안했다(가령, Gibbs & Cameron 2007; Gibbs 2011, 2012 참조). 그리고 개념적 은유 이론에 덜 호의적인 연구자들 또한 맥락에서 은유적 의미형성의 현상을 설명하는 체제를 제안했다. 이러한 체제들 중에서 아마도 가장 영향력이 있는 체제는 스퍼버와 윌슨(Sperber & Wilson 1986/1995)의 적합성 이론일 것이다.

이 연구에서 나는 맥락에 관한 이러한 이전 연구에 대해 논의하고 의존할 것이다. 그리고 마찬가지로 중요한 일이기에 나는 개념적 은유 이론에게 가해진 많은 비판에 응수할 것이다. 이 책의 마지막 장에서는 다른 학자들이 제안한 몇몇 생각을 앞 장들에서 개발한 체제로 통합하고, 또한 많은 비판을 수용하기 위해 어떻게 개념적 은유 이론을 특정한 방식으로 확장할 수 있는지를 보여줄 것이다. 나의 주요한 가정은 은유적 마음이 주변의 물리적·사회적·정신적 환경에 밀접하게 의존한다는 것을 진지하게 고려하지 않고서는 은유의 발생과 사용을 설명할 수 없다는 것이다. 분명하고도 당연히 주변 환경은 상황적 맥락과 언어적 맥락, 즉 공(共)텍스트로 구성되어 있다. 하지만 덜 명확하지만 더 중요한 나의 주장은 주변 환경이 몸도 맥락으로 포함한다는 것이다. 달리 말하면, 나는 은유의 신체화를 개념적 자질로 간주하는데, 이것은 은유의 신체적 기초를 재해석한 것이다. 마지막이자 아마도 가장 급진적인 나의 제안은 개념 체계가 은유를 생산하는 동시에 이 개념 체계의 부분이 이러한 생산을 위한 맥락으로 작용한다는 것이다. 나는 개념 체계의 이러한 부분을 '개념적·인지적 맥락'이라고 부른다. 은유적인 개념 체계가 상황 맥락과 담화 맥락, 신체 맥락, 개념적/인지적 맥락에 심히 의존한다는 것은 인지가 신체화되어 있을 뿐만 아니라 다양한 방식의 토대를 지닌다는 마음 이론과 일치한다.

이 책의 구조

이 책은 여러 주제 단위로 구성되어 있다.

1, 2, 3장을 포함하는 첫 번째 주제 단위는 비유적 마음의 기본 쟁점에 대한 개론 역할을 한다. 이 단위에서는 추상적 개념과 그에 따른 개념적 체계를 창조하는 데 사용되는 해석 작용을 논의한다.

두 번째 주제 단위인 4, 5, 6, 7장은 실제 담화의 많은 예를 통해 은유 생산(이나 이해)과 맥락 사이의 밀접한 관계를 조사한다. 여기에서는 담화에서 은유를 유발하는 가장 일반적인 맥락 요인을 논의하고, 일상 언어와 시적 언어 속에 있는 은유적 창의성의 문제를 논의한다.

세 번째 주제 단위인 8, 9장은 특정한 정신적 행동, 즉 처리(유머)와 특정한 개념(행복)이라는 두 가지 상세한 사례연구를 다룬다. 이 둘은 모두 은유적 개념화에 심히 의존한다. 이 처리와 이 개념에 대한 연구를 통해 맥락의 다른 복잡한 특징은 물론 맥락이 은유적 개념화에 미치는 영향을 살펴볼 수 있다.

네 번째 주제 단위인 10장은 은유적 개념화와 맥락 요인의 상호작용 속의 다양한 가닥을 한데 모은다. 나는 은유와 맥락의 관계를 일관성 있게 설명하고자 한다. 이 설명은 토대화된 인지에 관한 몇몇 최근 견해와 일치한다.

감사의 글

몇몇 사람들은 이 책 원고의 다양한 부분과 버전을 읽고 의견을 주었다. 나는 동료들 중 레이 깁스(Ray Gibbs)와 위닝(Ning Yu), 퇸 판 데이크(Teun Van Dijk)에게 많은 도움을 받았다. 그들은 자신들의 생각을 관대하게 제공해 주었다. 그들의 건설적인 비판이 없었다면, 아마도 나는 맥락의 개념을 다시 개념화하는 데 자신감을 덜 느꼈을 것이다.

이전의 책에서도 그랬지만, 나의 학생들은 이 책에서 논의하는 논제들에 대한 견해를 형성하는 데 도움을 주었다. 부다페스트의 오르솔냐 푸츠(Orsolya Putz)와 오르솔냐 파카스(Orsolya Farkas), 에르제베트 토스-크지프라(Erzsebet Tóth-Czifra), 주디트 페소-스치르마이(Judit Pethő-Szirmai), 모센 바흐티야르(Mohsen Bakhtiyar), 코우 단양(Kou Danyang)의 도움 덕택에 여러 장에서 제기한 주요 논제에 더욱 집중할 수 있었다. 하이델베르크의 스테파니 포겔바허(Stefanie Vogelbacher)와 올가 보리슬라브스카(Olga Boryslavska)는 제시 내용과 형식에 관해 특별하고 귀중한 제안을 해 주었다. 또한 2013년의 겨울에 진행한 나의 '은유와 문화' 수업에 참여하여 많은 유용한 의견을 주신 분들께 감사드린다. 특히 이 책의 마지막 원고를 작성하는 동안 친절한 분위기를 만들어 준 하이델베르크의 영어과와 특히 소냐 클레인크(Sonja

Kleinke)에게 특별히 감사드린다.

또한 편집자로서의 뛰어난 일을 해 준 옥스퍼드대학 출판부의 피터 올린(Peter Ohlin)과 할리 스테빈스(Hallie Stebbins)에게 감사의 마음을 전한다. 나의 연구에 지속적인 관심을 보여 주고 지금까지 10년 이상 동안 나를 독려해 준 피터에게 특별히 감사드린다.

마지막으로, 나는 이 책을 부모님의 영전에 바친다.

졸탄 쾨브체시
부다페스트와 하이델베르크
2014년 5월

은유는 어디에서 오는가

제1장
은유와 신체화, 맥락

개념적 은유 이론은 은유적 의미형성을 은유가 어떻게 발생하는가의 문제로 보는 은유 견해라 할 수 있다(제2장 참조). 은유는 어떻게 경험의 상관성으로부터 발생하는가(상관성 은유)? 또한 은유는 어떻게 경험 영역 사이의 유사성으로부터 발생하는가(유사성 은유)? 이 두 입장에서는 은유적 의미가 경험의 이 두 가지 양상 사이의 체계적인 대응, 즉 사상의 집합으로부터 파생된다고 볼 수 있다. 하지만 이전 연구와 더욱 최근 연구에서 나온 증거는 이러한 견해가 지나치게 단순하고 불충분하며, 더욱 정밀한 관점이 필요하다는 것을 암시한다. 은유적 의미형성의 양상에서 언급해야 할 양상의 핵심은 맥락의 문제와 이 맥락이 은유 이해와 창조(생산)에서 역할을 수행하는 방식의 문제이다. 이 장에서는 언어 사용(이나 다른 유형의 의사소통)에서 은유적 의미가 간단히 개념적 은유나 개념적 은유를 구성하는 사상, 개념적 은유가 암시할 수도 있는 은유적 함의로부터 발생하지 않는다는 것을 보여줄 것이다. 더 나아가, 은유적 의미형성이 맥락에 상당히 의존하고, 완전히 동일하지는 않더라도 밀접하게 관련된 맥락에 관한 두 가지 논제를 수반한다는 것도 보여줄 것이다. 이 두 논제는 서로 다른 관점에서 가져온 것으로서, 하나는 맥락에서 은유를 이해하려는 사람(개념화자 2)의 관점이고, 다른 하나는 맥락에서 은유를 생산하거나 창조하는 사람(개념화자 1)의 관점이다.

여기에서 나의 목표는 은유와 관련해 맥락의 개념을 논의하는 것이다. 물론 이 단계에서는 맥락에 대한 매우 초보적인 개념만 제공할 수 있을 뿐이다. 어쨌든, 은유적 의미형성에서 맥락이 수행하는 역할을 특징짓는 것이 이 책의 주요한 궁극적 목표다. 논의의 이러한 초기 단계에서 나의 목적에 유용한 맥락의 정의는 판 데이크(Van Dijk 2009: 5)에서 나온다. "맥락은 참여자들 자신이 사회적 상황에서 적합하다고 정의하는 것이다." 마지막 장에 가서 은유와 관련해 맥락을 더욱 상세하고 완벽하게 기술할 것이다.

문헌에서 가장 일반적으로 식별되는 맥락 요인은 크게 두 가지로 나뉜다. 하나는 언어적 요인이고 다른 하나는 비언어적 요인이다. 언어적 요인은 종종 '공(共)텍스트'라 불리며, 더욱 명확한 유형의 요인으로 보인다.

이 언어적 요인은 특정한 은유 표현의 사용을 둘러싸고 있는 (대개는 선행하는) 담화이다. 비언어적 요인을 가리킬 때 사용하는 용어는 간단히 '맥락'이다. 그러나 이 용어는 종종 은유의 생산과 이해에 영향을 미치는 두 가지 요인—언어적 요인과 비언어적 요인—을 다 가리키는 데 사용된다. 나는 맥락이라는 용어를 이처럼 더욱 일반적인 의미로 사용할 것이다.

한눈에 보는 개념적 은유 이론

개념적 은유 이론에서는 매우 폭넓게 은유를 한 경험 영역을 다른 한 경험 영역에 비추어 개념화하는 것으로 간주한다. 다른 한 경험 영역을 이해하는 데 사용되는 경험 영역은 전형적으로 더 물리적이고, 더욱 직접적으로 경험되며, 더 잘 알려져 있다. 반면 이해하고자 하는 경험 영역은 전형적으로 더 추상적이고, 덜 직접적으로 경험되며, 잘 알려져 있지 않다. 레이코프와 존슨(Lakoff & Johnson 1980)의 《삶으로서의 은유》(*Metaphors We Live By*)에서 시작된 인지언어학의 은유 이론에서는 구체적이거나 물리적인 영역은 근원영역이라 부르고, 추상적인 영역은 목표영역이라 부른다. (개념적 은유 이론에 관한 더욱 포괄적인 최신 개관은 Kövecses 2010a를 참조해 보라.) 경험 영역은 마음속에 정신적 프레임이나 인지모형으로 주어진 개념으로 표상된다. 그래서 우리는 개념적 은유라는 말을 한다. 근원 프레임과 목표 프레임은 한 무리의 개념적 대응, 즉 사상에 의해 연결된다. 따라서 이 견해에서는 은유가 두 정신적 프레임의 요소들 사이의 한 무리의 대응, 즉 사상이다. 예컨대, 여행자가 여행하는 방식과 사람들이 살아가는 방식, 여행자가 도달하려는 목적지와 사람들의 인생 목표, 가는 도중에 부딪치는 물리적 장애물과 사람들이 인생에서 겪는 어려움처럼, 여행자와 인생을 살아가는 사람들 간의 대응의 집합은 모두 개념적 은유 **인생은 여행**을 구성하는 사상의 집합이다. 전형적으로 개념적 은유에는 목표영역에 대해 이야기하는 (은유적으로 사용된 단어와 더욱 복잡한 표현인) 수많은 언어적 발현이 있다. 예컨대, 문장 "I *hit a roadblock*(나는 장애물에 부딪혔다)", "She *wanders aimlessly* in life(그녀는 인생에서 정처 없이 방랑한다)", "This is not the *right way* to live(이것은 삶의 바른 길이 아니다)" 등은 각각 장애물과 어려움, 목적지와 목적, 경로와 방식 사이의 대응을 표현한다. 이를 종합해 보면, 이러한 문장은 우리가 **인생**이라는 상당히 추상적인 개념을 **여행**이라는 더욱 구체적인 개념에 비추어 부분적으로 이해한다는 것을 암시한다. 특별한 은유 표현의 의미는 개념적 대응이나 사상에 기초한다.

은유의 분류

은유는 몇 가지 방식으로 분류할 수 있다. 구체적으로 은유는 인지적 기능, 본질, 관습성, 일반성, 토대화 등에 따라 분류할 수 있다. 인지적 기능의 측면에서 보면, 개념적 은유는 (**인생은 여행**처럼) 구조적이거나 (가령, **좋음은 위**나 **나쁨은 아래**와 같이, 한 개념에 긍정적 값이나 부정적 값을 할당하여 그 개념을 평가할 때처럼) 비구조적일 수 있다. 이것은 레이코프와 존슨(1980)에 따른 구별이다. 그들은 2003년의 저술에서 모든 개념적 은유가 목표 개념에 구조를 사상한다는 것을 암시하면서 이 견해를 수정했다. (하지만 아마도 다양한 은유들이 주로 구조나 가령 일종의 평가를 사상하는 정도가 있다고 주장할 수 있다.) 은유의 본질 측면에서는, 개념적 은유의 토대가 어떤 경험 영역과 연결되는 (명제 형태의) 우리의 일반적인 지식이거나, 세계의 다양한 영역에 대해 우리가 지니고 있는 이미지일 수 있다(**마음은 컴퓨터** 대 **마음은 그릇** 참조)(Lakoff 1993, Kövecses 2010a 참조). 관습성의 측면에서는, 개념적 은유가 관습적일 수도 있고 비관습적이어서 새로울 수도 있다(**인생은 여행** 대 **인생은 초콜릿 상자** 참조)(Lakoff & Turner 1989 참조). 일반성의 측면에서는, 개념적 은유가 총칭적일 수도 있고 특정적일 수 있다(**감정은 힘** 대 **감정은 그릇 속의 뜨거운 액체** 대 **화난 사람은 주전자** 참조)(Lakoff 1993 참조). 토대화, 즉 은유의 바탕 측면에서는, 개념적 은유의 토대가 두 영역 사이의 유추 관계일 수도 있고, 영역 사이의 신체적인 체험적 상관관계일 수 있다(**인생은 극장** 대 **화는 열** 참조)(Lakoff 1993; Grady 1999 참조). 이러한 구분에서 나오는 은유들은 개념적 은유의 특별한 경우에 결합할 수 있고, 이러한 구분은 그러한 척도의 두 극단 사이에서 다양한 정도로 발생한다.

은유와 보편적 신체화

모든 언어의 모국어 화자들은 세상에 대해 의사소통할 때 매우 많은 은유를 사용한다(Lakoff & Johnson 1980). 은유적으로 사용되는 단어와 표현은 언어마다 상당히 다를 수 있다. 예컨대, 영어에서 spending your time(당신의 시간을 소비하는 것)이라는 말로 표현하는 개념을 헝가리어에서는 filling your time(당신의 시간을 채우는 것)으로 표현한다. 언어와 문화마다 이용하는 '이미지'는 매우 다를 수 있다. 따라서 이렇게 묻는 것은 자연스럽다. '보편적'이라는 말이 각각의 언어에서 다 발생하는 언어적 은유를 의미한다면, 보편적 은유는 어쨌든 존재하는가? 이 질문이 난해한 이유는 두 가지다. 첫째, 이 질문은 다양한 언어와 문화에서 은유적 언어에 관한 우리의 일상 경험과 직관에 반하기 때문이다. 둘째, 오늘날 전 세계에서 4,000에서 6,000개의 구어를 사용한다고 할 때, 이 언어들을 다 연구하기는 매우 어렵기 때문이다.

하지만 다양한 언어에서 은유적으로 사용되는 언어 표현을 검토하는 것을 넘어서서 언어적 은유 대신에 개념적 은유를 검토한다면, 많은 개념적 은유가 폭넓은 범위의 언어들에 나타난다는 것을 확인할 수 있다(Kövecses 2005 참조). 예컨대, 앨버슨(Hoyt Alverson 1994)은 영어, 북경관화, 힌디어, 세소토어 등의 다양한 언어와 문화에서 개념적 은유 **시간은 공간**을 찾아볼 수 있다는 것을 밝혀냈다. 다른 많은 연구자들은 매우 많은 여타의 언어에도 동일한 개념적 은유 **시간은 공간**이 출현한다고 제안했다. 이 밖에도 다른 몇몇 개념적 은유가 매우 많은 상이한 언어에 등장한다. 쾨브체시(Kövecses 2000)는 해당 언어를 모국어로 사용하는 많은 언어학자에게서 나온 증거에 기초해서, 영어, 일본어, 중국어, 헝가리어, 월로프어, 줄루어, 폴란드어 등이 **화난 사람은 압력을 받는 그릇** 은유를 발현하는 정도는 다양하다고 지적한다. 위닝(兪寧)(Ning Yu 1995, 1998)의 연구는 **행복은 위** 은유도 영어뿐만 아니라 중국어에도 존재한다는 것을 암시한다. 사건구조 은유라 불리는 은유 체계(Lakoff 1993)에는 **원인은 힘**, **상태는 그릇**, **목적은 목적지**, **행동은 이동**, **어려움은 (이동의) 장애물** 등의 하위은유들이 들어 있다. 주목할 만하게도, 이러한 하위은유는 영어 외에도 중국어(Yu 1998)나 헝가리어(Kövecses 2005)처럼 매우 상이한 언어와 문화에도 등장한다. 스윗처(Eve Sweetser 1990)는 **아는 것은 보는 것** 은유와 더 일반적인 은유 **마음은 몸**을 많은 유럽 언어에서 찾아볼 수 있고, 아마도 (거의) 보편적 은유일 가능성이 높다고 지적했다. 마지막 예로, 레이코프와 존슨(Lakoff & Johnson 1999)은 영어와 일본어에서 우리의 내적 삶에 대해 사용하는 은유를 기술한다. **자제심은 물건 소유**, **주체와 자아는 적**, **자아는 아이** 등의 은유를 영어와 일본어, 헝가리어는 공유한다(제4장 참조). 우리의 내적 삶이 매우 파악하기 어려운 현상이라서, 문화와 언어에 많이 의존하는 것처럼 보인다고 한다면, 우리는 그러한 은유에 상당히 의미심장한 문화적 변이가 있을 것이라고 예상할 수 있다. (자아와 관련된 이러한 은유에 대한 더 많은 논의는 제4장을 참조하라.) 따라서 대체로 보편적인 개념적 은유나 적어도 거의 보편적인 개념적 은유,

잠재적으로 보편적인 개념적 은유를 구성하는 많은 사례가 있다.

그러한 개념적 은유가 그렇게 다양한 언어와 문화에 어떻게 존재할 수 있을까? 어쨌든 그러한 언어들은 매우 상이한 어족에 속하고, 매우 상이한 세계의 문화를 대표한다. 이 질문에 대해 몇 가지 답을 검토해 보면 도움이 된다. 첫째, 우리는 우연의 일치로 이 모든 언어가 행복, 시간, 목적 등에 대해 동일한 개념적 은유를 갖게 되었다고 제안할 수 있다. 둘째, 언어들이 서로 그러한 은유를 차용했을 가능성을 고려할 수 있다. 셋째, 동일한 은유가 다양한 언어에 나타날 수 있는 보편적 토대가 있을 수 있다고 주장할 수 있다.

개념적 은유 **행복은 위**를 예로 살펴보자. 레이코프와 존슨(1980)은 영어에서 사용되는 이 은유를 처음으로 논의했다. 이 개념적 은유는 feeling up(기분이 들떠 있음), being on cloud nine(구름 위에 떠있는 기분), being high(높이 솟는 기분) 등의 언어 표현에서 찾아볼 수 있다. 위닝(Yu 1995, 1998)은 중국어에서도 이 개념적 은유를 확인할 수 있다고 지적했다. 이 은유가 헝가리어에서도 존재한다는 증거가 있다(상세한 논의는 Kövecses 2005 참조). 영어와 북경관화, 헝가리어(피노우그리아 언어)는 오랜 역사 동안 독립적으로 발달한 서로 다른 어족에 속한다. 이 세 언어가 최근 역사에서 어떤 의미심장한 영향을 서로 주고받았을 가능성도 없다. 이것은 그러한 영향이 이 언어들의 은유에 관해 특별한 언어를 결코 형성하지 않는다는 말이 아니다(가령, 세계화의 과정과 인터넷의 폭넓은 사용으로 **시간은 일용품**과 같은 특정한 개념적 은유가 '대중화될' 수 있다). 나는 다만 **행복은 위**라는 특별한 개념적 은유가 이 세 언어에 존재하는 이유가 헝가리어는 중국어로부터 이 은유를 차용하고 영어는 다시 이 은유를 헝가리어로부터 차용했기 때문이 아니라는 것을 제안한다.

그렇다면 이 동일한 개념적 은유 **행복은 위**가 어떻게 이러한 다양한 언어에서 발생했는가? 어떤 '보편적인 신체적 경험' 덕택에 이 은유가 생겨났다는 것이 최선의 답처럼 보인다. 레이코프와 존슨이 일찍이 주장했듯이, 우리는 행복할 때 물리적으로 아래에 있고, 비활동적이고, 정적이라기보다는 물리적으로 위에 있고, 주변을 돌아다니고, 활동적이고, 펄쩍펄쩍 뛰고, 웃는 경향이 있기 때문에 영어에 이 은유가 있는 것이다. 이것은 확실히 행복(더 정확히는 기쁨)과 연상되는 보편적인 경험이다. 그리고 이러한 경험 덕택에 잠재적으로 보편적(이거나 거의 보편적)인 개념적 은유가 발생할 가능성이 높다. 잠재적으로 보편적인 개념적 은유가 발생한다고 해서 어떤 특별한 개념적 은유를 보유한 서로 다른 언어에 발현되는 언어 표현 자체가 동일하다는 것은 물론 아니다(가령, Barcelona 2000; Maalej 2004 참조).

더 나아가 쾨브체시(Kövecses 1990, 2000a)는 특별한 개념과 연상되는 개념적 환유에서 (잠재적으로) 보편적인 신체적 경험을 포착할 수 있다고 제안했다. 특히, 행복, 화, 사랑, 자부심 등 감정 개념의 경우에, 환유는 다양한 종류의 생리적·행동적·표현적 반응에 대응한다. 이러한 반응은 우리에게 감정 개념의 신체적 기초에 대한 윤곽을 제공한다. 따라서 이러한 환유 덕택에 우리는 개념의 신체화된 본질을 이해한다. 그리고 개념의 '신체화'는 상이한 언어 사이는 물론 상이한 어족 사이에서 중복적, 즉 (거의) 보편적일 수 있다. 그러한 보편적인 신체화 덕택에 상이한 언어들이 공유하는 개념적 은유가 출현할 수 있다.

그래디(Joseph Grady 1997a, b)는 '복합적 은유'와 '일차적 은유'를 구분해야 한다는 제안으로 레이코프와 존슨의 견해를 한층 더 정교하게 다듬었다. 그의 발상은 복합적 은유(가령, **이론은 건물**)가 일차적 은유(가령, **논리적 조직은 물리적 구조**)로 구성되어 있다는 것이었다. 일차적 은유는 주관적 경험과 물리적 경험의 상관관계로 구성된다. 사실상, 인지언어학 문헌에서 논의하는 개념적 은유의 많은 사례가 이러한 의미에서 일차적 은유라는 것이 분명해졌다. 예컨대, **행복은 위**는 더없이 좋은 일차적 은유로 간주된다. 즉, 행복함은 주관적 경험이고, 물리적으로 위에 있음은 행복함에서 반복적으로 연상되는 물리적 경험이다. 다른 일차적 은유로는 **많음은 위**, **목적은 목적지**, **친밀함은 가까움** 등이 있다. 이 견해에서 일차적 은유는 잠재적으로 보편적이다. 게다가 그래디에 따르면, 일차적 은유는 개념화의 상당히 국지적이고 특정한 층위에서, 따라서 뇌 안에서 작용한다.

이와 동시에, 훨씬 더 총칭적인 은유가 존재한다고 가정할 수도 있다. 예컨대, 세계의 많은 언어와 문화에서 동물은 일반적으로 사람으로 간주되고, 사람은 동물로 간주된다. 사람은 일반적으로 사물로 개념화되고, 사물은 사람으로 개념화된다. 사물을 사람으로 보는 은유의 유명한 예는 바소(Basso 1967)에서 기술했다. 바소는 서부 아파치의 언어에서 자동차를 은유적으로 인간의 몸에 비추어 이해한다는 것을 보여주었다. 더욱이, 베른트 하이네와 동료들의 연구(Heine, Claudi & Hünnemeyer 1991; Heine 1995; Heine & Kuteva 2002)는 사람들이 (거의) 보편적으로 사용하는 것처럼 보이는 대규모의 다른 은유적 과정을 밝혀낸다. 예컨대, 공간적 관계는 흔히 신체부위로 이해된다(가령, 머리는 위를 의미하고, 발은 아래를 의미한다). 앞에서 논의한 일차적 은유에 더해, 이러한 총칭적인 개념적 은유도 역시 인간의 뇌/마음의 전체적인 설계 자질처럼 보인다.

인간 경험의 공통성이 우리가 가진 은유를 형성하는 주된 힘이라는 것은 이제 명확해 보인다. 거의 보편적이거나 잠재적으로 보편적이라 여길 수 있는 많은 은유를 우리에게 제공해 주는 것은 바로 이러한 힘이다. 하지만 경험의 공통성이 은유를 확립하고 사용하는 과정에서 어떤 역할을 수행하는 유일한 힘은 아니다. 은유 생산의 보편성에 저항하는 대항적 힘도 있다.

은유와 맥락

앞에서 살펴보았듯이, 인지언어학에서 은유는 두 영역 간의 한 무리의 사상으로 정의된다. 이러한 정의를 가정하면, 어떤 특별한 은유 표현을 이해하는 것은 단지 그 표현이 예시하는 개념적 은유의 특별한 사상을 식별하고 이 사상에 의지하는 것을 수반한다. 이 견해는 맥락이 은유 사용에서 어떤 역할을 수행할 그 어떤 가능성도 다 배제하는 것처럼 보인다.

맥락과 은유 이해

하지만 은유를 해석하는 방식을 탐구하는 상당히 많은 연구자들은 특별한 은유 표현을 이해하려면 은유를 사용하는 맥락과 친밀해야 한다는 데 합의한다(가령, Gibbs 1987 참조). 다시 말해서, 은유 이해에 관한 많은 실험 연구에서는 은유 해석이 맥락에서만 발생할 수 있다는 것을 암시한다. 즉, 은유 해석은 맥락마다 다르게 이루어지며, 따라서 은유와 맥락은 밀접하게 연결되어 있다는 것이다. 결과적으로, 은유적 의미가 단순히 개념적 은유나 사상, 은유적 함의, 추론에서 발생하지 않는다는 점에서 개념적 은유 이론은 문제가 있다고 주장할 수 있다.

맥락의 효과를 증명하기 위해, 맥락이 은유 표현의 의미를 어떻게 바꿀 수 있는지에 관한 최근의 예를 살펴보자. 다음은 리치(Ritchie

2004: 278)의 연구에서 가져온 것이다.

(1) "You seem much happier than the last time I saw you. You used to be discontented and easily distracted, but now you seem to be contented and at peace with yourself."
"My wife is an *anchor*."
"너는 내가 너를 마지막으로 보았을 때보다 훨씬 더 행복해 보인다. 예전에는 불만에 차 있고 마음이 산란해 보였지만, 이제는 너 자신에게 만족하고 평화로워 보인다."
"내 아내가 닻이다."

자신의 '연결주의(connectivist)' 은유 이론을 제시하면서, 리치(2004: 278)는 해석 과정을 다음과 같이 설명한다.

> 대화 (1)의 맥락에서, 작동기억은 이전의 불만스런 상태나 심란한 상태와 현재의 만족스런 상태나 평화로운 상태 사이의 대조를 포함한다. 안전이나 느긋한 경계심, 안심을 떠오르게 하는 생각과 감정은 이미 공통 기반에서 활성화되어 화자의 현재 삶에서 만족과 걱정거리 없음을 떠오르게 하는 생각과 감정에 연결되며, 따라서 강화되고 wife의 개념에 연결될 것이다. 이로 인해 wife와 만족감/걱정 없음 사이의 연결이 창조되거나 강화된다.

그렇지만 또 다른 맥락에서는 은유 anchor의 의미가 바뀐다. 리치(2004: 278)는 이 은유를 사용할 수 있는 다른 한 대화를 제시한다.

(2) "You sound like you've become bored with life. You used to be so eager for new experiences, but now the old zest for life seems to have become dulled."

"My wife is an *anchor*."

"네 말에서 삶에 싫증이 난 사람처럼 들린다. 예전에 너는 새로운 경험을 아주 갈망했지만, 이제는 전날의 삶의 열정이 시들해진 것으로 보인다."

"내 아내가 닻이야."

리치(2004: 278 – 279)는 이 은유의 두 번째 사용에 관한 해석을 다음과 같이 설명한다.

> 대화 (2)의 맥락에서, 작동기억은 이전의 삶의 열정과 현재의 지겨운 상태 사이의 대조를 포함하며, 따라서 연결의 패턴이 이전 대화와는 정반대일 것이다. 두 경우에서 모두 이러한 해석 과정 동안 활성화되는 생각과 감정은 참여자의 작동기억 속에서 이전에 활성화된 비슷한 생각과 감정에 연결될 것이고, 각 참여자의 작동기억 속의 일부로 남아 있을 것이다. 작동기억 속에서 이 일부는 차후의 정보를 처리하는 데 영향을 미칠 수 있다. (Allbritton, McKoon, & Gerrig 1995)

Anchor는 리치가 말하는 '중의적 은유'의 예다. 중의적 은유의 해석은 이러한 은유를 사용하는 맥락이 바뀌면서 변한다. 해석 차이는 '현재 활성화되는 정보의 맥락에서' 은유를 처리함으로써 초래된다. 리치는 이 해석 과정을 이렇게 요약한다.

> 화자가 "my wife(내 아내)"라고 언급할 때, 아내의 개념을 떠오르게 하는 자질의 활성화 층위는 대화에 도입되었을 수도 있었던 화자와 아내의 관계에 대한 어떤 다른 정보의 활성화 층위와 함께 증가된다. 화자가 "anchor(닻)"라고 언급할 때, "anchor"를 통해 떠오르는 다양한 요소(사실, 생각, 이미지, 감정)가 순간적으로 활성화된다. 작동기억의 내용과 즉시 연결되지 않는 요소는 억압되고, 작동기억의 내용을 떠오르게 하는 요소는 강화된다. 닻의 모양이나 색깔, 무게, 금속 성분과 같은 성질은 두 대화에서 어떤 것과도 연결되지 않으므로 빠르게 억압될 것이다. (Ritchie 2004: 279)

은유 해석에 관한 자신의 견해에 비추어, 리치(2004: 281)는 (연결성 이론이라 불리는) 자신의 은유 해명과 레이코프와 존슨이 맨 처음 제안한 개념직 은유 이론 사이의 관계를 이렇게 기술한다.

> **중의적 은유**. 앞에서 전개한 발상은 매체에 비추어 실제로 주제를 **경험한다**는 레이코프와 존슨(Lakoff & Johnson 1980, 1999)의 주장과 비슷하다. 하지만 연결성 설명은 은유의 맥락 상대성을 더 강조하고, 개념적 은유가 언어 표현을 선행한다고 가정하지 않는다. 더욱이 연결성 모형은 특별한 메시지를 해석하는 행동으로 시작하기 때문에, 주제 면에서 비슷한 표현들이 반드시 기저의 어떤 공통된 개념적 은유의 발현이라는 개념적 은유 이론의 가정을 공유하지 않는다. 또한 연결성 모형은 개념적 은유 이론에서처럼 화자나 글쓴이가 한 주제에 대한 다양한 표현을 어떤 공통된 개념적 은유로부터 도출할 가능성이 더 높다는 가설로 이어지지도 않는다. (Shen & Balaban 1999; Keysar & Bly 1999)

리치는 여기에서 펼치는 주장은 세 가지다. (1) 개념적 은유 이론과 달리, 연결성 이론은 "어떤 개념적 은유가 (개념적 은유를 연상케 하는) 언어 표현을 선행한다고 가정하지 않는다"(Ritchie 2004: 281). (2) 개념적 은유 이론과 달리, 연결성 이론은 "주제 면에서 비슷한 표현들이 반드시 심층의 공통된 개념적 은유의 표현이라고 주장하지 않는다"(Ritchie 2004: 281). (3) 개념적 은유 이론과 달리, 연결성 이론은 "화자나 글쓴이가 공통된 개념적 은유로부터 한 주제에 대한 다양한 표현을 도출할 가능성이 더 높다고 주장하지 않는다"(Ritchie 2004: 281).

주장 (1)에 관해서, 나는 많은 경우에 특별한 은유 표현을 사용할 때 언어적 은유의 사용에 영향을 미치는 선행하는 개념적 은유가 사람의 개념 체계 속에 **있다**고 제안할 것이다. 첫 번째 대화 맥락에서, 개념화자 1/화자 1은 개념화자 2/화자 2의 삶과 현재 감정 상태에 대해 논평한다. 이 논평에 반응할 때, 개념화자 2/화자 2는 자신이 아내에게서 받는 안정성과 힘뿐만 아니라 자신과 아내와의 관계 개념에 의존한다. 다시 말해서, 개념화자 2/화자 2의 대답에 중요하게 등장하는 세 가지 개념—삶, 인간관계, 감정적 안정성/힘—이다. 이 세 개념을 각각 떠오르게 하며 개념화자 2/화자 2가 사용하는 은유의 선택에 영향을 미칠 수 있는 적어도 하나의 관습적인 개념적 은유가 있다. (head start[유리한 출발], set out[여행을 떠나다], make progress[전진하다], have goals[목적을 갖다], lose one's direction[방향을 잃다] 등으로 발현되는) **인생은 여행**이나, (bond[결속], tie[유대], attachment[애착], break a connection[관계를 끊다] 등으로 발현되는) **인간관계는 물리적 연결**, (anchor[닻], support[지지하다], mainstay[대들보], be dependable[의지할 수 있다], rely on[기대다] 등으로 발현되는) **감정적 안정성/힘은 물리적 안**

정성/힘이 바로 그러한 개념적 은유이다. 이상적으로는 개념화자 2/화자 2가 이 세 가지와 다 일치하고 자신이 표현하고 싶은 특정한 내용—즉 자신의 아내가 자기 삶에 감정적 안정성/힘을 제공한다는 것—을 표현하는 은유 표현을 선택할 것이다. 낱말 anchor가 **인생은 여행** 은유와 일치하는 이유는 닻이 바다 여행에 수반되는 요소이기 때문이다. 이 낱말이 **인간관계는 물리적 연결** 은유와 일치하는 이유는 닻이 배에 물리적으로 연결되어 있기 때문이다. 그리고 이 낱말이 **감정적 안정성/힘은 물리적 안정성/힘** 은유와 일치하는 이유는 닻이 배가 안전한 곳으로부터 떠밀려가지 않도록 잡고 있기 때문이다. 이에 더하여, 의도하는 의미와 관련하여, 닻 은유는 개념화자 2/화자 2가 자신의 대답에서 전하고자 하는 말—"내 삶의 여정에서 위험의 순간에 아내는 나에게 필요한 안정감을 제공한다"는 말—을 한다. 개념화자/화자의 마음속에 이러한 관습적인 개념적 은유가 사전에 존재하지 않는다면, 왜 그가 이 특별한 은유 표현을 선택하는지 이해하기 어려울 것이다.

두 번째 대화의 주제는 개념화자 2/화자 2가 삶의 목표 측면에서 자신의 아내와의 관계로 인해 겪는 어려움이다. 이 맥락에도 여전히 **인생은 여행** 은유와 **인간관계는 물리적 연결** 은유가 있다. 왜냐하면 인생 개념과 인간관계 개념이 대화의 주제이기 때문이다. 즉, 이 대화는 개념화자 2/화자 2가 삶과 아내와의 관계에서 겪는 어려움을 논의한다. 그러나 이 대화에서는 **감정적 안정성/힘은 물리적 안정성/힘** 은유가 **행동의 자유 없음은 움직임의 자유 없음**이라는 또 다른 은유로 교체된다. 이러한 교체가 일어나는 이유는, 개념화자 2/화자 2가 삶의 목표를 달성하지 못한 것을 두고 아내를 비난하기 때문이다. **행동의 자유 없음은 움직임의 자유 없음** 은유는 사실 **인생은 여행** 은유의 여러 사상 중의 하나이고, 새로운 맥락에서 부각되는 것은 바로 이 사상, 즉 대응이다.

그렇다면 요컨대, 두 대화에 다 세 가지 관습적인 개념적 은유가 있다. 이 중 두 은유는 두 맥락이 공유하지만, 세 번째 은유는 다르다. 다른 두 은유인 **감정적 안정성/힘은 물리적 안정성/힘**과 **행동의 자유 없음은 움직임의 자유 없음**은 두 상황에서 각각 의도된 의미(감정적 안정성 대 행동의 자유 없음)를 주로 전달한다. 하지만 이 두 은유는 각 대화에서 논의하는 주제를 개념화하는 데 관습적으로 사용되는 다른 두 개념적 은유에 맞도록 조정된다.

개념적 은유 이론과 달리, 연결성 이론이 "주제가 비슷한 표현들이 반드시 심층의 공통된 개념적 은유의 표현이라고 주장하지 않는다"(Ritchie 2004: 281)라는 주장 (2)와 관련하여, 나는 개념적 은유 이론에 그러한 입장을 암시하는 그 어떤 것도 없다고 본다. 어떤 특별한 개념이 몇 가지 다른 심적 프레임, 즉 심적 영역에 포함될 수 있다는 것은 인지언어학에서 일반적으로 수용한다. 은유적으로 사용되는 개념에 대해서도 마찬가지다. 이전 예에서, 닻의 개념은 **움직일 자유** 영역의 일부일 뿐만 아니라 **물리적 안정성** 영역의 일부일 수도 있다. 리치의 제안에 따라, 적절한 영역의 선택과 이에 따른 개념적 은유의 선택은 대화의 주제에 달려 있다.

개념적 은유 이론과 달리, 연결성 이론이 "화자나 글쓴이가 공통된 개념적 은유로부터 한 주제에 대한 다양한 표현을 도출할 가능성이 더 높다고 주장하지 않는다"(Ritchie 2004: 281)라는 주장 (3)과 관련하여, 나는 개념적 은유 이론이 이 주장을 신뢰한다고 생각하지 않는다. 내가 다른 문헌에서 제안했듯이(Kövecses 2002/2010a), 개념적 은유는 이른바 '초개인적' 층위에서 존재한다. 이 층위에서는 특별한 개념들이 탈맥락화된 방식으로 개념 체계에서 은유적으로 연결된다. 이것이 바로 우리가 장기기억 속에 보유하고 있는 것이라고 제안할 수 있다. 하지만 실제 담화는 '개인적' 층위에서 창조된다. 이 개인적 층위에서는 은유적으로 연결된 개념들을 특별한 상황 맥락에서, 즉 의미 창조의 특별한 목적을 위해 우리의 은유적 개념들을 맥락화하는 경우에 사용한다. 특별한 주제가 주어져 있고 특별한 의미를 분명히 제시할 필요가 있다면, 우리는 이 의미를 전달하는 표현을 선택한다. 이 표현이 동일한 개념적 은유의 실례이든 다른 개념적 은유의 실례이든 상관없이 말이다. 은유적 개념은 개념 체계 내에서 일관성이 있다. 하지만 실제 담화에서는 이 은유적 개념을 '영상적으로' 일관성 있게 사용할 필요가 없다.

사실 위의 두 대화를 이해하기 위해서는 개념적 은유가 수행하는 역할에 더하여 환유도 필요하다. 왜냐하면 한편으로는 안정성과 만족 사이에서, 다른 한편으로는 행동할 자유 없음과 불만 사이에서 환유적 관계를 가정해야 하기 때문이다. 이 두 대화에서 개념화자가 감정적 안정성이 아니라 만족에 대해 이야기하고, 행동할 자유 없음이 아니라 불만에 대해 이야기한다는 점에 주목해야 한다. 비록 적절한 은유가 한편으로는 감정적 안정성과 관련이 있고, 다른 한편으로는 행동할 자유 없음과 관련이 있지만 말이다. 하지만 이 두 쌍은 각각 개념적 환유인 **만족은 감정적 안정성을 대신함**과 **불만은 행동의 자유 없음을 대신함**에 의해 연결된다. 감정적 안정성은 전형적으로 만족감으로 이어지고, 행동의 자유 없음은 전형적으로 불만을 낳는다. 덫 은유의 용법을 이해하기 위해서는 이러한 환유적 연결을 가정할 필요가 있다.

결론적으로 말해, 비록 은유 이해가 맥락에서만 발생할 수 있다는 것을 인정하지만, 나는 앞에서 논의한 경우와 같이 많은 경우에 맥락에 대한 정보가 이미 존재하는 관습적인 개념적 은유와 함께 작동한다고 제안하려 한다. 그러한 개념적 은유는 해석을 촉진할 수 있다. 그리고 사실상 개념적 은유는 맥락의 더 심오한 국면으로 간주할 수 있다(제10장 참조).

하지만 해석을 촉진한다는 것 이외에도 맥락은 또 다른 이유 때문에 중요할 수 있다. 즉, 맥락은 개념화자들에게 은유를 **선택**하도록 안내할 수 있다. 이것은 은유 해석이 아닌 은유 창조/생산에서 다룰 쟁점이다.

맥락과 은유 창조

앞에서 언급한 하이네의 연구도 또한 **공간 관계는 신체부위**와 같은 전역적인 은유조차도 절대적인 의미에서 보편적이지는 않다는 것을 보여 준다. 공간 관계가 인간의 몸이 아니라 동물의 몸을 참조하여 개념화되는 언어가 있다. 그는 그러한 언어가 축산업이 주요한 생계 수단인 사회에서 작동한다고 지적한다. 이러한 연유에서 우리는 이렇게 질문한다. 무엇 때문에 우리의 은유는 지금처럼 다양한가? 크게 두 가지 원인—차별적 경험과 차별적인 인지적 선호—을 설정하는 것이 편리하다. 차별적 경험은 사회문화적 맥락의 차이와 사회적·개인적 내력의 차이, 사회적·개인적 관심사의 차이와 관련이 있다(Kövecses 2005와 제4장, 10장의 추가 논의 참조).

사회문화적 맥락이 어떻게 개념적 은유를 형성할 수 있는지를 보여 주는 한 사례는 기라에르츠와 그론델라에르스(Geeraerts & Grondelaers 1995)에서 나온다. 그들은 구미 전통에서 '네 가지 체액'이라는 고전주의적인 중세의 개념으로부터 화(와 감정 일반의 개념화)에 대한 구미의 개념화가 도출된다고 지적한다. 체액설은 네 가지 유체(점액, 흑담즙, 황담즙, 혈액)는 물론 이 유체와 연계된 체온이 인간 몸의 중추적 과정을 통제한다고 주장한다. 또한 이러한 액체가 (낙천성이나 우울성과 같은) 성격 유형을 결정하고, 많은 의학 문제를 설명한다고도 믿었다. 체액설은 **화를 압력을 받는 그릇 속 뜨거운 유체**로 보는 유럽식 발상의 등장에 커다란 영향력을 발휘했다. 이와 대조적으로, 킹(King 1989)과 위닝(Yu 1995, 1998)은 (화에 대응하는) 怒(nu)라는 중국어의 개념이 몸속에서 흘러 다니는 에너지인 氣(qi) 개념과 밀접한 관련이 있다고 제안한다. 氣(qi)는 다시 중국 문화와 문명의 심리적 (즉, 감정적) 담화뿐만 아니라 철학적·의학적 담화에도 들어 있다. 氣(qi)의 개념이 없다면, 중국 문화에서 화에 대한 견해를 상상하기 어려울 것이다. (유럽 문화를 대표하는 두 언어인) 영어의 anger와 헝가리어의 düh, 그리고 중국어의 怒(nu)는 각 문화에서 네 가지 체액과 氣(qi)라는 문화 특정적인 개념으로 부분적인 설명이 가능하다. 특정한 문화에서 작동하는 문화 특정적인 핵심 개념들이 다양한 화 관련 개념 사이의 구체적 수준의 많은 차이를 해명하고, 또한 **압력을 받는 그릇** 은유를 설명하는 것처럼 보인다(Kövecses 2000 참조).

인간의 관심과 흥미의 차이가 어떻게 새로운 은유를 창조할 수 있는가를 보여주는 한 사례로서, **슬픔은 아래**, **슬픔은 짐**, **슬픔은 어둠** 등 잘 알려진 슬픔의 개념적 은유를 살펴보자. 슬픔의 대응물은 임상적 맥락의 우울증이다. 맥멀런과 콘웨이(McMullen & Conway 2002)는 우울증의 사건을 겪는 사람들이 사용하는 은유를 연구했다. 그들은 우울증 환자들에게서 우울증에 대해 '우울증이 없는' 사람들이 슬픔에 대해 사용하는 것과 동일한 개념적 은유를 발견했다. 한 가지 예외는 있었다. 우울증 환자들은 **우울증은 체포자** 은유를 특이하다고 식별했다. '그냥' 슬픈 사람들은 왜 슬픔을 '체포자'라는 식으로 말하지 않는가? 대부분의 사람들은 보통 슬픔의 덫에 걸렸다거나, 슬픔으로부터 자유롭고 싶다거나, 슬픔에서 벗어나고 싶다고 말하지 않는다. 비록 이것이 임상적 맥락에서 우울증에 대해 말하고 생각하는 방식이지만 말이다. 우울증에 걸린 사람들이 자신의 상황에 대해 이러한 언어와 사고방식을 사용한다고 제안하는 것은 이치에 맞다. 왜냐하면 이러한 언어와 사고방식으로 그들은 자신이 경험하고 느끼는 바를 충실하게 포착하기 때문이다. 그들은 자신들을 우울증에 걸리지 않은 사람들과 구별해 주는 특이한 경험과 느낌에 깊은 관심을 갖는다. 바로 이러한 관심사로 인해 이들은 우울증에 대해 **체포자** 은유를 갖게 되는 것이다.

사람들은 경험을 이해하려 노력하며 다양한 인지적 작용을 이용할 수 있다. 예컨대, 나의 이른바 '체험적 초점'은 사용된 개념적 은유의 특정한 세부내용에 영향을 미칠 수 있다. 그리고 한 문화에서 은유적으로 개념화되는 것은 또 다른 문화에서는 주로 환유를 통해 개념화될 수 있다(Kövecses 2005). 보편적인 은유의 바탕이 될 수 **있는** 보편적인 신체적 기초는 서로 다른 언어와 문화에서는 동일한 방식으로나 동일한 정도로 이용되지 **않을** 수도 있다. 체험적 초점이 의미하는 것은 상이한 언어와 문화가 민족들마다 은유적 목표영역과 관련해 신체적 기능 발휘의 서로 다른 양상에 맞추도록 조율할 수 있다는 것과, 상이한 민족이 목표영역의 은유적 개념화와 관련해 신체적 기능 발휘의 특정한 양상을 무시하거나 경시할 수 있다는 것이다. 적절한 예는 화에 대한 영어와 중국어의 개념화이다. 전혀 관련이 없는 여러 문화에 걸쳐 수행한 화의 생리학에 관한 연구가 보여 주듯이, 피부 온도의 증가와 혈압의 증가는 화의 보편적인 생리적 상관물이다(Levenson et al. 1992). 이것이 영어는 물론 여타의 많은 언어에 있는 **화는 열** 은유를 해명한다. 그러나 앞에서 언급한 킹(King)과 위닝(Yu)의 연구는 화를 열의 관점에서 이해하는 개념화 방식이 영어에 비해 중국어에 그다지 널리 퍼져 있지 않다는 것을 암시한다. 중국어에서는 화의 주요한 은유가 열이 아니라 압력에 근거하는 것으로 보인다. 이것은 화를 은유적으로 개념화할 때 중국어 화자들이 영어 화자들과는 다른 방식으로 생리의 측면에 의존했다는 것을 암시한다. 요점은 많은 경우에 체험적 토대의 보편성이 반드시 보편적으로 동일한 개념화를 유발하지는 않는다는 것이다. 적어도 뜨거운 액체라는 특정한 층위에서는 그렇게 하지 않는다.

서로 다른 언어와 문화에서 은유 대 환유라는 인지 과정을 사용하는 방식에는 어떤 차이가 있는가? 차터리스블랙(Charteris-Black 2003)은 입과 혀, 입술이라는 세 개념을 영어와 말레이어에서 어떻게 그리고 어떤 목적으로 비유적으로 이용하는지를 매우 상세히 조사하여, 두 언어의 은유적 개념화에서 유사성을 발견했다. 예컨대, 이 두 언어에서는 동일한 심층의 개념적 은유(가령 방식은 맛)가 honey-tongued(변설에 능한)나 lidah manis('tongue sweet' '달콤한 말')와 같은 표현을 설명하고, 이 두 언어에서 이러한 표현은 누군가가 말하는 바를 (특히 부정적으로) 평가하는 담화 기능으로 사용된다. 그렇지만 차터리스블랙은 이 세 개념과 관련이 있는 비유 표현이 영어에서는 환유인 반면, 말레이어에서는 은유인 경향이 있다는 것도 발견했다. 영어에서는 이러한 표현의 절반 이상이 환유인 데 반해, 말레이어에서는 그 중 대부분이 (종종 환유와 결합된) 은유였다. 예컨대, tight-lipped(말수가 적은)와 같은 환유 표현이 영어에는 풍부하지만, 말레이어에는 훨씬 더 적다. 적어도 발성 기관의 영역에서 비유적 과정을 통해 이러한 개념을 활용하는 것은 부분적으로 문화 특정적인 듯하다.

요컨대, 은유적 언어 표현은 문화에 따라 상당히 다를 수 있지만, 많은 개념적 은유는 잠재적으로 보편적이거나 거의 보편적인 것처럼 보인다. 전 세계의 사람들이 어떤 신체적 경험을 공유하기 때문에 이러한 일이 발생한다. 하지만 잠재적인 보편적 은유들도 특정한 세부내용에서 변이를 보여 줄 수 있다. 이것은 사람들이 어떤 문화에서나 동일한 방식으로 인지 능력을 사용하는 것은 아니기 때문이다. 더욱이 공통된 개념적 은유는 문화에 따라 사용 빈도가 다를 수 있다. 마지막으로, 많은 개념적 은유는 특별한 (하위)문화나 문화의 집합에서 특유하다. 이것은 사회문화적 맥락이나 역사가 다르고, 이러한 문화를 특징짓는 인간의 관심사와 같은 요인이 다르기 때문이다.

은유 연구의 두 연구 경향

은유 사용에서 몸과 맥락이 수행하는 역할에 관한 이 논의는 은유적 개념화에서 보편성과 변이의 논제로 이어진다. 일차적 은유를 근본적인 구성물로 사용하는 은유의 인지언어학적 견해(Lakoff & Johnson 1980; Kövecses 2002/2010a, 2006)에서는 일차적 은유가 신체적 경험 속의 상관관계에 기초하고, 따라서 이러한 은유가 신체화되어 있다고 가정한다(Grady 1997a, b; Lakoff & Johnson 1999). 양과 수직성, 목적과 목적지, 유사성과 가까움, 화와 열 사이의 상관관계와 같은 신체화는 모든 인간의 특징이기 때문에, 이에 상응하는 일차적 은유도 보편적이거나 적어도 잠재적으로 보편적일 수 있다. 이 은유 견해에서는 은유의 비보편적 양상을 '복합적 은유'를 형성하기 위해 서로 다른 문화에서 일차적 은유들을 결합하는 다양한 방식으로 설명한다. 하지만 이러한 연구는 은유의 보편적 양상에 주로 초점을 둔다.

이와 대조적으로, 인지언어학적 패러다임 내의 또 다른 연구 경향은 문화들 사이나 문화 내에서 발견할 수 있는 상당히 많은 양의 은유 변이를 출발점으로 삼고, 그러한 변이를 설명하려는 시도를 상당히 강조한다. 쾨브체시(Kövecses 2005)가 언급하는 바와 같이, 변이 이면의 주요한 추진력은 맥락이다. 이 추진력은 문화와 역사, 환경의 핵심 개념의 차이와 같은 다양한 맥락 요인이 정의한다. 따라서 개념적 은유 이론이 주어지면, 우리의 연구 관심사에 두 가지 초점이 존재할 수 있는 것처럼 보인다. 하나는 주로 보편성과 관련이 있고, 또 다른 하나는 주로 변이와 관련이 있다. 보편성과 변이의 원인을 고려하면 두 가지 일반적인 연구 경향을 얻을 수 있다.

신체화—보편성
맥락—변이

나는《문화 속 은유》(*Metaphor in Culture*)(Kövecses 2005)에서 우리가 무언가를 특별한 상황에서 은유적으로 이해할 때 두 종류의 압력—신체화의 압력과 맥락의 압력—을 받는다는 주장으로 이 두 가지 프로그램을 중재할 수 있다고 제안했다. 은유적 개념화자는 한편으로 자신의 몸(즉, 신체적 경험 속의 상관관계)과, 다른 한편으로 자신의 맥락(즉, 다양한 맥락 요인)과 일관성을 유지하고자 노력한다.

처음의 이 제안에 바탕을 두고 있지만, 이 연구에서 나의 주장은 다소 다를 것이다. 즉, 몸과 맥락의 영향력이 은유 창조에서 서로 겨루는 '힘'이 아니라, 은유의 발생을 위한 근원 역할을 한다고 제안할 것이다. 그리고 더 나아가 다음 장에서 '일관성의 압력'이라는 개념과 이 개념을 재해석하는 문제로 돌아갈 것이다.

결론

은유적 의미는 간단히 개념적 은유나 이 은유의 사상, 이 은유의 잠재적 함의로부터 발생하는 것이 아니다. 개념적 은유 이론의 더욱 풍부한 견해에서는 은유적 의미형성에서 맥락이 수행하는 역할에 진지한 주의를 기울여야 한다.

이 장에서 주장한 바와 같이, 맥락은 은유 이해뿐만 아니라 은유 생산이나 창조에서도 중요한 기능을 수행한다. 은유 이해의 예로 우리는 리치의 anchor 은유를 살펴보았다. 이 은유를 이해하기 위해서는 서로 다른 맥락 속의 개념화자의 정신 상태를 알 필요가 있다. 은유 생산/창조의 예는 중국어가 아니라 영어를 사용하는 세계에서 드러나는 화에 대한 은유적 개념화였다. 우리는 폭넓은 문화 특정적인 핵심 개념이 화에 대한 다양하고 특별한 은유적 개념화를 창조하는 데 어떤 역할을 수행한다는 것을 살펴보았다.

이 두 예는 맥락의 중요성을 암시하고, 우리가 실제 의사소통 상황에서 은유를 사용하는 (이해하고 창조하는) 방식을 지배하는 다양한 맥락 요인을 미리 살짝 보여준다. 개념화자의 정신 상태는 맥락 요인의 한 종류로 간주되고(anchor 예), 문화적으로 의미심장한 폭넓은 개념은 또 다른 종류의 맥락 요인으로 간주될 수 있다(체액설 대 氣[qi]에 기초한 견해). 사실상 장기기억 속에 자리 잡은 (관습적인 개념 체계인) 개념적 은유(가령, **인생은 여행** 은유)를 맥락의 일부로 간주할 수도 있다. 이것은 특정한 은유적 의미를 표현하는 과정에서 특별한 개념적 은유의 활성화를 촉진하는 역할을 할 수 있다. 더욱이 신체화된 경험(가령, 화가 날 때 발생하는 체열)도 실제 상황에서 우리가 어떤 은유를 창조하는지에 대해 작용하는 시간적으로 아주 멀고 간접적인 영향으로 간주할 수 있다. 이 두 가지 가능성 모두 마지막 장에서 다시 다룬다.

제2장
의미형성

인지언어학을 다른 부류의 언어학 이론과 차별화하는 가장 두드러진 발상은 많은 인지 작용을 참조해서 언어 사용을 기술하고 설명하려는 시도이다. 이것은 일반적으로 인지언어학에서 '해석 작용'이라고 부른다. 인지언어학자들이 언어를 설명하면서 사용하는 인지 작용이나 해석 작용 중 어떤 것은 인지심리학과 인지과학에서 잘 확립되어 있지만, 다른 것은 본질상 가설적 성격이 더 많다(Gibbs 2000 참조). 이 모든 인지 작용은 인간들이 의미를 형성하는 데 기여한다. 즉, 언어를 비롯한 자신들의 경험을 이해하도록 하는 데 기여한다.

인지 작용이나 해석 작용은 우리의 정신생활에서 본질상 이중적인 역할을 한다. 한편으로는 바로 그러한 해석 작용을 통해 우리가 경험을 개념화하기 위한 관습적인 개념 체계를 구축하거나 획득한다. 해석 작용의 두 번째 역할은 그러한 개념 체계가 주어지면, 해석 작용이 (새로운) 경험, 즉 변화무쌍한 세계를 한층 더 해석하거나 개념화하도록 도와주는 것이다. 그 결과로 개념 체계도 역시 변한다. 의미형성 작용과 (개념의 형태를 하고 있는) 세계에 대한 우리의 지식 체계는 함께 우리의 개념 체계를 구성한다. 하지만 나는 좀 더 명확한 설명을 목적으로 전자를 해석 작용(즉, 우리의 의미형성 기제)이라고 부르고, 후자를 개념 체계라고 부르면서 이 둘을 구분한다. 후자는 제3장에서 논의하고, 제10장에서 이 둘의 관계를 한층 더 명확히 할 것이다.

이 장에서는 추상적 개념을 창조하고 사용하는 데 가장 직접적으로(명확히) 관여하는 해석 작용을 간략히 기술할 것이다. 의미형성 기제의 작용으로부터 발생하고 이 작용에 관여하는 지식 체계는 다음 장의 주제이다.

해석 작용

다음은 인지언어학자들이 (래너커의 연구[Langacker 2008]에 기초하여) 전형적으로 연구 대상으로 삼는 해석 작용의 목록이다.

- 도식화/추상화
  - 영상도식
- 주의/초점
  - 전경 대 배경
  - 주의 범위
  - 척도 판단(입도; 미세한 개념화에서부터 거친 개념화까지)
  - 동적 주의와 정적(靜的) 주의(가상 이동을 포함한 순차 주사와 요약 주사)
- 현저성
  - 윤곽 대 바탕

탄도체 대 지표 정렬

원근법

관점

주관성 대 객관성

환유

은유

정신공간

개념적 통합

서론에서 언급한 대로 이 장에서는 추상적 개념과 직접적인 관련이 있는 해석 작용만을 논의할 것이다. 이러한 작용에는 추상화와 도식화, 주의, 원근법(주관성 대 객관성), 환유, 은유, 개념적 통합이 들어간다.

추상화와 도식화

의미형성 기제로서 추상화와 도식화는 종종 함께 작용한다. 래너커(Langacker 2008: 525)에 따르면, 추상화는 '수많은 경험의 공통적인 것을 강화하는' 정신활동이다. 우리가 어떤 공통 구조에 기초해 수많은 경험으로부터 개념을 축적하기 때문에, 개념 자체가 추상화라는 것은 이것의 당연한 귀결이다. 개념은 유형의 실례들로부터 추상화된 유형이다. 이것은 유형 대 실례(낱개) 구분으로 알려져 있다. 더욱이, 물리적 사물(가령, 반지)과 관련이 있는 개념조차도 도식화의 과정에 의해 또 다른 의미에서 추상적 개념이 될 수 있다. 도식화에서는 지각적으로 접근 가능한 범주화의 점점 더 많은 특성을 생략할 수 있다. 그리고 이것은 추상화로 이어질 수 있다. 따라서 '손가락에 끼는 둥근 보석' 이라는 의미의 단어 ring은 도식화를 통해 추상적이 되어, '임의의 둥근 개체'라는 의미를 획득할 수 있다. '임의의 둥근 개체' 의미는 일반성의 아주 높은 층위에 있을 것이며, 따라서 이 의미는 그러한 측면에서 추상적일 것이다.

주의와 원근법

추상화와 도식화의 과정이 함께 작용할 수 있듯이, 주의와 원근법 취하기(perspective taking)도 그럴 수 있다. 이른바 동적인 주의와 정적인 주의(Langacker 1987, 2008)는 종종 관점 취하기와 구분할 수 없다고 간주한다. (객관성과 반대로) 주관성의 개념은 객관적 상황을 개념화하기 위해서 인지 과정이 사용되는 가상 상황과 관련해 작동한다(Langacker 2008). 이 현상의 한 사례는 타미(Talmy 2000)가 말하는 '가상 이동'이다. 우리는 정적인 상황을 동적인 방식으로 떠올릴 수 있다. 가령, 어떤 때에 우리는 길이 계곡 끝까지 꼬불꼬불 구부러진다(wind)거나, 흉터가 팔꿈치에서 손목까지 내뻗는다(run)고 생각하고 말한다(Langacker 2008: 528-529). 분명히 길이나 흉터는 (객관적으로) 움직이지 않지만, 우리는 이것들을 움직이는 개체로 개념화한다. 그러나 래너커(Langacker 2008)가 제안하듯이, 경로상의 실제 이동을 개념화하는 방식과 경로상의 가상 이동을 개념화하는 방식은 비슷하다. 실제 이동에서는 개념화자가 이동자가 따라가는 경로를 추적하지만, 가상 이동에서는 정적인 사물(길과 흉터)을 추적한다. 이 견해에 따르면, 우리가 가상 이동을 인식할 수 있는 것은 개념화의 유사성 덕택이다.

가상 이동을 은유적 개념화의 경우로 간주하자는 것은 솔깃한 제안일 것이다. 은유적 해석에서는 객관적으로 정적인 상황을 개념화하는 과정에서 발생하는 동적인 인지 과정에 비추어 우리가 이 정적인 상황을 은유적으로 관찰한다고 제안할 수 있다. 정적인 장면을 개념화하기 위해 정적인 경로를 따라가는 이동자의 경로를 추적하는 동적인 인지 과정을 사용함으로써 정적인 상황은 동적인 방식으로 재현된다. 하지만 이 해석이 별로 그럴듯해 보이지 않는다. 그 이유는 (구체적인 근원에서 추상적인 목표로 향하는) 근원영역 대 목표영역 사상의 전형적인 방향의 역전을 요구하기 때문이다. 이 해석에서 발생하는 은유에서는 정적인 구체적 (객관적) 상황(목표영역)을 동적인 추상적 (주관적) 상황으로 개념화해야 할 것이다(내적 인지적 작용). 이것은 사실일 가능성이 거의 없다. 그럼에도 불구하고, 타미(Talmy 2000: 171)는 이 가능성을 정확히 수용한다.

> 우리는 가상 이동(fictive motion)과 가상 정지(fictive stationariness)의 본질을 추가적으로 설명했기 때문에, 언어와 어쩌면 시각에서도 이 둘의 상대적 발생 빈도를 비교할 수 있다. 은유 이론에 비추어 보면, 언어 속 가상 이동은 근원영역으로서의 이동을 목표영역으로서의 정지에 사상하는 것이라 해석할 수 있다. 이러한 종류의 사상은 인지적 역동성의 형태로 간주할 수 있다. 따라서 가상 정지는 그 역이다. 즉, 근원영역으로서의 정지를 목표영역으로서의 이동에 사상하는 것이다. 이러한 사상은 다시 일종의 인지적 정지성이라 이해할 수 있다. 이러한 틀이 주어지면, 언어 속 가상 이동은 가상 정지보다 압도적으로 더 많이 발생한다고 말할 수 있다. 즉, 가

상 이동을 명시하는 언어 표현이 가상 정지를 명시하는 언어 표현보다 수적으로 훨씬 더 우세하다. 다시 말해, 언어 표현은 정지성에 비해 개념적 역동성을 지향하는 강한 경향성을 보여준다.

타미는 인지적 역동성의 우세함에 기초해 가상 이동에 대한 은유적 해석을 지지한다. 인지적 역동성에 대한 일반적인 경향성이 사상의 생소한 방향보다 우선할지 모른다. 다음 절에서는 은유를 논의하며, 또한 가상 이동에 대한 은유적 설명이 전적으로 설득력이 있지는 않다는 것을 보여준다.

환유

인지언어학자들은 환유를 축자주의를 피하고 의미 표현을 더 다양하게 만드는 기능만을 수행하는 인지적으로 사소하고 없어도 괜찮은 언어적 장치로 간주하지 않는다. 쾨브체시와 라덴(Kövecses & Radden 1998)은 환유를 다음과 같이 정의한다.

> 환유는 한 개념적 요소, 즉 개체(사물, 사건, 특성)—매체—가 동일한 프레임, 즉 이상적 인지모형 내의 또 다른 개념적 실체(사물, 사건, 특성)—목표—에 정신적 접근을 제공하는 인지 과정이다.

유명한 한 실례를 살펴보자. **식당** 프레임, 즉 이상적 인지모형이 주어지면, 문장 "The *ham sandwich* spilled beer all over himself(저 햄 샌드위치가 자기 몸에 맥주를 엎질렀다)"의 화자는 동일한 프레임에 속하는 한 개념적 요소인 **햄 샌드위치**(매체)를 사용하여 또 다른 개념적 요소인 **햄 샌드위치를 먹는 사람**(목표)에게로 주의를 돌리거나 심적으로 접근한다.

다음 장에서는 개념적 요소 사이의 연결, 즉 사상에 대해 세 가지 유형—'through-연결'과 'as if-연결', 'is-연결'—을 구분할 것이다. 환유에서는 개체들 사이의 개념적 연결이 한 개체가 다른 한 개체에 의해서나 이 개체를 통해 정신적으로 활성화되는 연결이다. 이것은 'through-연결'이다. 은유의 경우에는 한 개체가 다른 한 개체와 비슷하게 된다. 이것은 'as if-연결'이라 부를 수 있다. 마지막으로 두 프레임, 즉 정신공간 사이의 연결에서는 종종 한 개체가 다른 한 개체와 동일하게 되기 때문에, 이 연결은 'is 연결'이라 부를 수 있다. 'through-연결'(즉, 환유적 사상)은 종류가 두 가지—외향적 연결과 내향적 연결—로 나눌 수 있다. 외향적인 환유적 사상은 외부에 있는 개체를 활성화한다. 이 개체는 래너커(Langacker 1987)가 말하는 매체(또는 근원) 개체의 '일차적 영역'이다. 이 외향적 연결의 한 사례는 문장 "I bought another *Hemingway*(나는 또 다른 헤밍웨이를 구입했다)"이다. 이 문장에서 작가(의 이름)인 헤밍웨이는 그가 집필한 책이라는 개체를 활성화한다. (다른 모든 작가와 마찬가지로) 헤밍웨이를 특징짓는 일차적 영역은 사람의 영역이다. 따라서 이 환유는 일차적 영역을 넘어서 '이차적 영역'(그의 책)을 가리킨다.

내향적 환유는 어떤 것을 그것의 일차적 영역 내부에서 활성화한다. 문장 "This *book* is large(이 책은 크다)"를 예로 들어보자. 낱말 book은 하나나 둘 이상의 일차적 영역에 호소해서 정의할 수 있는 것처럼 보인다. book의 일차적 영역은 물리적 사물이나 의미적 내용 등이다. 예컨대, 책은 물리적 사물이기 때문에, 책을 정의하는 특성 중 하나는 책이 특정한 모양, 크기, 색깔 등을 지닌다는 점이다. 문장 This *book* is large에서는 크기가 활성화된다. 그러한 경우에는 사상(이나 through-연결)이 내향적이라고 말할 수 있다.

이러한 구분을 고려하면서, 나는 (Kövecses 2010a에 기초하여) 환유를 새롭게 정의한다.

> 우리는 환유에서 'through-연결'을 사용해 개체 1을 통해 개체 2에 접근한다.
>
> 개체 1과 개체 2는 개념(하위영역)이거나 개체 2의 경우에는 개념의 양상이다. 이 둘은 동일한 프레임, 즉 동일한 이상적 인지모형 내에 있다. 사상은 내향적이거나 외향적일 수 있다. 사상이 외향적이라면, 개체 1이 개체 2를 가리키거나 개체 1이 개체 2의 양상을 부각하도록 유도할 수 있다. 사상이 내향적이면, 개체 1은 동일한 개체의 한 양상을 부각한다.

최근에 환유에 대한 인지언어학적 연구가 급증했다. 광범위한 논문집으로는 판터와 라덴(Panther & Radden 1999), 바르셀로나(Barcelona 2000), 디르벤과 패링스(Dirven & Pörings 2002), 판터와 손버그(Panther & Thornburg 2003)를 보라. 환유에 집중하는 연구를 위해서는 특히 브라다르와 브라다르스자보(Brdar & Brdar-Szabó 2003), 브라다르스자보와 브라다르(Brdar-Szabó & Brdar 2003), 루이스 데 멘도사 이바네즈(Ruiz de Mendoza Ibanez 2000)를 보라.

은유

앞 장에서 언급했듯이, 은유는 한 경험 영역(A)을 또 다른 경험 영역(B)에 비추어 개념화하는 인지 과정이다. 은유는 근원영역(B)과 목표영역(A)으로 구성된다. 근원영역은 전형적으로 물리적 영역이고 목표영역은 추상적 영역이다. 근원영역의 사례는 **따뜻함**, **전쟁**, **여행** 등이고, 이러한 근원영역에 대한 목표영역의 사례는 각각 **애정**, **이론**, **논쟁** 등이다. 따라서 이러한 영역으로 구성된 개념적 은유에는 **애정은 따뜻함**, **이론은 건물**, **논쟁은 전쟁**, **인생은 여행** 등이 있다. 이것이 의미하는 바는 우리가 **애정**과 **이론**, **논쟁**, **인생**을 각각 **따뜻함**과 **이론**, **건물**, **전쟁**, **여행**의 개념을 통해 이해한다는 것이다.

은유의 기초

우리는 무엇을 근거로 목표 개념과 특별한 근원 개념을 짝짓는가? 이 질문에 대한 평범하고 전통적인 대답은 이 두 개념 사이에 일종의 유사성이 있다는 것이다. 즉, 개념 A는 어떤 점에서 개념 B와 비슷하다. 인지언어학자들이 은유에 대한 이러한 토대나 동기를 수용하지만, 그들은 많은 다른 은유에 대해 또 다른 종류의 토대를 고려하기도 한다. 특별한 목표와 어울리는 특별한 근원을 선택하는 것은 신체화된 경험에서 동기를 부여받을 수 있다.

쾨브체시(Kövecses 2005)에서 분석한 체열을 예로 들어보자. 당신이 열심히 일을 하고 있다거나, 격렬한 운동을 하고 있다고 상상해 보라. 격렬한 신체 활동이 체열 증가를 일으킨다. 전형적으로, 격렬한 신체 활동을 할 때, 몸은 이러한 식으로 반응한다. 마찬가지로, 당신이 매우 화가 나거나, 강한 성적 흥분을 느끼거나, 강한 심리적 압박을 받을 때에는, 당신의 몸도 또한 생리적으로 다양하게 표출되는 체열 증가를 일으킬 수 있다. 이 모든 경우에, 활동의 정도나 상태의 강도가 증가함에 따라 체열도 올라가고, 당신의 몸도 자동적으로 이러한 식으로 반응한다. 활동의 정도나 상태의 강도가 증가하는 것과 체열이 생성되는 것 간의 상관관계는 우리 몸의 경우에 필연적인 일이다. 이러한 상관관계는 개념적 은유 **강도는 열**의 은유의 토대가 된다. **강도**는 많은 개념의 한 국면이기 때문에 열의 근원영역은 **화**, **사랑**, **욕망**, **일**, **논쟁** 등 많은 개념에 적용될 것이다. 일반적으로, 많은 개념적 은유(즉, 근원영역과 목표영역 쌍)는 경험 속의 이러한 신체적 상관관계에 동기가 있다.

그렇지만 이전에 지적했듯이, 수많은 다른 경우에 근원 개념과 목표 개념을 결합하는 기초는 일종의 실재적이거나 추정상의 유사성—종종 한 무리의 유사한 구조적 관계—이다(가령, Gentner 1983; Glucksberg & Keysar 1993; Holyoak & Thagard 1996 참조). 예컨대, 우리는 **인간의 일생**이나 **식물의 생명 주기**와 같은 영역에서 공통적인 총칭 층위의 구조를 발견할 수 있다. 이러한 유사성은 **인간의 일생은 식물의 생명 주기**라는 매우 관습적인 개념적 은유에 토대를 제공한다. 이러한 은유가 발생하는 이유는, 우리에게 서로 다른 영역에 공통적인 총칭 층위의 구조를 인식할 수 있는 능력이 있기 때문이다.

요컨대, 우리는 신체화와 유사성을 은유 창조에 대한 서로 다른 종류의 제약으로 간주할 수 있다. 신체화가 더 강력한 부류의 제약으로 보인다. 바로 신체화가 자동적이고 무의식적으로 작동한다는 점에서 그러하다.

은유의 동기가 신체적 경험 속의 상관관계에 있다는 발상에서 '은유의 신경 이론'이 나왔다. 몸을 주관하는 것은 다름이 아닌 뇌다. 그래서 만일 은유가 몸속에 있다면 은유는 당연히 뇌 속에도 있어야 한다. 이 신체화된 경험 덕택에 뇌 부위들이 신경적으로 연결된다(이러한 부위는 근원과 목표에 대응한다). 예컨대, 애정에 대응하는 뇌 부위가 활성화될 때, 따뜻함에 대응하는 부위도 활성화된다고 제안할 수 있다. 최근의 인지 지향적인 신경과학 연구의 가정은 우리가 추상적 개념을 은유적으로 이해할 때 뇌 속의 두 신경세포 다발이 동시에 활성화된다는 것이다. 한 신경세포 다발(근원)이 활성화될 때, 또 다른 신경세포 다발(목표)도 활성화된다(더 많은 논의를 위해서는, 인지언어학적 관점에서 나온 Gallese & Lakoff 2005; Feldman 2006; Coulson 2008; Lakoff 2008 등 참조). 따라서 어떤 사건이나 활동, 상태와 관련해 강도라는 추상적 개념에 대해 이야기할 때, 각각 강도와 열에 대응하는 신경세포들이 뇌 속에서 함께 활성화된다고 가정할 수 있다. 마찬가지로 추상적인 양(예: 가격)에 대해 생각할 때, 양에 대응하는 신경세포와 수직성(위/아래)에 대응하는 신경세포가 뇌에서 함께 활성화된다. 신경세포 다발의 이러한 공(共)활성화는 잘 알려진 일차적인 개념적 은유 **강도는 열**과 **많음은 위(적음은 아래)**를 생성한다('일차적 은유'에 관해서는 Grady 1997a, b 참조). 나는 최근에 일차적 은유가 발달상 환유적 단계를 통해 발생한다고 주장했다(Kövecses 2013 참조).

은유적 도식화

은유적 개념화는 도식화의 해석 작용과 함께 작동할 수 있다. **천국**이라는 성경적 관념의 개념화를 예로 들어 보자(Kövecses 2007). 은유적으로 **천국**은 '이상적임'의 특성을 공유하는 수많은 다른 장소로 간주된다.

즉, **천국** 개념의 근원영역은 모두 (영원한) 삶이 고통, 슬픔, 부정 등이 없는 즐겁고 유쾌한 장소이다. 따라서 **천국**이라는 목표 개념은 도식적으로 이상적인 장소인 것처럼 보이므로, 은유는 **천국은 이상적인 물리적 장소**이다. 근원영역의 장소의 특별하고 구체적인 본질과 특성은 어느 정도 '표백되어' 도식적인 이상화만 남는다. 우리는 이러한 도식적인 이상화를 천국으로 간주할 수 있다. 다시 말해, 목표영역은 특별하고 구체적인 다양한 근원영역에 대한 이상적인 도식화인 것처럼 보인다.

그러한 경우에, 목표는 목표영역과 관련된 다양한 근원영역에 대한 도식화라고 제안할 수 있다. 도식화 과정의 본질은 본질적으로 환유적이다. 근원은 목표의 특정한 실례이다. 이것은 **범주의 특별한 실례는 범주 전체를 대신함**이라는 환유이다. 현재의 예에서 이 환유는 **머무르기에 유쾌한 특별한 장소는 천국을 대신함**이다. 그러한 장소와 천국은 단지 '이상적임'이라는 특성을 공유하기 때문에, 기본적인 환유적 관계를 은유로 해석할 수 있다.

또 다른 예는 **하느님은 아버지** 은유이다(Kövecses 2007). 이러한 개념적 은유를 고려하면, **하느님 아버지**의 자애로운 양상은 총칭 층위의 은유 **하느님의 섭리는 자애로운 보살핌**을 통해 개념화할 수 있다. 나는 이 후자의 은유—**하느님의 섭리는 자애로운 보살핌**—도 천국에 대해 방금 살펴보았던 그러한 도식화의 경우라고 제안한다. **하느님은 아버지** 은유의 **아버지** 영역은 몇 가지 다른 의미 초점으로 구성된다. ('의미 초점' 개념에 관해서는 Kövecses[2005, 2010a] 참조하라) 이 중 한 가지 의미 초점은 아버지가 아이에게 자애로운 보살핌을 제공할 것이라는 우리의 기대이다. 이러한 자애로운 보살핌은 음식을 제공하는 것이나 '숨겨둔 만나'—비(非)물리적 음식—를 제공하는 것을 비롯하여 그 종류가 다양할 수 있다. 게다가, 자애로운 보살핌은 온갖 방식으로 사람들을 도우며 돌보는 것과 위험으로부터 보호하는 것을 포함한다. 이에 비추어 우리는 하느님의 섭리에 따른 보살핌을 다양한 종류의 자애로운 보살핌에 대한 도식화로 간주할 수 있다. 따라서 **하느님의 섭리는 자애로운 보살핌** 은유가 가능하다. **하느님의 섭리**라는 개념은 자애로운 보살핌의 특정한 실례들을 도식화하며, 따라서 이 개념은 다양한 종류의 자애로운 보살핌과 단 하나의 특성만을 공유하는 개념이 된다. 이 특성은 바로 하느님이 사람들을 보살핀다는 것이다. **천국**의 개념과 비슷하게, **하느님의 섭리는 자애로운 보살핌** 은유는 **범주의 특별한 실례는 범주 전체를 대신함**이라는 환유적 관계에 기초한다. 다시 말해, **음식 제공** 등은 **하느님의 섭리에 따른 보살핌**을 환유적으로 대표한다. 이 두 관념 사이의 유일한 연결은 두 경우에 다 사람들이 보살핌을 받는다는 것이다. 이것으로 환유를 은유로 간주할 수 있게 된다.

실제로 우리는 **하느님 아버지**의 다른 의미 초점도 비슷하게 설명할 수 있다. 비록 이것이 다소 더 복잡하지만 말이다. 나는 창조자로서의 하느님을 **인과성은 생식**이라는 총칭 층위의 은유를 통해 개념화할 수 있다고 제안한다. 이 경우에 우리가 얻는 추론은 다음과 같다. **하느님은 아버지** 은유가 있으며, 이 은유에서는 **아버지**가 '생식'에 자신의 의미 초점을 둔다. 이 은유의 사상은 '생식 → 창조'이다. 생식과 창조 사이의 관계도 개념적 환유 **범주의 구체적인 실례는 범주 전체를 대신함**에 근거한다(즉, 생식은 일종의 창조이다). 더욱이 창조는 인과관계의 특정한 실례이다. 이것도 역시 환유적 관계이다. 이 관계는 부분적으로 총칭 층위의 은유 **인과관계는 생식**의 존재를 설명해 준다. 마지막으로, 환유에 근거한 또 다른 관계—생식과 인과관계 사이에 유지되는 관계(생식이 곧 일종의 인과관계)—는 이 동일한 은유에 대해 추가적인 동기를 제공한다. 핵심을 말하자면, 인과관계는 특정 층위의 생식 개념과 총칭 층위의 창조 개념을 환유에 근거하여 도식화한다.

이 모든 경우에 일어나는 일은 하나의 특징을 공유하는 특정한 실례들이 도식적 범주로 전환된다는 것이다. 이 도식화는 상이하지만 관련된 수많은 근원영역의 목표영역이 된다(즉, 다양한 근원영역은 상위 층위의 특징을 공유한다). 나는 이것이 환유에 근거한 처리라고 믿는다. 하지만 이 처리의 최종 결과는 은유의 기능을 수행한다. 가령, **천국은 이상적인 물리적 장소**나 **하느님은 아버지**와 같은 특정 층위의 은유나, **인과관계는 생식**이나 **하느님의 섭리**(에 따른 보살핌)**는 자애로운 보살핌**이라는 총칭 층위의 은유 말이다.

이 분석이 올바른 방향으로 나아가고 있다면, 이것은 새로운 유형의 은유라고 제안할 수 있다. 은유에 관한 인지언어학적 문헌에서는 보통 은유를 기본적으로 두 유형으로 구분한다. 하나는 (지각된 유사성이든 실재적 유사성이든) 유사성에 근거한 은유이고, 다른 하나는 (일차적 은유와 같은) 체험적 상관관계에 근거한 은유이다. **천국은 이상적인 물리적 장소**, **인과관계는 생식**, **하느님의 섭리는 자애로운 보살핌** 등의 은유는 근원영역의 목표영역으로의 도식화에 근거한다. 목표는 근원의 도식적 버전이기 때문이다. 이 경우에 근원의 특성하고 풍부한 영상은 표백된다. 요컨대, 어떤 은유는 환유 과정을 통해 도식화로부터 발생할 수 있다.

개념적 통합

개념적 통합, 즉 혼성이 무엇과 관련이 있는지를 이해하기 위해, 잘 알려진 은유인 **화는 그릇 속 뜨거운 액체**에서 나온 예를 하나 살펴볼 수 있다(Kövecses 1986, 1990; Lakoff 1987; Lakoff & Kövecses 1987 참조). 이 은유는 '그릇 → 몸', '뜨거운 액체 → 화', '열의 정도 → 강도의 정도' 등의 사상으로 구성된다. 하지만 이 은유에서 언어적으로 발현한 사례의 하나에는 근원영역에서 목표영역으로의 간명한 사상보다 더 많은 일이 일어나고 있다. 다음 예를 살펴보자.

> God, he was so mad I could see the smoke coming out of his ears.
> (맙소사, 그가 너무 화가 나서 나는 그의 귀에서 연기가 나오는 것을 볼 수 있었다.)

'연기/증기/수증기' 예는 포코니에와 터너(Fauconnier & Turner 2002)가 다시 분석했다. 이들은 이 경우에 근원영역의 한 요소가 목표영역의 한 요소와 혼성된다고 지적하고, 근원영역에는 귀가 없고 목표영역에는 연기가 없지만, 혼성공간에서는 연기/증기/수증기와 귀를 담고 있는 프레임이 창조된다고 지적한다. 이 새로운 프레임은 언어적으로 the smoke coming out of his ears로 주어진다. 더 나아가 그들은 혼성공간이 한층 더 '발전될' 수 있다고 지적한다. 예컨대, 우리는 다음과 같이 말할 수 있다.

> God, was he ever mad. I could see the smoke coming out of his ears—I thought his hat would catch fire!
> (맙소사, 그는 너무 화가 났다. 나는 그의 귀에서 연기가 나오는 것을 볼 수 있었다. 난 그의 모자에 불이 붙을 것으로 생각했어!)

추가적으로 이 문장을 이해하기 위해서는 강도의 개념을 망에서 어떻

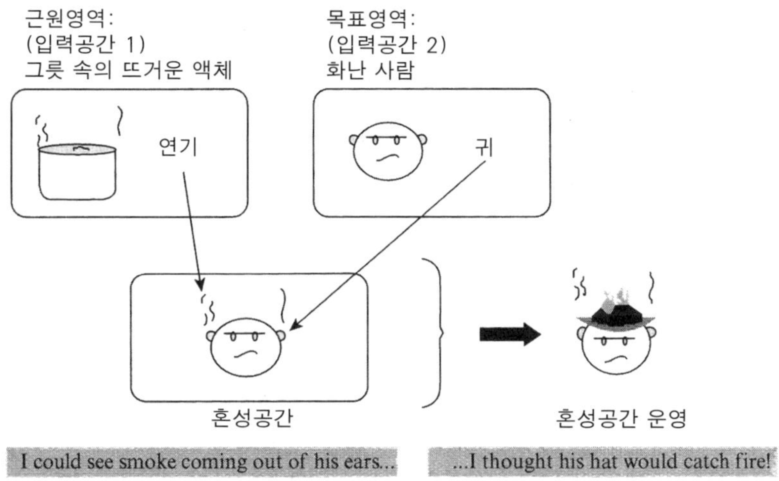

그림 2.1 '귀에서 연기가 남' 혼성

게 개념화하는지를 이해해야 한다(앞 참조). **화는 열** 은유의 하위사상은 **감정의 강도는 열의 정도**이다. 이러한 하위사상을 고려하면, 우리는 열의 높은 정도가 불을 유발할 수 있고, 그에 따라 '강렬한 화는 위험한 사회적 상황을 초래할 수 있다'라는 지식을 얻는다. '사람의 귀에서 나는 연기'로 그 이전의 혼성공간을 운용할 때 '모자'의 개념이 발생한다. 여기에서 귀를 가진 머리(그릇)는 전형적으로 머리에 쓰는 모자를 환유적으로 환기한다. **강도는 열** 은유의 ('열의 높은 정도가 불을 유발할 수 있다'는) 함의 때문에, 모자에 불이 붙는 것으로 간주할 수 있다. 이것은 이 사람의 화의 강도와 위험성이 전체적으로 증가함을 암시할 것이다. 이 문장에 대한 이해와 관련된 전체 망은 〈그림 2.1〉로 제시한다.

이것은 매우 창조적인 혼성공간이다. 하지만 포코니에와 터너(Fauconnier & Turner 2002)가 강조하는 바와 같이, 혼성은 전적으로 일상적이고 관습화된 경우들도 똑같이 평범하게 수반한다.

또 다른 예가 도움이 될 수 있다. 타미가 제안하듯이 가상 이동을 은유로 분석하는 것으로 논의를 계속해 보자. (구체적인 예로 The road is winding through the valley[그 길은 계곡 끝까지 구불구불 가고 있다]를 살펴보자.) 엄격한 개념적 은유 이론 분석 하에서는 목표영역이 road와 valley, 방향 through로 구성된 정적인 프레임, 즉 장면일 것이다. 근원영역은 가령, truck이라는 실체가 valley와 관련해(가령, through) road를 따라 이동하는 동적인 프레임 또는 장면일 것이다. 우리는 다음과 같은 사상, 즉 대응이 적용될 것으로 예상한다. (여기에는 DS는 동적인 근원[Dynamic Source]을 나타내고, ST는 정적인 목표[Static Target]를 나타낸다.)

DS 길	→	ST 길
DS 계곡	→	ST 계곡
DS 통과	→	ST 통과
DS 이동	→	?
DS 이동하는 실체	→	?

그러나 (의문부호가 있는) 불완전한 사상이 암시하는 바와 같이, 이 분석에는 두 가지 문제가 있다. 첫째, 근원영역의 '이동'이 '이동의 부재'로 사상되어 "DS 이동 → ST 이동의 부재"이어야 할 것이지만, 분명히 이것은 가능하지 않다. 둘째, 개념적 은유 이론의 문제로서 근원영역이 이동하는 개체(예: 트럭)를 포함하지만, 이 이동하는 개체가 목표영역으로 사상되지 않는다.

개념적 통합 이론을 사용한 재분석은 다음과 같은 측면에서 도움이 될 것이다. DS '이동'이 '이동하는 개체' 없이 혼성공간으로 투사된다고 제안할 수 있다. 즉, 단지 근원영역에서 혼성공간으로의 선택적 투사가 있다. 마찬가지로 목표영역에서 혼성공간으로도 선택적 투사만이 있고 이 경우에 경로는 '정적'이다. 하지만 경로의 정적인 특성은 혼성공간으로 투사되지 않는다. 혼성공간에서는 ST '길'(경로)이 DS '이동'과 결합한다. (우리는 이것을 경로의 의인화 즉 '이동하는 대상화 [mobile-objectification]'로 간주할 수 있다.) 따라서 가상성은 근원영역(의 한 개체)의 실제 이동이 목표 경로의 정지성에 사상되는 것으로부터 발생한다고 볼 수 있다. 이처럼 개념적 통합은 개념적 은유 이론만으로 설명할 수 없는 경우를 설명할 수 있다.

차별적인 인지 스타일

개인이나 집단이 서로 다른 해석 작용, 즉 인지 작용을 적용하면 그 결과로 '차별적인 인지 스타일'이 나올 수 있다(Kövecses 2005). 차별적인 인지 스타일은 한 집단의 구성원들이 이용 가능한 (다른 점에서는 보편적인) 인지 과정을 사용하는 특징적인 방식이라 정의할 수 있다. 앞에서 부분적으로 논의한 정교화, 특정성, 관습화, 투명성, (체험적) 초점, 관점 선호, 원형 범주화, 틀 부여, 은유 선호 대 환유 선호 등의 인지 과정은, 비록 모든 사람들이 보편적으로 이용할 수 있지만, 모든 집단이나 개인들이 동일하게 사용하는 것은 아니다. 결과적으로, 이러한 인지 과정은 은유 사용의 변이를 유발할 수 있다. (은유 변이의 또 다른 원인은 제4장에서 논의할 것이다.)

다음에서는 인지언어학적 은유 연구에 근거해서 이러한 해석 작용이 개인과 집단들의 은유 사용에 미치는 제약 효과를 중심으로 이러한 해석 작용을 간략히 기술할 것이다. (이 해석 작용을 사례와 함께 충분히 검토한 논의는 쾨브체시의 2005년 연구[Kövecses 2005]의 제9장을 참조하라.)

체험적 초점

어떤 특별한 목표영역에 대한 신체화의 다양한 양상을 고려하면, 화자 집단은 물론 개인들조차도 은유적 개념화를 위해 그 목표영역에 대한 신체화의 어떤 양상을 사용하는가가 다를 수 있다(예를 들어, Kövecses 2005와 이 책의 5장을 참조하라). 나는 '체험적 초점'이라는 용어를 사용하여 이 작용을 가리킨다. 하나의 실례로 영어와 중국어의 화 은유를 살펴보자.

킹(1989)과 위닝(1995, 1998)은 영어를 비롯한 다른 언어들보다 중국어에서 체열이 화 은유의 발생에서 훨씬 더 약한 역할을 수행한다고 지적한다. 영어에는 화에 대한 열 관련 은유 표현(가령, boil[끓다], seethe[끓이다], simmer[부글부글 끓다], hotheaded[빨리 열 받는])이 풍부하지만, 중국어에는 그러한 표현의 발생 빈도가 훨씬 더 낮다. 중국어는 화 은유의 발생과 사용에서 체열보다는 내부 압력을 강조하는 것으로 보인다. 이것은 영어 화자들과 중국어 화자들이 화가 날 때 자신들의 생리의 특별한 양상에 초점을 두는 방식이 다르기 때문이다.

현저성

어떤 점에서 현저성은 무언가에 초점을 부여하는 것의 역이다. 초점을 부여할 때에는 사람이 무언가(의 한 양상)를 부각하거나 이 양상에 윤곽을 부여하는 반면, 현저성의 경우에는 무언가(의 양상)가 그 사람에게 현저하게 된다. 서로 다른 문화에서는 서로 다른 개념이 현저하다. 즉, 심리적으로 더 두드러진다. 현저한 개념은 현저하지 않은 개념보다 근원영역과 목표영역이 될 가능성이 더 높고, 그러한 개념의 현저성은 담화의 기저에 있는 이념에 의존할 수 있다.예컨대, 보어스와 데메체레르(Boers & Demecheleer 1997, 2001)는 **모자**와 **배**의 개념이 프랑스어보다 영어의 은유적 관용어에서 더 생산적이고(예: hats off [경의를 표함], a hat trick[하키나 축구에서 한 선수가 3득점을 기록하는 경우]), 역으로 **소매**와 **음식**의 개념은 영어보다 프랑스어의 은유적 관용어에서 더 생산적이라고 말했다. 이 두 저자는 이러한 일이 발생하는 이유를 (영국) 영어 화자들에게는 **모자**와 **배**의 개념이 비교적 더 현저하지만 프랑스어 화자들에게는 **소매**와 **음식**의 개념이 비교적 더 현저하기 때문이라고 주장한다. 이 두 연구자가 수행한 비공식적 실험은 프랑스어를 사용하는 학생들이 **모자**와 **배**의 개념을 포함하는 생경한 영어 관용어의 의미보다 **소매**와 **음식**을 포함하는 생경한 영어 관용어의 의미를 더 쉽게 추측할 수 있다는 것을 암시하는 듯하다. 따라서 문화들 사이에서 개념의 차별적 현저성은 은유적 관용어의 사용에 영향을 미칠 수 있다.

원형 범주화

종종 집단들 사이나 개인들 사이에 원형의 차이가 있다. 그러한 원형적 범주가 은유에 대한 근원영역이 될 때, 그 결과는 은유의 변이이다. 한 문화의 한 근원영역 개념이 특별한 원형으로 표상되고 또 다른 문화의 상응하는 근원영역 개념이 또 다른 원형으로 표상될 때, 이러한 원형적 개념과 관련이 있는 개념적 은유도 역시 다를 것이다. 우리가 개념적 은유에서 사용하는 원형적 개념은 우리가 사는 문화에서 겪는 경험에 기초를 둔다. 이에 대한 흥미로운 예는 칠턴과 레이코프

(Chilton & Lakoff 1995)에서 나온다. 이 둘은 1990년대에 유행하던 개념적 은유에 들어있는 **집**의 개념—**유럽 공통의 집**—을 분석한다. **집**의 개념은 서양 유럽과 러시아—더 정확히는 그 은유의 출처인 예전의 소련—에서 서로 다른 원형으로 표상한다. 원형의 차이(1가구 단독주택 대 거대한 아파트 공동주택)는 특정한 정치적 쟁점에 관한 서로 다른 은유적 추리로 이어진다. 이러한 개념적 은유를 고려하면 그러하다는 말이다.

틀 부여

집단과 개인은 '동일한' 근원 개념을 은유적 개념화에서 사용하지만, '동일한' 개념을 틀에 넣는 방식은 다를 수 있다. 그 결과, (틀 부여의 차이에 비례하여) 출현하는 은유가 달라질 것이다.

은유 선호 대 환유 선호

어떤 특정한 목표영역을 개념화하는 데 사용하는 인지 과정이 여럿일 수 있다. 집단이든 개인이든 사람들이 어떤 인지 과정을 선호하는가는 다를 수 있다. 집단들 사이에서나 개인들 사이에서 흔히 드러나는 차이는 특별한 영역에 대해 은유적 개념화를 선호하는가, 아니면 환유적 개념화를 선호하는가와 관련이 있다. 1장에서 살펴보았듯이, 차터리스블랙(Charteris-Black 2003)은 영어와 말레이어에서 입과 혀, 입술이라는 세 개념의 비유적 용법(예: tight-lipped[말수가 적은], tongue-tied[긴장해서 말문이 막힌])을 조사했다. 은유적 개념화의 유사성에 더하여, 그는 이 세 개념과 관련이 있는 비유적 표현이 영어에서는 환유이지만 말레이어에서는 은유인 경향이 있음을 또한 발견했다. 발성기관의 영역에서 이러한 개념의 비유적 활용은 문화 특정적인 것처럼 보인다.

정교화

바르셀로나(Barcelona 2001)에서 지적했듯이, 어떤 특별한 개념적 은유는 여러 다른 언어에서 더 많거나 더 적은 언어 표현을 만들어낼 수 있다. 많은 (낱개가 아니라) 유형의 표현을 만들어 낸다면, 이 개념적 은유는 더 정교화된다. (또한 Lakoff & Kövecses 1987을 참조.) 개념적 은유 **화는 그릇 속의 뜨거운 액체**를 고려하면, 미국 영어의 특징은 blow a fuse(몹시 화내다), blow a gasket(버럭 화를 내다), flip your lid(분노를 폭발시키다), blow your top(불같이 노하다), blow your stack(불같이 노하다), fly off the handle(욱하다) 등의 은유적 표현에 반영된다. 바로셀로나에 따르면, 스페인어에서는 화를 기술하는 그렇게 풍부한 표현을 찾아볼 수 없다. (여러 다른 언어들 사이의 상이한 정교화 정도라는 쟁점은 쾨브체시 등의 최근 연구[Kövecses, et al. 2015]를 또한 참조하라.)

특정성

바르셀로나(Barcelona 2001)는 서로 다른 화자 집단에서 언어적 은유를 표현하는 특정성 위계의 수준에 따라 이 언어적 은유가 다를 수 있다고 지적한다. 어떤 화자 집단은 특정성의 한 층위에서 어떤 특별한 의미를 표현하지만, 이 동일한 의미를 또 다른 화자 집단은 특정성의 다른 층위에서 표현할 수 있다. 결합된 은유 **(초래된) 상태 변화는 그릇으로의 (초래된) 이동**은 영어에서 총칭적 층위와 특정적 층위에서 다 표현될 수 있다. 그래서 영어에서는 (총칭적인 *send*를 사용한) "His behavior *sent* me *into* a fury(그의 행동이 나를 격분 상태 속으로 보냈다)"나, (특정적인 *throw*를 사용한) "The news *threw* him *into* a state(그 소식이 나를 흥분 상태로 몰아넣었다)"라고 말할 수 있다. 하지만 바로셀로나에 따르면 스페인어에서는 더 특정한 층위의 표현인 "*throw* someone into a state"는 수용 가능하지 않다. 달리 말하자면, 몇 가지 예가 입증하는 바와 같이, 스페인어 화자들은 영어 화자들보다 일반성의 더 높은 층위에서 이 개념적 은유를 표현하는 경향이 있다.

관습화

마지막으로 바르셀로나(Barcelona 2001)는 또한 두 언어에서 동일한 개념적 은유를 언어로 예시할 때 관습화의 정도가 다를 수 있다는 점에도 주목한다. 한 언어의 언어적 은유는 또 다른 언어의 상응하는 언어적 은유보다 더 관습적일 수도 있고 덜 관습적일 수도 있다. 바르셀로나(2001)에 따르면, 스페인어의 은유적 표현 "Romeo se ha *en*amorado"(로미오가 사랑에 빠졌다)은 영어의 상응하는 표현인 "Romeo *fell in* love with Juliet"보다 관습성은 더 낮고 창의성은 더 높다. 비록 두 표현 다 **사랑은 그릇**이라는 동일한 개념적 은유에 근거하고 있지만 말이다.

해석 작용은 은유의 사용에 제약을 부과한다. 특히 이 해석 작용은 화자가 은유를 **제시하는** 방식에 의하여 은유의 변이를 야기한다. 4장과 6장에서는 변이를 생산할 수 있는 또 다른 제약 요인이 있으며, 따라서 그러한 요인이 실제로 특정한 은유의 사용에 **점화할** 수 있다는 점을 보여줄 것이다. 나는 뒤따르는 장에서 이 추가적인 요인의 집단을 '맥락상 요인'이라 부를 것이다.

결론

의미형성은 많은 해석 작용을 포함한다. 이러한 작용 중에서 추상적인 개념을 창조하고 해석하는 데 분명히 관여하는 작용—추상화, 도식화, 주의, 원근법화, 환유, 은유, 개념적 통합 등—을 논의했다. 우리는 우리의 경험을 개념화할 때 다양한 종류의 추상화와 관련이 있는 이러한 인지적 기제를 사용한다.

해석 작용의 중요한 특성은 흔히 함께 작동한다는 것이다. 우리는 추상화가 어떻게 종종 도식화를 수반하고, 주의와 원근법화가 어떻게 함께 작용하며, 은유와 개념적 통합이 어떻게 결합될 수 있는지를 살펴보았다.

이 장에서는 주로 은유의 기제에 초점을 두었다. 첫째, 1장에서 소개한 정보를 바탕으로 다음 몇 장에 나오는 내용과 관련이 있는 인지언어학의 은유 견해를 더욱 다듬었다. 둘째, 개념적 은유가 몇 가지 방식으로 발생할 수 있다는 점을 지적했다. 많은 은유는 전통적으로 인정하듯이 일종의 유사성으로부터 발생하거나, 보통 인정을 덜 받지만 체험적 상관관계로부터 발생한다. 이러한 발생 요인 이외에, 개념적 은유의 발생에 잠재적으로 유용할 수 있는 제3의 가능성—도식화를 통한 발생—을 제시했다.

마지막으로, 나는 은유 사용의 변이에 책임이 있는 한 무리의 해석 작용을 논의했다. 해석 작용의 차별적인 적용은 한 언어의 화자들의 특별한 '인지 스타일'이 된다. 은유 변이는 부분적으로 개별 화자나 집단이 보유한 차별적인 인지 스타일의 제약 효과로부터 발생한다. 그러나 다음 몇 장에서 살펴보겠지만, 은유 사용의 변이와 창의성을 야기하는 데 아주 중요한 역할을 하는 또 다른 요인도 있다. 이러한 요인은 우리가 간단히 언어적·비언어적 맥락으로 간주하는 것의 양상과 관련이 있다. 이것이 이 책의 주된 초점이다.

제3장
개념 체계

내가 여기에서 제안하고 있고, 일반적인 합의를 따르는 견해에서 개념 체계는 과정이면서 동시에 산물이다. 나는 개념 체계의 과정 부분(추상적 개념을 생산하는 부분)을 다양한 인지 작용, 즉 해석 작용을 논의한 2장에서 다루었다. 이 장은 산물로서의 개념 체계, 즉 결과적으로 개인들이 지니고 있는 대체로 관습화된 개념들의 체계이다. 이 개념 체계의 많은 부분은 개인들이 주어진 어떤 공동체 내에서 공유한다. 하지만 개념 체계가 인지 작용과 그 산물 둘 다로 구성된다는 점을 논의가 끝날 때까지 명심해야 한다.

개념 체계를 이러한 식으로 생각하면, 내가 이 책에서 펼치는 폭넓은 맥락 개념을 더 잘 이해하는 데 도움이 될 것이다. 이 맥락 개념은 관습적인 개념 체계를 맥락(의 한 유형)으로 볼 수 있는 인지주의 견해이다. 이 견해는 우리가 5장에서 '문화'는 물론 문화와 은유와의 관계를 논의하고, 8장에서 유머의 이해에서 개념 체계가 맡는 역할을 논의할 때 특히 소중하게 될 것이다.

인간의 개념 체계의 본질에 관한 가장 종합적이고 심오한 진술의 하나는 바살루(Barsalou 1999)의 논문 〈지각적 상징체계(Perceptual symbol systems)〉이다. 바살루는 자신의 접근과 개념 구조에 대한 인지언어학의 연구(Johnson 1987; Lakoff 1987; Langacker 1987; Fauconnier 1997) 사이에 많은 유사성이 있음에 주목한다. 이 장에서는 그러한 유사성에 관한 바살루의 의견을 철저히 추적하고, 개념 체계와 관련해 바살루가 중요하다고 생각하는 몇 가지 쟁점에 대해 가능한 인지언어학적 접근을 펼치고자 한다. 하지만 나는 바살루보다 개념 체계의 특징을 덜 포괄적이고 덜 상세하게 정의할 것이다. 나 자신의 은유 연구(Kövecses 2010a, b)와 환유 연구(Kövecses & Radden 1998; Radden & Kövecses 1999; Kövecses 2010a), 감정 개념의 비유적 양상에 관한 연구(Kövecses 2000a, 2008b)에 바탕을 두고, 나는 개념 체계 내의 추상적 개념과 관련이 있는 논제에 주의를 집중할 것이다. 이렇게 주의를 좁히는 접근을 정당화하는 근거는, 개념 체계 내의 추상적 개념의 본질과 역할이 바살루가 말하는 '양식적', 즉 지각적 상징체계에 핵심적인 논란을 제기하기 때문이다. 추상적 개념을 포함하는 개념 체계가 어떻게 완전히 양식적, 즉 지각적일 수(즉, 신체화될 수) 있는가?

개념 체계는 뇌가 세상사 지식을 조직화하는 방식이라 간주할 수 있다. 세상사 지식은 대부분 무의식적이다. 개념 체계는 초월적인 무언가가 아니다. 이 개념 체계는 뇌에 근거하고, 뇌는 우리가 세상을 개념화하는 과정에서 활용하는 모든 인지 작용, 즉 해석 작용을 지지한다. 이러한 개념 체계를 창조하는 것은 바로 뇌의 뉴런들(의 작용)이다.

바살루(Barsalou 1999)의 체계에서, 개념은 '시뮬레이터'의 역할을 수행한다. 지각적 경험의 기억은 프레임으로 조직화되어 시뮬레이터를 실행한다. 그러한 시뮬레이터는 다시 (지각적이고 자기 수용적이며 내성적인 경험에 대해) 무수히 많은 시뮬레이션을 한다. 시뮬레이터는 유형을 표상하고, 유형은 개념 체계를 구성한다. 나는 이 장과 이 책의 후반부에서 '개념'이라는 용어를 계속 사용한다. 하지만 이 용어의 의미는 바살루가 말하는 그 의미이다. (바살루의 이론에 대한 더 상세한 설명과 그의 이론을 개념적 은유 연구에 적용한 논의의 상세한 소개는 Ritchie 2006에서 확인할 수 있다.)

인간의 개념 체계의 특성

바살루(1999)는 개념 체계가 수행해야 하는 수많은 기능을 식별한다. 구체적으로 인간의 개념 체계는 다음 기능을 수행해야 한다.

- 직접적으로 접근 가능한 경험의 완벽한 심적 표상을 제공하는 것
- 직접적이지 않은 경험에 대한 표상을 허용하는 것
- 수많은 개념 체계의 사용자들에게 접근할 수 있는 것
- 세계를 이해하는 것
- 사용된 표상으로부터 추론을 가능케 하는 것
- 생산성과 창의성을 고려하는 것

나는 영향력이 아주 큰 바살루의 논문으로부터 이러한 논제를 차용한다. 하지만 내가 이러한 논제를 제시하는 방식과 이러한 논제에 대해 제안하는 해결책은 어떤 경우에 바살루의 방식이나 해결책과 다를 것이다. 특히 추상적 개념이나 은유를 포함하는 논제의 경우에는 그러할 것이다. 나의 주요한 목표는 나 자신의 특별한 인지언어학 원근법으로부터 이러한 논제를 해석하고 제시하고 해결하는 것이다.

직접적으로 접근 가능한 경험의 완벽한 심적 표상을 제공하는 것

어쩌면 개념 체계의 가장 중요한 과제는 직접적으로 접근 가능한 세계를 심적으로 표상할 역량을 지니는 것이다. 심적 표상은 경험을 개념으로 조직함으로써 발생한다. 개념 체계를 구성하는 개념은 모든 양식(시각, 촉각, 청각, 후각, 미각)의 감각 경험은 물론 자기 수용적 경험(예: run[달리다])이나 내성적 경험(예: think[생각하다])을 비롯하여 직접적으로 접근 가능한 전 범위의 인간 경험을 포괄해야 한다. 하지만 다음 몇 장(특히 제9장)에서 보여주겠지만, 이것이 어떤 특별한 의사소통 상황에서 세계의 어떤 양상을 은유적으로 개념화하는 동안 어떤 개념과 관련된 전체 세계 표상이 존재한다거나 활성화된다는 뜻은 아니다.

직접적이지 않은 경험에 대한 표상을 허용하는 것

인간은 직접적이지 않고 간접적인 경험을 표상하는 세계의 양상도 구축할 수 있다. 인간은 직접적인 실재의 일부로 관찰하거나 지각할 수 없는 개체와 사건—즉 감각이나 자기수용, 내성을 통해 직접 경험할 수 있는 것을 초월하는 개체와 사건—을 상상적으로 창조한다. 비록 인간이 그러한 개체와 사건을 직접 경험할 수는 없지만, 창조하고 상상할 수는 있으며 그러한 개체와 사건이 실재한다고 실제로 믿을 수 있다.

수많은 개념 체계의 사용자들에게 접근할 수 있는 것

인간의 개념 체계는 두루 접근 가능해야 한다. 이러한 이유 때문에, 사용자(예: 화자)는 개념(즉, 세계에 대한 심적 표상)을 언어적 상징으로 바꾼다. 이러한 일은 개념과 특별한 형태(소리, 글, 그림, 어떤 종류의 상징 등)의 짝짓기를 통해 발생한다. 이렇게 해서 개념의 사용자들은 다른 사람들로 하여금 개념에 접근 가능하도록 한다. 이것은 개념과 일반적인 개념 체계를 사회적인 의사소통 매체로 만들어야 할 필요에서 발생한다.

세상을 이해하는 것

우리가 세상에서 직면하는 상황을 개념화하고 기술하려는 목표를 달성하기 위해서는, 개념 체계를 구성하는 개념들이 유의미해야 한다. 앞으로 살펴보겠지만, 개념이 어떻게 유의미성을 획득한다고 보는가의 문제는 개념 체계 이론들을 가르는 주요한 경계선이다.

사용된 표상으로부터 추론을 가능케 하는 것

인간의 개념 체계는 개념이나 개념의 결합이 어떻게 개체와 상황에 대한 많은 지식을 제공하는지를 설명할 수 있어야 한다. 이 지식의 양은 특정한 개념들이나 이 개념들의 결합이 정적이고 확장 불가능하다고 가정하는 경우에 우리가 이것들로부터 기대하는 것보다 훨씬 더 많다. 예컨대, 문장 The doctor cured the patient(의사가 환자를 치료했다)를 듣는다면, 우리는 이 문장의 의미를 고려하여 온갖 추론을 다 할 수 있다. 그러한 추론을 할 수 있는 우리의 능력은 인간의 개념 체계의 주목할 만한 특징이다.

생산성과 창의성을 허용하는 것

인간의 개념 체계의 특징은 무한히 많은 개념들이나 (보통 명제라 불리는) 이 개념들의 결합을 생성할 수 있는 능력이다. 인간의 개념 체계는 대안적 방법이나 새로운 방법으로 개체와 상황을 해석하고 기술하는 수단인 여러 새로운 개념과 개념화도 또한 생성할 수 있다.

인간의 개념 체계는 어떻게 이러한 과제를 달성할 수 있는가? 그리고 이러한 기능을 수행할 수 있는 인간의 개념 체계는 어떠한 것인가? 그러한 개념 체계의 특징을 정의하기 전에, 이러한 과제를 수행하기 위해 지금까지 제안한 인간의 개념 체계에 대한 일반적인 두 모형을 살펴보자.

개념 체계에 대한 모형의 유형

선행 텍스트에서 그 특징을 정의한 개념 체계에 대해 본질적으로 두 유형의 모형이 있다. 이 다양한 견해 중에서 바살루와 여타의 학자들(특히 Barsalou 1999 참조)은 인지심리학과 인지과학 맥락에서 한편의 '지각적', 즉 '양식적' 개념 체계와 다른 한편의 '비지각적', 즉 '비양식적' 개념 체계를 구분한다. 비슷한 노선을 따라 레이코프, 존슨, 래너커 등(특히 Lakoff & Johnson 1980; Johnson 1987; Lakoff 1987; Langacker 1987, 2008; Lakoff & Johnson 1999 참조)은 인지언어학의 원근법에서 아주 유사한 방식으로 개념 체계에 대한 '체험주의' 견해와 '객관주의' 견해를 구분한다.

바살루의 이론에서든 인지언어학 이론에서든 개념 체계의 모형이 의지하는 근본적인 개념은 신체화 개념이다(예를 들어, Gibbs 2006; Casasanto 2009 참조). 지각적 · 양식적 (또는 체험주의) 견해에서 신체화가 의미하는 바는 인간의 개념 체계가 대체로 지각적 경험에 근거한다는 것이다. 달리 말하면, 우리는 지각적 경험의 결과로서 우리에게 유의미한 개념을 통해 세상을 이해한다. 이러한 유형의 개념 체계는 개념이 지각적 경험에 근거하지 않는 개념 체계—실제로 개념을 생성하는 것과는 다른 양식에 개념이 내재한다고 보는 개념 체계—와는 근본적으로 정반대이다. 전자의 모형에서는 개념이 상응하는 지각적 경험과 유사한 관련성을 지니지만, 후자의 모형에서는 이 관계가 자의적이다. 바로 이러한 의미에서 바살루(1999)를 따라 전자의 체계는 '양식적'이지만 후자의 체계는 '비양식적'이라고 제안할 수 있다.

이러한 과제에 참여하는 개념의 특징

지각적·체험적인 개념 체계가 앞에서 지적한 과제를 수행할 역량을 지니기 위해서는 이 개념 체계를 구성하는 개념들이 적어도 다음의 특성을 지녀야 한다.

- 신체화됨
- 원형에 근거함
- 도식적임
- 프레임에 근거함
- 언어적으로 부호화됨

신체화됨

지각적·양식적·체험주의적인 개념 체계 속의 개념들은 정의상 신체화되어야 한다. 인지언어학적 견해에서, 개념의 신체화는 몇 가지 방식으로 발생한다. 첫째, 개념은 초기의 선(先)개념적 경험을 구성하는 영상도식에 근거하고, 일상생활에서 계속 강화된다(Johnson 1987;

Lakoff 1987). 그릇, 부분-전체, 근원지-경로-행선지, 힘이나 힘에의 저항 등과 같은 영상도식은 많은 우리 개념의 토대가 된다. 그릇 영상도식은 **안**이나 **밖**, **들어가다**와 같은 개념을 정의한다. 근원지-경로-행선지 도식은 **여행**이나 **도착하다**, **여행하다**, **떠나다**와 같은 개념을 정의한다. 그리고 힘 도식은 **밀다**, **당기다**, **저항하다**, **감정** 등의 개념을 정의한다. 둘째, 많은 경우에 개념을 정의하는 근거는 '상호작용적'인 특성이며, 이 특성은 개체에 객관적으로 내재하지 않는다(가령, Rosch 1978; Lakoff & Johnson 1980 참조). 이러한 특성에는 감각운동 활동, 지각적 모양과 여타의 특성, 상대적 크기, 기능, 목표, 몇 가지 다른 특성 등이 들어간다. 이러한 특성은 사물과의 상호작용으로부터 발생하는 특성이다.

바살루(1999)가 지적하듯이, 지각적 상징체계의 모형에 대한 심각한 문제는 신체화에 관련하여 추상적 문제를 다루는 방식이다. 개념을 추상적이게 만드는 것은 개념이 지각적 경험에 근거하지 않는다는 것이기 때문에, 추상적 개념은 신체화될 수 없다. 다음에서는 인지언어학적 접근법이 어떻게 이 논제를 다루는지를 살펴본다.

원형에 근거함

체험주의적인 개념 체계에서는 개념을 원형의 측면에서 정의한다(Rosch 1975, 1978; Lakoff 1987). 원형은 개념적 범주의 '가장 좋은 보기'이다. 어떤 개념적 범주의 사례는 그 범주에 속하는 구성원들이다. 함께 속하는 구성원들은 세계 내의 사물과 사건(예: 여러 종류의 의자)이나, 단어의 의미(예: 단어 love[사랑]의 의미), 언어적 범주(예: **명사**)에 대한 개념일 수 있다.

원형적 구성원(즉, 가장 좋은 실례)은 개념적 프레임으로 표상되고,

비원형적 구성원은 원형적 구성원에 대한 프레임으로부터의 수정이나 '일탈'로 제시된다. 개념을 정의하는 토대가 원형이라는 발상에도 불구하고, 사람들이 정확히 동일한 원형을 갖는다는 것은 아니다. 바살루의 연구나 다른 학자들의 연구는 맥락이 여기에서 중요한 역할을 한다는 것을 암시한다(Barsalou 1983; Gibbs 2003a).

도식적임

개념은 앞서 말한 의미에서 원형에 근거할 뿐만 아니라 도식적이다. 원형은 항상 도식적인 정신적 표상이다. 어떤 개념이든 자신의 실례보다 훨씬 덜 상세한 정보를 지닌다. 다시 말해, 개념은 항상 자신이 가리키는 실례들에 대한 도식화된 버전이다. 개념은 실례나 낱개가 아닌 유형이다. 개념은 또 다른 의미에서 도식적이다. 즉, 개념은 매우 일반적인 영상도식 구조에 근거한다. 많은 개념들은 물리적인 사물에 대한 심층의 영상도식을 공유하고, 많은 다른 개념들은 과정에 대한 도식을 공유한다. 이것은 인지언어학에서 명사와 동사를 구분하는 토대이다(Langacker 1987).

프레임에 근거함

개념은 두 가지 측면에서 프레임에 근거한다. 앞에서 지적했듯이, 한 가지 측면은 범주의 원형적 구성원이 필모어(Fillmore 1982)가 말하는 프레임의 형태로 개념 체계에 존재한다는 것이다. 최소한 로쉬(Rosch)의 사례 중 하나인 **새**에서처럼 프레임은 자질 목록으로 구성될 수 있다. 북아메리카에서 **새**의 원형은 '날개가 있다', '날 수 있다', '지저귈 수 있다', '몸집이 작다'의 특징으로 정의할 수 있다. 이러한 원형을 고려하면, 울새는 타조보다 새의 더 좋은 예이다. 하지만 대부분의 프레임은 간단한 자질 목록이라 제시할 수 없다. 대신, 프레임은 개체나 개체 사이 관계의 복잡한 망으로 구성된다. 예컨대, **경쟁** 프레임은 **참여자**나 **장소**, **상**, **순위**, **점수**, **개최지**는 물론 **이기다**, **패하다**, **경기하다**, **득점하다**, **쳐부수다**, **입장하다**, **비기다** 등의 관계로 구성된다(프레임네트).

개념이 프레임에 근거하는 두 번째 측면은 많은 경우에 그 특징을 자질 목록으로 적절하게 정의하는 개념이 배경 프레임에 내포된다는 것이다. 적절한 예는 **아침식사**의 개념이다(Fillmore 1982). 비록 우리는 이 개념의 특징을 '수면 이후에 먹는 식사', '하루 중 일찍이 먹는 식사', '메뉴가 특별한 식사' 등의 자질로 정의할 수 있지만, 이 개념은 **하루 동안의 식사 주기**에 대한 일반 프레임을 배경으로 참조해야 의미가 통한다. 프레임이 경험을 이해하기 위한 배경을 제공하는 방식은 더 복잡한 문제가 많을 수 있다. 필모어가 논의한 BACHELOR(**노총각**)의 사례가 유명하다. 용어 bachelor는 **성인**이고 **남성**이며 **미혼인 사람**(**인간**)에게 적용할 수 있다. 이것도 전형적인 남성 생애주기 프레임이 적용되어야만 가능하다. 교황과 타잔은 **노총각**이라는 개념적 범주의 수용 불가능한 (또는 매우 주변적인) 구성원이다.

언어적으로 부호화됨

마지막으로, 개념에 대한 프레임은 관습적으로 단어 형태와 연결된다. 다시 말해서, 프레임은 언어적으로 부호화된다. 특별한 프레임에 대해 단어를 사용하면, 그 단어와 연결된 프레임이 떠오른다. 이로 인해 담화에서 프레임이 활성화되고, 개념화가 발생할 수 있다. 게다가, 어떤 프레임의 한 부분인 개념에 대한 단어도 역시 그 프레임 전체를 떠오르게 한다. 예컨대, 개념 **골키퍼**는 **축구** 프레임을 구성하는 개체 중의 하나이다. 따라서 단어 goalkeeper(골키퍼)를 들으면, 우리는 **축**

구 프레임 전체를 떠올린다. 하지만 나는 단어(나 개념)가 항상 자신과 연결되거나 자신을 포함하는 **전체** 프레임을 떠오르게 한다고 주장하지는 않는다. 종종 특별한 의사소통 상황에서, **몇 개의** 프레임에서 나온 몇 개의 요소를 조합해서 특별한 정신공간을 구성할 것이다(Fauconnier 1985, 1997). 나는 프레임이 장기기억의 양상(이고 경험에 대한 관습적이며 일관성 있는 조직)이지만, 정신공간은 특별한 의사소통적 상황에서 나타나는 개념들의 일시적이거나 실시간의 조합—비록 이 조합이 구조화되어 있기는 하지만—이라고 제안한다.

체계를 구성하는 개념의 종류

전통적으로 개념은 기본적으로 두 종류로 나뉜다. 하나는 구체적 개념이고 다른 하나는 추상적 개념이다. 전통적 견해에서, 구체적 개념은 실재의 유형적 양상과 관련이 있는 개념이다. 즉, 실재의 이러한 양상은 감각운동 과정을 통해 경험할 수 있다. 이와 대조적으로, 추상적 개념은 실재의 무형적 양상에 관한 개념, 즉 감각운동 과정을 통해 경험할 수 없는 개념을 말한다. 앞에서 언급했듯이, 이러한 구분을 가정하면, 개념 체계에 대한 체험주의 이론은 추상적 개념의 경우 난관에 봉착할 것이라고 생각한다. 왜냐하면 만일 추상적 개념이 지각적 경험에 기초하지 않는다면 이 개념은 신체화될 수 없으며, 만일 추상적 개념이 신체화되지 않는다면 개념 체계에 대한 **완전히** 지각적이고 양식적인 체험주의 모형이 존재할 수 없기 때문이다.

추상적 개념을 전통적인 방식으로 생각하지 않는다면, 외견상이 모순은 해결할 수 있다. 이 모순의 해소는 인지언어학 틀에서 가능하다.

이 틀은 추상적 개념에 대해 이전에 이용 가능했던 견해보다 훨씬 더 정밀한 견해를 제공한다. 이 견해에서, 추상적 개념은 실재의 무형적 양상에 대응하는 개념에 국한되지 않는다. 래너커(Langacker 2008)는 가상성의 제목 하에서 이 논제를 논의하고, 추상적 개념이 발생할 수 있는 세 가지 방식이 본질적으로 존재한다고 제안한다. 바로 (1) 추상화(abstraction), (2) 은유(metaphor), 개념적 통합(conceptual integration), (3) 주관성(subjectivity)이 그것이다. 나는 2장에서 추상적 개념을 창조하는 이러한 방식을 간략히 논의하고, 각각의 예를 살펴보았다. 이제는 추상적 개념이 체험주의적인 개념 체계에서 (어떻게) 신체화될 수 있는지의 질문이 제기된다. 2장에서 살펴보았던 분석을 고려해 이 질문에 다음과 같은 답을 제시할 수 있다.

추상화/도식화의 예(ring의 두 의미)는 추상화의 경우에 개념의 지각적 양상이 보존된다는 것을 보여 준다. 첫 번째 예에서는 공통의 감각운동 경험(신체화)이 추상화를 창조하지만, 두 번째 예에서는 그러한 경험의 한 자질이 추상적 개념을 위한 바탕이다.

은유적 개념화에 관련해, 많은 은유에 관한 주요한 논제(2장의 예 참조)는 은유가 추상적 개념(의 양상)을 실제로 창조하는가, 아니면 해당되는 추상적 개념과 연결되는 이미 존재하는 개념적 구조를 단순히 반영하는가이다. 어떤 학자들은 은유가 단순히 추상적 개념과 연결되는 어떤 기본적인 축자적 구조에 기초한다고 주장한다(Quinn 1991; Barsalou 1999). 또 다른 학자들은 축자적이라 가정하는 추상적 개념의 기본적인 구조조차도 '구성적' 은유의 기여 없이는 생각할 수 없다고 주장한다(Johnson 1987; Lakoff & Kövecses 1987; Gibbs 1999; Kövecses 1999). 그렇다고 모든 은유가 추상적 개념의 핵에 영향을 미치고 이 핵을 구성하는 힘을 갖는다고 제안하는 것은 아니다. 즉, 나는 이전에 존재하던 추상적 개념(의 양상)을 단순히 반영하고 종종은 단지 장식하는 은유가 정말로 있다는 것을 기꺼이 인정한다. 흥미롭게도, 은유의 구성적 견해와 '이미 존재하는 축자적 구조 견해'는 둘 다 추상적 개념이 지각적 경험이나 감감운동 경험에 기초한다는 생각을 지지한다. 그 이유는 추상적 목표영역과 물리적 근원영역을 가정하면 추상화와 상응하는 신체적 경험 사이에 상관관계가 있기 때문이거나(가령, Grady 1997a, b), 이 둘 사이에 문자적 유사성(Quinn 1991; Barsalou 1999)이나 은유적 유사성이 있기 때문이다.

마지막으로, 가상 이동과 관련해서는 2장에서 래너커를 따라 경로상의 실제 이동을 개념화하는 방식과 경로상의 가상 이동을 개념화하는 방식이 비슷하다고 지적했다. 왜냐하면 실제 이동에서는 개념화자가 이동자의 이동 경로를 추적하고, 가상 이동에서는 정적인 사물(길과 흉터)을 추적하기 때문이다. 바로 개념화의 이 유사성을 통해 우리는 가상 이동을 인식할 수 있다. 따라서 주관성(가상 이동)도 신체화에 기초한다고 지적해야 한다. 여기에서 인지 과정(들)이 가상 요소의 창조에 대한 신체적 동기를 부여한다. 가상 이동에 대한 이 주장은 우리가 가상 이동을 어떻게 생각하는지에 관계없이 적용된다. 즉, 가상 이동을 은유적(이고 혼성)이라 생각하든, 비은유적이라 생각하든 이 주장은 적용된다(2장 참조).

요컨대, 추상적 개념의 세 가지 경우에, 개념은 지각적 경험에 기초한다. 이것은 그러한 추상적 개념이 신체화된다는 것을 뜻한다. 다시 말해, 개념 체계에 대한 체험주의 모형에서는 구체적 개념에 더하여(Gibbs 2003b), 추상적 개념도 신체화된다. 즉, 추상적 개념은 탈신체화된 추상화가 **아니다**. 결과적으로, **완전히** 지각에 근거하거나 양식적이거나 신체화된 개념 체계가 있을 수 있다. (인지언어학 이외의 틀에 있는 비슷한 발상은 Cacciari 2008을 참조하라.)

개념 체계의 본질

그렇다면 지각적인 개념 체계나 체험주의적인 개념 체계의 **전반적인** 자질은 무엇인가?

지각적이거나 양식적이거나 체험주의적인 개념 체계는 다음과 같다.

신체화됨
도식적임
영상적임
부분적으로 자의적임

그리고 여기에서 앞서 언급하지 않은 한 가지 특성을 추가할 수 있다.

위계적임

신체화됨

위에서 개념을 특징지을 때 보았듯이, 전통적인 용어의 구체적 개념과 추상적 개념 둘 다를 비롯해 **모든** 개념은 신체화된다. 즉, 모든 개념은 (비은유적 개념처럼) 직접적으로 지각적 경험에 기초하거나 (은유적 개념처럼) 간접적으로 지각적 경험에 기초한다.

도식적임

어떤 개념 체계 내의 개념들은 도식적이다. 이것은 그러한 개념이 실례가 아닌 유형을 나타내고, 특별한 실례보다 훨씬 덜 상세한 정보를 부호화한다는 것을 뜻한다. 따라서 개념은 개별 사례(특별한 실례)가 아니라 개별 사례들의 집단, 즉 부류를 나타낸다. 하지만 이것이 실제 활용 사건 동안 개별 사례를 식별하는 데 개념들을 사용할 수 없다는 것을 뜻하지는 않는다.

영상적임

체험주의적인 개념 체계에서 사고(즉, 개념들의 조합)는 어떤 종류의 형태를 갖는가? 대부분의 인지언어학자들은 사고가 언어 기호의 자의적 특징과 비슷한 자의적 상징의 연속체인 명제에 근거하지 **않는다**고 제안한다. 그 대신에, 사고는 매우 추상적이지만 체험에 근거한 영상도식을 포함한다(Johnson 1987; Lakoff 1987; Hampe 2005; Gibbs 2006). 이미 지적했듯이, 영상도식은 이동, 공간, 시각, 힘 등과 관련이 있는 우리의 가장 기본적인 활동의 일부에 대한 도식화이다. 사고에서는 영상도식들이 결합되어 세계를 개념화하기 위한 복잡한 구조를 생산하고, 은유적 사고에서는 영상도식이 은유적으로 추상적 경험 영역에 투사된다. 영상도식이 기본적인 인간 경험으로부터 도출된다는 사실 덕택에, 영상도식은 우리가 이 영상도식을 사용하여 개념화하는 대상과 자의적 관계가 아니라 유추적 관계를 맺는다.

다시 말해, 개념 체계에 대한 체험주의 모형에서 세계에 대한 개념화는 명제적이라기보다 **영상적**이다.

부분적으로 자의적임

하지만 아주 구체적인 의미에서 개념 체계는 자의적 특징을 지니고 있다. 이 자의적 특성은 앞에서 언급한 개념의 언어적 부호화로부터 발생한다. 개념과 연결되는 언어 형태는 특정한 언어에서 자의적으로 선택한다. 이로 인해 전체 개념 체계는 상당한 정도의 자의성을 부여받는다. 그러나 인지언어학자들이 여기에서 인식하는 자의성은 다른 언어학자들에 비해 훨씬 더 적다. 의성어의 출현 이외에도 인지언어학자들은 또 다른 형태의 비자의성을 인식한다. 이 추가적인 형태의 비자의성에는 언어 속에 다의성이 편재한다는 인식(Lakoff 1987; Langacker 1987)과 본질상 실제 용법에 동기가 있는 형태론적 변화(Langacker 1987), 통사론에서 폭넓게 사용하는 도상성(Haiman 1985)이 들어간다.

위계적임

체험주의적인 개념 체계의 마지막 전체적인 특성은 층화되어 있고 그러한 층이 위계적이라는 것이다. 이것은 개념이 이 체계 내에서 일반성의 다양한 층위를 차지하고(위계) 다양한 개념이 동일한 층을 차지한다(층화)는 것을 뜻한다. 은유적으로 말해서, 그러한 체계는 수직적으로 층화된 체계라고 말할 수 있다. 로쉬와 그녀의 동료들(예: Rosch 1978 참조)은 이러한 생각을 탐구하고 삼층 체계를 제안했다(다른 학자들은 더 많은 층위를 제안했다).

상위층위
기본층위
하위층위

이 견해에서는 어떤 개념은 상위층위에 있고(예: 가구), 어떤 개념은 기본층위에 있으며(예: 의자), 또 어떤 개념은 하위층위에 있다(예: 부엌 의자). 심리적으로 가장 중요한 층위는 기본층위이다. 세계와의 상호작용은 대부분 이 층위에서 일어난다. 즉, (우리가 개체에 대한 전체적인 모양을 보유하는 가장 높은 층위라는 점에서) 지각적 상호작용과, (우리가 개체와 관련해 비슷한 행동을 수행하는 가장 높은 층위라는 점에서) 운동 활동과 관련한 상호작용, (개체에 대한 우리의 활동 대부분이 조직되는 층위라는 점에서) 지식 조직과 관련한 상호작용, (우리가 중립적 맥락에서 단어를 사용하고, 단어가 처음으로 언어에 들어오고, 아이들이 제일 먼저 단어를 학습하는 층위라는 점에서) 의사소통적 상호작용이 대부분 이 기본층위에서 일어난다.

이 모든 이유 때문에, (적어도 성인들에게는) 개념 체계에 들어가는 진입 층위가 기본층위인 것처럼 보인다. 더욱이 기본층위의 개념들이 신체화되기 때문에, 기본층위로부터 도출되는 다른 층위의 개념들도 역시 신체화될 것이다. 그리고 가장 중요하게도, 기본층위의 특별한 유용성은 이 층위가 바로 서로 최대로 비슷한 항목(개별 사례)들을 함께 묶을 수 있는 층위이며 동시에 그 결과로 발생하는 개념적 범주들이 최대로 상이한 층위라는 사실에서 나온다. 이것은 상위층위나 하위층위에서는 불가능하다(왜냐하면 상위층위 범주를 구성하는 개념적 범주들은 서로 다르고, 하위층위 범주를 구성하는 개별 사례들이 서로 비슷하긴 하지만 기본층위 범주를 구성하는 개념적 범주들도 서로 비슷하기 때문이다).

개념 체계의 조직화

이 절에서는 개념 체계를 특징짓는 두 종류의 조직화—(1) 본질적으로 개념 체계에 주제나 화제 구조를 제공하는 '수직적' 조직화와 (2) 본질적으로 더 작은 영역이나 프레임으로 구성된 '수평적' 조직화—를 간략히 논의할 것이다.

수직적 조직화 — 주제 구조

상위층위 개념은 개념 체계 내의 (**차량**, **가구**, **감정** 등과 같은) 큰 주제 집단을 정의한다. 그러한 집단 속의 개념들이 특별한 위계에 속하는 이유는, 더 높은 층위의 개념적 범주와 자질을 공유하기 때문이다. 따라서 사람들은 층위 간 유사성을 지각하여 주제 집단을 구성한다. 예컨대, 사람들은 '수송'이나 '이동'과 같은 자질을 다른 원형적 차량들과 공유한다는 점에 근거해 **자동차**를 **차량**에 할당할 것이다. 그리고 '어떤 얼굴 표정을 만들어내는 원인'이나 '총체적 각성'과 같은 자질을 다른 원형적인 감정들과 공유한다는 점에 근거해 **기쁨**을 **감정**에 속한다고 간주할 것이다.

우리는 이러한 주제 집단을 위계적 분류법이라 생각할 수 있다. 그러한 분류법은 아마도 **개체**나 **관계** 둘 다에 대해 존재한다. 이 둘은 래너커(Langacker 1987)의 인지문법에서 기본적인 개념적 단위이다. 따라서 최상층위의 **이동** 동사는 기본층위의 동사 **걷다**, **달리다**, **떠나다**, **수영하다**, **스키 타다**, **운전하다** 등은 물론 하위층위의 다른 많은 동사도 포함한다.

그러한 주제 집단은 개념 체계에 수없이 많음이 분명하며, 개념화자(화자)의 개념적 우주에서 방대한 범위의 잠재적인 주제나 화제를 제공한다. 그러나 '개체 체계'가 '관계 체계'와 밀접한 관련이 있다는 것도 역시 명확하다. 어쨌든, 개념 체계의 사용자들은 차량(개체 체계)의 이동(관계 체계)과 같은 상황을 개념화하고자 한다. 이것은 개념 체계가 위계적 분류법의 형태를 하고 있는 주제 집단 이외의 개념들의 조직화를 허용해야 한다는 것을 뜻한다.

개념 체계의 수평적 조직화—프레임

수직적 조직화, 즉 위계적 조직화 이외에도, 개념은 '수평적으로' 조직화되어 프레임이나 영역이 된다. 개념들을 프레임이나 영역의 형태로 조직화하면, 몇 차원(개체/관계)과 주제 집단이 교차할 수 있다. 인지언어학에서 이러한 취지의 가장 명시적인 제안은 래너커(Langacker 1987, 2008)에서 나왔다.

앞에서 지적했듯이, 프레임 개념은 필모어의 연구를 통해 인지언어학에 들어왔다. 필모어는 프레임을 경험의 일관성 있는 조직화에 대응하는 (서로 다른 주제 집단에서 나온) 개념들의 조직화된 모음으로 간주한다(Fillmore 1982). 이 발상은 레이코프(1987)와 래너커(1987)에서 더욱 다듬었다. 그 결과 레이코프(1987)는 '이상적 인지모형' 개념을 내어 놓았고, 래너커(1987)는 프레임으로 표상되는 개념이 몇몇 추가적인 프레임이나 영역—래너커 자신이 선호하는 용어인—을 환기한다고 제안한다. 그러한 영역들은 한 개념의 '영역모체'를 구성한다. 하나의 예로 **감정** 개념을 살펴보자(Kövecses 2000). 감정에 대한 도식적 프레임은 다음과 같이 제시할 수 있다.

원인 → 감정(사람) → 감정에 대한 통제 시도(사람) → 행동(사람)

이것은 감정에 관한 (전문적 이론이 아니라) 언어 기반 속설로서, 한 상황(원인)은 사람에게 다양한 방식으로 드러나는 감정 상태(감정)에 있도록 유발하고, 그 사람은 감정을 통제하고자 시도하지만(통제), 결국에는 그 감정과 관련된 행동을 한다(행동).

이 이론에서는 상황이 감정을 유발하는 힘센 개체로 개념화되고, 감정 그 자체는 어떤 종류의 행동(이나 행동의 집합)을 생성하는 또 다른 힘센 개체로 개념화된다. (일반적인 힘 역학은 Talmy 1988을 참조하라.) 다시 말해, 감정의 개념화는 가장 근본적인 영상도식의 하나인 **힘** 도식에 의존한다. **힘** 도식에서는 힘센 두 개체가 상호 작용한다. 이 **힘** 도식은 감정의 경우에 두 번 적용된다. 한편으로는 한 원인(힘센 한 개체)이 사람(힘센 또 다른 개체)에게 영향을 미치고, 그 결과로 감정이 발생한다. 다른 한편으로는 감정(힘센 한 개체)이 동일한 사람(힘센 또 다른 개체)에게 영향을 미치며, 이 사람은 이 감정을 통제하려고 시도하고 그 결과로 행동이 나온다. 따라서 감정에 대한 우리의 이해에서 가장 근본적인 성분은 우리의 초기의 선(先)개념적 경험에서 비롯되고 우리의 일상생활에서 끊임없이 강화되는 이 힘 역학적 패턴이다.

그러나 이 도식은 너무 일반적이어서, 감정뿐만 아니라 많은 경험 영역의 기초가 된다. 따라서 이 도식은 훨씬 더 구체적으로 만들 필요가 있다. 이것이 정확히 더욱 구체적인 **감정** 프레임의 기능이다. 더욱 구체적인 프레임이 주어지면, 감정은 특별한 상황에서 유발되는 느낌과 반응의 집합이라 정의할 수 있다. 또는 그러한 느낌과 반응의 특징을 갖는 상태에 있는 사람의 행동을 이끌어내는 느낌과 반응의 집합이라 정의할 수 있다. 다시 말해, **감정**의 개념은 이 프레임뿐만 아니라 이 프레임에 들어 있는 다른 요소에 상대적으로만 정의할 수 있다. 이 프레임 속의 모든 요소는 각각 이 프레임 속의 나머지 요소를 사용해서 비슷한 방식으로 윤곽(과 초점)을 부여받고, 정의될 수 있다.

그러나 그렇게 정의되는 **감정** 개념은 개념 체계에서 수많은 추가적인 특별한 개념을 환기한다. 감정은 종종 사회적 상황에서 발생하기 때문에, 그 개념은 **사회** 자체와 **사회관계**, **사회규범**이라는 개념을 환기한다. 감정은 보통 신체적 행동을 통해 드러나기 때문에, 그 개념은 **인간의 몸**과 **그 기능**을 환기한다. 감정은 흔히 도덕적 사고에 근거하므로, **옳음**이나 **그름**과 **반응의 적절성**, **감정의 적절한 측정**, **상호성**이나 **상호성의 결핍**이라는 개념을 환기한다. 감정은 꾸며댈 수 있기 때문에, **진리**와 (느낌의) **진실성**, **진정성**이라는 개념을 환기할 수 있다. 사람들이 자신의 감정 경험을 개념화하고 논의할 때, 이 중 어떤 개념은 다른 개념보다 더 쉽고 흔하게 떠오르거나 활성화된다. 예컨대, 신체적 반응을 포함해 몸과 반응의 적절성은 감정의 참과 진실성 문제보다 **감정**의 개념과 더 밀접한 관련이 있어 보인다. 따라서 감정의 영역모체 속의 개념들이 다소간 중심적일 수 있어 보이지만, 동시에 맥락의 영향은 감정 관련 개념들 사이의 어떤 통계상 타당한 연상도 뒤엎을 수도 있다.

요컨대, **감정**의 개념은 개념 체계의 소식화에 참여하는 가장 본질적인 구조를 보여 주는 좋은 예가 된다. 가장 근본적인 층위에는 더 상위 층위의 구조를 지지하는 매우 일반적인 영상도식이 있다. **감정** 개념의 경우에는 이것이 **힘 역학적** 영상도식이다. 이 도식은 훨씬 더 구체적인 (하지만 여전히 상당히 총칭적인) **감정** 프레임을 지지한다. 다르게 말하자면 **감정** 프레임은 **힘** 영상도식의 구체적인 실례이다. 그 프레임 자체는 다양한 추가적인 위계적 분류법과 프레임으로부터 나온 다양한 개념을 포함하는 영역모체에 내포된다. 영역모체 속 개념의 일부는 다른 개념보다 더 중심적이지만, 그러한 중심성은 특별한 맥락에 따라 다를 수 있다. 마지막으로, 가장 상위의 조직화 층위에서는 어떤 프레임을 참조하여 동일 프레임 내의 다른 요소에 상대적으로 개념에 윤곽을 부여한다.

개념 체계 속의 연결

개념 체계의 다양한 구성소(프레임, 프레임 요소, 수직적 위계의 요소)는 다양한 방식으로 서로 연결될 수 있다. 나는 이 중에서 세 가지의 본질적인 연결 유형을 언급하지만, 이 장의 나머지에서는 후자의 두 유형만을 논의할 것이다.

- 'is-연결': 이 유형의 연결을 사용하여 개념화자는 한 개념(개체)을 다른 프레임이나 정신공간 속의 또 다른 개념을 동일시한다.
- 'through-연결': 이 연결을 사용하여 개념화자는 한 개념(개체)을 동일한 프레임 내의 또 다른 개념에 접근한다.
- 'as if-연결': 이 연결을 사용하여 개념화자는 한 프레임이나 프레임 요소를 또 다른 프레임이나 요소에 의해 생각한다.

is-연결—동일성

첫 번째 유형인 'is-연결'은 **동일시**나 동일성 관계이다(Fauconnier 1997 참조). 이 연결은 개념화자가 한 개념이나 개체를 또 다른 개념이나 개체와 동일시하거나, 한 개념이나 개체를 또 다른 개념이나 개체로 범주화하는 수단이다. 동일시와 범주화의 과정은 주로 담화에서 발생한다.

through-연결—환유

두 번째 유형인 'through-연결'은 이른바 **환유**이다(가령, Kövecses & Radden 1998; Radden & Kövecses 1999; Barcelona 2000; Barcelona, Benczes & Ruiz de Mendoza 2011 참조). 환유 역시 주로 담화에서 새로운 형태로 발생하지만, (장기 기억에 있는) 개념 체계 내의 관습화된 형태로도 발견될 수 있다.

as if-연결—은유

세 번째 유형인 'as if-연결'은 이른바 **은유**이다(가령, Lakoff & Johnson 1980, 1999; Gibbs 1994 참조). 은유도 역시 담화나 관습적인 개념 체계에서 관습화된 사상, 즉 대응의 형태로 발생한다. 여기에서는 은유에 대한 논의를 개념 체계의 부분들 사이의 관습적 연결에 국한한다. (은유 속의 관습화 과정은 Gentner & Bowdle 2008을 참조하고, 담화 속 은유는 Kövecses 2010a와 Deignan 2012 참조하라.)

관습적인 개념 체계에서 환유와 은유는 두 가지 특성을 공유하는 것처럼 보인다. 첫째, 둘 다 다양한 도식성 층위에서 나타난다. 둘째, 둘 다 영역 특성적이지 않다.

은유와 환유의 도식성

먼저 도식성의 논제를 고려해 보자. 어떤 은유는 도식성의 매우 높은 층위에서 발견될 수 있다(Ruiz de Mendoza & Mairal 2007 참조). 그러한 은유의 한 가지 예는 이전에 논의한 **감정은 힘**이다. **감정**과 **힘**의 개념은 둘 다 총칭층위의 개념이다. 더 상위의 층위에서조차도 **사건은 행동**과 같은 은유의 경우를 발견할 수 있다. 두 은유는 다 특정한 은유의 형태로 더 특정한 층위에서 나타날 수 있다. **감정은 힘**은 더 특정한 층위에서 **화는 그릇 속의 뜨거운 액체**나 **낭만적 사랑은 자연력**으로 예시될 수 있다. 화에 대한 더 특정한 은유는 **화는 스튜요리**(예: be *stewing*[마음을 끓이고 있다])이고, 사랑에 대한 더 특정한 은유는 **낭만적 사랑은 회오리바람**(예: a *whirlwind* romance[질풍 같은 연애])일 것이다. **사건은 행동**의 특정한 유형에는 **출생은 도착**과 **죽음은 떠남**이 들어간다. ("He *departed*[그는 떠났다]"는 죽음을 사건으로 보는 은유의 사례이다.) 따라서 우리에게는 다음과 같은 은유가 있다.

감정은 힘

화는 그릇 속의 뜨거운 액체 — 낭만적 사랑은 자연력

화는 스튜요리 — 낭만적 사랑은 회오리바람

사건은 행동

출생은 도착 — 죽음은 떠남

환유에도 이 동일한 추론이 적용된다. 원인 일반에 대한 매우 흔한 개념화는 원인에서 나오는 결과를 통해 발생하며, 결국 환유 **결과는 원인을 대신함**으로 이어진다. 이것은 상위층위의 도식적 환유이다. 이 도식적 환유의 덜 도식적인 유형은 **감정의 결과는 감정을 대신함**이다. 사실상 이것은 우리가 감정이 유발하는 반응을 통해 감정을 개념화한다는 말이다. 따라서 이 환유에 대한 특정한 층위의 유형은 **체열은 화를 대신함**(예: "He's a *hothead* [그는 성미가 불같은 사람이다]"), **몸속의 차가움은 두려움을 대신함**(예: "She got *cold feet* [그녀는 갑자기 겁이나 다리가 덜덜 떨렸다]"), **머리를 높이 드는 것은 자부심을 대신함**("He is *stuck up* [그는 목이 너무 뻣뻣하다]")이다. 이로 인해 다음과 같은 위계가 나온다.

결과는 원인을 대신함

감정의 결과는 감정을 대신함

체열은 화를 대신함 ― 몸속의 차가움은 두려움을 대신함 ― 머리를 높이 드는 것은 자부심을 대신함

은유와 환유의 비특정성

관습적인 개념 체계 속의 은유와 환유의 또 다른 특징은 구체적인 영역―주제 집단을 정의하는 개념들의 수직적 위계 또는 기능적 영역, 즉 프레임―과 결부되지 않는다는 것이다. 특히, 나의 제안은 (은유적이거나 환유적인) 특별한 근원 개념이 특별한 목표 개념에 특유하지 않다는 것이다. 목표 개념인 **감정**에 대해 **적수** 근원 개념을 보자. **감정은 적수** 은유가 주어지면, 우리는 감정과 싸운다고 말할 수 있지만, 병, 문제, 과업, 수학, 외국어 학습, 눈 등과도 싸운다고 말할 수 있다. 이것은 **적수** 근원 개념이 특정한 영역에만 국한되지 않는다는 것을 뜻한다. 즉, **적수** 근원 개념은 폭넓은 범위를 가진 은유이다(Kövecses 2002/2010a, 2005). 근원 개념 **적수**의 폭넓은 범위는 이 개념이 적용되는 특별한 영역 중의 어느 것보다도 더 도식적인 목표들 정의한다. 따라서 이러한 은유를 떠올리는 더 적절한 방식은 **적수**라는 근원 개념이 **감정**보다 더 추상적인 목표와 어울린다는 것 등이다. 이러한 추상적인 목표는 (일반적인) **어려움**이라는 목표 개념과 비슷한 어떤 것이다. 도식적 은유인 **어려움은 적**을 유발한다. 다시 말해, 이러한 도식적 은유는 개념 체계 전반에 두루 퍼져 있으며, 한 개념이 (**무언가를 통제하기**) **어려움**의 개념을 포함하는 경우마다 적용될 수 있다.

결론

바살루(1999)는 인간의 개념 체계가 수행할 역량을 반드시 지녀야 하는 많은 과제를 기술한다. 이러한 과제에는 직접 접근 가능한 경험에 대한 완전한 정신적 표상을 제공하기, 직접적이지 않은 경험에 대한 표상을 고려하기, 그러한 경험을 사용하는 많은 사람들에게 접근 가능하기, 세상을 이해하기, 사용된 표상으로부터의 추론 활동을 가능하게 하기, 생산성과 창의성을 고려하기 등이 들어간다. 인간의 개념 체계는 어떻게 이러한 과제를 달성할 수 있고, 이러한 기능을 수행할 수 있는 인간의 개념 체계는 어떠한 모습인가? 바살루는 이러한 질문에 대답하면서 자신이 제안한 모형(지각적 상징체계)과 인지언어학자들이 제안한 개념적 구조라는 개념 사이에 몇 가지 유사성이 있다고 지적한다. 이 장에서 나는 바살루의 전례를 따르면서 인지언어학과 심리학의 토대 연구 경향과 어울리는 가능한 개념 체계 모형과 은유나 환유, 감정 개념에 대한 나의 연구의 특징을 밝히고자 했다.

바살루가 언급하는 개념 체계의 과제를 수행하는 데 참여하는 개념의 특성은 무엇인가? 이 장에서 전개한 양식적이고 지각적인 체험주의 모형에서는 개념이 신체화되고 원형에 근거하며 도식적이고 프레임에 근거하며 언어적으로 부호화된다.

본질적으로 개념 체계를 구성하는 두 종류의 개념이 있다. 하나는 구체적 개념이고 다른 하나는 추상적 개념이다. 이러한 구분이 주어지면, 개념 체계의 체험주의 이론은 하나의 문제에 직면한다. 만일 추상적 개념이 지각적 경험에 근거하지 않는다면, 이러한 개념은 신체화될 수 없고, 또한 이러한 개념이 신체화되지 않는다면 우리가 개념 체계에 대한 **완전히** 지각적이고 양식적인 체험주의 모형을 가질 수 없기 때문이다. 추상적 개념에 대해 비전통적인 새로운 방식으로 생각해 보니, 이 외견상의 모순을 해결하는 데 도움이 되었다. 추상적 개념을 창조하는 세 가지 방식(추상화와 은유, 주관성)을 조사했다. 이 세 경우로부터 발생하는 추상적 개념은 지각적 경험에 근거한다—신체화되어 있다—는 점이 드러났다.

개념 체계를 구성하는 개념들의 특징을 이렇게 정의하면, 이 개념 체계의 일반적인 특징의 일부도 결정된다. 개념 체계의 전체적인 자질은 이 개념 체계가 신체화되고 도식적이며 영상적이고 부분적으로 자의적이며 위계적이라는 것이다. 개념 체계의 위계적 본질은 수많은 주제 집단을 정의한다. 그러한 주제 집단은 개념화자(화자)의 개념적 우주 내에 다양한 잠재적 주제나 화제를 제공한다.

개념 체계에는 그 이상의 조직 구조도 있다. 수직적, 즉 위계적 조직 이외에, 개념은 '수평적으로' 조직화되어 프레임이나 영역이 된다. 프레임이나 영역의 모양을 하고 있는 개념의 수평적 조직화는 몇몇 차원이나 주제 집단과 교차할 수 있다.

감정 개념을 조사해서 의미형성이나 의미형성의 가장 근본적인 층위가 일반적인 영상도식의 층위라는 것을 밝혀냈다. 그러한 도식은 더 높은 층위의 구조를 지지한다. 이러한 구조는 (**힘**과 같은) 영상도식의 구체적인 실례로 작용하는 (**감정**과 같은) 더 특정적(이지만 여전히 매우 총칭적)인 프레임을 구성한다. 그 프레임 자체는 다양한 추가적인 위계적 분류법과 프레임으로부터 나오는 다양한 개념을 포함하는 영역모체에 내포된다. 이 영역모체 속의 어떤 개념은 다른 개념보다 더 중심적이다. 가장 피상적인 조직화 층위에서는 (**화난 사람**이나 **연인**과 같은) 개념이 (**화**나 **사랑**, **감정** 일반에 대한 프레임과 같은) 프레임을 배경으로 윤곽을 부여받는다.

개념 체계의 다양한 구성소(프레임, 프레임 요소, 수직적 위계의 요소)는 다양한 방식으로 서로 연결될 수 있다. 이 장에서는 세 유형의 본질적인 연결을 언급했다. 즉, 동일성 관계에 대응하는 'is-연결'과 환유에 대응하는 'through-연결', 은유에 대응하는 'as if-연결'을 살펴보았다.

5장에서 살펴보겠지만, 개념 체계에 대해 이렇게 생각함으로써 우리는 한 가지 의미에서 문화를 은유적 개념화를 위한 맥락으로 간주할 수 있다. 맥락으로서의 개념 체계는 빈번하게 적용되기 때문에 은유의 생산에서 기본적 경우일 수 있다. 게다가, 나는 유머에 관한 장(8장)에서 이 장에서 구상한 개념 체계가 반대 값을 가진 개념을 포함한다(거나 포함하도록 할 수 있다)고 제안한다. 이러한 개념은 언어적인 유머와 일반적인 유머를 이해하는 데 필요한 많은 배경을 제공해 준다.

마지막으로, 개념 체계를 개념에 대한 안정적인 '표상' 체계가 다 포괄하지는 않는다는 것을 보여줄 수 있도록, 개념 체계에 대한 이러한 관점을 소개해야 했다. 뒤따르는 몇몇 장(특히 4장과 6장, 7장)에서 살펴보겠지만, 개념 체계는 의사소통의 환경에 상당히 의존하고, 환경과 상호 작용하는 동안 환경으로부터 많은 개념적 요소를 끌어낸다. 마지막 장에서 논증하겠지만, 이것은 은유적 개념화의 경우에 특히 그러하다.

제4장
맥락상의 요인

대체로 맥락의 논제는 인지언어학적 연구나 개념 체계가 어떻게 바뀌고 변하는지에 관한 많은 연구에서 무시해 왔다. 개념 체계에 관한 대부분의 최근 연구에서는 신체화된 인지의 논제와 인지적 작용의 보편적 본질의 논제를 강조해 왔다. 이와 대조적으로 이 장과 이 책에서 나의 주된 목표는 개념 체계를 형성하는 데 관여하는 맥락상의 요인을 특징짓는 것이다. 나는 개념 체계의 은유적 양상과 맥락상 요인 사이의 상호작용은 물론 **은유적** 개념에도 초점을 둔다. 많은 경우에 은유에 관한 인지언어학 문헌에서 종종 가정하듯이 은유적 개념이 관습적인 개념 체계 속의 미리 저장된 사상에서 발생하는 것이 아니라, 은유를 분명히 내세우려는 인간의 마음에 실제 담화 상황 속 맥락상 요인이 미치는 점화 효과로부터 비롯된다고 나는 제안한다. 나는 이 장에서 이 논제를 탐구하고, 6장과 7장에서 이 논의를 계속한다. 7장에서는 은유적 창의성이라는 밀접하게 관련된 주제에 초점을 맞춘다.

인지 작용과 신체화, 맥락

우리 뜻대로 이용할 수 있는 인지 작용은 신체화의 영향을 받고 신체화에 근거하는 특별한 개념 체계를 생산한다. 그러나 개념 체계는 맥락상 요인의 결과로도 발생한다. 인지 작용과 개념 체계는 둘 다 방대한 범위의 맥락상 요인의 압력 하에서 작용한다. 간단히 말해, 인지 작용과 그 결과로서 나오는 개념 체계는 맥락에서 작용한다. 개념 체계와 이 체계가 나타나는 맥락은 끊임없이 상호 작용한다. 개념 체계는 맥락의 영향을 받기 때문에 변한다. 그리고 이 변화의 결과로서, 이 체계의 다음 적용에서 사용되는 것은 바로 이렇게 수정된 개념 체계이다.

우리가 사용하는 인지 작용이 보편적이라는 것은 (인지적으로 정상적인) 모든 인간이 다 이 작용을 수행할 역량을 지닌다는 의미이다. 개념 체계의 토대가 되는 많은 신체화는 보편적이다(그러나 Casasanto 2009와 이 책의 5장 참조). 인지 작용의 보편성과 신체화의 보편성에도 불구하고, 개념 체계는 문화마다 다르고 또한 문화 내에서도 상당히 다르며, 제한적인 경우이지만 개인적인 변이도 있다. 이것이 가능한 것은, 맥락이 가변적이고 다른 맥락에서는 사람들이 흔히 다른 작용을 사용하기 때문이다. 게다가, 특정한 인지 작용의 현저성은 사람들의 집단에 따라 더 클 수도 있고 더 작을 수도 있다. 맥락의 가변성과 서로 다른 맥락의 영향을 받는 인지 작용의 가변성은 상이한 개념 체계로 이어진다.

나는 우리의 개념 체계에서 보편적 신체화의 중요성과 인지 작용의 보편적 이용 가능성의 중요성을 전적으로 인정하지만, 개념 체계(의 은유적 양상)에 관한 많은 연구가 우리의 세상사 지식과 세상에 대한 우리의 사고방식을 형성하는 데 맥락상 요인이 수행하는 역할에 충분한 주의를 기울이지 않는 것으로 보인다. 이 장에서 나의 주된 목표는 이 과정에 관여되는 맥락상 요인 중 일부를 특징짓고, 이 과정이 발생할 수 있는 한 가지 가능한 방법을 보여 주려는 것이다. 나는 은유적 개념은 물론, 개념 체계의 은유적 양상과 맥락 요인 사이의 상호작용에도 초점을 둘 것이다.

인간 지식의 보편성

1장에서 살펴보았듯이, 대부분의 기본적인 우리의 경험 중 많은 것은 보편적이다. 그릇 속에 있는 것, 경로를 따라 걷는 것, 물리적 힘에 저항하는 것, 어둠 속에 있는 것 등은 다양한 종류의 영상도식(Johnson 1987; Lakoff 1987)을 생성하는 보편적인 경험이다. 발생하는 영상도식(**그릇**, **근원지-경로-행선지**, **힘** 등)은 우리의 많은 경험에 (축자적 개념에 대해) 직접적으로 또는 (개념적 은유의 형태로) 간접적으로 의미를 제공한다. 개념적 은유는 또한 경험 속의 어떤 보편적 상관관계로부터 신체적 동기를 부여받을 수 있다. 예를 들어, 사람들이 (그릇의 내용물을 더하는 것과 물질의 수준이 올라가는 것과 같은) 두 사건 사이에서 상관관계를 지각하는 경우를 생각해 보라. 이 상관관계에서 **많음은 위** 은유가 나온다(Lakoff & Johnson 1980; Lakoff: 1987 참조). 의미형성이 기본적인 인간 경험에 근거할 때, 그 결과는 (거의) 보편적 의미(내용)일 수 있다. 비록 특별한 해석 하에서, 즉 호이트 앨버슨(Alverson 1991: 97)의 말을 빌리자면 '특정한 방식으로' 생각할 때 그러하지만 말이다. 나는 이러한 종류의 보편적인 신체화된 경험이 개념적 체계를 형성하는 주요한 요인을 구성한다고 가정한다. 그렇다고 해서 모든 신체화된 경험이 실제로 개념을 형성한다는 것은 아니고, 잠재적으로 그렇게 할 수 있다는 것을 뜻한다. 보편적인 신체화된 경험은 개념 체계에 어떤 식으로 영향을 미칠 때, 개념 체계의 보편적 양상을 확립하는 데 기여한다.

인간 지식 속의 맥락

(보편적인) 신체화된 지식 이외에, 개념 체계를 형성하는 또 다른 주요한 요인은 맥락이다. 개념 체계를 형성하는 데 맥락의 중요성은 바살루도 지적한다. 바살루는 다음과 같이 말한다.

> 가변적인 신체화 덕택에 개인들은 개념 체계 내의 지각적 상징을 특정한 환경에 맞출 수 있다. 개인들마다 동일한 식물의 서로 다른 품종을 먹는 이유가 서로 다른 장소에 살기 때문이라고 상상해 보라. 자신들 각각의 음식을 지각함으로써, 개인들마다 다소간 상이한 지각적 상징을 개발하여 그 음식을 표상한다. 그 결과, 다소간 서로 다른 개념 체계는 도식적인 상징 형성 과정을 통해 발달하고, 각각 자신의 특정한 지시물에 최적으로 맞추어져 있다. (Barsalou 1999: 598)

여기에서 바살루는 '서로 다른 장소'라는 말을 사용한다. 이것은 쾨브체시(Kövecses 2005, 2010b)를 따라 내가 '물리적 환경'이라고 부르는 일종의 맥락이다. 나중에 살펴보겠지만, 나는 물리적 환경 이외에 몇 가지 다른 맥락 요인의 영향을 인정한다. 나는 '맥락'이라는 용어를 매우 폭넓게 사용해 언어적 맥락과 비언어적 맥락을 둘 다 포괄한다.

1장에서 지적했듯이, 나는 보편적 신체화와 비보편적 맥락 둘 다가 사람들이 실제 의사소통/담화 상황에서 세계를 개념화하는 방식에 영향을 미친다고 제안한다. 나는 쾨브체시(2005)를 따라 이러한 영향을 '일관성의 압력'이라 부른다. 이것은 사실상 개념화자가 세계를 개념화할 때 두 종류의 압력을 받는다는 것을 서술하는 원리이다. 개념화자는 몸(기본적인 신체화된 경험)과 맥락(다양한 맥락 요인) 둘 다와 일관성을 유지하려 애쓴다. 이 경우에 몸과 맥락은 개념화에 대한 때로는 충돌하는 여러 형태의 제약으로 작용한다. 두 가지 압력의 결과는 어떤 영향이나 압력이 특별한 상황에서 더 강하다고 판명되는가에 달려 있다.

관습적인 개념 체계의 정립과 인지 작용의 도움으로, 우리는 세계의 여러 양상을 개념화한다. 이 개념화 과정에서, 개념 체계는 계속 수정되고 바뀐다. 변화는 기존의 개념 체계에서 본질적으로 두 가지 방식으로 일어난다. 하나는 대안적 해석, 즉 특별한 인지 작용(예: 은유 대 환유)의 대안적 적용이다. 다른 하나는 차별적 경험으로서(추후 논의 참조), 다양한 맥락 요인이 우리가 세계를 개념화하는 방식에 끊임없이 영향을 미친다는 것을 뜻한다. 맥락상의 요인이 항상 바뀌기 때문에, 개념 체계는 이 요인과 함께 바뀐다. 비은유적 개념에 관한 인지언어학의 일부 연구가 이 상호작용의 중요성을 인정한다고 해석할 수 있다. 개념적 범주의 차별적 현저성에 관해 로쉬(Rosch 1978)와 레이코프(Lakoff 1987)의 노선을 따라 수행한 연구와, 마쓰키(Matsuki 1995)가 분석한 일본어의 **하라**(腹) 개념이나 위닝(Yu 1998)이 분석한 중국어의 氣(qi) 개념과 같은 문화적으로 중요한 개념에 관한 연구,

서로 다른 맥락 속 범주의 차별적 표상에 관한 연구(Langacker 1987; Barsalou 1992), 정신공간에 관한 연구(Fauconnier 1985/1994, 1997)는 모두 이러한 연구의 실례로 간주할 수 있다.

은유적 개념화의 변이에 관한 세 가지 쟁점

인지언어학자들은 일반적으로 개념적 은유를 창조하는 과정에서 맥락이 수행하는 역할보다 몸이 수행하는 역할에 더 많은 주의를 기울이며, 신체화된 인지의 견해를 지지했다. 나는 한 연구에서 똑같이 중요한 맥락의 역할에 초점을 둠으로써 이 불균형을 시정하고자 했다(Kövecses 2005). 특히 은유 변이에 관한 타당한 이론에 도달하기 위해 다루어야 할 수많은 문제가 있다고 제안했다. 그러한 문제는 다음과 같다.

> 은유 변이의 차원은 무엇인가?
> 변이에 관여하는 개념적 은유의 양상은 무엇인가?
> 은유 변이의 원인은 무엇인가?

첫 번째 질문은 은유 변이를 '어디에서' 발견할 수 있는지와 관련이 있다. 개념적 은유 내의 변이를 조사하면서, 나는 십중팔구 이 변이가 역사적으로나 발달적으로 일어나고, 또한 문화 사이에서나 문화 내에서, 개인들 사이에서도 일어난다는 것을 암시했다. 나는 이것을 은유 변이의 '차원'이라고 불렀다. 개념적 은유는 이러한 차원을 따라 변화하는 경향이 있다.

두 번째 질문은 개념적 은유가 다양한 많은 양상이나 성분을 가지고 있다고 가정한다. 이러한 양상이나 성분에는 근원영역, 목표영역, 체험적 토대, 근원영역과 목표영역 사이의 관계, 은유적인 언어 표현, 사상, 함의(추론), 비언어적 실현, 혼성공간, 문화모형 등이 들어간다. 이러한 양상은 은유 변이를 생산하거나(예: 혼성공간), 은유 변이의 영향을 받는다(예: 근원영역, 은유적인 언어 표현, 함의).

세 번째 질문은 은유적 개념화에서 맥락이 수행하는 역할에 관한 결정적인 질문이다. 이 질문은 개념적 은유의 변이에 책임이 있는 요인이나 '힘'은 무엇인지 묻는다. 나는 비록 서로 연결이 되지만 구분되는 두 무리의 요인—차별적 경험과 차별적인 인지적 스타일—을 제안했다. 나는 맥락의 인식, 차별적 기억, 차별적 관심사와 흥미 등 차별적인 경험의 다양한 하위경우를 구별하는 것이 편리함을 알았다.

맥락의 인식은 물리적 맥락이나 사회적 맥락, 문화적 맥락뿐만 아니라 직접적인 의사소통 상황의 인식도 포함한다. 차별적 기억은 한 공동체나 한 개인이 공유하는 사건과 사물에 대한 기억이다. 우리는 이 기억을 한 집단이나 한 개인의 역사로 간주할 수 있다. 차별적인 관심사와 흥미는 또한 집단이나 개인의 특성을 규정할 수도 있다. 바로 이 일반적인 태도를 가지고 집단이나 개인은 세계 내에서 행동하거나 행동의 경향을 보여준다. 따라서 차별적 경험은 집단의 특징은 물론 개인의 특징도 결정하고 맥락으로서, 전체적인 경험에서 국부적인 경험에까지 이른다. **전체적 맥락**은 전체 집단이 공유하는 일반 지식이며, 따라서 이 지식은 모든 구성원들이 은유를 사용할 때 그들에게 영향을 미친다. **국부적 맥락**은 특별한 개인과 관련이 있는 특정한 상황에 적용되는 특정한 지식이다. 더 일반적으로, 전체적 맥락은 본질적으로 (관습적인 언어적 용법에 반영되는) 장기기억 속의 공유된 개념 체계이지만, 국부적 맥락은 특별한 개인이 작동기억을 사용해서 특정한 상황을 개념화하는 상황이라고 제안할 수 있다. (전체적 대 국부적 구분은 5장과 6장에서 더 심도 있게 논의한다.)

이와는 대조적으로, 2장에서 논의한 정교화, 특정성, 관습화, 투명성, (경험적) 초점, 관점 선호, 원형 범주화, 틀 부여, 은유 대 환유 선호 등과 같은 인지 과정은 비록 모든 인간이 보편적으로 이용할 수 있지만, 집단들이나 개인들이 이 인지 과정을 동일하게 사용하는 것은 아니다. 사용되는 인지 과정이 다를 수 있기 때문에, 은유 사용에도 또한 변이가 있을 수 있다.

요컨대, 차별적인 경험과 차별적인 인지 스타일이라는 두 가지 큰 부류의 원인은 우리가 개념적 은유의 사용에서 발견할 수 있는 많은 변이를 설명해 준다. 하지만 특별한 개념적 은유와 언어적 은유의 사용을 점화하거나 촉진할 수 있는 것은 오직 차별적인 경험뿐이다. 개인이나 집단의 특징적인 인지 스타일을 구성하는 다양한 인지 작용은 그러한 은유를 단순히 제약할 수 있다. 이러한 연유로, 뒤따르는 논의에서는 차별적 경험이 은유 창조와 변이에 미치는 영향만을 검토한다.

은유 사용에 영향을 미치는 맥락 요인의 조사

이제, 앞에서 언급한 차별적 경험을 구성하는 맥락 요인이 어떻게 특별한 의사소통 상황에서 은유 창조에 영향을 미칠 수 있는지 검토해 보자.

담화의 주요 요소에 대한 지식

담화의 주요 요소에는 화자/개념화자 1과 담화의 화제/주제, 청자/수신자/개념화자 2가 들어간다. 이 요소 중 어느 하나에 대한 지식은 특별한 담화 상황에만 어울리는 은유의 사용을 유도할 수 있다.

담화의 화제와 관련이 있는 다음 예를 고려해 보자. 이 예는 미국 신문《유에스에이 투데이》(*USA TODAY*)의 1월 25-27호에 실린 사이클 선수 랜스 암스트롱(Lance Armstrong)에 관한 긴 기사이다. 이 기사는 금지약물 복용에 관한 암스트롱의 자백에 관한 것이다. 그 정도의 자백은 그 자신을 구원하고 사이클 스포츠를 정화하기에 충분하지 않았다. 인터뷰에 응한 몇 명의 전문가는 이를 달성하기 위해 추가 조치를 암스트롱이 취해야 한다고 생각했다. 한 위기 관리 전문가는 인터뷰에서 "To use an analogy from the Tour de France, he's still in the mountain stage, and will be for some time"(투르 드 프랑스에서 나온 유추를 사용하자면, 그는 여전히 산악 구간에 있고, 얼마 동안 그럴 것이다)(*USA TODAY*, 6W Sports, Weekly International Edition, 2013)라는 말을 했다. 여기에서 우리는 그 전문가가 이 담화의 화제—암스트롱의 도핑 스캔들—에 대해 광범위한 지식을 갖고 있음을 알 수 있다. 이 지식에는 사이클 선수인 암스트롱이 투르 드 프랑스에 몇 차례 참가했다는 것과, 이 경주에 몇 개의 '산악 구간'이 있다는 것이 들어간다. 다시 말해, 이 담화의 화제는 화자에게 한 은유를 선택하여 특별한 생각을 표현하라고 촉구했다. 즉, 완전히 깨끗하게 털어버리기 위해서 암스트롱이 길고 어려운 길을 가야 한다는 것이다. 이 생각은 **산악 구간** 은유로 표현되었다. 이것은 개념적 은유 **행동은 이동**의 사상인 '이동의 장애물 → 행동의 어려움(완전히 자백하고 용서받는 것)'에 근거한다.

주위 담화

때때로 은유의 선택에 영향을 미치는 것은 바로 주위의 언어적 맥락(즉, 특별한 담화 단위의 앞이나 뒤에 오는 것)이다. 예를 들어, 쾨브체시(Kövecses 2005)에서 분석한 문장 "The Americanization of Japanese car industry *shifts into higher gear*"(일본 자동차 산업의 미국화가 고속 기어로 변속한다)를 보라. 이 문장에서 shift into higher gear라는 표현을 사용하는 까닭은, 직접적인 언어적 맥락이 '자동차 산업'(car industry)을 포함하기 때문이다.

동일 화제에 대한 이전 담화들

특별한 화제가 주어지면, 개념적 은유의 범위를 설정할 수 있다. 그러한 은유, 즉 은유적 근원영역은 화제에 관한 논쟁을 이어갈 때 새롭거나 수정된 근원영역을 생성한다. 예컨대, 이전의 근원영역 중 하나에 비해 새롭거나 수정된 근원영역을 제공함으로써 그렇게 한다. 이것은 흔히 과학 토론에서 일어나고(가령, Nerlich 2007 참조), 목표영역과 관련된 은유적 근원영역들의 연쇄를 이끌어 낼 수 있다.

하지만 종종 우리는 원래 의도에 반하는 은유의 잠재적인 '횡령'을 자각하지 못한다. 이러한 상황은 위험이 따르고, 논란의 여지가 있는 논제에 관한 토론에서 다른 사람들이 우리에게 불리하도록 은유의 흐름을 돌리는 원인일 수 있다. 이 은유의 잠재적 횡령을 아주 분명히 보여주는 좋은 예는 엘레나 세미노의 연구(Elena Semino 2008)에서 나온다. 토니 블레어(Tony Blair)는 한 연설에서 다음의 은유를 사용했다.

> Get rid of the false choice: principles or no principles. Replace it with the true choice. Forward or back. I can only go one way. I've

not got a reverse gear. The time to trust a politician most is not when they're taking the easy option. Any politician can do the popular things. I know, I used to do a few of them.

(거짓인 선택을 없애라. 원칙 아니면 비원칙이다. 거짓인 선택을 참인 선택으로 바꿔라. 전진 아니면 후진이다. 나는 한 길만을 갈 수 있다. 나에게는 후진기어가 없다. 정치인들을 가장 신뢰하는 때는 그들이 쉬운 선택을 하는 경우가 아니다. 어떤 정치인이든 인기 있는 일을 할 수 있다. 나도 그러한 일 몇 가지를 했음을 안다.)

명백하게도, 블레어는 여기에서 자신을 분명하고 (자신이 보기에) 미래 지향적인 목표를 가지고 있으며 그러한 목표에 도달하고자 하는 진보적인 정치가로 제시하려 한다. 이 이미지를 내세울 때, 블레어는 **진보는 전방 이동**과 **목적이 있는 활동은 여행**이라는 관습적인 개념적 은유를 사용한다. 하지만 이를 달성하기 위해 작은 꾀도 사용한다. 즉, 블레어는 자신을 후진 기어가 없는 자동차로 묘사한다. 후진 기어가 없는 자동차가 후진하지 못하고 전진만 하는 것과 마찬가지로, 정치가인 그도 앞으로만 나아갈 수 있다. 즉, 진보의 이름으로만 일을 처리할 수 있다는 것이다. 다시 말해서, 그는 목표영역에 대한 지식을 사용해 이 상황에서 자신의 수사적 목적을 달성하기 위해 이용하는 근원영역에 변화를 준다. (이 예는 Fauconnier & Turner 2002처럼 개념적 통합의 경우로 분석할 수도 있다.)

그 결과로, 근원영역에는 후진 기어가 없어서 후진하지 못하고 전진만 하는 자동차가 있고, 목표영역에는 진보적인 목표만을 달성할 수 있고 그러길 원하는 정치가가 있다. 그렇지만 근원영역의 이미지는 어느 정도 수정할 수 있다. 자동차가 벼랑 끝으로 간다고 가정해 보자.

그렇다면 후진 기어가 있는 것이 좋지 않겠는가? 세미노(Semino 2008)는 정확히 이러한 일이 발생하는 예를 발견했다. '후진 기어가 없는 자동차' 이미지를 사용한 블레어의 연설에 뒤이어, BBC 저녁 뉴스의 한 앵커는 이렇게 논평했다.

> But when you're on the edge of a cliff, it is good to have a reverse gear.
> (그러나 당신이 벼랑 끝에 있다면, 후진 기어가 있는 것이 좋다.)

근원영역 속의 '벼랑 끝'은 특히 어렵고 위험한 상황을 상징한다. 이 경우에는 자동차에 후진 기어가 있는 것이 좋다. 목표영역에서는 위험한 상황이 이라크 전쟁에 해당한다. 이 경우에는 언론가나 여타의 사람들의 관점에서 볼 때 블레어가 나라를 전쟁 속으로 '밀어 넣지' 말고 생각을 바꾸어 전쟁에서 철수하는 것이 좋았을 것이다.

다시 말해, 세미노가 지적하듯이, 한 화자가 도입하고 또한 다른 사람을 설득하려는 이 화자의 관심사를 충족해 준다고 간주할 수 있는 은유는 미묘하지만 중요하게 바뀔 수 있다. 이러한 변화로 인해, 은유는 원래의 사용자에게 불리하게 바뀔 수 있다. 이러한 일은 종종 정치적 논쟁에서 일어난다.

담화의 지배적 형식과 상호텍스트성

한 지배적인 형식의 담화 속의 한 특별한 은유를 다른 담화에서 재활용하는 것은 흔한 관행이다. 이 관행의 한 가지 예는 성경 담화이다. 흔히 성경 은유는 더 나중의 담화에서 재활용되어 이 나중의 버전에 새로운 값을 할당한다.

상호텍스트성의 몇몇 경우에는 서로 다른 역사적 시기에 특별한 개념적 은유를 계승하고 사용함으로써 상호텍스트적 일관성을 달성한다. 이것을 가장 잘 보여주는 실례의 하나는 수세대 동안 몇몇 성경 은유를 재활용해온 방식이다. 내가 몇 년 전에 영국의 더럼 성당에서 받은 장서표를 하나의 예로 살펴보자. 이 장서표에는 다음과 같은 텍스트가 적혀 있다. (이 예는 Kövecses 2010a에서 처음 논의했다.)

Almighty God
Who called your servant Cuthbert
from keeping sheep to follow your son
and to be shepherd of your people.
Mercifully grant that we, following his
example and caring for those who are lost,
may bring them home to your fold.
Through your son.
Jesus Christ our Lord.
Amen.
(전능하신 하나님
당신의 종 커스버트를 부르시어
어린양들을 당신의 아들로 이끄시고
당신의 백성의 목자가 되게 하소서.
그의 자취를 밟고 방황하는 영혼을 돌보게 하사
자비롭게 저희로 하여금 그들을 당신의 품으로
이끌도록 허락하소서.
예수님 이름으로

기도합니다.

아멘.)

이 기도문에서 기본적인 개념적 은유는 양치기가 예수이고, 길 잃은 양은 신의 가르침을 더 이상 따르지 않는 사람들이며, 양 우리는 사람들이 신과 함께 있는 집이고, 양치기가 양을 다시 우리로 데리고 오는 것은 예수가 사람들을 구원하는 것이다. 이러한 대응 즉 사상은 다음과 같이 더 명시적으로 제시할 수 있다.

근원영역		**목표영역**
양치기	→	예수
길 잃은 양	→	신을 따르지 않는 사람들
양 우리	→	사람들이 신을 따르는 상태
양치기가 양을 다시 데려옴	→	예수가 사람들을 구원함

이 은유는 신이 커스버트라 불리는 소박한 남자에게 자신의 일(의미심장하게도 양치기가 되는 것)을 포기하고 '사람들의 양치기'가 되라고 요청했을 때 나중에 다시 사용되었다. 여기에서 길 잃은 사람들(예수 시대의 사람들과는 다른 사람들의 무리)을 구원하는 것은 (예수가 아니라) 커스버트이다. 마지막으로, 가장 최근인 2007년 3월 20일 성 커스버트의 날에 행한 기도에서 이 은유를 재활용할 때, 이 은유의 특별한 가치는 다시 바뀐다. 사람들을 다시 우리로 데리고 오려 하는 사람들은 바로 오늘을 사는 성직자들이다. 이들은 예수의 시대나 커스버트의 시대에 살았던 사람들과는 다른 사람들이다.

이러한 유형의 상호텍스트성은 전 시대 동안의 기독교(와 다른 종교)

뿐만 아니라 동일한 역사적 기간 내의 많은 다른 영역도 특징짓는다. 따라서 은유는 다양한 담화에서 역사적으로나 동시적으로 일관성을 제공할 수 있다.

담화의 기초가 되는 이데올로기

한 편의 담화의 기초가 되는 이데올로기는 사용되는 은유를 결정할 수 있다. 고틀리의 연구(특히 Goatly 2007 참조)는 상이한 이데올로기가 동일한 주제에 관해 상이한 은유의 사용을 유도한다는 것을 보여 준다. 이 장의 뒷 절에서 하나의 예를 논의할 것이다.

물리적 환경

물리적 환경은 의사소통 대화가 일어나는 배경이다. 물리적 배경은 물리적 상황, 관점 배열, 환경의 현저한 속성 등을 포함한다. 물리적 환경의 이러한 양상은 은유의 선택에 영향을 미칠 수 있다.

물리적 배경을 특징짓는 **지각적 특질**이 어떻게 관습적 은유 표현의 창조와 사용에 영향을 미칠 수 있는지를 예를 들어 살펴보자. 세미노는 2008년 저서에서 이 논제와 관계가 있는 흥미로운 예를 하나 제시한다. 세미노는 스코틀랜드에서 개최된 2005년 G8 정상회담에 관한 기사를 토대로 이 회담에 참여한 다양한 참석자들이 사용한 은유를 분석한다. 이 정상회담과 연계하여 라이브 에이트(Live 8)라 불리는 주요한 록 콘서트도 진행되었다. 어떤 참여자들은 G8 정상회담에서 도달한 합의를 긍정적으로 평가했지만, 다른 어떤 참여자들은 그 결과에 의혹을 품었다. 정상회담에 관해 전하는 기사에서 세미노가 발견한 그러한 부정적 평가의 하나는 이렇게 말한다.

대조적으로 빈곤 반대 집단의 대표는 소리와 관련이 있는 은유를 통해 라이브 에이트 콘서트와 비교해 G8 정상회담을 부정적으로 평가하는 것으로 전해진다.

1.1 빈곤 반대 로비 집단 G-Cap의 쿠미 나이두 박사는 라이브 에이트가 발산한 '포효'(roar)에 뒤이어 G8이 '속삭임'을 내뱉었다고 말했다.

'포효'라고 지칭한 것은 이 콘서트에서 군중이 낸 소리에 대한 비은유적 기술일 수 있다. 그렇지만, G8 정상회담과 관련해 '속삭임'(whispher)을 사용한 것은 분명히 어떤 소리의 측면에서 논의의 결과를 크기가 부족하다고 (부정적으로) 특징지은 은유적 기술이다. 그러므로 '포효'의 소리와 '속삭임'의 소리의 크기 대조는 은유적으로 사용되어 콘서트 청중이 표출한 감정과 헌신의 힘과, G8 정상들이 보여준 의지와 효율성 부족 사이의 대조를 분명히 밝혀준다.

물론 그곳에서 사용된 은유에 대한 이 설명에 전반적으로 동의하지만, 나는 이 은유가 이것을 생산하는 물리적(사회적) 맥락에서 발생한다는 말을 또한 덧붙이고자 한다. 쿠미 나이두 박사는 매우 시끄러운 콘서트와 비교적 조용한 정상회담이라는 대조적인 배경을 참조해 **속삭임**(whisper) 은유를 창조한다. 우리는 콘서트의 시끄러움과 회담의 상대적인 조용함을 이 두 사건의 지각적 자질로 간주할 수 있다. 다시 말해, 특별한 은유가 물리적(사회적) 배경을 특징짓는 지각적 자질로부터 도출된다고 제안할 것이다.

세미노가 지적하듯이, **속삭임**은 명확히 은유적이다. 이 낱말이 어떻게 은유적 의미를 획득하는지 검토하는 것이 유익하다. 세미노가 제안하듯이 이 낱말은 어떻게 '결의와 효율성의 결핍'을 의미할 수 있는가? 또는 질문을 다르게 하자면, 우리는 왜 이것이 사실상 이 은유의 의도한 의미라는 느낌을 갖는가? 어쨌든 '속삭임'과 '의지와 효율성의 결핍'은 매우 다르고 거리가 먼 개념인 것처럼 보인다. '속삭임'으로부터 '의지와 효율성의 결핍'으로 우리를 데려갈 수 있는 개념적 경로는 무엇인가? 나의 제안은 그 경로가 다양한 도식성 층위에서 작용하는 많은 개념적 은유와 환유로 구성된다는 것이다.

첫째, 매우 총칭적인 은유 **강도는 효과의 세기**가 있다. 둘째, 여기에 관여하는 환유는 더 특정한 **감정적 반응은 감정을 대신함**이다. 셋째, 훨씬 더 특정한 환유 **화난 행동은 화/논쟁을 대신함**이 있다. 마지막으로, 감정을 행동과 연결하는 환유—**감정은 행동할 결심을 대신함**—가 있다. 나는 위의 예에 사용된 낱말 **속삭임**의 의미를 설명할 수 있으려면 이러한 은유와 환유가 다 필요하다고 주장한다. 이 모든 것 중에서 언어적 행동의 시끄러움 정도를 행동하려는 결심과 의지의 강도에 연결한다는 점에서 특히 **강도는 효과의 세기** 은유가 중요하다. 속삭임은 언어적 강도의 정도가 낮기 때문에, 낮은 강도의 의지를 암시할 것이다. 따라서 **속삭임**의 의미는 '의지(와 효율성)의 결핍'이다. 우리의 개념 체계 내의 이러한 은유와 환유를 고려하면, **속삭임**이 이 의미를 가질 수 있다는 것이 자연스럽다는 사실을 알게 될 것이다.

이러한 분석에 비추어 볼 때, 동사 roar(포효하다)는 whisper(속삭이다)보다 은유성이 더하면 더했지 결코 덜하지 않다. 우리는 이 동일한 은유와 환유를 사용해서 **포효하다**의 의미(즉, '느낌과 헌신의 세기")를 설명할 수 있다. 물론 **포효하다**에 대해서는 이러한 은유와 환유가 반대 값을 취한다. 게다가, whisper에는 적용되지 않고 roar에만 적용되는 은유, 즉 **화난 (인간의) 행동은 화난 동물의 행동**이 필요할 것이다. 동사 roar의 기본 의미는 (사자와 같은) 동물의 소리이다. 이 은유가 whisper에 적용되지 않는 까닭은, whisper의 특징적인 의미가 인간이 만드는 소리이기 때문이다.

그러나 이 분석에서 나오는 주된 결론은 물리적 배경의 자질이 특정한 은유나 환유 표현의 사용을 촉진할 수 있다는 것이다. 축자적 의미와 비유적 의미 사이의 거리가 아무리 멀다 하더라도, 우리는 이 둘 사이를 합리적으로 연결하는 적절한 개념적 경로를 구성하고 재구성할 수 있다. 위의 예에서, 먼저 애초의 개념화자와 그 다음에 이 사건을 보고한 저널리스트, 마지막으로 이전의 둘이 생산한 담화를 분석한 사람은 모두 다 단어 whisper와 roar의 의도된 의미가 아마도 무엇인지나 무엇일 수 있는지를 이해할 수 있다. 단, 이것은 물리적 맥락(의 지각적 특성의 일부)에 대한 공통적인 개념화를 고려할 때 가능하다.

사회적 상황

배경의 사회적 양상은 남자 대 여자와 같은 구분, 사회의 권력 관계, 노동의 개념 등을 포함할 수 있다. 이러한 양상은 모두 은유적 개념화의 과정에서 어떤 은유를 사용하는지에 어떤 역할을 할 수 있다. (예를 들어, Kövecses 2005와 이 책의 6장을 참조하라.)

문화적 상황

은유적 개념화에 영향을 미치는 문화적 요인에는 지배적인 가치와 집단 구성원들의 특징, 그들의 삶을 지배하는 핵심 생각이나 개념, 집단을 구성하는 다양한 하위집단, 텔레비전 쇼나 영화와 같은 문화의 다양한 산물, 여타의 많은 것이 들어간다. 배경의 이 모든 문화적 양상은 집단의 구성원들에게 다양한 은유적 근원영역을 제공할 수 있다. 뒤따르는 몇 장에서 수많은 예를 논의한다. (예컨대, Kövecses 2005와 이 책의 6장을 참조하라.)

역사

역사라는 말로 나는 사건과 사물에 대한 한 집단의 구성원들의 기억을 지칭한다. 이러한 기억은 (예컨대 '헛수고를 하다'를 의미하는 은유적 관용어 carry coal to Newcastle과 같은) 매우 관습적인 은유를 창조하는 데 사용하거나, 새로운 방식으로 상황을 이해하는 데 사용할 수 있다. (더 많은 논의와 예는 Kövecses 2005와 이 책의 6장을 참조하라.)

관심사

개인이나 집단의 특성은 삶을 살아가는 방식에 대한 그들의 주요한 흥미와 관심사로 정의할 수 있다. 개인이나 집단은 다른 활동이 아니라 특정한 활동에 전념할 수 있다. (집단이나 개인이) 일반적이고 습관적으로 추구하는 활동이 주변적인 활동보다 더 쉽게 은유적 근원영역이 된다. (이러한 영향에 대한 예는 이 책의 6장을 참조하라.)

이것들은 은유적 개념화를 형성하는 데, 더 구체적으로 (종종 새로운) 은유를 창조하는 데 어떤 역할을 수행하는 것으로 보이는 맥락상의 요인 중 일부이다. 이러한 요인은 대부분 단독으로 작용하는 것이 아니라, 오히려 연합하여 개념화 과정에 영향력을 발휘한다. 위에서 나열한 요인의 일부는 동시에 은유의 사용에도 영향을 미칠 수 있다(6장과 7장 참조).

이제 나는 관심을 돌려, 앞에서 언급한 맥락상의 요인 중 하나인 이데올로기가 어떻게 **자아**의 개념화에 영향을 미칠 수 있는지를 살펴보기 위해 **자아** 개념을 분석한다. 이 예를 조사해 보면, 맥락이 은유 창조에 미치는 영향에 관해 지금까지 제시한 견해를 재고하고 다듬어야 할 필요성이 나올 것이다.

맥락으로서의 이데올로기 — 맥락 대 은유 관계의 복잡성

인지언어학적 견해에서는 한 개념이 기능적 영역이라는 일관된 전체—정신적 프레임—를 형성하는 수많은 다른 개념에 의해 마음속에 표상된다고 가정한다. 그렇지만 다른 경우에는 수많은 개념들이 긴밀한 프레임 같은 구조를 형성하지 않고서도 일관된 방식으로 잘 어울릴 수 있다. 이것은 세계관이나 이데올로기의 경우에 일어난다. 이 경우에는 수많은 개념들이 함께 발생하여 생각의 느슨한 망을 형성한다. 이 느슨한 생각 망은 우리가 세계의 양상에 대해 생각하고 말하는 방식과 세계에서 행동하는 방식을 지배할 수 있다.

한 예로 서구 사회에서 사용되는 **자아**의 개념을 살펴보자. 나는 이 개념의 내적 구조에 대한 분석과 이 개념이 다른 개념들과 맺는 외적 구조에 대한 분석을 구분한다. 서구 사회에서 자아의 내적 구조에 대한 통찰력 있는 연구는 울프의 연구(Wolf 1994)이다. 뒤따르는 연구는 **자아** 개념의 **외적** 관계를 조사할 것이다. 다음은 **자아** 개념에 대한 위키피디아의 정의이다(http://en.wikipedia.org/wiki/Self).

> The **self** is an individual person as the object of his or her own reflective consciousness.
> (자아는 그 자신의 반성적 의식의 대상으로서의 개인이다.)

우리는 흔히 영어에서 자아를 단어 I와 me로 가리킨다. 이 두 단어는 자아의 서로 다른 양상—주관적 인식아(我)와 알려진 대상—을 나타낸다. **자아**의 개념은 보편적인 것처럼 보이고, 아마도 역시 세계의 모든 언어로 어휘화된다.

자아의 **은유적 개념화**가 얼마나 보편적일까? 은유적인 언어 사례를 몇 가지 살펴본다면, 우리는 자아, 즉 더 일반적으로는 내적 생활에 대한 특유한 은유 체계—영어 체계이든 서구 체계이든—가 우리 자신에게 있다는 것을 쉽게 믿을 수 있게 된다. hanging out with oneself(멋대로 행동하다), being out to lunch(이상하게 행동하다), being on cloud nine(더없이 즐겁다), pampering oneself(제멋대로 처신하다) 등과 같은 (미국)영어의 언어 사례는 이러한 사례의 기저에 있는 개념적 은유가 문화 특정적임을 암시할 수도 있다. 그러나 사실은 그렇지 않다. 곧 밝혀지겠지만 그러한 표현의 기저에 있는 동일한 개념적 은유가 그러한 기대를 할 수 없을 문화에서도 나타난다. 레이코프와 존슨(Lakoff & Johnson 1999)은 일본어에서도 그러한 은유 체계를 발견할 수 있다고 말한다. 더욱이 이 중 많은 예문이 헝가리어로도 쉽게 번역된다. 이것은 이 은유 체계가 헝가리어 사용자에게도 낯설지 않다는 것을 나타낸다(Kövecses 2005 참조). 다음에 나오는 텍스트에서는 레이코프와 존슨이 영어에서 식별한 일부 개념적 은유의 언어적 사례에 상응하는 일본어와 헝가리어의 사례를 제시한다. 일본어의 사례는 레이코프와 존슨(1999: 284–287)에서 가져온 것이다.

물리적 사물 자아 은유

일본어

자아 통제는 물건 소유

Kare-wa dokusyo-ni ware-o wasure-ta.

He-TOP reading-LOC self-ACC lost[forget]-PAST

직역: "He lost self reading."

"He lost himself in reading."

(그는 독서에 빠져 있었다.)

헝가리어

몸 통제는 사물의 강제적 이동

Alig tudtam elvonszolni magam a kórházig.

Hardly could carry-with-difficulty myself the hospital-to

"I could hardly make it to the hospital."

(나는 병원에 갈 수 없었다.)

자아 통제는 물건 소유

Teljesen eleresztette magát.

Completely let-go-PAST herself

"She let it all hang out."

(그녀는 모든 것을 털어놓았다.)

위치적 자아 은유

일본어

[분산된 자아] 은유

[주의력 있는 자아 통제는 자아의 통합]

Kare-wa ki-o hiki-sime-ta.

He-TOP spirit-ACC pull-tighten-PAST

직역: "He pulled-and-tightened his spirits."

"He pulled himself together."

(그는 다시 정신을 차렸다.)

객관적 입장 은유

Zibun-no kara-kara de-te, zibun-o yoku mitume-ru koto-ga taisetu da.

Self-GEN shell-from get out-CONJ self-ACC well stare-PRES

COMP-NOM important COP

직역: "To get out of self's shell and stare at self well is important."

"It is important to get out of yourself and look at yourself well."

(자신으로부터 벗어나서 자신을 잘 살펴보는 것은 중요하다.)

헝가리어

자아는 그릇

Magamon kívül voltam.

Myself-on outside was-I

"I was beside myself."

(나는 제 정신이 아니었다.)

분산된 자아 은유

주의력 있는 자아 통제는 자아의 통합

Szedd össze magad!

Pick-IMP together yourself

"Pull yourself together!"

(정신을 차려라!)

자아 통제는 땅 위에 있는 것

Kicsúszott a talaj a lába alól.

Out-slipped the ground the foot-his from-under

"He lost his bearings."

(그는 어찌할 바를 몰랐다.)

객관적인 입장을 취하는 것은 외부에서 자아를 보는 것

Nézz egy kicsit magadba és meglátod, hogy hibáztál.

Look a little yourself-into and see that made-mistake-you

"Take a look at yourself and you'll see that you've made a mistake."

(스스로를 보게 되면 당신이 실수했다는 것을 알게 될 것이다.)

사회적 자아 은유

일본어

자아는 희생자 은유

Zibum-o zazmuite-wa ikena-i.

Self-ACC deceive-TOP bad-Pres

직역: "To deceive self is bad."

"You must not deceive yourself."

(너는 네 자신을 속여서는 안 된다.)

자아는 하인 은유

Kara-wa hito-ni sinsetuni-suru yooni zibun-ni iikikase-ta.

He-TOP people-DAT kind-do COMP self-DAT tell-PAST

"He told himself to be kind to people."

(그는 사람들에게 친절하도록 자신에게 말했다.)

헝가리어

주체와 자아는 적대자 은유

Meg kellett küzdenie saját magával.

PART had-to struggle-he own self-with

"He had to struggle/fight with himself."

(그는 자신과 싸워야 했다.)

자아는 아동 은유

Megjutalmazom magam egy pohár sörrel.

PART-reward-I myself one glass beer-with

"I'll reward myself with a glass of beer."

(나는 맥주 한 잔으로 나에게 보상해 줄 것이다.)

자아는 하인 은유

Rá kell kényszeritenem magam a korai lefekvésre.

Onto must force-I myself the early going-to-bed

"I must force myself to go to bed early."

(나는 억지로 일찍 잠을 자야 한다.)

은유적 개념화의 이 유사성을 고려하면, 우리는 **자아**의 개념이 세계의 언어/문화에 있는 단일한 개념이라고 가정할 수 있는가? 그렇지 않다면 정확히 어떤 측면에서 이 개념은 다르고, 왜 그러한가? 이것이 바로 아래에서 탐구하려는 주요 논제이다.

자아와 연상되는 개념들의 망

자아를 강조하는 사회에서, 이 개념은 다음과 같은 다양한 개념과 연결된다.

(개인적) 독립

자기중심성

자기표현

방종

개인적 목표와 바람

(개인적) 행복

(개인적) 성취

사리 추구

이기심

의심

자부심

경쟁

무관심

우리는 이러한 개념 망을 가진 사회를 **개인주의 사회**라 부를 수 있다. 이러한 망의 특성은 다음과 같이 정의할 수 있다.

- 그러한 사회에서는 개인들이 자신을 **다른 사람들로부터 독립적인** 존재, 즉 자립적인 존재로 간주할 것이다.
- 자아는 자신의 관점에서 세계를 관찰하고, 중심에서 자신을 발견한다. 다시 말해, 자아는 **자기중심적**이다.
- 자아는 표현할 수 있다고 간주되고, **자기표현**은 장려한다.

- 자아는 쾌락을 추구한다. 다시 말해, 자아는 **방종**을 즐긴다.
- 개인들은 자신만의 특유한 **개인적 목표**와 소망을 가지고 있을 것이다.
- 자아의 주요한 목표와 바람은 **개인적 행복**이다. 이것은 미국의 독립선언문에서 가장 명시적으로 진술된다('행복 추구').
- 개인들은 **자신의 개인적인 인생 목표를 달성하길** 원하고, 이 목표 달성의 성공을 인생의 성공과 행복에 대한 주된 척도로 간주한다.
- 자아를 추동하는 동인은 **사익**이다. 자아의 이익이 다른 사람들이나 집단의 이익에 우선한다.
- 사람들은 '천성적으로' **이기적**이다. 자원이 제한된 세계에서, 사람들은 남에게 손해를 끼쳐야 인생 목표를 달성한다는 것을 안다.
- 자아는 **의심**스럽게 다른 사람들을 본다. 이는 다른 사람들이 인생 목표 달성에 있어서 잠재적 경쟁자이기 때문이다.
- 자아는 **자부심이 강하다**. 사람들은 자신이 다른 사람들보다 더 뛰어나고 더 중요하다고 생각한다.
- 개인들은 인생 목표를 달성하기 위해 다른 사람들과 **경쟁**에 돌입한다. 그들은 공정 경쟁을 인생 목표를 달성하는 유일한 공정한 방법으로 간주한다.
- 그러한 사람들은 남들에게 **무관심하다**. 그들은 공정한 경쟁에서 '승리했'으며, 패배가 자신에게 패배를 당한 나머지 사람들의 당연한 운명이라고 느낀다.

하지만 **자아**의 개념이 개념들의 다른 망과 어울리는 사회가 있다. 다음에 나오는 개념 망은 위의 개념 망과 정반대라 간주할 수 있다.

상호 의존성
타자 중심성
상대방의 체면 존중
금욕
사회적 목표와 소망
(사회적) 행복
(사회적) 성취
(사회적) 이익
공유
신뢰
겸손
협력
보살핌, 관심

이러한 개념 망이 존재하는 경우에, 우리는 이 사회를 **집단주의 사회**라 부를 수 있다. 이 사회는 다음과 같이 기술할 수 있다.

- 그러한 사회에서 자아는 자신들이 **서로 의존한다**고 볼 것이다.
- 자아는 타인의 시각에서 세계를 관찰한다. 다시 말해, 자아는 **타자 중심적**이다.
- 자아는 **상대방의 체면을 세워주는** 것을 좋아한다. 자아의 표현은 이차적인 것으로 간주된다.
- 자아의 특징은 **금욕**에 의해 정의된다.

- 자아의 **목표와 소망은 공유하는** 것이다. 즉 전체 집단과 관련이 있는 목표와 바람이다.
- 자아의 주된 목표와 바람은 **전체 집단의 행복**이다. 개인적 행복은 이차적이다.
- 자아는 **전체 사회의 개선을 이루길** 원한다. 사람들은 이것을 일차적 목표로 간주한다.
- 자아의 행동은 그 동기가 **전체 집단의 이익**에 있다. 자기이익은 이차적인 동기가 된다.
- 자아는 타자들과의 관계에서 **공유**의 태도를 갖는다. 이것은 그가 집단 속의 다른 사람들의 안녕을 촉진하고자 애쓰고, 집단의 일반적인 안녕을 촉진하고자 노력할 것임을 의미한다.
- 자아는 집단 속의 다른 사람들을 **신뢰한다**. 왜냐하면 자신들의 목표와 소망을 공유하기 때문이다.
- 자아의 태도는 집단의 다른 구성원들과 집단 전체를 향한 **겸손**의 태도이다.
- 자아는 집단의 구성원들의 안녕과 집단의 안녕을 촉진하기 위해 집단 속의 다른 사람들과 **협력한다**.
- 자아는 집단의 구성원들을 **보살피고**, 전체 집단의 이익에 **관심을 갖는다**.

집단주의 사회를 특징짓는 개념들은 개인주의 사회에서도 발견할 수 있고, 개인주의 사회를 특징짓는 개념들도 집단주의 사회에서 발견할 수 있다. 어쨌든, 개인주의 사회는 집단주의 사회를 특징짓는 데 사용되는 개념을 정말로 가지고 있고, 아마도 우리는 집단주의 사회를 특징짓는 개념들에 대해서도 비슷한 상황을 갖는다. 하지만 두 경우에서 다 우리는 선행하는 개념들의 동시 발생에 관해 선호하는 경향을 갖는다.

이러한 개념의 두 집합은 다음과 같이 서로 대응하도록 할 수 있다.

(개인적) 독립	–	상호 의존성
자기중심성	–	타자 중심성
자기표현	–	상대방의 체면 세우기
방종	–	금욕
개인적 목표와 소망	–	사회적 목표와 소망
(개인적) 행복	–	(사회적) 행복
(개인적) 성취	–	(사회적) 성취
사익	–	(사회적) 이익
이기심	–	공유
의심	–	신뢰
자부심	–	겸손
경쟁	–	협력
무관심	–	보살핌, 관심

이러한 개념은 동일한 척도의 두 극단으로부터 오기 때문에, 서로 정반대인 것처럼 보인다. 예컨대, 의도된 의미에서, 독립성은 의존성의 반대이고, 개인적 행복은 사회적 행복의 반대이며, 의심은 신뢰의 반대이고, 자부심의 겸손의 반대이다. 따라서 **자아**의 개념은 두 개의 매우 다른 개념 망과 동시에 발생하는 듯하다. 전자의 개념 망에서는 자아를 아주 강조하지만, 후자의 개념 망에서는 자아를 별로 중요시하지 않는다.

이러한 결론으로 인해, 맥락이 은유적 개념화에 미치는 영향에 관해 이 장의 시작 부분에서 제안했던 것보다 더 세련된 견해를 제안할 필요가 있다. 거기에서 애초에 나는 맥락 요인의 차이가 **은유적** 개념화의 차이로 이어질 것이라고 가정했다. 그러나 우리가 이전 단락에서 실제로 본 것은, 이데올로기라는 맥락 요인의 차이가 (적어도 우리가 조사한 세 개의 언어/문화에서는) **은유적** 개념화의 차이로 이어지지 않았다는 것이었다. 그 대신에, 이데올로기라는 맥락 요인은 **자아** 개념의 **현저성** 차이를 유발했다. 자아는 (두 번째 개념 망이 특징짓는) 집단주의 사회에서보다는 (첫 번째 개념 망이 특징짓는) 개인주의 사회에서 훨씬 더 현저한 것으로 보인다. 다시 말해, 맥락상 영향이 반드시 은유적 개념화에 영향을 미치는 것이 아니라, (현저성과 같은) 개념의 다른 양상에 영향을 미칠 수 있다.

이기심과 뇌

이기심은 분명히 부정적인 개념이다. 개인주의 사회는 어떻게 이기심을 용인하고 종종 심지어는 장려할 수 있는가? 헝가리의 신경생물학자 타마시 프로인드(Tamás Freund 2005)는 뇌 연구의 관점에서 이 질문에 흥미로운 대답을 한다. 프로인드는 작은 공동체에서 진화가 이기적이 아니라고 볼 수 있는 행동 패턴을 선호한다고 제안한다. 그 이유는 작은 공동체에서는 뇌가 공동체에 관한 필요한 모든 정보를 가지고 있고, 개인이 타인의 행동을 감시할 수 있기 때문이다. 따라서 감시는 다른 사람들의 행동을 제약하거나 통제하는 기능을 할 수 있다. 하지만 큰 공동체에서 이러한 통제가 작동하지 않는 이유는, 개인적 뇌가 공동체의 다른 구성원들의 행동을 조금이라도 통제하는 데 필요한 정보의 단편만을 보유하기 때문이다. 공동체의 대부분 구성원들의 행동은 대부분 숨겨져 있어 각 개인의 뇌가 접근하기 힘들다. 하지만 설령 접근 가능할지라도, 개인의 뇌는 모든 다른 사람이 무엇을 했는지를 기억하여 이기적인 행동에 관한 적절한 정보나, 이기적인 개인들을 이기적인 행동을 이유로 처벌하고 궁극적으로 공동체로부터 추방할지의 여부에 관한 적절한 정보를 추적할 수 있는 역량이 없다. 결과적으로, 이기적인 행동 패턴을 가진 개인들이 생존해 번식할 가능성이 더 높을 것이다. 따라서 전체적으로, 뇌의 용량이 다른 구성원들의 행동을 감시하기에 충분한 작은 공동체에서는 협동적인 (이기적이지 않은) 행동을 진화가 선택하지만, 뇌의 용량이 모두의 행동을 감시하기에 충분하지 않은 매우 큰 공동체의 경우에는 경쟁적인 (이기적인) 행동을 진화가 선택한다.

규모가 거대한 우리의 서구 공동체 내의 '인간 조건'으로 판단할 때, 이기심과 탐욕이 곧 되돌릴 수 없는 위기를 초래할 것이라는 예측은 아마도 지나친 비관론이 아니다. 그렇다면 이러한 상황을 막기 위해 무엇을 할 수 있는가? 타마시 프로인드가 제안하는 가능한 해결책의 하나는 우리를 둘러싸고 있는 (개념적) 환경 자체를 바꾸는 것이다. 환경의 변화가 적응을 책임지기 때문에, 우리가 환경의 본질을 바꾼다면 개인들은 새로운 환경에 적응할 것이다. 대부분의 동물과 달리, 인간은 이렇게 할 수 있다. 우리가 문화적·지적 분위기를 개인주의적인 개념 망에서 집단주의적인 개념 망으로 바꾼다면, 이러한 기획은 성공할 수 있다. 하지만 대립적인 가치 집합이 지배하는 대부분의 서구 사회에서 어떻게 개념적 환경을 그렇게 전면적으로 재구조화할 수 있는지는 그렇게 명확하지 않다.

개념적 통합 이론과 맥락

개념적 통합이 개념적 은유보다 더 '정교하고 심오한' 인지 작용이라는 주장이 있다(Fauconnier & Turner 2002, 2008 참조). 2장에서 간략히 보여 주었듯이, 개념적 통합은 네 개의 영역, 즉 정신공간을 이용해서, 근원영역에서 목표영역으로의 사상뿐만 아니라 두 (또는 그 이상의) 입력공간으로부터 혼성공간으로의 사상과 혼성공간에서 입력공간으로서의 사상을 허용한다. 정말로 개념적 통합 이론(conceptual integration theory, CIT)의 옹호자들은 은유를 혼성에 비해 더 피상적인 인지 현상으로 간주한다. 이와 연계해서 나에게 흥미로운 질문은 다음과 같다. 이 장의 앞부분에서 살펴보았듯이, 인지적 정교화의 정도가 더 높고 깊이가 더 심오하다고 추정된다는 이유로 개념적 통합은 은유의 특성을 규정하는 것으로 보이는 맥락 요인의 '표층' 효과로부터 자유로운가?

이 절에서는 개념적 혼성의 몇 가지 사례를 검토하고, 개념적 혼성이 어떻게 작동하는지와 관련하여 맥락이 어떤 역할을 수행하는지 질문할 것이다. 더 구체적으로 말하자면, 개념적 통합과 관련해 제기할 수 있는 하나의 문제는 (한 개의 총칭공간, 몇 개의 입력공간, 한 개의 혼성공간으로 구성된) 특별한 연결망이 왜 그러한 식으로 형성되고 표현되는가이다. 특히 그러한 연결망은 왜 입력공간과 특별한 비유 언어 표현을 가지는가? 나는 부분적으로 이 문제의 답이 은유와 관련해 앞에서 논의한 맥락 요인의 역할에 있다고 생각한다.

콜슨과 오클리(Coulson & Oakley 2000: 187)가 연구한 혼성의 한 사례로 논의를 시작해 보자. 콜슨과 오클리는 신문의 헤드라인 "Tennessee Tramples Kentucky"(테네시가 켄터키를 짓밟다)를 가져와 다음과 같이 분석한다.

> 표상 축소와 표상 확장의 과정은 포코니에와 터너(Fauconnier & Turner 2000)가 말하는 **압축**과 **탈압축**이다. 이 두 과정은 포코니에와 터너가 혼성 이론에서 가장 중요하다고 보는 현상이다. 압축이 매우 빈번한 곳은 신문의 헤드라인이다. 예를 들어, Tennessee Tramples Kentucky(테네시가 켄터키를 짓밟다)나 Overseas Absentee Ballots Boost Bush(해외 부재자투표에 부시가 고무되다)를 보라. 각각의 경우에, 혼성공간 속의 표상이 해석 가능한 것은 혼성공간 속의 요소들과 입력공간 속의 요소들 사이의 환유적 관계 때문이다. 예컨대, Tennessee Tramples Kentucky에 대한 연결망 속의 혼성공간은 테네시 주와 켄터키 주 사이와 두 주립대학 사이, 두 주립대학축구팀 사이의 관습적인 환유적 사상뿐만 아니라 전투와 스포츠 사이의 관습적인 은유적 사상 때문에 해석 가능하다.

이 분석에서 빠진 것처럼 보이는 것은 왜 특별한 은유적 표현 trample(짓밟다)이 이 예에 들어 있는가에 대한 설명이다. 이 표현의 출현 이유가 **스포츠는 전쟁/싸움/전투**라는 개념적 은유 때문이라는 말로는 설명이 충분하지 않다. 이 은유에 근거해 사용할 수 있는 표현(예: defeat[패배시키다], beat[이기다], overpower[제압하다] 등)은 많이 있지만, 이 모든 가능성에서 trample을 사용한다. 나는 바로 언어적 맥락의 음운적 모양이 다른 잠재적 대안보다 trample의 선택을 촉진하기 때문이라고 제안한다. (은유 표현의 동기에 대한 음운적 모양의 역할은 Benczes 2013을 참조하라.) trample은 Tennessee와 같은 두운을 사용한다. 이것은 인정컨대 언어적 맥락이 특별한 은유 표현을 선택하는 데 미치는 매우 간단하고 거의 사소한 효과이지만, 주어진 여러 대안에서 왜 한 표현을 선택하는지를 적어도 부분적으로 설명해 준다.

다소 더 복잡한 예로 비슷하게 분석할 수 있는 사례를 하나 살펴보자. 이 사례는 에이치슨(Aitchison 1987)에서 가져온 스포츠면의 또 다른 헤드라인 "Cowboys corral Buffaloes"(카우보이즈가 버펄로즈를 가두다)이다. (실제로 에이치슨은 "Clemson cooks Rice"[클렘슨이 라이스를 요리하다], "Air Force torpedoes the Navy"[공군이 해군을 격침하다], Cougars drown Beavers"[퓨마가 비버를 익사시키다] 등 많은 비슷한 헤드라인을 언급한다.) "Cowboys corral Buffaloes"의 예는 다음과 같이 분석할 수 있다. 세 개의 입력공간(미식축구팀이 있는 대학, 이 팀들의 시합, 카우보이와 버펄로가 있는 미국 서부에 대한 정신공간)이 주어지면, 우리는 혼성공간을 하나 구축할 수 있다. 이 혼성공간에서는 카우보이들이 한 대학의 미식축구팀 및 경쟁 프레임 속 상대팀들의 하나와 섞이고, 버펄로들이 다른 한 대학의 미식축구팀 및 경쟁 프레임 속 다른 상대팀과 섞이며, 마지막으로 우리에 가두는 행동이 패배시키기와 섞인다. 이것은 〈그림 4.1〉로 나타낼 수 있다.

여기에서의 논제는 왜 패배에 대해 사용되는 동사가 첫 번째 경우에는 trample(짓밟다)이고, 두 번째 경우에는 corral(가두다)이며, 세 번째 경우에는 cook(요리하다)이고, 네 번째 경우에는 drown(익사시키다)인가이다. 나의 주장은 많은 경우에 패배 개념을 전달하는 언어적 맥락이 다르기 때문에 동사가 이렇게 달라진다는 것이다. 이 경우에는 이전의 경우와 달리, 은유 표현의 선택을 촉진하는 것은 (음운적 모양이 아니라) 직접적인 언어적 맥락의 내용, 즉 의미이다. 앞에서 지적했듯이, 이 효과는 담화의 은유적 일관성—앞에서 논의한 이른바 언어적 맥락의 압력—때문이다. 담화의 은유적 일관성 개념과 이 개념이 담

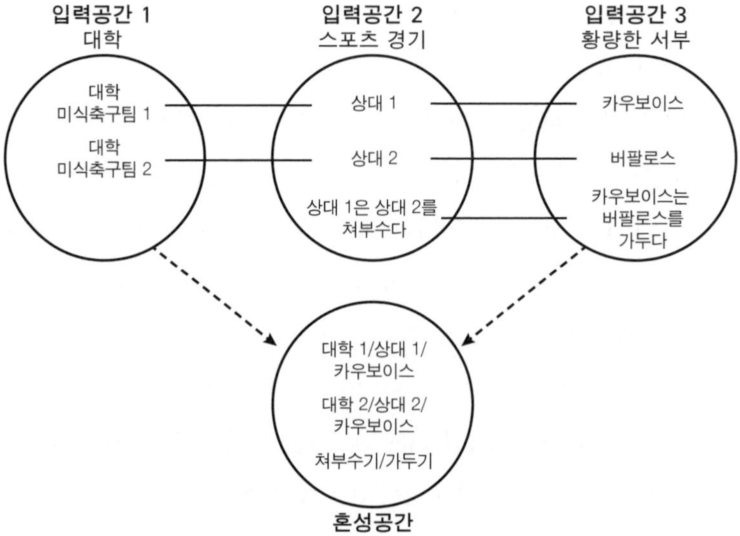

그림 4.1. Cowboys Corral Buffaloes 혼성공간

화에서 은유를 창조하는 데 미치는 효과는 개념적 통합 이론의 개념적 도구의 일부가 아니다. 따라서 담화의 은유적 일관성 개념은 은유적 표현의 이러한 사용상 변이를 설명하지 못한다. 하지만 동시에 나는 언어적 맥락이 **항상** 이러한 효과를 생산한다는 것을 암시하고 싶지도 않다.

콜슨과 오클리(Coulson & Oakley 2003: 54)는 corral, cook, drown 등의 예와 매우 비슷한 또 다른 예를 조사한다. 바로《유에스에이 투데이》에 실린 헤드라인 "Coke Flows Past Forecasts: Soft Drink Company Posts Gains"(코카콜라는 예측을 넘어 흐르고, 청량음료회사는 이익을 배달한다)이다. 그들은 이 예를 다음과 같이 기술한다.

(3)[해당 예]에서, "flows past forecasts"(예측을 넘어 흐르다)는 코카

콜라 회사 이익에 대한 적절한 **은유적 서술**이고, 코카콜라 회사의 가장 유명한 제품에 대한 적절한 **축자적 서술**이다. 그래서 (3)에서 "Coke"는 주로 회사로 해석되지만, 이 회사가 생산하는 청량음료의 특성을 일부 갖는다고 보일 것이다. [강조는 원서를 따름]

물론 나는 이 분석의 많은 부분에 동의한다. 하지만 goes, exceeds, surpasses 등의 다른 몇몇 대안 동사가 아니라 은유적 동사 flows를 여기에서 사용하는 이유가, 직접적인 언어적 맥락과 더 일반적인 화제가 이 동사의 선택에 영향을 미치기 때문이라는 말을 덧붙이고자 한다. 콜라는 액체이기 때문에 흐를 수 있으며, 이것이 이 단어의 의미자질이다. 따라서 단어 coke는 담화에서 여러 대안 중 한 동사를 선택하도록 동기를 부여할 수 있는 직접적인 언어적 맥락을 제공한다. 직접적인 언어적 맥락 이외에도, 일반적인 화제, 즉 담화의 주제도 어떤 역할을 수행할 수 있다. 이 헤드라인의 화제는 이 회사가 액체인 코카콜라라는 가장 유명한 제품으로 이익을 내는 방식이다. 따라서 이 주제도 동사 flow의 사용을 촉진하거나 점화할 수 있다. 다시 말해, 이 경우에 언어적 맥락과 담화의 화제는 함께 은유적으로 사용되는 단어의 선택을 유발할 수 있다.

맥락 효과에 대한 마지막 예시로서, 개념적 통합 이론의 가장 유명한 예인 "If Clinton were the *Titanic*, the iceberg would sink"(만일 클린턴이 타이태닉호라면, 빙하는 가라앉을 텐데)를 살펴보자. 입력공간은 각각 **타이태닉호**와 클린턴이다. **타이태닉호**는 클린턴에 대응하고, **타이태닉호**와 부딪친 빙하는 클린턴의 대통령 직에 손상을 가한 한 스캔들에 대응한다. 게다가, 여기에서 작동하는 관습적 은유가 하나 있다. 이 예와 관련해 터너와 포코니에(2000: 135)가 지적하듯이, "클린턴 대 타이태닉호 실례와 같은 경우가 기본적인 은유 **목적이 있는 활동은 목적지로 향해 경로를 따라 여행하는 것**과 관련이 있다는 것은 논란의 여지가 없다. 여행자는 행위자에 투사되고, 목적지 도착은 목표 달성에 투사된다." 그러나 물론 이 문장은 이 은유로 설명할 수 있는 것 이상의 의미—클린턴은 아주 강인해서 스캔들로 인한 위기에서 살아남는다는 의미—를 전달한다. 이 해석은 타이태닉호가 빙하와 충돌한 결과로 침몰하는 타이태닉호 입력공간에서 나오지 않는다. 이 해석은 클린턴이 타이태닉호인 타이태닉호 시나리오를 사용하는 혼성공간과, (말하자면 클린턴이 스캔들에서 살아남는) 클린턴 입력공간으로부터 혼성공간으로 투사되는 인과 구조의 합으로부터 나온다. 따라서 혼성공간에서는 스캔들/빙하가 클린턴/타이태닉호의 몰락을 초래하는 것이 아니라 클린턴/타이태닉호가 스캔들/빙하를 가라앉힌다.

2장에서 이미 살펴본 바와 같이, 이 예는 개념적 통합 이론의 주요한 장점을 매우 명확히 보여 준다. 즉, 의미가 언제나 근원영역과 목표영역 사이의 단순한 대응으로부터 발생하지는 않는다는 점을 분명히 예시한다. 하지만 이 유형의 분석은 왜 정신공간의 연결망에 현재와 같은 특별한 입력공간이 있는지를 설명하지 않는다. 다시 말해서, 이 문장의 화자는 왜 클린턴 스캔들에 대해 말하기 위해 잠재적으로 이용 가능한 다른 어떤 시나리오가 아니라 타이태닉호 시나리오를 사용하는가? 즉, 이 연결망에 타이태닉호 입력공간이 존재하는 동기가 무엇인지는 결코 명확하지 않다.

나는 맥락 속 은유 창조의 모형이 그러한 많은 경우를 설명할 수 있다고 믿는다. 비록 모든 경우는 아닐지라도 말이다. 이 예에서 클린턴 대 타이태닉호 혼성이 일어났던 이유는, 이 혼성공간이 창조되던 시기에 대중들이 영화 〈타이태닉〉을 매우 잘 알고 있었기 때문이다. 따라서 내가 현재 제시하고 있는 견해에서는 많은 은유적 혼성공간이 이른바 '직접적인 문화적 맥락'의 영향 때문에 창조된다고 제안할 수 있다(이에 대한 더 많은 설명은 6장 참조). 사실상, 터너와 포코니에 자신들도 우선 타이태닉호 대참사가 없었고, 클린턴의 대통령 재임 중에 워싱턴 정치계에서 그 영화의 높은 인기가 없었다면 이 혼성이 1992년에 일어날 수 없었다는 사실에 우리의 주의를 끌었다. 따라서 터너와 포코니에는 이 특별한 경우의 혼성공간 발생에 정당화와 동기를 부여한다. 하지만 나는 이 혼성이 이 장에서 전개한 틀로부터 자연스럽게 나오는 결과라고 보려 한다.

이 절에서 고찰한 혼성의 네 경우는 부분적으로 맥락이 은유와 혼성공간의 사용에 미치는 효과로부터 나오는 것으로 보인다. 첫 번째 경우는 직접적인 언어적 맥락의 음운적 모양이 미치는 효과로부터 나오고, 두 번째 경우는 직접적인 언어적 맥락의 (의미적) 효과로부터 나온다. 세 번째 경우는 언어적 맥락과 일반적인 화제의 결합 효과로부터 나오고, 네 번째 경우는 직접적인 문화적 맥락으로부터 나온다. 나는 혼성의 많은 다른 경우에는 이 장에서 논의하는 다른 요인이 비슷한 역할을 수행할 수 있다고 생각한다.

결론

수많은 맥락 요인을 이 장에서 식별했지만, 아마도 더 많은 맥락 요인이 있을 것이다. 이러한 요인의 작용이 암시하는 것은, 개념화자가 은유적 개념화가 발생하는 직접적인 (국부적) 맥락과 비직접적인 (전체적) 맥락을 구성하는 다양한 요인을 이용한다는 것이다. 우리는 개념화에 대한 이러한 맥락 영향을 고착화된 신체화의 영향과 동시적으로 (그리고 경쟁적으로) 발생하고 있는 맥락에 의한 대규모의 점화로 간주할 수 있다. 이 상호작용(이 '생체 내' 점화)의 결과로, 지각 체계 내의 추상적 개념과 이 체계 그 자체는 끊임없이 형성되고, 동시에 우리가 세계를 개념화하는 방식을 형성한다.

우리는 이 맥락을 서로 안에 내포된 프레임이라 상상할 수 있다. 그래서 가장 바깥 프레임인 물리적 배경은 사회적 프레임을 포함하고 사회적 프레임은 문화적 프레임을 포함하는 식으로 서로를 내포한다. 이 경우에 우리는 '가장 안쪽' 프레임에서 (직접적인 언어적 맥락, 즉 공[共]텍스트 역할을 하는) 담화 흐름을 위한 그림뿐만 아니라, 화자/개념화자와 청자/개념화자, 화제도 또한 발견한다. 맥락을 내포된 프레임으로 보는 이 발상은 '현재 담화 공간'이라는 래너커의 구성물과 닮았다. 래너커는 이 공간을 "어떤 주어진 순간에 화자와 청자가 담화의 토대로 공유한다고 추정되는 모든 것"이라 정의한다(Langacker 2008: 281). 이 장에서 기술하는 맥락 요인들은 모두 단독으로나 함께 담화에서 관습적 은유 표현이나 비관습적이고 새로운 은유 표현을 사용하도록 유도하거나 자극하고 촉진하고 단지 점화할 수 있다. 이러한 요인의 공동 작용은 〈그림 4.2〉(Kövecses 2010b에서 가져온)로 나타낼 수 있다.

그러나 우리는 또한 다양한 개념적 요인이 한 개념에 대한 은유적 개념화의 차이를 기계적이고 자동적으로 유발하지 않는다는 것을 살펴보았다. 오히려, 맥락상의 영향은 맥락에서 사용되는 한 개념의 다른 양상(예: 현저성)에는 영향을 미치고, **은유적** 개념에는 영향을 미치지 않은 채 그대로 놓아둘 수 있다. 그러나 현재의 연구 상태에서, 이것은 매우 강한 주장일 수 없다. 단지 세 언어에 있는 단 하나의 개념

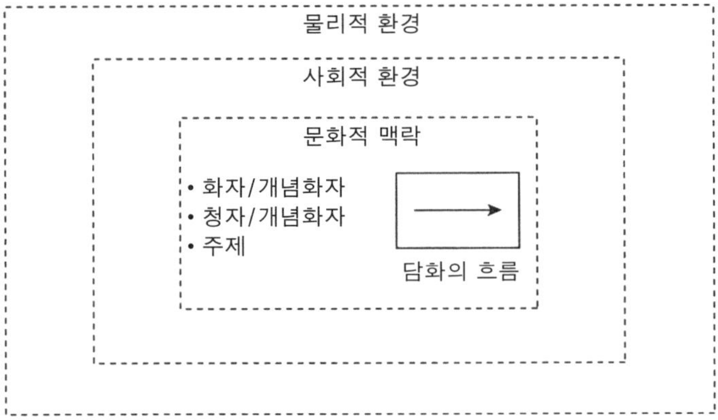

그림 4.2 일반적인 맥락 요인의 일부

만으로는 (이 세 언어가 아무리 근본적으로 다르다 하더라도) 결코 이 주장에 대한 충분한 증거가 되지 않는다. 이 분야의 추가적인 연구를 실행할 필요성이 절실하다는 것은 분명하다.

마지막으로, 나는 또한 동일한 맥락 요인이 개념적 통합에 미치는 잠재적 효과를 검토했다. 충분한 가치가 있음에도 개념적 통합 이론의 연구자들이 깊이 다루지 않은 한 가지 논제가 있다. 그들이 전형적으로 다루는 연결망은 왜 특별한 입력공간과 이러한 입력공간에 포함되는 특별한 은유적 언어 표현으로 구성되는가? 나의 제안은 은유적 개념화에서 역할을 수행할 수 있는 모든 맥락상 요인은 개념적 통합 연결망에도 역시 영향을 미칠 수 있다는 것이다. 이 장에서는 이것이 어떻게 발생하는지에 대한 다양한 경우를 살펴보았다.

제5장
은유와 문화

이 장의 목표는 지금까지 전개한 맥락의 개념과 관련해 은유와 문화의 관계에서 몇 가지 양상을 검토하는 것이다. 탐구하고자 하는 한 가지 쟁점은 인지언어학의 관점에서 어떻게 '문화'의 현상을 개념화할 수 있는가이다. 이 탐구는 맥락뿐만 아니라 문화에 대한 '향상된' 견해로 이어질 것이다. 이 견해에서는 문화(와 맥락)를 생각하는 (적어도) 두 가지 방법을 구분할 수 있다. 하나는 문화를 맥락의 기능을 하는 (3장에서 논의한) 의미형성 체계라 간주하는 방식이고, 다른 하나는 문화를 (4장에서 논의한) 주어진 어떤 의사소통 상황에서 은유적으로 개념화할 때 출현하는 더 특정한 문화적 요인이라 간주하는 방식이다.

또 다른 쟁점은 문화에 대한 인지언어학의 착상이 일부 형태에서 포스트모더니즘과 같은 최근의 몇몇 문화 이론과 어떻게 일치하는가와 관련이 있다. 나는 인지언어학에서 나오는 문화관이 사회구성주의와 몇몇 중요한 생각을 공유하지만, 또한 동시에 문화에 대한 근본적으로 다른 속성으로 이어진다는 점을 지적할 것이다. 이론들 사이의 주요한 차이는 의미의 보편성과 상대성에 관한 주장에서 가장 명확히 포착할 수 있다. 마지막으로는 신체화와 문화의 개념을 참조하여 은유의 논제를 다룰 것이다.

의미로서의 문화

이 장의 목적으로 인문학의 문화 개념과 문화 연구나 사회 연구의 문화 개념은 무엇을 의미하는가? 이 쟁점으로 들어가는 좋은 방법은 이렇게 묻는 것이다. 언어와 문학, 문화를 연구할 때 우리는 어떤 종류의 일에 종사하는가? 예컨대, 영문학의 연구에서 우리는 문학 텍스트를 이해한다. 문화 연구에서는 다양한 종류의 문화적 경험을 해석한다. 역사언어학에서는 의미 발달을 연구한다. 외국어 교육에서는 외국어로 의미를 습득하는 가장 효율적인 방법을 찾고자 한다. 번역학에서는 다른 한 언어에서 의미를 어떻게 표현하는지를 이해하고자 한다. 이밖에 다른 학문의 연구에서도 모종의 활동을 한다.

이렇게 다양한 활동을 다루는 통일된 방법이 있는가? 이 질문을 다르게 표현할 때, 우리는 인문학의 전통적인 시각이나 현재 이용 가능한 시각보다 더 통일된 시각에서 이렇게 다양한 범위의 화제에 접근할 수 있는가?

이 모든 활동에서 우리가 이른바 '의미형성'에 관여한다는 것을 인식한다면, 이것이 가능하다고 나는 믿는다(2, 3, 4장과 Kövecses 2006 참조). 문화와 언어가 둘 다 의미형성과 관련이 있다고 가정한다면, 문화와 언어의 관계는 다룰 수 있다. 이 문화관은 클리포드 기어츠(Clifford Geertz 1973: 5)가 제안한 견해에 가장 가깝다. 기어츠는 "인간은 자신이 직접 짠 의미작용의 거미집에 매달려 있는 동물이다. 나는 문화가 이러한 거미집이라고 간주하고, 따라서 이 거미집에 대한 분석이 법칙을 탐구하는 실험 과학이 아니라, 의미를 탐구하는 해석 과학이라 간주한다." 나는 이러한 정신으로 사람들이 창조하고 또한 이해하는 '의미작용의 거미집'으로서의 문화와 언어에 접근해야 한다고 제안한다. 여기에서 도전은 의미작용의 거미집을 (흔히 다수의 대안적인 방식으로) 창조하고 이해하는 방식을 인식하는 것이다. 기어츠는 문화가 획일적이 아닌 사회적 구성물로 보는 것을 가능케 하는 의미작용의 거미집으로서 문화라고 강조한다. 내가 기어츠의 발상을 사용하는 것은 바로 이러한 강조 때문이지, 그의 이론에 수반하는 이론적 수화물 전체에 반드시 동의하기 때문은 아니라는 것을 이해해야 한다. 예컨대, 기어츠는 오늘날과 같은 정교한 의미형성의 이론을 보유하지 않았다. 또한 그러한 이론을 가질 수 없었음이 분명하다. 1980년대 초에 시작된 인지언어학의 기획은 바로 의미형성 방식을 기술할 수 있는 도구를 제공한다(이에 대한 요약은 Kövecses 2006 참조). 무엇보다도 나는 문화의 분석이 '실험 과학'일 수 없다는 기어츠의 생각에 동의하지 않는다. 이 장에서 증명하겠지만, 분명히 문화의 분석은 실험 과학일 수 있(고 그러해야 한)다.

사회적·역사적·물리적 환경에 사는 사람들의 무리가 다소 통일된 방식으로 자신들의 경험을 이해할 때, 우리는 문화를 갖는다. 예컨대, 이것은 그 사람들이 다른 사람들이 무슨 말을 하는지 이해한다는 것을 뜻한다. 즉, 그들은 사물과 사건을 비슷한 방식으로 식별하고, 특정한 상황에서 행동이 적절하다고 인식하거나 그렇다고 인식하지 않으며, 집단의 다른 구성원들이 유의미하다고 생각하는 사물과 텍스트, 담화를 창조하는 등의 행동을 한다. 이러한 경우는 물론 무수히 많은 다른 모든 경우에 우리는 어떤 형태로 의미형성을 한다. 이것은 우리가 언어를 생산하고 이해한다는 의미일 뿐만 아니라, 사물을 정확히 식별하고, 행동이 수용 가능하거나 수용 불가능하다고 생각하며, 대화를 이해할 수 있고, 집단의 다른 사람들을 위해 유의미한 사물과 행동을 창조하거나 생성할 수 있다는 의미이다. 의미형성은 항상 (직접적인 맥락에서 배경 맥락에 이르는) 거대한 무리의 맥락에서 발생하고 성공의 정도가 다양하게 발생하는 (언어적이든 비언어적이든) 협동적 기획이다. 이러한 종류의 의미형성에 성공적으로 참여할 수 있는 사람들은 동일한 문화에 속한다고 말할 수 있다. 공동의 의미형성에 성공적으로 참여하지 못하는 깜짝 놀랄 만한 경우는 '문화 충격'이라 불린다.

뇌/마음, 의미, 문화

의미형성에는 무엇이 필요한가? 2장과 3장을 따라, 주요한 의미형성 기관은 뇌/마음이라고 제안할 수 있다. 뇌(와 일반 신경계)는 경험을 이해하는 데 필요한 많은 인지 작용을 수행하는 기관이다. 이러한 인지 작용에는 범주화, 전경 대 배경 정렬, 지식의 틀 형성, 은유적·환유적 이해, 개념적 통합 등이 있다. 인지언어학자들과 일반 인지과학자들은 이러한 작용을 기술하는 일에 착수하고 있다. 인지언어학자들은 사람들이 일반적인 경험을 이해하기 위해 사용하는 동일한 인지 작용이 언어를 이해하는 데도 사용한다고 믿는다.

적어도 대략적으로 말해서 지난 반세기 동안 수행한 인간의 의미형성 장치에 관한 연구는 두 가지 일반적인 추세로 나뉠 수 있다. 그 두 가지 추세는 바로 3장에서 살펴본 지각적이고 양식적인 체험주의적 개념 체계와 정반대의 비지각적이고 비양식적인 객관주의적 개념 체계이다. 4장에서는 개념 체계(의 은유적 부분)가 맥락과의 상호작용으로부터 발생하고, 사실상 개념 체계(의 연구)를 맥락(의 연구)과 분리할 수 없다고 주장했다.

이 견해에서, 우리는 문화를 한 무리의 사람들이 공유하는 거대한 의미 집합으로 간주할 수 있다. 문화의 구성원이 된다는 것은 다른 사람들과 함께 의미를 만들 수 있는 능력을 갖는다는 것을 뜻한다. 물론 이러한 능력을 지니기 위해서는 사람들이 의미형성을 위한 기관과 뇌, 의미형성의 인지 과정, 언어적·비언어적 기호를 유의미하게 만들고 그 자체로는 기호가 아닌 모든 사물과 사건에 의미를 불어 넣는 몸을 지녀야 하고, 중요하게도 뇌와 몸이 함께 진화하는 물리적·사회적 환경을 지녀야 한다.

특별한 문화의 특징은 한 무리의 사람들이 이용하는 특별한 의미형성 과정과 그들이 생성하는 특별한 의미 집합에서 나온다. 즉, 특별한 개념 체계에서 나온다. 몸과 뇌의 의미형성 기관은 누구나 보편적으로 공유하므로, 특별한 문화에 속하지 않는다. 따라서 그러한 기관은 보편적 의미—모든 집단의 사람들이 공유하는 의미—에 책임이 있다(비록 보편적 의미가 언제나 각각의 사람 집단에 대해 문화 특정적 양상을 지니고 있지만 말이다). 그러나 둘 다 개념화의 대상, 즉 개념화의 목표로서 몸과 뇌는 둘 다 특별한 문화에서 문화 특정적 의미로 채울 수 있다.

앞에서 지적했듯이, 의미형성의 핵심 성분은 물리적·사회적 환경이다. 문화는 물리적·사회적 환경에 따라 상당히 다르다. 이것이 의미하는 바를 우리의 용어로 말하면, 환경이 집단의 구성원들이 자기 세계의 다양한 양상을 이해하기 위해 사용하는 의미의 많은 부분에 기여한다는 것이다. 환경의 이러한 영향은 은유적 개념화에서 가장 명백하다(Kövecses 2005와 이 책의 10장 참조).

또한 이 견해에서는 언어를 문화의 구성원들이 공유하는 의미의 저장소로 간주할 수 있다. 이로 인해 언어는 문화를 안정시키고 보존하는 역사적 역할을 부여받는다. 이것은 부분적으로 언어상대성, 즉 언어가 사고를 형성한다는 개념 때문이다. 따라서 언어가 문화의 한 부분인 까닭은, 우리에게 의미를 위한 단서를 제공하기 때문이다. 하지만 동시에 언어는 종종 해석을 충분하게 결정하지 못한다. 즉, 우리는 맥락 내에서 그리고 맥락에 의해 특별한 의미(해석)를 창조한다(다른 경우에, 특별한 해석은 언어에 의해 명시적으로 표시된다).

특별한 목적을 위해 상호 작용하는 과정에서, 한 문화의 구성원들은 특별한 담화를 생성한다. 그러한 담화는 특별한 주제에 관한 의미의 특별한 조합으로 간주할 수 있다. 어떤 문화의 특별히 의미심장한 주제에 관해 특별한 시각을 제공하고 잠재적인 행동 규범의 역할을 할 때, 담화는 이데올로기로 간주할 수 있다(Charteris-Black 2004; Musolff 2004; Goatly 2007). 이것은 이 문화 내에서 다른 담화에 영향을 미칠 수 있기 때문이다. 이러한 의미에서 담화는 의미형성의 또 다른 원천이다. 사회화의 대부분은 한 문화에서 의미를 형성하는 방법에 대한 학습을 포함한다.

상상적 이성

우리가 어떻게 세계를 이해하는지에 대한 체험주의 견해에서 가장 변별적인 인간 이성의 양상은 이성이 상상적이라는 것이다(Johnson 1987; Lakoff 1987; Langacker 1987; Lakoff & Johnson 1999; Fauconnier & Turner 2002; Kövecses 2006). 이것이 함의하는 바는 우리가 세계를 대안적으로 개념화할 수 있다는 것이다. 언어는 마음의 다른 양식과 동일한 작용 원리에 의해 구조화된다. 하지만 이러한 인지 작용은 보편적으로 비슷한 방식으로 사용되는 것이 아니다(Kövecses 2005와 2장 참조). 즉, 어떤 경험을 이해하기 위해 어떤 인지 작용의 사용을 다른 한 인지 작용보다 선호하는가에 차이가 있을 수 있고, 특별한 작용을 문화에서 이용하는 정도에 차이가 있을 수 있다. 이것은 로널드 래너커가 인지언어학에서 논의한 소위 '대안적 해석'으로 이어진다(Langacker 1987). 간단히 말해, 대안적 해석은 (예컨대, 해당 상황에 은유 대 환유와 같은 서로 다른 인지 기제를 적용함으로써) '동일한' 상황을 여러 방식으로 이해하는 것이다. 더욱이 특별한 문화에서 '뇌를 바탕으로' 진화하는 마음의 형성은 부분적으로 문화를 구성하는 다양한 (역사적·물리적·담화적) 맥락에 근거한다(Kövecses 2005). 이것이 대안적인 개념 체계를 생성한다.

세계에 대한 대안적인 해석과 대안적인 개념 체계를 생성할 수 있는 가장 명백한 몇몇 인지 작용 중의 두 가지는 **틀 부여**와 **은유**이다. 이 둘은 이 장의 후반부에서 논의한다.

체험주의와 포스트모더니즘

명확히, 대안적 해석과 대안적인 개념 체계라는 발상은 의미의 본질에 대한 포스트모더니즘의 몇 가지 발상과 양립 가능하다. 가장 명확히, 세계를 이해할 때의 대안성이라는 인지언어학—체험주의—의 발상은 포스트모더니즘/후기구조주의 사고의 사회구성주의적이고 상대주의적인 태도와 비슷하다. 내가 특히 마음속에 떠올리는 포스트모더니즘 사고의 유형은 의미의 사회적 구성을 강조하는 유형과, 만일 의미가 사회적으로 구성된다면 또한 문화, 역사, 이데올로기적 설득 등에 따라 변할 수 있다는 부수적인 발상이다. 요컨대, 그러한 의미는 맥락에 상대적이다.

하지만 체험주의의 중요한 특징은 체험주의 내의 개념화의 대안성 개념이나 포스트모더니즘의 상대주의 개념 둘 다와 충돌하는 것으로 보인다. 체험주의 철학은 실험적 인지과학에 근거한다. 이것은 체험주의가 심리적으로 실재하는 마음의 양상에 자신의 토대를 두고자 한다는 것을 뜻한다. 체험주의 철학은 실험심리학이기 때문에(Lakoff & Johnson 1999 참조), 인간 인지의 보편적이고 본질주의적인 양상을 암시하는 심리적으로 실재하고 인지적으로 타당한 실험 결과는 잠재적으로 인지언어학자들과 일부 인지과학자들이 제안하는 대안성의 논지뿐만 아니라, 포스트모던적인 이론화에서 강조하는 의미의 구성주의적이고 상대주의적인 특징도 약화시킨다.

우리는 은유와 관련 있는 신체화에 관한 최근의 실험 연구에서 그러한 도전 하나를 확인할 수 있다. 신체화 가설에 관한 특별히 강력한 증거는 추상적 개념의 심적 표상에 관한 인지심리학자 대니얼 카사산토의 최근 연구(Casasanto 2009)에서 찾을 수 있다. 발상은 간단하다. 즉, 우리가 가진 특별한 몸이 우리가 추상적 개념을 정신적으로 표상하는 방식과 관련해 어떤 역할을 수행하고 특별한 추상적 개념을 유발한다면, 서로 다른 몸은 서로 다른 추상적 개념을 유발해야 한다. 카사산토는 개념적 은유 **좋음은 오른쪽**과 **나쁨은 왼쪽**을 조사했다. 이 두 은유는 "He is my *right-hand* man"(그는 **믿을 수 있는** 사람이다)과 같은 영어 문장이 예시한다. 이러한 개념적 은유는 보편적인 듯하다. 카사산토가 암시하듯이, 아마도 좋은 것을 오른쪽과 연결하는 것이 명백히 보편적이라는 것은 오른손잡이들이 전 세계적으로 우세하다는 사실에서 나올 가능성이 높다. 오른손잡이들은 왼손보다 오른손으로 더 거침없이 행동을 한다.

카사산토가 행한 한 가지 실험에서는 실험대상자들에게 만화인물의 왼쪽과 오른쪽에 놓인 박스 중 하나에 들어 있는 (좋은 것을 대표하는) 좋은 동물을 하나 그리도록 요청했다. (실험 설계는 실제로 더 복잡하지만, 세부사항 중 일부는 배제한다.) 실험대상자들은 만화인물이 어떤 동물을 좋아하고 그 동물이 좋다고 생각하지만, 다른 동물은 좋아하지 않고 나쁘다고 생각한다는 안내를 받았다. 신체화 가설의 몸 특정성 발상이 옳다면, 오른손잡이들은 좋은 동물을 만화인물의 오른쪽 박스에 담을 것이고, 왼손잡이들은 좋은 동물을 왼쪽 박스에 담을 것이다. 그리고 신체화가 추상적 개념의 정신적 표상에 어떤 역할도 하지 않는다면, 오른손잡이와 왼손잡이 모두 좋은 동물을 만화인물의 오른쪽에 담는 것은 (좋은 것은 '오른쪽'으로 표현하고 나쁜 것은 '왼쪽'으로 표현하는) 세계의 언어들에서 발견되는 언어적 관습 때문일 것이다.

오른손잡이 참여자들 중 67%는 좋은 동물을 오른쪽 박스에 담고, 왼손잡이 74%는 만화인물의 왼쪽 박스에 담는다. 다시 말해, 오른손잡이든 왼손잡이든 대다수가 자신의 손잡이 상태에 맞게 그 과제를 수행했다. 즉, 오른손잡이에게는 좋은 것이 오른쪽에 있지만(**좋음은 오른쪽**), 왼손잡이에게는 좋은 것은 왼쪽에 있다(**좋음은 왼쪽**). 이러한 결과는 우리가 몸에 특정한 방식으로 추상적 개념을 개념화한다는 것을 암시한다. 따라서 신체화 가설은 사실로 입증되었다.

하지만 동시에 이 실험 결과는 개념화에서 무제한적 대안이 가능하다는 견해와 결과적으로 의미의 사회적 구성이 무한히 가능하다는 견해 둘 다에 하나의 도전이 된다. 그렇지만 이 결과는 신체화에 대한 인지언어학의 견해보다 포스트모더니즘의 견해에 더 많은 손상을 가하는 것으로 보인다. 그 이유는 포스트모더니즘의 견해는 (적어도 잠재적으로나 이론적으로) 무제한적인 '세계형성 방식'—즉 의미형성—을 받아들이지만, 인지언어학에서는 세계형성의 방식이 신체화에 의해 범위를 제한받기 때문이다. 특히 레이코프와 존슨(1999)의 견해에서는, 인간의 사고와 의미가 신체화된 경험에서 발생한다.

문화 연구에 종사하는 학자들은 서양의 좌우 개념에서 나오는 거대한 양의 '문화적·역사적 수하물'이 있고, 이 수하물이 인간의 물리적인 몸(의 개념)과 분리될 수 없다는 것에 반대할 수도 있다. 그러나 다시 한 번 실험을 어떻게 구성하는지 살펴보자. 실험에서 분리하고자 하는 두 개의 부분은 서로 다른 예측을 한다. 즉, 문화적 경험은 **좋음**이 오른손잡이와 왼손잡이 모두에게 **오른쪽**과 연결하도록 유도하지만(영어권 언어와 문화의 관습적인 관용어는 이것을 분명히 밝혀준다)(영어에는 **좋음**이 **왼쪽**에 해당하는 관용어는 없다), 물리적 경험은 오른손잡이의 경우에는 **좋음**을 **오른쪽**과 연결하도록 유발하고 왼손잡이의 경우에는 **왼쪽**과 연결하도록 유발해야 한다. 그러나 앞에서 살펴보았듯이, 대부분의 왼손잡이들에게는 **좋음은 왼쪽**이었다. 따라서 이 실험 결과는 명확히 먼저 문화적 경험과 신체적 경험의 분리 가능성을 암시하고, 두 번째로 몸 특정성이 개념화의 특정성을 유발한다는 것을 암시한다. 다시 말해, 사고의 신체화된 본질에 관해 설득력 있는 증거가 있다.

하지만 인지언어학 연구에서는 신체화를 다소 기계적으로 생각한다. 더 구체적으로 말해, 어떤 물리적 경험을 떠오르게 하는 어떤 특별한 목표영역이 주어지면, 이 물리적 경험은 어떤 근원영역을 사용하여 그 목표영역을 개념화하는지를 기계적으로 결정할 것이다. 몇몇 인지언어학자들은 신체화에 대한 이러한 기계적 발상에 도전했다(Geeraerts & Grondelaers 1995; Gevaert 2005). 캐롤라인 게바에르트(Caroline Gevaert 2005)는 **화는 열** 은유의 역사적 발달을 매우 상세히 연구했다. 그녀는 다양한 말뭉치에 근거하여 850년 이전에는 열 관련 단어가 화를 기술하는 모든 단어 가운데 1.59%뿐임을 발견했다. 850년과 950년 사이에는 화에 대한 열 관련 단어의 수가 현격히 증가한다. 그러나 950년과 1050년 사이에 이러한 단어의 수가 6.22%로 감소하고 1200년경에는 1.71%로 감소하며 1300년경에는 0.27%로 감소한다. 1300년 이후에 그 수는 다시 증가하기 시작해 1400년 이후에는 화를 기술하는 텍스트에서 지배적이 된다. 이러한 수치는 화를 열의 관점에서 개념화하는 것이 영어의 화 개념에 대한 영구적이고 항상 존재하는 자질이 아니라는 것을 보여준다. 시간의 흐름상에서 화의 개념화에 어떻게 이러한 변동이 생길 수 있는가? 화가 날 때 사람들에게 나타나는 생리적 특성이 100년경마다 변하기 때문일 수는 없다. 나는 보편적인 생리적 자질이 화에 대한 특정한 은유를 기계적으로 제약하지 않고 은유적 개념화를 위한 **잠재적** 기초만을 제공한다고 믿는다. 열은 850년과 950년 사이에 화 개념에서 주요한 성분이었고, 그러한 다음 오랜 감소를 겪은 뒤에 다시 1400년경에 핵심적인 역할을 하기 시작한다. 이것은 아마도 유럽에 감정에 대한 체액설이 출현했기 때문이다(Geeraerts & Grondelaers 1995 참조). '팽창' 영역의 용법에서도 동일한 종류의 변동을 확인할 수 있다. '팽창'은 화의 개념화에서 '압력' 성분에 대응한다. 압력은 1300년경까지 화 개념화의 주요한 부분이었지만, 그 다음 감소하기 시작하다가 몇 세기 뒤에 **화는 그릇 속의 뜨거운 액체** 은유의 형태로 열과 함께 강력하게 다시 나타났다.

나는 또 다른 책(Kövecses 2005)에서 이러한 현상을 '차별적인 체험적 초점'(또한 2장 참조)이라 불렀다. 이것은 특별한 추상적 개념이 체열이나 압력과 같이 다양한 신체적 근거를 가질 수 있다는 것을 뜻한다. 일반적인 요점은 어떤 목표영역을 떠오르게 하는 보편적 신체화가 몇몇 별개의 성분 즉 별개의 양상으로 구성될 수 있다는 것이다. 등장하는 개념적 은유는 한 시점에서는 한 성분이나 양상에 기초하고, 다른 한 시점에서는 다른 한 성분이나 양상에 근거할 수 있다. 어떤 성분이나 양상을 선택하는가는 주변의 문화적 맥락 속의 다양한 요인에 달려 있다. 더욱이 개념적 은유는 한 문화에서는 한 성분이나 양상에 근거하지만, 또 다른 문화에서는 또 다른 성분이나 양상에 근거할 수 있다.

포스트모더니즘 사고와 인지언어학

우리는 앞 장에서 인간의 의미형성의 많은 부분이 신체화의 제약을 받는다는 것을 살펴보았다. 이 결과는 우리가 세계를 무제한적인 방식으로 개념화한다는 포스트모더니즘의 발상, 즉 '세계형성'의 방식이 무한하고 비제약적이라는 발상에 배치된다. 신체화의 개념은 또한 인지언어학의 소위 '대안적 해석'—우리가 세계의 양상을 대안적인 방식으로 개념화한다는 개념—을 제한한다. 이와 동시에 앞서 지적했듯이, 나는 신체화가 인지언어학의 개념화 견해보다 포스트모더니즘 사고의 개념화 견해에 더 많은 도전을 제기한다고 제안한다. 이것은 신체화의 개념이 포스트모더니즘 사고가 아니라 인지언어학에서 의미형성의 근본적인 양상이기 때문이다. 다시 말해, 인지언어학에서는 대안적 해석과 신체화가 함께 작동하여 의미형성을 가능하게 한다는 것이다.

다음 두 절에서는 동일한 논증을 한층 더 추구한다. 나는 인지언어학에서 사용하는 신체화의 개념(예컨대, Johnson 1987; Lakoff 1987; Kövecses 2005; Gibbs 2006; Rohrer 2007)이 포스트모더니즘의 의미형성 방식, 더 구체적으로는 은유적 의미형성에 또 다른 중요한 함축을 갖는다는 것을 보여주려 한다. 의미형성 방식이 포스트모더니즘에서처럼 무제한적이고 제약이 없다면, 의미(즉 세계에 대한 개념화)는 보편적인 것이 아니라 모든 종류의 맥락에 상대적이다. 나는 단 하나이지만 비교적 잘 연구한 예를 사용해서, 은유적 의미형성이 적어도 (물론 중요하지만) 어느 정도까지는 보편적**일 수 있다**고 제안할 것이다.

이와 동시에, 나는 인지언어학과 사회구성주의 사이에 어떤 유사성이 있다고 주장할 것이다. (나는 사회구성주의를 일반적인 포스트모니즘 기획의 한 부분으로 간주한다.) 나는 인지언어학과 사회구성주의가 의미형성의 논제와 관련해 어떻게 서로 비슷하고 차이가 나는지를 명시할 것이다.

사회구성주의와 인지언어학

인지언어학은 세상사 지식에 대한 정신적 표상이 실재의 직접적인 반영이 아니라는 생각을 포스트모더니즘과 공유한다. 실재는 우리가 직접 접근할 수 없고, 우리가 실재라고 경험하는 것은 투사된 실재이다(예컨대, Langacker 2008 참조). 우리의 상상적 과정(2장 참조)은 모두 이러한 종류의 실재를 창조하는 데 참여한다. 그 이유는 바로 대안적 해석과 다양한 투사된 실재가 서로 다른 맥락에서 등장할 수 있는 차별적인 개념화 때문이다. 다시 말해, 우리가 세계에 대해 생각하는 방식은 사회적으로 구성된다.

감정의 연구에서 사회구성주의 운동의 주요 인물은 철학자 롬 하레(Rom Harré)이다. 하레의 견해—때때로 그가 '감정론'이라 부르는 견해—는 매우 영향력이 있고, 감정에 대해 내가 지난 몇 십 년 동안 연구하고 있는 인지언어학의 견해가 어느 정도의 중요한 유사성을 지니고 있다. 바로 이 때문에 하레의 견해와 나의 견해의 차이점뿐만 아니라 유사성을 조사하는 것은 의미가 있다. 곧 확인하겠지만, 인지언어학적 견해는 많은 점에서 하레의 제안에 공감한다. 이 두 견해의 기본적인 유사성은 둘 다 언어가 감정 개념의 본질에 관한 연구에서 중요한 역할을 한다고 본다는 점이다. 이 두 견해의 한 가지 차이점은 이러한 언어 프로그램을 이 기획에서 실행하는 방식에 있는 것으로 보인다. 감정학은 상당히 언어적/의미적 프로그램이지만, 자신의 프로그램을 완전히 실행할 수 없다. 왜냐하면 감정학에는 그 프로그램이 도달하고자 하는 분석에 필수적인 적절한 종류의 언어학이 없기 때문이다. 이 두 접근법의 주요한 차이는 감정학과 일반적인 사회구성주의가 보편성을 희생시키면서 높은 정도의 문화적 상대성을 주장하지만, 인지적 견해에서는 감정에 대한 개념화의 상대적 요인과 보편적 요인 둘 다에 동일한 비중을 준다는 점이다. 다음 절에서는 이 두 입장의 주요한 유사성과 차이점을 좀 더 상세히 논의할 것이다.

서로 다른 언어 속의 감정 어휘

하레의 주요한 발상의 하나는 이 상이한 언어의 특징이 서로 다른 감정 용어에 근거한다는 것이다. 이 절에서는 (이른바 그의 '담론 심리학'의 일부인) 하레의 감정학에서는 주어진 한 언어 내의 완전한 감정 용어를 조사해야 한다는 것을 보여 준다. 여기서 제기되는 질문은 하레의 감정 용어가 무엇을 의미하는가이다. 하레의 여러 논문 (예컨대, Harré 1986a, 1994)에는 anxiety(불안), joy(기쁨), anger(분노), sadness(슬픔), boredom(싫증), embarrassment(당황), jealousy(시기) 등의 용어가 들어 있다. 이러한 예는 이 논제에 대한 하레의 생각 속의 어떤 경향을 명확히 보여 준다. 첫째, 하레가 말하는 감정 어휘는 한 언어(이 경우에 영어)의 화자들이 가장 흔하게 사용하는 그러한 감정 단어이다. 둘째, 방금 나열한 단어는 우리가 (은유적이 아니라) 축자적으로 특징짓는 단어들이다. 셋째, 이 목록 속의 단어는 다 서로 다른 감정을 나타낸다. 다시 말해, 감정 어휘에 대해 하레가 그리는 그림은 이 어휘가 서로 다른 감정을 가리키는 가장 흔하게 사용되는 비은유적 단어의 모음이라는 것을 암시한다. (특히 자신의 1994년 논문에서) 하레에게는 우리가 감정으로 무엇을 의미하는가의 쟁점이 우리가 (그가 나열하는 네 기준에 근거해) 수십 개의 감정 단어로 할 수 있는 '언어 게임'과 관련이 있다. 이것이 감정학에서 중요한 근거는 (예컨대, 영어의 "anger"와 상응하는 유사한 중국어 단어 '누'[怒]처럼) 어떤 두 언어/문화에서든 대략 비슷한 감정의 차이를 보여줄 수 있기 위함이다.

하지만 하레의 1994년도 논문은 감정학의 프로그램에 관해 다소 오해의 소지가 있다. 하레는 어떤 주어진 감정 내에서나 하나의 '언어 게임'은 물론 몇 개의 '언어 게임'도 할 수 있다는 것을 명확히 인식했다. 즉, 우리는 각각의 (감정) 영역 내에서 한 감정 단어를 사용하는 것뿐만 아니라 동일한 영역에서 몇 개의 단어를 사용하는 것도 연구해야 한다. 이 발상은 하레의 다른 한 저술(Harré 1986)에도 등장한다. 그는 이 저술에서 '사회구성주의'를 소개한다. 그는 이렇게 썼다. "'화란 무엇인가?'라는 질문을 하는 대신에, 단어 anger—이 단어를 중심으로 무리를 짓는 다른 표현들—가 어떻게 이런저런 문화적 환경이나 이런 저런 유형의 삽화에서 실제로 사용되는가?"라는 질문으로 논의를 시작하는 것이 온당할 것이다"(p. 5).

이 인용문에서 우리의 현재 목적에 중요한 것은 하레가 'anger와 이 단어 주변에 모이는 다른 표현들'에 대해 이야기하는 대목이다. 다시 말해, 우리는 감정학을 한 단어의 사용뿐만 아니라 동일한 감정 영역 내의 여러 단어의 사용도 탐구하는 접근법으로 생각해야 한다. 그러나 이 발상은 하레나 사회구성주의 운동의 다른 대표자들이 실행하지 않는다. 그들은 하레가 제안하는 방식으로 (anger나 fear와 같은) 소수의 핵심적인 감정 단어를 조사하는 것에 만족하는 듯하다. 나는 이러한 관행이 이 이론에 어떤 부정적인 영향을 미친다고 믿는다. 이 문제는 이 장의 후반부에서 다룰 것이다.

사실상 우리는 감정의 경우에 얼마나 많은 언어 게임을 하는가? 동일한 질문을 더욱 간단히 표현하자면, 우리는 감정과 관련해 얼마나 많은 언어 표현을 사용하고, 어떤 방식으로 그렇게 하는가? 그 수는 사회구성주의의 관행에서 등장하는 것보다 훨씬 더 많다. 화의 경우에, (미국)영어의 화자들은 100개 이상의 언어 표현을 이용할 수 있고(Lakoff & Kövecses 1987), 사랑의 경우에는 그 수가 몇 백 개에 이른다(Kövecses 1988). 영어의 감정 어휘부에 관한 나의 연구(예컨대, Kövecses 1986, 1988, 1990, 1991a, 1991b)에 근거해서, 각각의 기본 감정에 대해 이용 가능한 언어 게임의 수가 매우 높고, 대부분의 경우에 100개 이상이라고 산정할 수 있다. 이 수치가 다른 언어들에서는 더 적다고 믿을 이유가 없다. (중국어에 대해서는 King 1989과 Yu 1995, 1998를 보고, 헝가리어에 대해서는 Bokor 1997와 Kövecses 2000를 보라.) 명확하게도, 언어/문화에서 이용 가능한 언어 게임의 수는 감정이 그 문화에서 전경화되는 것으로 간주되는 정도—레비(Levy 1973)의 용어를 사용하자면 '저(低)인지되는' 것이 아니라 '초(超)인지되는' 정도—에 상당히 의존한다.

비유적 표현의 역할

나는 '비유적 표현'으로 간단히 은유와 환유를 의미한다. 감정에 대해 이야기하기 위해 영어의 모국어 화자들이 흔히 사용하는 몇 백 개의 언어 표현을 조사해 보면, 이 중 대부분이 비유적—본질상 은유적이거나 환유적—임을 발견할 수 있다. 영어의 화자들은 사람들이 격분하고(boil), 나뭇잎처럼 떨며(tremble like a leaf), 욕망으로 타오르고(burn), 감정을 발산하며(give vent to), 감정을 억제하고(hold back), 기쁨에 압도당하며(overwhelmed), 누군가의 죽음에 상처를 입고(hit by), 자부심으로 부풀어 오르거나(puffed up) 부풀며(swelled), 욕정이 달아오르고(hot), 희망으로 참고 견딜(sustained) 수 있다는 말을 한다. 감정에 대한 하레의 연구에서 이러한 표현과 수많은 다양한 비슷한 언어 표현들의 역할은 불명확하고, 사회구성주의 견해의 다른 대표자들은 이러한 표현에 중요성이 하나도 없(거나 매우 적)다고 생각한다.

하지만 사회구성주의는 비유적 언어를 무시함으로써 (속설이든 전문적이든) 이론 형성의 주요한 요인의 하나를 탐구하지 않은 채 그대로 둔다. 은유는 우리에게 실재를 창조할 수 있을 힘을 지니고 있다. 즉, 은유는 인간의 인지 체계가 비물리적 실재—사회적·정치적·심리적·감정적 세계 등—를 생산하는 주요한 방법이다(Kövecses 1999, 2000, 2002/2010a 참조). 이러한 일반적인 영역 내의 (모든 이론은 아니라 하더라도) 많은 전문적 이론과 비전문적 이론들이 개념적 은유에 근거하고, 언어적으로 은유 표현에 반영된다. 감정 이외의 영역에서 나온 잘 알려지고 잘 연구된 예를 몇 개 살펴보자. 먼저 '마르크스주의 사회 이론의 상부구조'(superstructure)는 개념적 은유 **사회는 건물**에 의존한다(Rigotti 1995). 그리고 '메시지를 주고받다'(*sending and receiving of the message*)는 **의미는 사물과 언어 표현은 (이러한 사물을 담는) 그릇, 의사소통은 (도관을 따라) 사물을 보내는 것**의 개념적 은유 복합체에 의존한다(Lakoff 1993; Reddy 1979). '인간의 마음을 **컴퓨터로** 보는' 발상은 개념적 은유 **마음은 컴퓨터**에 의존한다(Sternberg 1990).

나는 몇몇 연구에서 감정이 비유적인 개념적 장치에 의해 '구성된다'고 제안했다. 이러한 장치 중에서 가장 두드러진 것이 개념적 은유 **감정은 힘**이다. (이 문제에 관한 한편의 퀸과 다른 한편의 레이코프와 쾨브체시 사이의 논란은 Quinn 1991과 Kövecses 1999, Strauss & Quinn 1997을 참조하라.) 물론 이러한 개념화에는 보편적 양상과 문화 특정적 양상이 있다. 이 문제는 다른 곳에서 다루었다(Kövecses 2000a, 2005).

하레의 1994년 논문에서는 은유와 그 역할을 언급하지 않지만, 앞에서 언급한 다른 논문(Harré 1986)에서는 그것을 프로그램 식의 형태로 언급한다.

> (…) 우리는 누군가도 역시 자부심으로 붕 떠있거나 부풀어 있다고 말한다. 이러한 은유는 아마 과장되거나 과도한 것으로 보이는 어리석음의 요소까지 추적할 수 있다. 이 문제는 더 많이 연구할 가치가 있다. 희망에 대해서도 동일한 말을 할 수 있다. 이것도 역

시 급등이나 도약 등과 같은 특징적인 은유의 다발로부터 이익을 얻는다. (p. 9)

즉, 하레는 은유가 구성주의 감정 견해에서 중요하고 더 깊이 연구할 가치가 있다는 것을 잘 알고 있지만, 하레와 여타의 구성주의자들은 은유의 적절성을 상세히 설명하지도 않고, 상세한 사례 연구를 통해 은유를 예증하지도 않는다. 따라서 이 측면에서 '진정한 구성주의자'는 감정 개념을 구성하는 토대가 (완전히는 아니지만) 대체로 은유(와 환유)라고 간주하는 인지언어학자들이다. 이 이론에 근거해서 감정 개념이 사회인지적 구문이라고 주장할 수 있다.

나는 감정 개념이 어떻게 은유에 의해 형성되는 개념 구조로 등장하는지의 세부사항을 전문적으로 다루지는 않을 것이다(하지만 Kövecses 2000, 2010a 참조). 이미 언급했듯이, 영어(와 다른 언어)의 화자들이 감정이 무엇인지 이해할 때 가장 많이 의존하는 총칭적 은유가 **감정은 힘**이라고 말하는 것으로 충분하다. 이러한 힘은 (예컨대, 특정한 은유 **감정은 적**에서처럼) 인간적 힘, (예컨대, **감정은 야생동물**에서처럼) 동물의 힘, (예컨대, **감정은 자석/중력**에서처럼) 물리적 힘, (예컨대, **감정은 홍수/바람/폭풍**에서처럼) 자연력, (예컨대, **감정은 정신병/황홀**에서처럼) 인간의 지각이나 사고에 영향을 미치는 힘일 수 있다. 이러한 특별한 개념화는 특별한 논리를 수반한다. 평범한 사람들에게 감정은 어떤 원인의 결과로 합리적이고 의식적인 자아와 독립적으로 발생하는 **힘**이고, 대부분의 경우에 이 감정은 통제해야 한다. 다시 말해, 감정에서 은유의 역할과 중요성은 은유가 어떤 감정 모형을 창조한다는 것이다. 감정 연구의 이러한 양상은 하레가 대표적 주창자인 감정 견해에서 완전히 빠져 있거나 프로그램 식으로만 존재한다.

감정의 인지모형

은유가 감정의 어떤 모형을 구성한다(즉, 감정에 대한 어떤 착상을 제공한다)는 말을 할 때 내가 염두에 두고 있는 것은, 심리학이나 인류학, 언어학에서 '프레임', '도식', '스크립트', '문화모형', '인지모형', '이상화된 인지모형' 등 다양하게 불리는 인지구조이다. (이 개념에 대한 최근 소개는 Quinn 1997과 Kövecses 2006을 참조하라.) 영어에서 감정에 대한 언어 기반 문화 모형은 시간 속에서 펼쳐지는 몇 단계로 구성된다. 이 총칭적인 문화모형, 즉 통속 모형은 다음과 같이 제시할 수 있다(Kövecses 1990과 이 책의 11장에 근거함). 이 모형은 이 (감정) 개념에 대한 도식적 표상—**감정은 힘** 은유에 의해 구조화되는—을 제공한다. (감정에 대한 훨씬 더 도식적인 표상은 3장을 참조하라.)

0. 중립적 감정 상태
주체(S)는 감정적으로 평온하다.

1. 원인
S에게 어떤 일이 일어난다.
이 사건은 S에게 갑작스럽고 강한 영향을 미친다.
감정(E)이 존재하게 된다.
S는 이 감정과 관련해 수동적이다.

2. 감정이 존재한다.
감정은 S에게 힘으로 작용한다.
감정의 부분은 S에게 어떤 행동을 수행하도록 유발하려는 바람이다.

S는 이 행동이 사회적으로 위험하고 실행 불가능하다는 것을 안다.
이 행동은 실행되면 감정에 수반된 소망을 충족시킬 수 있다.
감정의 강도는 강하다. 즉, S가 통제할 수 있는 한계 가까이에 있다.
S는 다양한 (생리적 · 행동적 · 표현적) 반응을 보여 준다.

3. 통제
S는 자신이 이 소망에 저항하고 이 행동을 실행하지 않을 의무하에 있다는 것을 안다.
S는 저항력을 발휘하여 이 행동을 실행하지 않는다.

하지만 힘으로서 감정의 강도는 증가해서 S가 통제할 수 있는 범위를 넘어선다.

4. 통제력 상실
S는 이제 자신에게 작용하는 힘을 통제하지 못한다.
이 힘은 S에게 이 행동을 실행하도록 초래한다.

5. 행동
S는 이 행동을 실행한다.
S는 단지 더 강한 힘에 복종하기 때문에 이 행동에 대한 책임이 없다.
감정 속의 소망이 이제 충족된다.
감정은 더 이상 존재하지 않는다.

0. 중립적 감정 상태

S는 다시 평온하다.

이것은 언어 기반 연구에서 나온 감정의 모형이지만, 언어에만 내재해 있는 모형이 아니며 사람의 머릿속에도 존재한다. 패럿(Parrott 1995)은 사회심리학 실험으로 이 모형의 심리적 실재성을 증명했다. 이미 강조했듯이, 이 모형은 감정의 속설을 나타낸다. 그리고 감정이 사람들의 머릿속에 존재한다는 사실에도 불구하고 사람들이 감정을 경험할 때 감정이 실제로 일어나는 어떤 것을 나타내지 않는다는 것은 점차 확실하다. 신경생물학 실험의 결과로 점차 수용되고 있는 전문적인, 즉 과학적인 감정 이론은 제임스의 감정 견해에 더 가깝다. 이 견해에서는 '반응'이 감정 자체를 (따른다기보다) 선행한다(Le Doux 1996 참조).

나는 감정에 대한 속설이나 이상화된 인지모형이 주어지면 은유가 어떻게 특정한 감정 개념을 생산할 수 있는지를 더 잘 이해할 수 있다고 믿는다. 감정과 감정의 원인은 둘 다 은유적으로 구체적 힘으로 간주된다. 힘으로서의 원인은 감정을 생산하고, 힘으로서의 감정은 반응을 생산한다. 합리적 자아는 감정을 통제하려고도 시도하지만 원형적 경우에 결국은 더 강한 힘에 굴복하는 강력한 행위자로 간주된다. 여기에서 감정 개념에 대해 '원인 → 감정 → 반응'으로 제시할 수 있는 총칭 층위의 구조가 나온다. 감정을 은유적으로 구체적 힘이라고 생각하지 않는다면, 이 특별한 총칭 층위의 감정 모형이 어떻게 발생했을 수 있었는지 알기 어려울 것이다(Kövecses 1999 참조). 내재적으로 은유적으로 구조화된 이 개념이 주어지면, 화의 문화모형이 축자적이라는 퀸(Quinn 1991)의 주장은 옳은 것처럼 보이지 않는다. (추상적 개념의 형성이 축자적인지 은유적인지에 관한 논란은 Kövecses 1999, 2005를 참조하라.)

방금 기술한 모형은 로쉬(Rosch 1978)가 말하는 감정의 '원형'을 제공한다. 원형적 감정은 화와 두려움, 기쁨, 슬픔을 포함한다. 이 원형적인 감정의 특성은 모두 대개 위에서 기술한 모형으로 정의할 수 있다. 말할 필요도 없이, 이것은 감정에 대해 사람들이 보유한 많은 상식적 모형 중 하나일 뿐이다. 이 모형에 특권적인 위상을 제공하는 것은 이 모형이 모든 종류의 일탈이 나오는 중심적인 모형이라는 사실이다. 이러한 '일탈'은 덜 원형적인 다른 경우를 나타낸다. 덜 원형적인 경우에는 '더 약한' 감정에서 통제의 문제가 심지어 발생하지도 않는 상황이나, 강렬한 감정적인 삽화의 끝에 자아가 평온하게 가라앉지 않고 '감정적'인 채로 있는 상황이 들어간다. 여타의 비원형적인 경우도 많이 있다. 구체적인 감정은 또한 원형적 모형의 관점에서도 표상할 수 있다. 화, 두려움, 기쁨, 사랑 등은 또한 많은 형태로 존재한다. 그러한 형태는 각각의 원형, 즉 가장 좋은 보기로부터의 다양한 일탈을 특징짓는다. (화에 대해서는 Lakoff & Kövecses 1987을 참조하고, 두려움에 대해서는 Kövecses 1990을 참조하고, 사랑에 대해서는 Kövecses 1988, 1991a를 참조하고, 기쁨과 행복에 대해서는 Kövecses 1991b 참조하라.) 그러한 비원형적 경우는 종종 원형을 가리키는 것과는 다르게 언어적으로 발현된다. 예컨대, 어떤 사람의 감정에 통풍구를 열어주는 것(giving vent to one's emotion)은 (자신의 의지에 반하여 자신의 통제력을 상실하는 것과 달리) 자신의 감정을 표출하는 통제된 방식을 기술하며, 따라서 감정의 비원형적 형태이다. 분노는 가해자가 자아(즉, 화의 주체)가 아니라 전형적으로 제3자에게 해로움을 가하는 화의 비원형적 형태이다. 중요하게도, 이러한 비원형적 사례의 많은 것은 본질상 은유적이다. 감정의 통풍구를 여는 것(give vent to)의 예는 (**몸은 그릇**이고 **감정은 내부의 압력을 받는 액체**라고 발현되는 은유에 근거하기 때문에) 이 점을 잘 보여준다.

이것이 보여 주는 바는 우리가 총칭적인 감정 개념과 특정한 감정 개념 둘 다와 연계하여 많은 별개의 '언어 게임'을 한다는 것이다. 게다가, 이러한 많은 언어 게임은 은유적이다. 사회구성주의자들은 감정의 원형적 사례와 비원형적 사례가 둘 다 비유적 장치에 의해 구성될 수 있다는 사실을 놓친다. 이것은 급진적인 생각처럼 보이지만, 훨씬 더 멀리까지 가져갈 수 있다. 감정의 개념화에서 비유적이지 않은 것은 전혀 없다고 주장할 수 있다. 죄리(Győri 1998)는 우리가 오늘날 축자적이라—비유적이 아니라—고 간주하는 감정 단어가 어원상으로는 모두 비유적이라는 것을 보여 주었다. 영어의 anger(화)와 grief(비애), happy(행복한)와 러시아어의 rad(행복한)와 gore(슬픔), Ijubov(사랑), strach(두려움), 독일어의 Hass(증오)와 Zorn(화), 헝가리어의 düh(화)와 méreg(=poison 毒)(화), szeret(사랑하다), szomorú(슬픈)는 모두 각 언어에서 흔한 감정 용어이고, 여전히 활동적인 개념적 은유와 환유에 근거한다.

감정이나 다른 감정 개념을 떠오르게 하는 이상화된 인지모형의 내용을 조사해 보면, 그러한 모형이 하레의 감정 규칙과 상당히 중복된다는 것을 알 수 있다. 하레(1994)에 따르면, 상이한 문화에서 감정 단어를 적절하게 사용할 때 사람들은 어떤 '국지적 규칙'을 준수한다. 이러한 규칙은 종류가 네 가지—(a) '적절한 신체적 느낌'과 (b) '변별적인 신체적 표현', (c) '인지적 판단', (d) '도덕적 판단'과 대응하는 '사회적 행동'(p. 7)—이다. 이 분류에서 참조하는 기준은 '이러한 규칙을 정확하게 사용하기 위한 기준은 무엇인가'이다.

하레의 네 가지 규칙은 이전에 제시한 감정의 원형적인 통속 모형의 다양한 양상과 잘 어울린다. 물리적 감각과 신체적 발현은 인지모형의 2단계에서 발견할 수 있다. 이 단계에서는 감정의 주체가 어떤 사건에 대해 어떤 생물학적·행동적·표현적 반응을 표출한다. 인지적 판단은 1단계에서 발생한다. 이 단계에서는 어떤 사건을 어떤 방식으로 판단하고, 그 결과로 주체는 자신이 특별한 감정 상태에 있다고 느낀다. 도덕적 판단은 1단계와 3단계에서 발견할 수 있다. 이 단계에서는 주체가 사건(1단계)과 감정 자체(더 적절하게는 감정을 통제할 필요성)를 국지적인 도덕률에 따라 판단한다. 그리고 마지막으로 사회적 행동은 5단계에서 발생한다. 이 단계에서는 주체가 이 감정에 적절한 하나 또는 둘 이상의 사회적 행동을 수행한다. 이러한 중복을 고려하면, 앞에서 기술한 감정학의 규칙과 감정의 인지모형이 대체로 동일한 내용을 지닌다고 제안할 수 있다. 감정의 인지모형과 하레의 감정학 규칙이 둘 다 감정에 대한 과학적, 즉 전문적 이해가 아닌 일상의 통속적 이해를 특징짓는다는 것을 이해해야 한다. 우리는 감정학의 규칙이 일상 언어의 용법에 대한 탐구로부터 나오기 때문에, 감정학이 감정에 대한 속설과 전문적 이론을 구분하지 않는다고 가정할 수 있다. (하지만 인지언어학적 관점에서 나온 이 둘의 관계에 대해서는 Kövecses 2000과 이 책의 7장을 참조하라.)

상대성 대 보편성

감정학과 더 일반적으로는 사회구성주의의 주요한 한 발상은 서로 다른 언어와 문화에서 행하는 '언어 게임들'이 대략 상응하는 단어들조차도 서로 아주 다르다는 것이다. 즉, 하레가 자신의 1986년 논문에서 반복해서 강조하듯이, 감정의 특징은 서로 다른 문화에서 서로 다른 감정 어휘로 정의하고, 더욱이 심지어 그러한 감정 자체도 문화마다 다르다(Harré 1986a: 10).

이와 연계하여 두 가지 질문이 제기된다. (1) 감정과 관련이 있는 개념적 은유 중 어떤 것이 보편적(이거나 거의 보편적)이고, 어떤 것이 언어/문화 특정적인가? (2) 감정과 관련이 있는 개념적 은유 중 어떤 것이 보편적인지를 **예측할** 수 있는가? 다시 말해, 이러한 개념적 은유 중의 어떤 것이 언어/문화 특정적이고 어떤 것이 언어/문화 특정적이 아닌지를 예측하기 위한 어떤 토대가 있는가?

첫 번째 질문은 실증적으로 해소할 수 있다. 우리는 가능한 한 많은 언어를 연구하여 **임의의 한** 언어/문화에 있는, 감정과 관련된 주어진 개념적 은유를 다른 언어/문화에서도 발견할 수 있는지 점검해야 한다. 이것은 작은 과제가 아니다. 왜냐하면 영어에는 감정과 관련된 개념적 은유가 몇 십 개가 있고, 전 세계에는 수천 개의 언어/문화가 있기 때문이다. 두 번째 질문에는 감정과 관련된 적어도 하나의 은유의 보편성(이나 적어도 유사보편성)에 대한 신뢰할 만한 실증적 증거가 있어야만 질문에 답할 수 있다. 이 경우에는 어떤 개념적 은유가 왜 보편적(이거나 거의 보편적)인가의 쟁점에 관한 가설을 세울 수 있다.

조지 레이코프와 내(Lakoff & Kövecses 1987)가 화에 대해 공동 연구를 진행한 이후, 몇몇 학자들은 영어 이외의 언어들에서 화와 관련된 은유들을 검토했다. 이러한 연구는 매우 다른 몇몇 언어와 문화에서 감정과 관련이 있는 개념적 은유를 비교할 수 있는 기회를 제공했다(Kövecses 2000, 2002/2010 참조). 이러한 목표를 염두에 두고 상세한 연구를 진행한 언어에는 영어, 헝가리어, 일본어, 중국어 등이 있다.

게다가 세네갈과 잠비아에서 사용하는 서아프리카 언어인 월로프어에 대한 약간의 데이터와 타히티 문화에 관한 약간의 관찰도 있다. 이러한 모든 언어에서 발견할 수 있는 화와 관련된 개념적 은유는 일종의 힘 은유인 **화난 사람은 압력을 받는 그릇**이다. 이 절의 후반부에서는 이 은유를 단 몇 개의 예와 함께 보여줄 것이다.

영어에서 우리는 이 총칭층위 은유의 특별한 경우—**화는 그릇 속의 뜨거운 유체**—를 발견할 수 있다. 뜨거운 유체는 그릇(즉, 사람 몸)의 벽에 압력을 가한다. 레이코프와 쾨브체시(1987)는 영어에서 **뜨거운 유체**의 개념적 은유에 대해 이러한 은유적 언어 표현을 제시했다.

He was *boiling*.
(그는 격분하고 있었다.)
Sam *exploded*.
(샘은 폭발했다.)
She is *seething*.
(그녀는 속을 끓이고 있다.)
I was *fuming* for hours.
(나는 몇 시간 동안 씩씩거리고 있었다.)
He was *pissed* off.
(그는 화가 났다.)
After she *let off some steam*, she felt better.
(그녀는 울분을 풀고 난 뒤에, 기분이 나아졌다.)

마쓰키(Matsuki 1995)가 보여준 바와 같이, 일본어에서도 비슷한 개념적 은유를 발견할 수 있다. anger에 상응하는 일본어 단어는 ikari이다. (앞으로의 논의에서는 일본어와 중국어, 헝가리어, 월로프어의 예를 인용한 저자들의 영어 해석과 함께 제시할 것이다.) 다음은 **압력을 받는 그릇** 은유에 대한 일본어 사례의 일부이다.

Ikari ga karada no naka de tagiru.
"Anger seethes inside the body."
(화가 몸의 내부에서 부글부글 끓는다.)
Ikari ga hara no soko wo guragura saseru.
"Anger boils the bottom of stomach."
(화로 뱃바닥이 끓어오른다.)

anger에 가장 가까이 상응하는 중국어 단어는 nu(怒)이다(King 1989; Yu 1995, 1998 참조). 킹과 위닝이 지적하듯이, 중국어에도 **압력을 받는 그릇** 은유가 있다. 이것은 다음과 같은 예로 증명할 수 있다.

Qi man xiong tang (氣滿胸膛)
Qi full breast
To have one's breast full of qi
(가슴이 기로 가득 차다)
Qi yong ru shan (氣涌如山)
Qi well up like mountain.
One's qi wells up like a mountain.
(사람의 기가 산처럼 샘솟는다.)
Bie yi duzi qi (憋一肚子氣)
Hold back one stomach qi

To hold back a stomach full of qi

(배를 기로 가득 채우다)

Bu shi pi qi fa zuo（不使脾氣發作）

NEGATIVE make spleen qi start make

To keep in one's spleen qi

(사람의 비장에 기를 계속 모으다)

anger에 상응하는 헝가리어 단어는 düh이다. 학생들과 나는 이 개념을 연구하여, 동일한 개념적 은유가 헝가리어에도 존재한다는 것을 찾아냈다(Bokor 1997). 다음은 그러한 실례의 일부이다.

Fort benne a düh. [boiled in-him/her the anger]

Anger was boiling inside him.

(화가 그의 내부에서 끓어오르고 있었다.)

Fortyog a dühtől. [seethed the anger-with]

He/she is seething with anger.

(그/그녀는 화로 속이 끓고 있다.)

뜨거운 액체 은유는 월로프어에서도 발견할 수 있다. 먼로(Munro 1991)는 '끓다'라는 일차적 의미를 갖는 월로프어 단어 *bax*가 '매우 화나다'라는 의미도 갖는다는 것을 인식했다.

이와 비슷하게, 가나에서 사용하는 언어인 춤부루어에도 **뜨거운 액체** 은유가 존재한다(Hansford 2005). 핸스퍼드는 문장 '나는 매우 화났다'를 의미하는 "mo dun a fwii"(나의 심장이 끓었다)를 제공한다(Hansford 2005: 164).

타히티어에도 밀접하게 관련된 개념적 은유가 있다는 상당한 증거가 있다. 솔로몬의 연구(Solomon 1984)에서 인용한 레비(Levy)에 따르면 "타히티 사람들은 화난 사람이 병과 같다고 말한다. 가득 채워질 때, 그는 넘치기 시작할 것이다"(p. 238).

이러한 사례가 보여 주듯이, anger와 몇몇 상이한 언어/문화의 대응어는 주목할 만할 정도로 비슷한 개념적 은유를 통해 개념화된다. (말할 필요도 없이, 이 개념화에는 흥미롭고 중요한 몇 가지 차이가 있다. 하지만 이 차이는 여기에서 논의하지 않을 것이고, Kövecses 2000를 참조하라.) 따라서 개념적 은유 **화난 사람은 압력을 받는 그릇**(이나 **화는 그릇 속 압력**)이 거의 보편적인 은유라는 잠정적인 제안을 할 수 있다. 어떻게 이것이 가능한가? 몇 가지 해답이 떠오른다(Kövecses 2000 참조). 이 중에서 가장 그럴듯해 보이는 해답은 다양한 문화권에 있는 사람들에게 화를 동일한 방식으로 개념화하도록 해 주는 어떤 속성이 있다는 것이다. 이 공통 속성은 화를 경험하는 동안 발생하는 인간 몸의 생리적 특징일 수 있다.

나는 (대략) 동일한 은유적 개념화의 발생에 동기를 부여할 수 있는 것은 바로 몸이 유사하다는 것과 화날 때 생기는 생리적 과정이 유사하다는 것이라고 주장한다. 이 주장을 지지하는 언어적 증거가 조금이라도 있는가? 그러한 증거는 다양한 언어/문화에서 화를 떠오르게 하는 환유에서 그러한 증거를 발견할 수 있다(Kövecses & Radden 1998; Kövecses 2010a 참조). 감정 영역 내의 환유는 감정 상태의 생리적·행동적·표현적 반응을 기술한다(Kövecses 1986, 1990, 2000 참조). 생리적·행동적·표현적 반응을 참조해서 우리는 그러한 감정 자체에 대해 이야기할 수 있다. (다시 말해, 간단히 말하면 반응과 감정 사이에 '대신하다' 관계가 있다는 것이다.)

우리에게 상당한 증거가 있는 언어/문화에서는 어떤 생리적·행동적·표현적 반응을 사용해 화에 대해 말하는가? 이러한 반응을 조사해 보자.

체온 증가

영어(Lakoff & Kövecse 1987에서 나옴)

Don't get *hot under the collar*.

(열을 받지 마라.)

Billy's a *hothead*.

(빌리는 열을 잘 받는 사람이다.)

They were having a *heated* argument.

(그들은 뜨거운 논쟁을 하고 있다.)

When the cop gave her a ticket, she got all *hot* and bothered.

(경찰이 딱지를 끊었을 때, 그녀는 열을 내며 안절부절 못했다.)

중국어(Yu 1995)

Wo qi de lian-shang huo-lala de. (我氣的臉上火辣辣的)

I gas fire-hot.

(나는 화가 나 뜨거운 열기를 내뿜는다.)

일본어(Noriko Ikegami & Kyoko Okabe)

(Watashi-no) atama-ga katto atsuko-natta.

My head get hot.

(나는 열을 받아 머리가 뜨거워졌다.)

Karera-wa atsui giron-o tatakwasete-ita.

They heated argument were having.

(그들은 뜨거운 논쟁을 벌이고 있다.)

Atama o hiyashita hoo ga ii.

Head cool should.

(머리를 좀 식혀야 해.)

헝가리어

forrófejű

hotheaded

(열을 받은 = 화가 난)

felhevült vita

heated debate

(열띤 논쟁)

Hűtsd Ie magad!

Cool down yourself!

(열기를 좀 식혀라. = 화를 좀 가라앉혀라.)

월로프어(Munro 1991)

tang [to be hot]

to be bad-tempered

(성질이 더럽다)

Tangal na sarna xol. [He heated my heart.]

He upset me/made me angry.

(그가 나를 성나게 했다.)

춤부루어(Hansford 2005)

Mo dun maa yuri.

My heart will not cool (after a quarrel).

(나의 마음은 말다툼 뒤에 흥분이 식지 않았다.)

내부 압력

영어(Lakoff & Kövecses 1987)

Don't get a *hernia*!

(너무 압박을 받지 마라!)

When I found out, almost *burst a blood vessel*.

(알아냈을 때, 나는 흥분할 뻔했다.)

He almost had a *hemorrhage*.

(그는 몹시 흥분할 뻔했다.)

중국어(King 1989):

qi de naomen chong xue (氣的腦脑門充血)

qi DE brain full blood

(뇌에 피가 가득하다)

qi po du pi (氣破肚皮)

break stomach skin

(뱃속의 표피가 찢어지다)

fei dou qi zha le (肺都氣炸了)

lungs all explode LE

(허파가 다 폭발하다)

일본어(Noriko Ikegami & Kyoko Okabe)

kare no okage de ketsuatsu agarippanashi da

he due to blood pressure to keep going up

(그는 혈압이 계속 올라간다)

sonna ni ikiri tattcha ketsuatsu ga agaru yo

like that get angry blood pressure to go up

(화가 나서 혈압이 올라가다)

헝가리어

Agyvérzést kap. [Cerebral-hemorrhage gets.]

Felmegy benne a pumpa. [Up-goes in-him/her the pump.]

Pressure rises in him/her.

(그/그녀는 내부 압력이 올라간다.)

Felmegy a vérnyomasa. [Up-goes his/her-blood-pressure.]

His/her blood pressure goes up.

(그/그녀는 혈압이 올라간다.)

얼굴과 목 부위의 홍조

영어

She was *scarlet* with rage.

(그는 격노하여 얼굴이 발개졌다.)

He got *red* with anger.

(그는 화가 나서 빨개졌다.)

He was *flushed* with anger.

(그는 화가 나서 벌겋게 상기되었다.)

중국어(King 1989)

Ta lian quan hong Ie yanjing mao chuo huo lai. (他臉全紅了眼睛冒出火來)

He face all red LE eyes emit fire come.

(그는 얼굴이 빨개지고 눈에 불을 뿜었다.)

Qi de lian dou zi Ie. (氣的臉都紫)

qi face all purple.

(얼굴빛이 완전히 자갈색이다)

일본어(Noriko Ikegami & Kyoko Okabe)

Kare wa makka ni natte okotta.

He red to be get angry.

(그는 화가 나 얼굴이 빨개졌다.)

Makka ni natte okoru.

Red become get angry.

(화가 나 얼굴이 벌게지다)

Kare wa ikari-de akaku-natta.

He with anger got red.

(그는 화가 나 발개졌다.)

헝가리어

Vörös lett a feje. [Red became the head-his/her.]

His head turned red.

(그의 얼굴은 빨개졌다.)

내가 보기에는 바로 다양한 언어에서 환유로 부호화되는 생리적·표현적 반응이 anger와 다양한 문화권의 상응 어구를 비슷하게 개념화하도록 했을 수 있다. 우리는 이러한 개념화를 **압력을 받는 그릇** 은유라고 부른다.

이 개념화에 동기를 부여하는 또 하나의 부분은 이러한 문화를 비롯해 아마도 다른 문화들에서도 인간의 몸을 그릇으로 생각한다는 것이다. 이 그릇에는 자신에게 압력을 가할 수 있는 약간의 뜨거운 액체(예컨대, 피)가 있다. 이 물리적 압력은 은유적으로 힘에 대응하며, 통제 상실을 초래할 수 있고 화난 사람에게 어떤 (공격적인) 행동을 하도록 강요한다. (내가 이 설명에서 고려하지 않은 복잡한 문제가 더 많을 수 있다. 하지만 Kövecses 2000를 참조하라.)

앞에서 언어로 식별된 화의 생리적 반응이 단지 속설의 개념인지, 아니면 객관적으로 확립되어 실재하는 개념인지를 인지언어학의 견해가 묻는 것은 결정적으로 중요하다. 레빈슨과 그의 동료들(1992)은 미국인들과 서수마트라에 사는 미낭카바우 부족민들이 화가 날 때 동일한 생리적 반응을 표출한다는 것을 보여 주었다. 특히, 체온이 증가하고 혈압이 올라간다. 레빈슨과 에크만(Ekman, Levenson, & Friesen 1983; Levenson, Ekman, Heider, & Friesen 1992)은 은유적·환유적 개념화가 중요하게도 특히 감정의 영역에서 생리적 경험을 비롯한 보편적인 인간 경험에 근거한다는 추가적인 증거를 제공했다.

이러한 결과는 감정학과 사회구성주의가 감정의 영역에서 언어적·문화적 상대성을 주장하는 것이 지나치다는 결론을 암시한다. 지금까지 살펴본 바와 같이, 감정 개념화의 크고 중요한 부분은 보편적 생리 때문에 보편적으로 보인다.

그러면, 결론적으로 사회구성주의의 견해와는 반대로 감정 개념화가 적어도 어느 정도까지는 보편적(이거나 거의 보편적)으로 보인다. 분명히 이 발상에는 감정의 몇몇 추가적인 양상과 감정 용어로 우리가 할 수 있는 '언어 게임'이 언어와 문화마다 상당히 다를 수 있다는 상보적 견해의 여지가 있다(Kövecses 2000, 2005 참조). 인지언어학의 접근은 감정 개념이 언어적으로나 문화적으로 다르다는 점에는 감정학과 사회구성주의에 동의하지만, 그들의 급진적·비제약적 상대성에는 동의하지 않는다. 나의 생각에 설득력이 있는 견해는 적어도 이른바 '기본 감정'의 경우에 감정 개념의 특징이 탄탄한 신체적·생리적 토대에 의해 정의되고, 이러한 토대가 감정 개념화에서 어느 정도의 (근사)보편성으로 이어진다는 것이다. 이 견해를 나는 2000년에 펴낸 저서에서 《은유와 감정》(*Metaphor and Emotion*)에서 '몸 기반 구성주의' 견해라 불렀다.

내 생각에 감정학의 구성주의적 잠재력이 실현되지 않고 실현될 수도 없는 이유는, 은유의 '세계 형성' 잠재력을 진지하게 수용하지 않기 때문이다. 비록 자신의 프로그램에서 하레가 감정 세계를 구성하는 은유의 역할에 상당한 관심을 기울이고 이 역할을 인식하지만, 이 프로그램은 인지언어학만이 실현한다. 이러한 의미에서는 인지언어학을 구성주의의 '가장 완벽하게 완성된 형태'라고 간주할 수 있(지만 인지언어학의 급진적 상대주의를 남겨 둔)다.

감정학과 구성주의의 이 약점은 대부분 감정의 연구를 흔히 사용하는 몇 개의 비(非)은유적인 감정 단어를 분석하는 일로 한정하고, 특별한 감정과 관련된 엄청나게 많은 단어와 표현은 물론 세계의 다양한 언어에 발견할 수 있는 이러한 단어나 표현의 풍부함과 복잡성에 주의를 기울이지 않는다는 사실에서 나온다. 감정학과 구성주의는 인지언어학과 공유하는 자체적인 언어적·의미적 프로그램을 실현할 수 없다. 감정에 대한 인지언어학의 견해는 어떤 특별한 문화권의 감정 언어의 언어적 풍부함과 복잡성에 대한 방법론적으로 건전한 분석을 사회문화적 변이와 통합할 수 있고, 인간 몸의 생리에서 발생하는 보편성과도 통합할 수 있다.

신체화, 은유, 문화

그렇다면 신체화와 은유, 문화는 서로 어떤 관계인가? 대체로 감정에 관한 내 자신의 연구(Kövecses 1990, 2000/2003, 2008b)에 근거하여, 나는 사람들이 은유적으로 어떤 상황에서 어떤 개념적 영역을 개념화할 때 '일관성의 압력'을 받는다고 제안했다(Kövecses 2005). 이것이 의미하는 바는 사람들이 동시에 두 개의 압력에 복종해야 한다는 것이다. 하나는 인간의 몸으로부터 파생되는 압력이고, 다른 하나는 개념화가 발생하는 전체적·국부적 맥락의 압력이다(4장 참조). 이 두 압력과 일관성을 유지하는 성공적인 경우에 이 두 압력 형태에 성공적으로 응수하는 개념적 은유가 등장한다. 당연히 그러한 은유는 한 문화에 잘 알려진 깊숙이 자리 잡은 은유이다. 그러한 은유의 한 가지 사례는 위에서 살펴본 개념적 은유 **화난 사람은 압력을 받은 그릇**이다. 이러한 은유가 보여 주는 바는 아주 흔하게도 우리가 이전에 지적했던 나의 이른바 '몸 기반 사회구성주의'를 다루고 있다는 것이다(Kövecses 2000/2003). 이것은 몸과 주변 맥락이 둘 다 은유의 발생에 동기부여 역할을 하는 경우이다. 상이한 언어와 문화에서는 보편적인 신체적 경험으로부터 동기를 부여받는 뼈대 역할을 하는 이 총칭 층위 은유의 세부사항은 다양한 방식으로 채울 것이다. 어떤 언어와 문화에서는 압력의 원인이 그릇 속의 가열된 유체로부터 나오고, 다른 어떤 언어와 문화에서는 그릇을 채우는 물질이 유체가 아니라 기체이며, 또 다른 어떤 언어와 문화에서는 그릇이 몸 전체가 아니라 위/배일 것이다(Kövecses 2000/2003, 2005 참조). 이밖에도 이 정도의 차이는 많을 것이다. 다시 말해, 우리는 동일한 은유 내에서 보편성과 변이를 둘 다 발견할 수 있다는 것이다.

하지만 일부 개념적 은유는 전적으로 몸 기반 은유의 경우일 것이다. 가장 잘 알려진 이러한 개념적 은유의 하나는 **아는 것은 보는 것**이다.

무언가를 보고 조사할 수 있다는 측면에서 그 무언가를 아는 것과 이해하는 것, 발견하는 것 사이의 탄탄한 상관관계는 이 은유의 존재에 보편적인 동기를 제공한다. 이것이 모든 언어와 문화에 이 은유가 실제로 존재한다거나 이 은유와 동일한 목적에 이용 가능한 다른 개념적 은유가 없다는 것을 의미하지는 않는다.

우리는 전적으로 문화적인 토대를 지닌 은유를 세 번째 집단으로 식별할 수 있다. 아마도 이 집단의 가장 잘 알려진 예는 개념적 은유 **시간은 돈**이다(Lakoff and Johnson 1980). 이 은유는 (대개) 우리가 낼 수 있는 이익을 생산품 제작에 필요한 시간의 양과 (서로) 연결하는 (한때?) 지배적이었던 자본주의 철학에서 유래한다. 하지만 이 생산 견해와 이 견해의 토대가 되는 상관관계를 수용하기 때문에, 이 은유에 동기를 부여하는 토대도 역시 신체적 경험으로 확장된다는 점에 주목하라. 작동방식이 이렇다는 점을 고려하면, 이러한 경험들 사이의 상관관계가 완전히 자연스럽다는 것을 알 수 있을 것이다.

따라서 요컨대, 신체적 경험에 근거한 은유로부터 문화적 경험에 토대한 은유에 이르기까지 은유의 연속변이가 있다. 이것은 다음과 같이 요약할 수 있다.

신체적 근거: 몸 기반 사회구성주의 : 문화적 기초

어떤 분석 층위에서나 (개념적 은유 **좋음은 왼쪽**과 같은) 드문 (하지만 귀중한) 실례에서는, (이러한 특별한 개념화를 반영할 관습적인 언어적 관용어나 문화적 관용어가 없다는 점에서) 몸과 문화의 분리가 보인다. 그러나 내가 간략하게 암시한 바와 같이, '순수한' 경우는 전혀 없는 것으로 보인다. 신체적 토대에는 거의 언제나 문화적 영향이 스며들어 있고, 문화적 토대는 언제나 '실재하는' '자연스러운' 신체적 토대가 된다. (비슷한 입장에 대해서는 Gibbs 1999와 Yu 2008를 참조하라.) 달리 말하면, 우리는 몸이 지배하고 문화가 덜 눈에 띄는 경우로부터 몸과 문화가 다소 동일한 비율로 존재하는 경우를 다 거쳐서 문화가 몸보다 우세한 경우에까지 이르는 연속변이를 다루고 있다. 다시 말해서, 몸과 문화는 이 연속변이의 모든 단계에서 함께 작동한다. 즉, 몸은 문화와 분리할 수 없다. 그리고 예외적인 경우로서 이 둘의 분리가 가능함을 발견할 때, 우리는 일반적으로 이 둘의 분리 불가능성에 대한 훌륭한 증거를 얻는다.

결론

나는 인지언어학에 따라 문화를 정의하고자 했다. 여기에서 문화는 한 무리의 사람들이 사회적·역사적·물리적 환경에 살면서 다소 통일적인 방식으로 경험을 이해하는 것으로 볼 수 있다.

이 정의와 이 정의를 포함하는 일반적인 개념 체제는 오늘날 널리 퍼져 있는 문화관—포스트모더니즘—과 양립할 수도 있고 그렇지 않을 수도 있다. 이 둘은 다 세계를 이해할 때 대안성(대안적 해석)을 강조하지만, 또한 이러한 대안성이 제약적인가 아니면 비제약적인가의 쟁점에서도 다르다.

인지언어학적 견해는 의미형성에 대한 포스트모더니즘 사고의 비제약적이고 비제한적인 상대성이 아니라 제약적 상대성을 선호한다.

감정의 개념화에서 예증한 바와 같이, 인지적 견해는 의미의 개념화에서 상대적 요인과 보편적 요인을 둘 다 동일하게 중요시한다. 사회구성주의의 여러 견해(다양한 포스트모더니즘 이론)와 달리, 감정의 개념화는 적어도 어느 정도까지 보편적(이거나 거의 보편적)이다. 이 발상에는 또한 감정의 추가적인 여러 양상이 언어마다 문화마다 상당히 다를 수 있다는 상보적 견해의 여지도 있다. 이 견해는 이른바 '몸 기반 구성주의'이다(Kövecses 2000).

개념적 은유의 근거는 (지배적으로 보편적인) 신체적 경험과 (상대적인) 문화적 경험 둘 다일 수 있다. 우리는 은유의 토대, 즉 내포 성질을 연속변이로 간주할 수 있다. 이 연속변의 한쪽 끝에는 은유의 신체적 토대가 있고 다른 쪽 끝에는 은유의 문화적 토대가 있으며, 가운데에는 동기를 이중으로 부여받은 개념적 은유의 사례들이 있다. 이 중간의 경우에는 사회구성주의 경향이 미치는 영향이 보편적 신체화의 경향만큼 강하다.

문화가 공유된 의미형성의 체계라는 생각은 문화와 맥락에 대한 향상된 견해를 제공한다. 우리는 공유된 의미형성 체계를 은유적 개념화의 특별한 실례를 위한 전체적 맥락으로 간주할 수 있다. 4장에서 논의한 전체적 (또는 배경) 맥락과 더욱 구체적인 문화적 맥락을 이 시점에서 구분하는 것이 적절하다고 보이며, 이 문제는 6장과 7장에서 다시 다룰 것이다.

우리는 전자를 문화 1이라 부르고 후자를 문화 2라 부를 수 있다. 공유된 의미형성 체계(문화 1)는 (다소) 일관성 있게 존재하는 맥락을 한 언어 공동체의 모든 구성원들에게 제공하지만, 후자는 주어진 의사소통 상황에 대한 우리 이해의 더욱 구체적인 양상을 수반한다. 전자는 개념화자들이 장기기억으로부터 잘 확립되고 고착된 은유를 끌어낼 수 있도록 하지만, 후자는 그들에게 확립된 은유들로부터 은유를 선택하거나 국부적인 직접적 맥락이 주어지면 새로운 은유를 창조할 수 있도록 한다. 후자 유형에 속하는 은유는 여기에서 '맥락 유도' 은유로 간주한다. 그러한 맥락 유도 은유는 다음 두 장의 초점이다.

제6장
맥락과 은유적 창의성

은유적으로 말하고 생각하고 행동할 때, 우리는 색다르고 비관습적인 개념적 은유를 어디에서 충원하는가? 그리고 왜 그렇게 하는가? 이 질문은 인지언어학 문헌에서 부분적으로 답했지만, 내가 보기에 이 질문의 결정적인 양상은 고려하지도 않았고 깊이 있게 다루지도 않았다. 이 양상은 다양한 종류의 맥락이 은유적 개념화에 미치는 효과이다. 이러한 맥락 중에서 이 장에서 조금 상세하게 조사할 맥락은 (1) 직접적인 물리적 배경과 (2) 담화에 참여하는 주요한 개체에 대해 우리가 알고 있는 것, (3) 직접적인 문화적 맥락, (4) 직접적인 사회적 배경, (5) 직접적인 언어적 맥락 그 자체이다. 4장에서 나온 제안에 따라 나는 우리가 은유적 목적을 위해 신체적 경험뿐만 아니라 이 모든 종류의 맥락에서 나온 개념적 요소를 충원한다고 주장한다. 맥락이 매우 다양할 수 있기 때문에, 사용되는 은유는 종종 가변적이고 색다르며 비(非)관습적일 것이다. 이 현상은 일상 형식의 언어와 문학적 텍스트에서 다 관찰할 수 있다. 일상 형식의 언어는 이 장에서 논의하고, 문학 텍스트는 7장에서 논의한다.

나는 더 나아가 이전 단락에서 제기한 문제가 은유적 창의성과도 관련이 있다고 제안한다. 은유적 창의성이란 개념적 은유의 사용과 생산이나 이 개념적 은유가 신선하거나 비관습적인 언어로 발현되는 경우를 의미한다. (이때 신선함과 비관습성은 완전히 새롭고 비관습적인 것에서부터 다소 새롭고 비관습적인 것을 거쳐 진부하고 고착되어 완전히 관습적인 경우에 이르는 등급적인 개념이라는 점을 이해해야 한다.) 언어의 일상적 사용에서 (대체로) 그러한 창조적 은유를 선택하는 문제가 이 장의 주요한 초점이다.

나는 전체적 맥락과 국부적(이거나 직접적) 맥락을 구분하고, 은유적 개념화의 창의성에 책임이 있는 것은 주로 후자인 국부적 (직접적) 맥락이라고 제안할 것이다. 여기에서 말하는 전체적 맥락은 공동체가 공유하는 일반적인 맥락(4장 참조)과 5장의 끝에서 언급한 문화 1에 대응하지만, 국부적 맥락은 특정한 의사소통적 상황에서 은유적 개념화에 영향을 미치는 특별한 요인을 포함한다(4장과 5장 참조).

맥락 유도 창의성

최근에 많은 학자들이 다양한 이유 때문에 개념적 은유 이론을 비판했다(예컨대, Clausner & Croft 1997; Deignan 1999, 2005; Steen 1999; Gevaert 2001, 2005; Rakova 2002; Cameron 2003, 2007; Ritchie 2003; Dobrovolskij & Piirainen 2005; Semino 2005; Pragglejaz Group 2007; Stefanowitsch 2007; Zinken 2007). 이러한 비판의 가장 의미심장한 요소는 개념적 은유 이론이 은유 표현이 실제로 나타나는 맥락 속 은유—실재하는 담화 속 은유—에 대한 연구를 무시한다는 것이다. 이들은

'전통적인' 개념적 은유 이론의 주창자들(레이코프와 존슨은 물론 그들의 신봉자들)이 이른바 어떤 개념적 은유를 설정하고, 여러 무리의 (대체로) 인위적으로 만든 은유적 언어 표현들로 이 은유를 예증한다고 주장한다. 이러한 측면에서, 개념적 은유 이론의 전통적인 연구자들은 은유의 일부 본질적 양상을 인식하지 못하고, 실제 담화에서 은유를 조사할 때만 설명할 수 있는 현상을 설명하지 못한다.

나는 이전의 출판물(Kövecses 2005, 2008a, 2009a, 2011)에서 이 비판의 몇몇 성분에 맞대응했으며, 여기에서는 나의 대응을 반복하지 않을 것이다. 대신에 비판가들의 충고를 진지하게 수용하고, 은유를 사용하는 몇 편의 실제 담화를 조사하여, 이러한 비판 중의 적어도 일부를 수용하도록 '표준적'(이거나 전통적)인 개념적 은유 이론으로 간주되는 이론을 어떻게 수정할 수 있고 어떻게 수정해야 하는지 살펴볼 것이다.

실제 담화의 연구로 상당히 많은 것을 밝혀낼 수 있는 한 분야는 은유적 창의성의 문제이다. 담화 속 은유적 창의성은 다양한 변별적인 형태를 포함할 수 있다. 나는 《문화 속 은유》(*Metaphor in Culture* 2005)에서 두 유형의 은유적 창의성을 구분했다. 하나는 근원영역에 근거한 창의성이고 다른 하나는 목표영역에 근거한 창의성이다. '근원영역 관련' 창의성은 두 종류—'근원영역 내적' 창의성과 '근원영역 외적' 창의성—로 나뉠 수 있다.

근원영역 내적 창의성은 레이코프와 터너(Lakoff & Turner 1989)가 정교화와 확장으로 기술하는 경우와 관련이 있다. 이 경우에는 사용되지 않은 근원영역 내적인 개념적 요소를 활용해서 목표영역을 이해한다. 예컨대, 관습적 은유 **죽음은 잠**을 고려하면, 우리는 햄릿의 독백에서 "To die to sleep? Perchance to dream!"(잠자려고 죽는다고? 아마도 꿈을 꾸겠지!)을 발견한다. 여기에서 꿈은 근원영역의 확장이다(Lakoff & Turner 1989). 창의성의 '근원영역 외적'인 경우는 이른바 '목표영역의 범위' 현상과 함께 작동한다. 이 경우에 특별한 한 목표영역은 자신을 개념화할 때 새롭고 추가적인 근원영역을 수용한다(Kövecses 2005). 예컨대, 위닝(劉寧 Ning Yu 1998)은 **행복** 개념이 은유 **행복은 마음속의 꽃**에 의해 개념화된다고 지적한다. 이 은유는 중국어나 영어에 다 출현하는 여타의 더 관습적인 근원영역에 대해 부가적이다.

목표영역에 근거하는 담화 속 창의성의 유형은 쾨브체시(Kövecses 2005)가 기술했다. 이 유형의 창의성에서 어떤 근원영역을 관습적으로 떠오르게 하는 어떤 특별한 목표영역은 자신에게서 추가적인 지식 구조를 취하는 근원영역에 '다시 연결된다.' 무솔프(Mussolff 2001)는 이 유형의 창의성에 대한 (Kövecses 2005에서 다시 분석한) 몇몇 예를 제공한다. 이 경우에는 **유럽은 건물** 은유에서 목표영역 지식에 근거해 건물의 근원영역으로부터 fire-exit(화재용 비상구)와 같은 은유 표현을 선택한다. 비록 그러한 표현은 관습적 사상의 부분이 아니지만 말이다. 이것은 '목표영역이 유도하는' 창의성이라 부를 수 있다.

이 장에서 나는 남화에 아식도 또 다른 형태의 은유적 창의성이 있다고 제안할 것이다. 이것은 은유적 개념화가 발생하는 맥락이 유도하는 창의성이다. 이 유형의 창의성은 지금까지 은유에 관한 인지언어학 문헌에서 체계적으로 탐구하지 않았다. 나는 은유적 개념화의 맥락에 근거하는 창의성은 '맥락 유도 창의성'이라 부르고, 맥락이 이 개념화에 미치는 영향으로부터 나오는 은유를 '맥락 유도 은유'라 부른다. 이 장에서 나는 흔히 비(非)관습적인 신선한 은유를 생산하는 다섯 가지 맥락 요인을 구별할 것이다. 바로 (1) 직접적인 물리적 배경과 (2) 담화에 참여하는 주요한 개체에 대한 우리의 지식, (3) 직접적인 문화적 맥락, (4) 직접적인 사회적 배경, (5) 직접적인 언어적 맥락이다. 분명히 이 밖에도 다른 맥락이 있다. 하지만 나는 이 다섯 요인의 논의에 국한할 것이다. 다음 장에서는 바로 이 다섯 요인이 어떻게 시 속의 은유 사용에 영향을 미치는지를 다룰 것이다.

나는 더 명확한 설명을 위해 두 종류의 기본적인 맥락—4장과 5장에서 언급한 전체적 맥락과 국부적 맥락—을 구분한다. 전체적 맥락은 한 언어 공동체의 모든 구성원이 무언가를 은유적으로 개념화할 때 자신들에게 영향을 미치는 맥락 요인을 의미한다. 국부적 맥락이란 특정한 의사소통 상황에서 특별한 개념화자들에게 적용되는 직접적인 맥락 요인을 의미한다.

요컨대, 이 장에서 나의 주요한 관심사는 신선한 개념적 은유의 구조에 있지 않고, 신선한 은유를 이해하는 과정—사람들이 어떻게 담화에서 복잡한 새로운 혼성공간을 실시간으로 창조하는지—에 있다. 나는 사람들이 이 모든 현상에 관여할 때 개념적 근원 요소를 어디에서 활용하는가에 관심을 갖는다. 달리 말하면, 여기에서 나는 주로 동기부여(개념적 인가나 승인)의 문제에 관심을 가지며, 은유의 구조와 과정, 의미구성에는 관심을 덜 갖는다. 나는 동기부여를 특별한 개념적 은유의 선택과 사용이나 이 개념적 은유의 언어적 발현의 선택과 사용을 자극하거나 유도하거나 단순히 촉진하는 임의의 신체적 요인과 맥락 요인이라 정의한다. 다시 말해서, 나는 동기부여를 다양한 정도의 힘으로 개념화자에게 영향을 미칠 수 있는 등급 지어진 현상으로 간주한다.

전체적 맥락

전체적 맥락은 다양한 맥락 요인을 포함한다. 우리는 세계와 상호 작용하고 세계를 은유적으로 개념화할 때, 세계의 세부내용을 무의식적으로 점검하고 선택한다. 세계는 우리 자신(우리의 몸)과 물리적 환경, 우리가 행동하는 환경의 물리적·사회적 양상, 더 폭넓은 문화적 맥락으로 구성된다. 세계의 이 모든 양상이 많은 방식에서 상이할 수 있기 때문에, 우리가 사용하는 은유도 많은 방식에서 다를 수 있다. 이러한 현상에 대한 몇 가지 예를 보자. 설문 조사와 예는 쾨브체시(2005)에 근거한다. 이러한 맥락 요인의 일부는 4장에서 언급했지만, 여기에서는 이러한 요인에 대한 몇 개의 (부가적인) 예를 제시한다.

물리적 환경

물리적 환경으로 논의를 시작해 보자. 사람들이 사는 물리적 환경에는 차이가 있으며, 사람들은 (대체로 무의식적으로) 이러한 차이에 맞추어져 있기 때문에, 상이한 언어나 언어 변이형 화자들이 사용하는 은유도 다를 것이다. 물리적 환경이란 한 언어나 변이형의 화자들이 습관적으로 상호 작용하는 특별한 지리, 풍경, 동물지와 식물지, 거주지, 다른 사람들 등을 의미한다. 이 제안에 대한 좋은 검증 사례는 어떤 종류의 자연적·물리적 환경에 살고 있는 화자들이 개발한 언어를 일부 화자들이 새롭고 매우 다른 자연적·물리적 환경으로 옮기는 상황이다. 이러한 일이 발생하면, 우리는 원래의 언어를 사용하는 화자들의 은유적 개념화와 바로 이 언어의 '이식' 유형을 사용하는 사람들의 은유적 개념화 사이에서 차이를 발견할 것이라 예상해야 한다. 예컨대, (미국)영어는 북아메리카라는 새롭고 매우 다른 물리적 환경—북아메리카—으로 옮겨진 언어이고, 이곳에서 미국영어는 새로운 환경에 따라 양식화한 독특한 은유적 언어를 개발했다(Kövecses 2000, 2005).

사회적 배경

사회적 요인은 한 공동체의 전체 은유적 패턴을 형성하는 데 비슷한 역할을 할 수 있다. 한 가지 예는 모든 사회의 남자와 여자 구분이다. 남자의 은유와 여자의 은유는 세계의 양상을 개념화할 때 다를 수 있다. 콜로드니(Annette Kolodny 1975, 1984)는 미국 남성과 여성이 1630년과 1860년 사이의 기간 동안 서부개척지의 변경에 대해 매우 다른 은유적 영상을 가지고 있었다는 것을 보여 준다. 이 기간 동안의 수백 가지의 문학과 비문학 문서를 꼼꼼하게 검토한 뒤에 그녀는 남성은 이 변경을 취해야 할 처녀지로 간주하고, 여성은 경작해야 할 정원으로 간주했다는 것을 지적했다.

문화적 배경

문화적 맥락이란 주어진 한 문화나 하위문화의 지배 원리와 함께, 특별한 (하위)문화를 특징짓는 특이하고 현저한 개념과 가치관을 의미한다. 지배 원리와 핵심 개념은 한 문화나 문화적 집단에 대한 몇몇 일반적인 경험 영역에 널리 퍼져 있기 때문에 (은유적) 개념화에 특별히 중요하다. 이것은 완벽한 일상의 개념에서 알아차릴 수 있다. 일상의 개념은 문화 사이에서나 하위문화 사이에서 사람들의 습관적인 은유적 사고를 구별하는 데 중요한 역할을 할 수 있다. 예컨대, 보어스와 데메셸러(Frank Boers & Murielle Demecheler 1997, 2001)는 모자와 배의 개념이 프랑스어보다 영어에서 은유적 관용어를 더 많이 생산한다고 제안했다. 그리고 역으로는 소매와 음식의 개념이 영어보다 프랑스어에서 은유적 관용어를 더 많이 생산한다. 그들은 (영국)영어 사용자들에게는 전자의 두 개념이 비교적 더 현저하고, 프랑스어 사용자들에게는 후자의 두 개념이 비교적 더 현저하기 때문이 이러한 현상이 발생한다고 주장한다.

차별적 기억

또 다른 요인은 이른바 **차별적 기억**을 포함한다. 이것이 뜻하는 것은 역사이다. 즉, 사회/문화와 집단, 개인의 과거에 발생한 주요하거나 사소한 사건을 말한다. 이러한 사건에 대한 기억은 언어로 부호화된다. 언어의 과거 지향적 본질 때문에, 우리가 사용하는 많은 은유는 지금의 세계에 대한 경험과 과거의 근원영역에 대한 경험 사이의 시간적 차이를 밝혀줄 수 있다(Deignan 2003 참조). 나의 지도학생인 쾨브시(Niki Köves 2002)는 인생 개념에 대해 헝가리 사람들과 미국 사람들이 사용하는 은유를 조사했다. 그녀의 연구는 헝가리 사람들이 **인생은 전쟁** 은유와 **인생은 타협** 은유를 주로 사용하는 반면, 미국 사람들은 **인생은 귀중한 소유물** 은유와 **인생은 게임** 은유를 가장 일반적으로 사용한다는 것을 보여 주었다. 확실히 이 문제는 헝가리 역사와 미국 역사의 특이성과 관련이 있다. 헝가리 사람들은 강력한 독일어 사용 국가와 슬라브족 나라 사이에 꼭 끼어 있었기 때문에 하나의 민족국가로서 천 년 이상의 역사 내내 전쟁을 하고 생존을 위해 투쟁했어야 했다. 이러한 역사를 고려하면, 많은 헝가리 사람들에게 인생이 게임이 아니라 투쟁인 것은 놀라운 일이 아니다. 하지만 시간이 지나면서 인생이나 다른 어떤 개념을 개념화하는 이러한 습관적인 방식은 바뀔 수 있다.

차별적 관심사와 흥미

마지막으로, 은유 변이를 생산하는 원인은 이른바 **차별적 관심사**(Kövecses 2005)이다. 전체 사회의 특징은 특정한 관심사로 정의할 수 있다. 예컨대, 흔히들 미국 사람들은 수동적이 아니라 열성적으로 행동한다고 말한다. (이것을 예시하는 잘 알려진 한 예는 take a shower나 have a shower와 같은 구에서 영국영어는 take보다 have를 선호하지만 미국영어는 have보다 take를 선호하는 현상이다. 이 논증은 비어츠비츠카[Wierzbicka 1988]가 잘 보여 주고 있지만 나의 한 연구[Kövecses 2000]도 참조하라.) 이 특성은 미국 사람들이 스포츠와 게임 은유를 많이 사용하는 현상—미식축구에서 나온 to quarterback an operation(수술을 지휘하다)—을 설명할 수 있다. 여기에서 나의 주장은 미국 사람들에게만 게임과 스포츠 은유가 있다는 것이 아니라, 그들이 다른 나라 사람들보다 더 광범위한 목표 개념에 대해 이러한 은유를 가지고 있다는 것이다. 다시 말하면, 어떤 특성을 가지고 있다는 사실(이나 아마도 단지 신화)은 그 특성과 일관성을 지니는 은유적 근원영역에 대한 심한 의존을 초래할 수 있다.

국부적 맥락

은유적 개념화는 또한 더 직접적인 국부적 맥락의 영향을 받는다. 이러한 맥락에는 직접적인 물리적 배경, 담화의 주요 개체에 대한 지식, 직접적인 문화적 맥락, 직접적인 사회적 배경, 직접적인 언어적 맥락 등이 있다. 여기에서는 국부적 맥락과 전체적 맥락이 가장 직접적인 국부적 맥락에서 가장 일반적인 전체적 맥락에 이르는 연속체를 형성한다고 가정한다. 나의 전략은 먼저 이러한 국부적 맥락이 일상적 형식의 언어에서 은유적 개념화에 미치는 효과를 특징짓고, 그 다음 7장에서 이 동일한 맥락이 어떻게 시 속의 은유적 개념화에 영향을 미칠 수 있는지를 논의하는 것이다. 맥락이 일상의 은유 사용에 미치는 다양한 효과에 관한 논의의 일부는 쾨브체시의 연구(Kövecses 2010a, b)에서도 발견할 수 있다.

직접적인 물리적 배경이 은유 사용에 미치는 효과

직접적인 물리적 배경은 담화에서 특별한 은유의 선택과 사용에 영향을 미칠 수 있다. 아마도 특히 물리적 배경은 이 배경을 구성하거나 이 배경의 부분인 물리적 사건과 그 귀결, 물리적 환경의 다양한 양상, 이 배경을 특징짓는 지각적 특성으로 구성된다. 먼저 예를 하나 간단히 논의해 보자. 우리는 4장에서 물리적 배경의 지각적 특성이 어떻게 새로운 은유의 사용을 유발할 수 있는지에 관한 예를 하나 살펴보았다. 나의 또 다른 연구(Kövecses 2005)는 환경 조건에 관한 보어스(Boers 1999)의 연구를 논의한다. 이 장에서는 물리적 사건 및 그 귀결과 관련이 있는 예를 들어 보자.

물리적 사건과 그 귀결이 은유적 개념화에 미치는 효과는 한 미국 기자의 말이 잘 예증한다. 그는 뉴올리언스를 근거로 활동하는 위대한 음악가인 패츠 도미노(Fats Domino)와 인터뷰를 하러 뉴올리언스로 여행을 갔다. 그때는 허리케인 카트리나로 황폐화된 지 2년 후로서, 뉴올리언스는 이 허리케인의 많은 여파로 여전히 허우적거리고 있었다. 그 기자는 이렇게 말한다.

The 2005 hurricane capsized Domino's life, though he's loath to confess any inconvenience or misery outside of missing his social circle.(*USA TODAY*, 2007, September 21, Section 6B)

(2005년의 허리케인은 도미노의 삶을 뒤집어 버렸다. 물론 그는 자신의 사회적 활동 영역을 잃은 것 외에는 어떤 불편함이나 고통을 고백하기 싫어하지만.) (《USA 투데이》, 2007년 9월 21일자, 6B)

은유적 서술문 "The 2005 hurricane *capsized* Domino's life"는 일반적인 은유 **인생은 여행**과 이 은유의 특정한 유형인 **인생은 바다 여행**에 근거한다. **바다 여행**을 근원영역으로 선택하는 이유는 아마도 허리케인에서 바다가 수행하는 역할 때문일 것이다. 더 중요하게도 (예컨대, run aground[좌초하다]가 아니라) 동사 capsize(뒤집어엎다)를 사용한다는 점에 유의해야 한다. 물론 이 동사가 **여행**이나 더 특정한 **바다 여행**이라는 근원영역의 관습적인 언어적 발현이 아니지만 말이다. 나는 그 기자가 동사 capsize를 선택한 근거가 황폐화하는 하나의 물리적 사건으로서의 허리케인이 뉴올리언스에 미치는 그때의 (여전히) 뚜렷한 귀결에 있다고 제안한다. 따라서 물리적 배경은 아마 기존의 관습적인 개념적 은유를 확장하도록 촉진하고, 화자나 개념화자들에게 아무리 비관습적인 것처럼 보일지라도 그 배경에 가장 잘 어울리는 은유 표현을 선택하도록 유도한다.

담화 속의 주요 개체에 대한 지식이 은유 사용에 미치는 효과

4장에서 살펴보았듯이, 담화에 참여하는 주요한 개체로는 화자(개념화자)와 청자(수신자/개념화자), 우리가 말하는 개체나 과정(화제)이 있다. 이것들은 모두 담화에서 은유의 사용에 영향을 미칠 수 있다. 나는 화제와 화자/개념화자, 청자/개념화자와 관련이 있는 세 개의 그러한 예를 순서대로 논의할 것이다.

화제에 관한 지식은 신선하고 비관습적인 은유를 빈번하게 생성한다. 나는 일반적인 은유 이론에서 흔히 사용하는 의미(즉, 개념적 은유 이론의 목표영역에 대응하는 이론적 개념)가 아니라, 한편의 담화에서 명시적으로나 암시적으로 전달하는 지식이나 정보라는 의미로 '화제'를 사용한다. 이 담화의 요소에 대한 어떤 특별한 지식이나 정보가 우리에게 있다면, 은유적 창의성의 목적으로, 즉 어떤 목표영역을 은유적으로 개념화하기 위해 그러한 지식이나 정보를 활용할 수 있다. (이것은 내가 여기에서 말하는 화제가 종종 개념적 은유 이론에서 말하는 근원영역과 매우 가깝다는 것을 뜻한다.)

특히 창조적인 예는 신문잡지에서 발견할 수 있다. 다음의 신문 헤드라인 "Foot heads arms body"(풋, 무기 조직의 수장이 되다)를 고려해 보자. 우리는 《더 타임스》의 편집장에게 보낸 짧은 편지로부터 이것이 아마도 무엇을 의미할 수 있는지에 대한 설명을 얻는다.

> Sir, The letters about odd headlines . . . reminded me of an all-time favourite. In the early 1980s Michael Foot became the leader of the Labour Party. He was also a co-founder of CND and pushed for nuclear disarmament. Mr Foot travelled to Brussels to chair a lobby group in the European Parliament to construct a plan to get rid of the bomb as part of the European election policy. From this came the headline "Foot heads arms body." (*The Times*, Letters to the Editor, Wednesday January 30, 2008, p. 16)
>
> (선생님, 이상한 헤드라인에 대한 그 편지는 … 나에게 역대 최고를 떠오르게 했다. 1980년대 초 마이클 풋은 노동당의 수장이 되었다. 그는 또한

> 핵무기철폐운동(CND: Campagin for Nuclear Disarmament)의 공동설립자로서 핵무기 철폐를 계속 밀고 나갔다. 미스터 풋은 브뤼셀로 가서 유럽의회 내 한 로비 집단의 장이 되어 유럽 선거 정책의 일부로 핵을 제거할 계획을 설계했다. 이로부터 '풋, 무기 조직의 수장이 되다'라는 헤드라인이 나왔다. (《더 타임스》 편집인에게 보내는 편지, 2008년 1월 30일, 16쪽)

화제가 풋(Foot)와 무기감축, 무기감축 문제를 다루는 위원회의 장인 미스터 풋(Mr. Foot)와 같은 다양한 개체를 포함하기 때문에, 화자/개념화자는 익살스러운 헤드라인을 의도적으로 창조할 수 있는 기회를 가지고 있었다.

이전의 경우에는 은유를 화제에 대한 개념화자의 지식에 따른 결과로 선택하고 정교화했다. 또한 은유의 선택이 **개념화자 자신에 대한 지식**에 달려 있는 경우도 발견할 수 있다. 그러한 경우에 대해 특히 흥미로운 점은 자신에 대한 저자(개념화자)의 지식이 의식적일 필요는 없다는 것이다. 나의 이전 연구(Kövecses 2005)에서 가져와 여기에서 다시 분석한 다음 예는 이러한 가능성을 증명한다. 예상한 바와 같이, 그러한 경우의 중요한 근원 하나는 치료법이나 심리상담 분야이다. 치료의 맥락에서 사람들은 일반적으로 특이하고 대단히 충격적인 인생 경험의 결과로 신선한 은유를 창조한다. 이러한 상황에서 창조되는 은유는 의식적으로 만들 필요가 없다. 이 예는 잡지 《에이 앤 유》(*A & U*) 2003년 3월호에 실린 사진예술가 프랭크 점프(Frank Jump)에 관한 기사에서 나온다.

프랭크 점프는 뉴욕시티에서 오래된 벽 광고의 사진을 찍는다. 그는 에이즈에 걸렸지만 예상 수명보다 오래 살았다. 그의 삶과 예술은 은유적으로 밀접하게 연결되어 있다. 여기에서 작동하는 개념적 은유는 이렇게 표현할 수 있다. 즉, **정반대의 예상에도 불구하고 에이즈에서 살아남는 것은 오래된 벽 광고가 예상 '수명'보다 오래 남아 있는 것**이다. 처음에 점프는 자신의 조건에 의존하는 개념적 은유의 프레임 내에서 자신이 활동한다는 것을 분명하게 자각하지 못했다. 그의 말을 빌려 보자.

> In the beginning, I didn't make the connection between the subject matter and my own sero-positivity. I was asked to be part of the Day Without Art exhibition a few years ago and didn't think I was worthy—other artists' work was much more HIV-specific.... But my mentor said, "Don't you see the connection? You're documenting something that was never intended to live this long. *You* never intended to live this long." [p. 27]
> (처음에 나는 주제와 나 자신의 혈청양성반응조사를 연결하지 않았다. 나는 몇 년 전 Day Without Art 전시회에 작품을 출품해 달라는 요청을 받았지만, 그만 한 가치가 있는지 몰랐다. 다른 예술가들의 작품은 훨씬 더 HIV 특정적이었다. … 그러나 나의 은사는 "너는 이 연결이 보이지 않니? 너는 이렇게 오래 살 의도가 결코 아니었던 무언가를 기록하고 있다. 너는 이렇게 오래 살려고 의도하지 않았다"고 말했다.) [27쪽]

그 은사는 그 예술가에게 그 개념적 은유를 의식하도록 했다. 나는 정신 요법과 상담의 많은 경우에 비슷한 일이 일어나고 있다고 믿는다. 그 예술가를 위해 그 상황을 개념화하는 사람은 바로 그의 은사라고 주장할 수 있다. 이것은 가능한 해석일 수 있다. 하지만 다른 한편으로 점프가 "In the beginning, I didn't make the connection between the subject matter and my own sero-positivity"라고 말할 때에는, 이 연결이 그의 무의식 속에 있으며 이 연결을 그도 역시 기꺼이 이용할 수 있다는 것이 명확하다.

명확하게도, **정반대의 예상에도 불구하고 에이즈에서 살아남는 것은 오래된 벽 광고가 예상 '수명'보다 오래 남아 있는 것**이라는 은유는 결코 관습적인 개념적 은유가 아니다. 이 은유는 프랭크 점프가 신선한 유추로서 창조한다. 즉, 이것은 에이즈에 걸린 사람으로서 예상 수명보다 더 오래 사는 것과 제한된 시간 동안만 볼 수 있도록 뉴욕시티의 건물 벽에 창조한 벽 광고의 생존 사이의 무의식적이지만 그럼에도 불구하고 실재하는 유추이다. 이 경우에는, (무의식적인) 자기 지식이 개념화자에게 적절한 유추를 찾도록 인도한다. 근원영역과 목표영역이 한 실체가 예상보다 오래 존재한다는 도식적인 구조적 유사성을 공유하기 때문에, 이 유추는 적절하다. 이 유사성에서 나오는 은유(적인 유추)는 신선하고 창조적이며, 개념화자의 자기 지식에 따른 결과로 발생한다.

화제가 담화에서 어떻게 새로운 은유의 선택에 영향을 미칠 수 있는지를 보여주는 또 다른 예를 들어보자. 곧 살펴보겠지만, 이 예가 특별히 흥미로운 이유는 어떻게 수신자도 화자/개념화자의 은유 선택에 관여할 수 있는지를 우리에게 알려 주기 때문이다. 《더 타임즈》의 논평란(2008년 1월 30일자, 14쪽)에서 이 저자는 독자는 새로 선출된 영국 축구 국가대표팀 감독에게 축하의 말을 전하고 충고를 한다. 그의 구체적인 (이름은 표시하지 않은) 추천은, 이탈리아 출신의 신임 감독 파비오 카펠로(Fabio Capello)가 웸블리 스타디움에서 열릴 스위스와의 경기에 데이비드 베컴을 기용해야 한다는 것이다. 사실은 베컴이 당시 몇 개월 동안 최고 수준의 경기를 하지 않았음에도 불구하고 말이다. 베컴에게 뛸 기회를 준다면, 그는 영국 국가대표 팀에서 100회 출전하게 될 것이고, 이것이 그에게는 국가대표팀 경력과 관련하여 작별 인사를 하는 좋은 방법이 될 것이다. 이 기사를 쓴 기자는 베컴이 이 마지막 국가대표팀 경기를 위한 준비를 완벽하게 하지 않았다는 것을 안다고 설명하면서, 이렇게 적었다.

> Beckham is 32. He has not played top-class football since November. Los Angeles Galaxy are sardines not sharks in the ocean of footy.
> (베컴은 32세이다. 그는 11월 이후로 최고 수준의 축구를 펼치지 않았다. 로스앤젤레스 갤럭시는 축구의 대양에서 정어리이지 상어가 아니다.)

이 기자는 미국 축구팀 로스앤젤레스 갤럭시(Los Angeles Galaxy)가 '축구의 대양에서 **정어리**이지 **상어**가 아니다'라는 신선한 은유에 어떻게 도달했는가? 아마도 이 은유를 생성하는 것은 이 담화의 주요한 화제인 데이비드 베컴에 대한 이 기사의 지식이다. (우리와 함께) 이 기사는 베컴이 로스앤젤레스에 위치한 로스앤젤레스 갤럭시에서 뛰고 있고, 이곳은 다시 태평양 연안의 한 도시이며 태평양에는 정어리와 상어가 있다는 것을 안다. 다소간 더 전문적인 언어로 말하면, 우리는 축구선수 베컴에 대한 심적 프레임이 그가 뛰고 있는 팀의 이름과 이 팀이 위치하고 있는 장소를 포함하며, 이것은 다시 태평양의 프레임을 환기한다고 말할 수 있다. 태평양에 대한 프레임은 다시 그곳에 사는 다양한 종류의 물고기를 포함한다.

모든 종류의 물고기 중에서 왜 로스앤젤레스 갤럭시는 상어가 아니라 정어리이고, 왜 축구는 바다인가? 나는 이 질문으로 베컴에 대한 기자의 지식이 사용된 신선한 은유를 완벽하게 설명하지는 못한다는 것을 보여주고자 한다. 이 지식은 은유의 사용에 대해 약간의 동기를 제공하기 때문에 이야기의 주요한 부분이지만 아마 전체 이야기는 아니다. 우리가 추가적으로 고려해야 할 것은 **사회 집단의 크기는 물리적 개체의 크기**나 **사회적 경쟁은 동물의 생존 행동**과 같은 매우 도식적이고 관습적인 개념적 은유이다. 전자의 개념적 은유는 매우 일반적이고 아마도 어떤 언어 표현을 실제로 선택할 수 있을지에 대한 매우 일반적인 제약으로 작용한다. 축구계가 방대하고 많은 팀들이 이 세계에 참여한다는 생각은 (바다와 같은) 거대한 물리적 개체를 참조해서 전달해야 한다. 후자의 개념적 은유는 **사회적 행동은 동물의 행동** 은유의 특별한 사례로 보인다. 사업 경쟁의 세계에서, 영어에는 big fish eat small fish(큰 물고기가 작은 물고기를 잡아먹는다)와 같은 관습적인 은유 표현이 있다. 비슷하게도, 축구에서 어떤 팀은 매우 강하지만(상어), 강한 팀과의 관계에서 대부분의 팀(정어리)은 약하다. 표현 big fish eat small fish와 기저의 개념적 은유는 부분적으로 이 기자가 축구계의 일부 강한 팀과 더 많은 약한 팀에 대해 단어 sardines와 sharks를 사용하는 데 부분적으로 책임이 있을 수 있다.

이 동일한 기사는 또한 **수신자에 대한 지식**이 담화에서 어떻게 신선한 은유를 생성할 수 있는지를 언뜻 보여준다. 그 방향을 가리키는 두 가지 예가 그 기사에 있다. 첫 번째 예는 "Dear *Signor* Capello"(이탤릭체 추가)이다. 이것은 이 기사의 첫 번째 문장이다. 기자는 이 문장으로 이 메시지의 의도된 수령인— 파비오 카펠로 영국 축구 국가대표팀 감독—을 부른다. 단어 Signor의 사용을 은유로 해석할 수는 없지만, 영국 기자가 이탈리아 사람인 수령인(Signor Capello)을 부분적으로 이

탈리아어로 부른다는 사실은 일반적으로 수신자에 대한 지식이 우리가 담화에서 특별한 목적을 위해 언어항목을 선택하는 방법에서 어떤 역할을 수행한다는 것을 암시한다. 두 번째 예는 "Beckham is a good footballer and a nice man: *e una bella figura*"(베컴은 훌륭한 축구선수이자 멋진 남자이다)(이탤릭체는 원본 그대로임)이다. 한 남자(베컴)를 기하학 형태를 가리키는 도식적 용어인 모양이나 형상에 비교한다는 점에서 이 예는 은유에 가깝다. 게다가 비교는 이탈리아어로 되어 있으며, 이것은 수신자의 언어가 확실히 이 은유의 선택에 영향을 미쳤다는 것을 보여 준다. 더 일반적으로 수신자에 대해 우리가 알고 있는 것의 일부가 아마도 이 은유의 선택에서 어떤 역할을 수행한다.

특별한 사례로서의 개인적 관심사

4장에서 보여주었듯이, 차별적 경험과 그에 따른 차별적 은유를 생신하는 데 어떤 역할을 수행하는 또 다른 요인에는 화자/개념화자가 삶에서 가질 수 있는 차별적 관심사가 있다. 그러한 차별적인 개인적 관심사는 화자/개념화자가 자신에 대해 갖는 지식의 특별한 사례로 간주할 수 있나.

이것이 어떻게 담화에서 은유의 선택에 영향을 미칠 수 있는지 살펴보자. 강렬한 전문적 관심 때문에 사람은 자신의 전문적 관심사에 근거한 근원영역의 관점에서 습관적으로 목표영역에 대해 생각하고 이 목표영역을 표현할 수도 있다. 이러한 유형의 변이를 연구하는 좋은 방식은 독자들이 편집자에게 보내는 편지를 검토하는 것이다. 헝가리 신문에서는 편지를 쓰는 사람들이 흔히 자신의 직업을 언급한다. 1990년대 후반 유럽과 헝가리의 새로운 관계라는 문제에 관해 헝가리 전기기사가 쓴 다음 편지를 살펴보자. (헝가리 인용문 뒤에 원문을 다소 축자적으로 옮긴 영어 번역문이 따른다. 이 인용문은 쾨브체시의 한 연구 [Kövecses 2005]에서 따온 것이다.)

> *Otthon vagyunk*, otthon lehetünk Európában. *Szent István* óta bekapcsolódtunk ebbe a szellemi áramkörbe, és változó intenzitással, de azóta benne vagyunk—akkor is, ha különféle erők időnként, hosszabb-rövidebb ideig, megpróbáltak kirángatni belőle. (italics in the original; *Magyar Nemzet* [Hungarian Nation], June 12, 1999, p. 8)

> We are, we can be at home in Europe. Since Saint Stephen we have been *integrated/connected* to this intellectual/spiritual *electric circuit*, and *with varying degrees of intensity*, but we have been in it—even though various powers, for more or less time, have tried to yank us out of it. (my translation)

> (우리는 유럽에서 마음이 편하고 그럴 수 있다. 우리는 성 스테반 이후로 이러한 지적/영적 **전자회로**에 **통합/연결되**어 있었고 이 통합/연결은 **다양한 정도의 강도**였다. 하지만 우리는 그 회로 안에 있었다. 비록 어느 정도의 시간 동안 다양한 권력자들이 우리를 거기에서 몰아내려고 노력했지만 말이다.) (나의 번역)

이 인용문에서 목표영역은 1990년대 헝가리의 주요한 정치적 변화에 따른 이 나라와 유럽의 새로운 관계이다. 흥미로운 질문은 무엇이 근원영역인가이다. 이 인용문이 분명히 보여주는 바와 같이, 사용된 많은 단어는 편지를 쓴 사람의 직업적인 관심사를 반영한다. 즉, be integrated/connected(통합/연결되다)와 electric circuit(전기회로), with varying degrees of intensity(다양한 정도의 강도로)는 위의 인용문에서 전기와 전기회로를 근원영역으로 드러내는 표현이다. 전기기사의 추론은 이 영역에 대한 자신의 지식에 근거한다. 근원영역으로서의 전기와 전기회로의 개념은 이 목표영역을 위해 명확하거나 필연적이지 않으며, 사용할 수 있는 유일한 개념이 아니라는 것도 분명하다. 나는 이 개념의 이용 가능성과 사용 촉진이 이러한 특정한 목표영역에 대해 사고하는 사람들의 전문적인 관심사 덕택이라고 주장한다. 교사, 운동선수, 과학자 등은 종종 자신의 활동 분야로부터 근원영역을 취해 자신들이 접하는 다양한 목표영역을 특징짓고 추론하고 이야기하고 생각한다.

직접적인 문화적 맥락이 은유 사용에 미치는 효과

《샌프란시스코 크로니클》에서 가져온 다음 예를 살펴보자. 이 예에서 스탠포드대학교의 정치학 교수이자 아널드 슈워제네거(Arnold Schwarzenegger)의 선거운동 자문역인 빌 훼일런(Bill Whalen)은 나중에 캘리포니아의 주지사가 된 이 배우에 관해 은유적 언어를 사용한다.

> "Arnold Schwarzenegger is not the second Jesse Ventura or the second Ronald Reagan, but the first Arnold Schwarzenegger," said Bill Whalen, a Hoover Institution scholar who worked with Schwarzenegger on his successful ballot initiative last year and supports the actor's campaign for governor.
>
> "He's a unique commodity—unless there happens to be a whole

sea of immigrant body builders who are coming here to run for office. This is 'Rise of the Machine,' not 'Attack of the Clones.'" (*San Francisco Chronicle*, A 16, August 17, 2003)

("아널드 슈워제네거는 제2의 제시 벤추라나 제2의 로널드 레이건이 아니라, 첫 번째 아널드 슈워제네거이다"라고 빌 훼일런이 말했다. 빌 훼일런은 작년에 슈워제네거의 성공적인 투표발의에 관해 이 배우와 함께 일했고, 그의 주지사 선거운동을 지지하는 후버연구소 학자이다.

"그는 독특한 상품이다. 만일 공직선거에 출마하기 위해 우연히도 이곳으로 밀물처럼 밀려드는 많은 이민 온 보디빌더들이 없다고 한다면 말이다. 이것은 '클론의 습격'이 아니라 '기계의 대두'이다.") (《샌프란시스코 크로니클》, 2003년 8월 17일자, A16쪽)

이와 관련해 흥미로운 것은 은유 He's a unique commodity(그는 독특한 상품이다)와 특히 This is 'Rise of the Machine,' not 'Attack of the Clones'(이것은 '기계의 대두'이지 '클론의 습격'이 아니다.)이다. 그 배우를 기술하는 바로 그 단어 commodity(상품)에서 알 수 있듯이, 첫 번째 은유는 **사람은 상품**이라는 완전히 관습적인 개념적 은유에 근거한다. 나머지 두 은유는 매우 비관습적이고 신선하다. 무엇 때문에 빌 훼일런은 이 비관습적 은유를 생산하고, 우리는 이것을 이해할 수 있는가? 나는 두 가지 이유가 있다고 제안한다. 첫째 이유는 명확하다. 바로 아널드 슈워제네거가 이러한 영화의 첫 작품에 출연했기 때문이다. 다시 말해서, 앞 절에서 논의했듯이 이러한 은유적 표현의 사용을 인가하는 것은 담화의 화제(슈워제네거)에 대한 개념화자(훼일런)의 지식과 관련이 있다. 둘째 이유는 덜 명확하지만 여기에서 더 중요하다. 바로 말하는 시점(즉, 2003년)에 이러한 영화가 캘리포니아와 미국에서 모든 사람들이 그 내용을 상세히 알고 있던 영화이기 때문에 개념화자(훼일런)가 이러한 은유를 사용한다. 다시 말해, 이러한 은유는 직접적인 문화적 맥락의 본질적 부분이다. 의미심장하게도, 두 번째 영화 〈클론의 습격〉에 슈워제네거가 출연하지 않았지만, 이 영화는 훼일런이 가리키고 있는 개인과 복제물 사이의 대조를 이해하는 열쇠이다.

이러한 지식이 주어지면, 사람들은 훼일런이 말하고자 했던 의도를 파악할 수 있다. 그의 의도는 슈워제네거가 독특한 개인이지 매우 닮은 사람들 중의 하나가 아니라는 것이었다. 그러나 그의 이 의도를 이해하는 것은 겉보기만큼 쉽고 간단하지 않을 수 있다. 어쨌든 은유 Rise of the Machine[s](기계의 대두)은 슈워제네거가 어떤 의미에서나 독특하다는 생각을 명확하고 명시적으로 전달하지 않는다. (사실상 기계를 언급하는 것은 독특성에 대한 우리의 직관에 반한다. 훼일런은 단수형 machine을 사용할 때 이 사실을 의식하고 있었음에 틀림없다. 원작의 제목은 복수형 machines를 사용한다.) 하지만 우리는 두 가지 텍스트 버팀목을 통해 이 텍스트에서 이 의미를 얻는다. 첫 번째 버팀목은 훼일런이 한 일련의 말이다. 바로 "Arnold Schwarzenegger is not the second Jesse Ventura or the second Ronald Reagan, but the first Arnold Schwarzenegger"와 "He's a unique commodity—unless there happens to be a whole sea of immigrant body builders who are coming here to run for office"이다. 여기에서 사실로 보이는 것은 화자가 **기계** 은유를 사용하기 전에 개별성의 개념을 강조한다는 것이다. 그러나 심지어 사전의 이 강조도 그 자체로는 충분하지 않을 것이다. 이 텍스트가 "... This is 'Rise of the Machine'"이라는 말로 끝난다고 상상해 보라.

나는 대부분의 모국어 화자들이 당황하여 이 마지막 문장을 말한 훼일런의 의도를 이해하는 데 어려워 할 것이라고 생각한다. 따라서 이 담화를 완벽하게 이해하기 위해서는 "not 'Attack of the Clones'"이라는 두 번째 텍스트 버팀목이 절실히 필요하다. 은유적 표현 Rise of the Machine[s]이 행여 무엇을 의미할 수 있는지를 우리가 이해하는 배경은 바로 이 버팀목(not 'Attack of the Clones')이다.

직접적인 사회적 배경이 은유 사용에 미치는 효과

은유를 사용할 때 우리는 사회적 맥락에서도 사용한다. 문화적 맥락과 마찬가지로 사회적 맥락도 매우 가변적일 수 있다. 사회적 맥락은 담화 참여자들 사이의 사회적 관계로부터 이 참여자들의 성 역할을 거쳐 담화가 발생하는 다양한 사회적 사건에 이르는 모든 것을 포함할 수 있다. 미국 신문《유에스에이 투데이》에서 나온 마지막 가능성에 대한 예를 보자.

앞에서 언급했듯이, 2007년 이 신문은 엄청난 홍수피해를 입은 뉴올리언스를 근거지로 삼아 활동하는 위대한 음악가들 중의 하나인 패츠 도미노에 관한 한 기사를 실었다. 이 기사에서 기자는 허리케인 카트리나 이후의 도미노의 생활을 부분적으로 기술한다. 카트리나는 그의 집을 파괴하고 그의 인생과 뉴올리언스에 사는 많은 다른 사람들의 인생에 엄청난 피해를 입혔다. 이 기사의 부제는 다음과 같다.

> The rock 'n' roll pioneer *rebuilds* his life—and on the new album "Goin' Home," his timeless music.(*USA TODAY*, 2007, September 21, Setion 6B)
>
> (이 로큰롤 개척자는 자신의 삶을 재건한다. 자신의 영원한 음악인 새 앨범

'집으로'[Goin' Home]를 토대로.) (《유에스에이 투데이》, September 21, 2007, 6B)

이 텍스트에서 "*rebuilds* his life"라는 은유의 사용을 어떻게 설명할 수 있는가? 우리는 간단히 이 표현이 개념적 은유 **인생은 건물**의 실례이고 이 표현으로 전달하고자 하는 의미는 무엇이든지 이 특별한 개념적 은유와 이 특별한 은유적 표현으로 가장 관습적으로 전달한다고 제안할 수 있다. 그렇다고 해도 이것이 이 표현의 사용을 전적으로 정당화하지는 못할 수 있다. 비슷한 의미적 효과를 달성하기 위해 사용할 수도 있는 잠재적으로 다른 개념적 은유(와 상응하는 은유적 표현)들이 있다. 곧장 마음에 떠오르는 두 개의 개념적 은유에는 **인생은 여행**과 **인생은 기계**가 들어간다. 우리는 x set out again on his or her path(x가 자신의 길을 다시 밟아갔다)라고 말할 수도 있고, 자신의 인생이 무너지고 난 뒤에 x got it to work again(x가 그 일을 다시 돌렸다)나 restarted it(그것을 다시 시작했다)이라고 말할 수도 있다. 또는 우리는 이런 종류의 어떤 말을 할 수도 있다. 이러한 은유나 유사한 은유들 덕택에 화자/개념화자와 청자는 재건축 개념이 활성화하는 해석에 도달할 수 있다.

그러나 잠재적으로 가능한 선택 중에서 이 목적을 위해 선택한 은유는 바로 **인생은 건물**이다. 이렇게 선택한 까닭은 십중팔구 인터뷰 당시에 도미노도 2005년의 허리케인이 파괴한 자신의 집을 재건축하는 과정에 있었기 때문이다. 이것이 사실이라면, 사회적 상황(집의 재건축)이 개념적 은유 **인생은 건물**을 선택하도록 촉진하거나 장려했다고 제안할 수 있다. 다시 말해, 한 근원영역의 어떤 실세계 실례는 자신을 실례로 포함하지 않는 근원영역 개념보다 자신을 실례로 포함하는 근원영역을 선택할 가능성이 더 높다. 이러한 의미에서 사회적 배경은 담화에서 선호되는 개념적 은유와 선호되는 은유 표현을 선택하는 데 어떤 역할을 수행할 수 있다.

그러한 경우에, 발생하는 일반적인 구도는 다음과 같아 보인다. 어떤 특별한 사회적 배경이 있고, 활성화할 필요가 있는 어떤 특별한 목표 의미가 있다. 이 실제적인 사회적 배경과 일치하는 어떤 은유적 사상으로 이 의미를 활성화할 수 있다면, 화자/개념화자는 (이 사상에 근거한 언어 표현과 함께) 이 사상을 우선 선택하고자 할 것이다. 더 간단히 말해서, 만일 이 실제적인 사회적 배경이 어떤 적절한 근원영역의 실례인 한 요소를 포함한다면, 화자는 이 근원영역을 사용할 가능성이 높다.

직접적인 언어적 맥락이 은유 사용에 미치는 효과

때때로 직접적인 언어적 맥락은 새로운 은유를 선택하는 데 어떤 역할을 수행한다. 다음 텍스트를 살펴보자.

> When the Electoral Commission came to make its choice between referring the case to the police and taking no action it was this defence, described by an authoritative source as showing "contempt" for the law, which helped to tilt the balance—and Mr Hain—over the edge. (*The Times*, Friday January 25, 2008, News 7)
>
> (선거위원회가 그 사건을 경찰에 조회하는 것과 아무런 조치를 취하지 않는 것 사이에서 선택하게 되었을 때, 균형—미스터 헤인—을 완전히 무너뜨리는 데 도움이 되었던 것은 한 권위 있는 소식통이 법에 대한 '경멸'을 보여준 것이라 묘사한 이 방어였다. (《더 타임스》, 2008년 1월 25일 금요

일, 뉴스 7쪽))

여기에서 적절한 은유적 표현은 tilt the balance와 [tilt] Mr Hain over the edge이다. 두 번째 은유적 표현은 이 텍스트에서 생략 표현이지만, 단어 tilt를 쉽게 보충하여 그 문장을 완벽하게 할 수 있다. 우리는 왜 이렇게 할 수 있는가? 물론 그 이유는 첫 번째 표현에 사용된 단어 tilt가 두 번째 표현에도 어울리기 때문이다. 우리는 이 단어를 기억 속에 담아 두고, 이 단어가 일치한다면 다시 이 단어를 제공할 수 있다. 이런 일이 어떻게 일어날 수 있는지 좀 더 상세하게 살펴보자.

은유적 표현 tilt the balance(균형을 무너뜨리다)는 관습적인 표현이며, **불확실성은 (척도의) 균형** 은유(와 **확실성은 (척도의) 균형 결핍** 은유)의 언어적 실례이다. 이 은유에서는 선택을 하는 것(즉, 불확실성을 제거하는 것)이 균형을 무너뜨리는 것에 대응한다. 두 번째 표현 tilt someone over the edge(누군가를 완전히 넘어뜨리다)는 첫 번째 표현보다 훨씬 덜 관습적이다. 여기에서 이 질문이 나온다. 단어 tilt가 여전히 기억 속에 있다는 사실 이외에, 두 번째 표현에서는 왜 이 단어를 선택하는가? 분명히, 이 단어는 이 두 번째 표현과 어울려야 한다. 하지만 왜 어울리는가? 두 번째 표현에서 적절한 개념적 은유는 **합리적/도덕적 통제의 상실은 물리적 통제의 상실—예컨대 ([깊은] 구멍 속으로의) 물리적 추락**이다. 합리적/도덕적 통제 상실의 원인은 위원회로 하여금 어떤 결정—"showing 'contempt' for the law"(법에 대한 경멸을 보여주는 것)—에 도달하도록 만든 원인과 동일하다. '누군가를 (구멍 속으로) 떨어지게 하다'라는 생각을 전달하는 데 사용할 수 있는 언어 표현은 예컨대 push(밀다), drive(내몰다), force(강요하다), jolt(충격을 가하다), nudge(쿡 찌르다), poke(내밀다), prod(쿡 찌르다), propel(몰고 가다), shove(떠밀다), press(누르다), butt(들이받다) 등 많이 있다. 이 중에서 가장 관습적인 것은 확실히 push(밀다)와 drive(내몰다)이다. 이 둘은 관용어 push/drive someone over the edge에서 등장한다. 그렇지만 이 담화에서 저자는 tilt를 사용하며, 이 tilt는 누군가를 물리적으로 (어떤 구멍 속으로) 떨어지게 한다는 생각을 표현할 수 있는 부가적이지만 다소간 동기를 부여받지 못한 가능성이다. 하지만 무엇 때문에 tilt는 수용 가능하고 자연스러운 표현이 되는가? 한편으로는 이 단어가 (아무리 비(非)관습적일지라도) 이 은유와 일치하고, 다른 한편으로는 이전의 언어적 은유에서 사용된 단어로부터 유도되기 때문이다. 이러한 방식으로, 담화에서 어떤 표현의 음성 모양은 동일한 담화에서 은유적으로 사용되는 표현의 유도자 역할을 할 수 있다. 단, 필수적인 개념적 은유와 어울려야 한다는 조건을 또한 충족한다면 말이다.

특별한 경우로서의 말장난

정신적, 즉 개념적 프레임은 담화에서 은유의 사용에 결정적인 역할을 한다(Sullivan 2013 참조). 프레임은 비교적 안정적인 개념적 영역이거나 담화 중에 발생하는 일시적인 개념적 구조일 수 있다. 이 후자의 경우에 우리는 프레임을 '정신공간'(Fauconnier 1985/1994)이라 부를 수 있다. 특별한 의미나 우리가 이 의미를 활성화하기 위해 사용하는 단어는 다양한 프레임을 떠오르게 할 수 있기 때문에, 그러한 단어의 선택은 몇몇 다른 프레임을 환기할 수 있고, 그 중 하나는 은유적일 수 있다. 이로 인해 우리는 말장난이 다양한 프레임과 언어적 맥락 내 프레임의 사용에 의존한다고 생각할 수 있다. 다시 말해, 나는 많은 경우에 어떤 말장난(즉, 은유에 근거한 말장난)이 언어적 맥락이 담화 내 은유 사용에 영향을 미치는 방식의 특별한 경우라고 제안한다.

말장난은 동시에 환기되는 몇몇 다른 유형의 프레임이 그 특징을 정의하는 개념적 구조이다(Goatly 1997; Koller 2004; Semino 2008). 프레임은 축자적이거나 환유적이거나 은유적일 수 있다. 말장난의 흔한 한 가지 경우는 어떤 사람의 이름뿐만 아니라 전혀 다른 프레임에 속하는 독특한 의미와 관련이 있다. 앞 절에서 몇 번 등장한 이름 패츠(Fats Domino)를 예로 들어보자. 다음은 이전에 언급한 기사에 있는 진술이다.

> Getting clearances from participants' labels proved taxing, but artists were enthusiastic. "We call it the Domino effect," Taylor says. (*USA Today*, 2007, September 21 , Section 7B)
>
> (참여자들의 이름표로부터 승인을 얻는 것은 힘든 일로 판명이 났다. 하지만 예술가들은 열정적이었다. "우리는 이것을 도미노 효과라 부른다"라고 테일러는 말한다. (《유에스에이 투데이》, 2007년 9월 21일, 7B)

표현 도미노 효과(Domino effect)는 몇 가지 개념적 기제에 근거한 말장난이다. 첫째, 그 사람을 대표하는 이름 도미노(Domino)가 있다. 이것은 **이름으로 사람을 대신함** 환유에 근거한다. 둘째, 하나의 관습적인 개념적 은유가 작용한다. 이 은유는 **인과적 연쇄는 도미노 연쇄**이다. (즉, **한 도미노의 넘어짐은 다른 도미노들의 넘어짐을 야기한다.**) 'Fats Domino'는 이 사람의 이름이고 개념 **도미노**는 이 근원영역의 한 부분이기 때문에, 이 이름은 관습적인 개념적 은유 **인과적 연쇄는 도미노 연쇄**를 촉진한다. 이 은유에서는 한 도미노의 넘어짐 효과가 다른 도미노들의 넘어짐을 초래한다. 이 은유의 특정한 목표영역 **유명 가수들이 앨범에 노래를 헌정하고자 서명함**은 또한 도식적 구조가 도미노들이 서로를 무너지게 하는 것과 비슷해야 한다. 이 기자에 따르면, 이 유사성이 존재하는 까닭은 한 유명 가수가 다른 한 가수에게 서명하고 헌정하도록 영향을 미쳤기 때문이다. 이것은 인과적 연쇄의 한 종류이다. 따라서 이 **도미노** 은유의 활성화에는 동시적인 두 조건이 있다. 즉, 이 근원영역의 유발은 이름과 은유적 유추 덕택이다. 하지만 이 두 조건이 똑같이 강한 조건은 아니다. 유사성 제약은 화자가 이 은유를 생각해 내도록 그 자체로 작동할 수 있다. 일반적으로 이러한 종류의 구조적 유사성이 근원영역의 사용을 인가한다. 유사성 없이 이름만으로는 이 은유를 유발하기에 충분하지 않을 것이다. 하지만 이 이름은 이 특별한 효과를 지닌 **인과적 연쇄**에 대해 다른 실행 가능한 근원영역 중에서 **도미노**의 특별한 근원영역을 선택하도록 촉진하는 데 어떤 역할을 수행하는 것으로 보인다. 다시 말해, 맥락 내 이름이 유발하는 근원영역의 선택은 실제로는 맥락 내의 이름에 **의존하지** 않는다(이 선택은 다만 이름이 촉진할 뿐이다). 그리고 이러한 이유 때문에 화자가 그 이름에 의존하는 것은 다소 잉여적이다. 이 종류의 잉여성은 이 경우에서처럼 유머의 근원으로 작용할 수 있다. (비슷한 경우와 일반적인 유머에 관해서는 8장을 참조하라.)

은유 사용에 미치는 여러 요인의 결합 효과

분석의 명확성을 위해 나는 각 요인이 담화 은유의 선택과 관련이 있다는 것을 하나씩 보여 주고자 했다. 그러나 이것이 실재에서 (즉, 실제 담화 상황에서) 이러한 요인이 항상 고립적으로 나타난다는 의미는 아니다. 사실, 이러한 요인은 실제 담화에서 함께 발생한다고 예상하는 것이 합리적이다. 예컨대, 어떤 사람의 관심사나 흥미는 하나의 요인으로서 담화의 주제뿐만 아니라 자신에 대한 추가적인 지식과 결합할 수도 있고, 이러한 식으로 이 세 가지는 개념화자가 자신을 은유적으로 어떻게 표현할 것인지에 강력한 영향을 미칠 수 있다. 다음의 마지막 예는 이 가능성을 아주 명확하게 보여준다.

2008년 내가 이 책의 작업을 시작했을 때, 헝가리 사회에 의료보험제도에 대한 열띤 토론이 벌어졌다. 쟁점은 헝가리가 국가가 규제하는 단일한 국영 의료보험제도 내에 머물기보다 미국과 유사한 의료보험제도—개인 소유의 경쟁적인 의료보험 회사에 근거한 의료보험제도—를 도입해야 하는가의 여부였다. 이 논쟁의 일부로서 많은 사람들이 다양한 언론에 이 쟁점에 관한 자신들의 의견을 자진해서 내놓았으며, 이 중에는 인터넷 언론도 있었다. 인터넷에서 논쟁을 따라가고 있을 때, 나는 우리의 실제 담화 내 은유 사용이 단지 하나의 요인이 아니라 여러 맥락 요인의 결합으로부터 영향을 받는 상황을 잘 예증할 수 있다고 보이는 기사를 하나 발견했다.

한 헝가리 의사—쿨만 타마시(Kullman Tamás) 박사—는 새로 제안한 민영의료보험 제도의 바람직하지 않은 많은 잠재적인 귀결에 대해 한 헝가리 뉴스 방송망에 상당히 중요한 글을 발표했다. 그는 이 글에서 자신이 말해야 할 내용을 이렇게 개괄적으로 소개한다. (위의 글은 헝가리어 원문이고 아래 글은 원문을 거의 축자적으로 번역한 영어 텍스트이다.)

Dolgozatom a gondolkodási időben született.
Célkitűzése a törvény várható hatásainak elemzése.
Módszereiben az orvosi gondolkodást követi.

A magyar egészségügyet képzeli a beteg helyzetébe.

Kezelőorvosnak a kormányt tekinti, és konzulensként a szakértőket, illetve a szerzőt magát kéri fel.

A prognózis meghatározás feltételének tekinti a helyes diagnózist.

Yégül röviden megvizsgálja van-e alternatív kezelési lehetőség.

(Retrieved from http://mkdsz.hu/content/view/8480/207/, February 2, 2008)

다음은 영어로 직역한 것이다.

This paper was born in the period when people think about the issue.

Its objective is to analyze the expected effects of the law.

In its methods, it follows the way doctors think.

It imagines Hungarian health care as the patient.

It takes the government as the attending physician, and invites experts and the author [of the article] himself to be the consultants.

It considers the correct diagnosis to be the precondition for predicting the prognosis.

Finally it briefly examines if there is an alternative possibility for treatment.

(이 제도의 목적은 법의 예상 효과를 분석하는 것이다.

방법상 이 제도는 의사들이 생각하는 방식을 따른다.

이 제도는 헝가리 건강관리제도를 병자라고 상상한다.

이 제도는 정부를 담당 의사로 간주하고 전문가와 [이 기사의] 저자를 고문이 되도록 초대한다.
이 제도는 정확한 진단이 예후를 예측하기 위한 전제조건이라 간주한다.
마지막으로 이 제도는 다른 치료 가능성이 있는지를 간략하게 검토한다.)

이 글을 쓴 사람이 의도적으로 실재 담화 내 은유 사용을 예증하고자 하지 않는다면(나는 그럴 것이라고 생각하지 않는다), 이 글은 여러 맥락 요인의 결합이 우리가 흔히 은유적으로 말하고/쓰고 사고하는 방식에 어떻게 영향을 미칠 수 있는지를 아주 분명하게 보여주는 예가 될 수 있다. 첫째, 이 글을 쓴 사람 자신이 의사이다. 둘째, 우리는 이 저자가 자신의 일에 관심이 매우 많다고 가정할 수 있다(이 글을 쓰는 수고를 했다). 셋째, 그는 헝가리의 건강관리제도에 관하여 글을 쓰고 있다. 이 중에서 첫째 요인은 내가 말하는 화자/개념화자에 관한 지식과 관련이 있다. 둘째 요인은 개인적 관심사나 흥미에 대응한다. 셋째 요인은 이른바 담회의 주제와 관련이 있다. 이 세 요인이 다 함께 이 저자가 이 담화에서 은유를 사용하는 방식(과 이 예를 고려하면 저자가 자신의 말 내용을 실제로 구조화하는 방식)에 책임이 있는 것으로 보인다. 말할 필요도 없이, 우리는 실재 담화에서 은유를 사용할 때 여러 요인의 많은 다른 결합이 함께 나타나고 영향을 미칠 것이라 상상하고 기대할 수 있다.

은유적 창의성의 근원은 무엇인가?

'표준' 유형의 개념적 은유 이론의 작동은 가설적인 개념적 은유의 대체로 맥락화하지 않은 사례나 최소로 맥락화한 언어적 사례에 근거한다. 개념적 은유는 근원영역과 목표영역 사이의 사상 집합으로 구성된다고 본다. 그러한 사상은 매우 정적인 개념적 구조로 간주된다. 그러한 정적인 대응으로부터 동기를 부여받는 언어적 은유는 고착화된 관습적 표현이며, 이러한 표현은 결국 상세한 고급 언어 사전으로 들어간다. 사전은 물론 사전에 들어있는 (축자적이거나 비유적인) 의미는 특정 언어에 대한 정적이고 매우 관습적인 것을 표상한다. 이러한 견해에서는 은유적 창의성을 설명하는 것이 어려운 문제이다. '표준적인' 개념적 은유 이론의 특징을 이렇게 다소간 단순하고 조야하게 기술한 정의는 이 장에서 보고한 연구에 비추어 어떻게 수정되는가?

일부의 산발적인 연구(Aitchison 1987; Koller 2004; Kövecses 2005; Semino 2008; Benczes 2010, 2013)를 제외하면, 맥락이 유도하는 은유적 창의성의 문제는 체계적으로 탐구한 적이 없다. 신선한 비관습적인 은유적 언어의 상당히 많은 부분이 직접적인 언어적 맥락, 담화 참여자에 대한 지식, 물리적 배경 등과 같은 맥락 요인으로부터 나오는 것으로 보인다. 그러한 현상이 얼마나 탄탄한지와 추가적으로 진지하게 연구할 만한지는 두고 보아야 한다. 다양한 신문에서 비공식적으로 수집한 데이터에 근거해 볼 때, 맥락이 많은 신선한 은유의 사용에 대한 동기 부여의 주요한 근원을 제공하는 것으로 보인다. 이러한 은유의 많은 것은 그래디(Grady 1999)가 분류하는 유사성 기반 사례도 대응 기반 사례도 아니다. 이들은 은유적 개념화가 발생하고 있는 맥락에 토대를 둔다는 점에서 독특한 지위를 지닌 것으로 보인다.

우리가 이 장에서 살펴본 비(非)관습적인 은유적 언어의 많은 예는 다양한 맥락 요인을 고려하지 않고서는 설명할 수 없다. 나의 주장은 담화에서 의미를 전달하고 수사적 기능을 달성하는 데 사용되는 개념적 은유와 은유적 유추—충분히 연구한—에 더하여, 개념화자들이 은유적 개념화가 발생하는 직접적인 맥락을 구성하는 다양한 요인도 매우 잘 알고 이용한다는 것이다. (비슷한 발상은 브랜트와 브랜트의 연구[Brandt & Brandt 2005]와 적합성 이론의 관점에서 수행한 스퍼버와 윌슨의 은유 연구[Sperber & Wilson 2008]에서 발견할 수 있다.)

4장에서 지적했듯이, 어떤 경우에는 맥락 요인이 단지 진부한 관습적 은유 표현의 발생을 유도할 것이지만, 다른 경우에는 개념화자들에게 진정으로 신선하거나 비(非)관습적인 은유 표현을 선택하도록 유도할 수 있다. 핵심적인 발상은 세계에 대한 우리의 개념화를 통제하는 대부분의 요인과 일관성을 유지하고자 노력한다는 것이다. 일관성 압력의 주요한 근원은 우리의 몸—'상관관계' 은유의 토대가 되는 몸—이다. 만일 특정 의미를 활성화하는 데 전념하고 신체화된 경험에 토대를 둔 일련의 은유(예컨대 **행복은 위**)가 있다면, 이 신체화는 의도한 의미를 활성화할 수 있는 은유 표현을 사용하도록 유도할 수 있다. 그러한 신체화되고 상관관계에 근거한 개념적 은유는 시간과 문화 속에서 안정적인 경향이 있다(하지만 더 미묘한 견해는 Kövecses 2005를 참조하라). 일관성 압력의 두 번째 근원은 은유적 개념화가 발생하는 맥락으로부터 나온다. 사람들은 이 장과 4장에서 살펴본 맥락 요인에서 영감을 받는 은유를 생산한다. 이것은 화자들이 은유적 생각을 창조하는 과정에서 의사소통 상황의 다양한 양상과 일관성을 유지하고자 하(고 그렇게 하)는 경향이 있다는 것을 의미한다. 맥락이 유도하는 많은 은유적 표현은 신선하고 비(非)관습적인 것으로 보인다. 이것은 (직접적인) 담화 맥락이 담화 상황마다 달라지고, 이 담화 맥락과 함께 이 맥락에 근거하는 언어적 은유 역시 변할 것이기 때문이다.

결론

담화 내 은유적 창의성은 몇 가지 독특한 경우를 포함할 수 있다. 바로 (1) 어떤 신선한 근원영역이나 이 근원영역의 새로운 요소를 목표영역에 적용하는 경우(근원영역이 유도하는 창의성), (2) 처음에 구성적 사상에 포함되지 않은 목표영역의 요소를 활용하고, 일치하는 대응 요소를 근원영역에서 발견하는 경우(목표영역이 유도하는 창의성), (3) 근원영역과 목표영역 둘 다에서 나오는 요소들이 새로운 방식으로 결합하는 개념적 통합의 경우(개념적 통합으로부터 발생하는 창의성), (4) 다양한 맥락 요인이 신선하거나 비(非)관습적인 은유를 유발하는 경우(맥락이 유도하는 창의성)이다. 이 장에서는 은유와 담화, 창의성이라는 개념 사이의 상호관계를 조사했다. 개념적이든 언어적이든 은유를 창조하는 데 맥락 요인과 관련해 몇몇 중요한 연결을 발견했다.

개념화자들은 담화에서 은유를 사용할 때 많은 맥락 요인에 의존하는 것으로 보인다. 이 장에서 논의한 요인은 (1) 직접적인 물리적 배경과 (2) 개념화자가 자신과 주제에 대해 소유한 지식, (3) 직접적인 문화적 맥락(앞 장에서 문화2라 명명함), (4) 직접적인 사회적 맥락, (5) 직접적인 언어적 맥락이다. 화자와 청자(개념화자)가 이 모든 것을 다 공유하기 때문에, 맥락 요인은 또한 담화의 발달과 상호 이해를 촉진한다.

실제 담화에서 많은 은유가 맥락으로부터 발생한다는 견해는 개념적 은유 이론에 영향을 미친다. 가장 지배적이고 가장 최신 유형의 개념적 은유 이론에서는 일차적 은유의 중요성을 강조한다. 이러한 일차적 은유는 신체적 경험과 주관적 경험 사이의 충분한 동기를 부여받은 상관관계로부터 발생한다(예컨대, **아는 것은 보는 것**)(Grady 1997a, b; Lakoff & lohnson 1999; Kövecses 2013 참조). 이러한 은유는 다시 신경적 토대를 지니는 것으로 간주된다(Feldman 2006; Lakoff 2008 참조). 내가 제안하고 있는 견해에는 이러한 은유 이외에도 이른바 '맥락 유도 은유'가 있다. 이러한 은유는 그러한 어떤 경험 속 상관관계가 아니라 은유적 개념화의 맥락으로부터 도출된다. 이러한 은유의 좋은 예는 앞에서 슈워제네거에 대해 사용한 은유인 The Rise of the Machine [s](기계의 대두)이다. 슈워제네거와 영화 제목 사이에 어떤 유사성도 없으며, 이 은유는 어떤 신체적 상관관계에 근거하지도 않는다. 이 은유는 문화적 맥락으로부터 도출된다, 즉 맥락 유도 은유이다. '새로운' 부류의 은유라는 점 이외에도, 맥락 유도 은유는 세계를 개념화하는 인간 창의성의 한 양상을 밝혀내는 데 중요하다.

하지만 어떤 사람들에게는 맥락 유도 은유가 새로운 부류를 나타낸다고 하는 말이 이 장의 결과를 과장하는 것처럼 들릴 수 있다. 비록 신체적 토대가 항상 있는 것은 아니지만, 은유의 토대가 되는 어떤 유사성은 항상 있다고 제안할 수 있다. 이러한 경우에 나는 다음과 같이 주장을 펼칠 것이다. 개체들 사이의 잠재적 유사성은 무수히 많지만, 우리에게 근원영역을 선택하도록 돕는 (유발하고 촉진하는) 것은 바로 어떤 맥락 요인일 것이다. 이것이 정말로 그러하다면, 더 약한 결론은 이른바 맥락 유도 은유가 유사성 은유의 하위부류를 구성한다는 점일 것이다.

따라서 요컨대 이 장의 맨 처음에 제안한 질문에 답을 하면서, 우리는 신체적 경험(이나 어떤 유사성)뿐만 아니라 은유적으로 말하고 사고하고 행동하는 다양한 맥락으로부터도 은유적 목적을 위해 개념적 요소를 충원한다고 제안한다. 맥락이 매우 가변적일 수 있기 때문에, 사용되는 은유는 종종 가변적이고 신선하며 비(非)관습적일 것이다. 은유적 창의성에 책임이 있는 것은 특히 직접적인 국부적 맥락이다.

제7장
맥락과 시적 은유

《냉철한 이성을 넘어서》(*More Than Cool Reason*)에서 레이코프와 터너(Lakoff & Turner 1989)는 매우 중요한 두 가지 주장을 한다. 한 주장은 시인들이 시에서 사용하는 개념적 은유의 대부분을 평범한 사람들과 공유한다는 것이고, 다른 한 주장은 앞 장에서 언급했듯이 시의 은유적 창의성이 시인들이 개념적 은유를 조작할 때 사용하는 네 가지 일반적인 개념적 장치—정교화와 확장, 의문시, 결합—의 결과라는 것이다. 이 장치를 제외하고는 시인들은 개념적 은유를 공유한다. 다른 연구자들은 이러한 인지적 장치—인지적 전략—가 시적 언어뿐만 아니라 신문잡지와 같은 더 평범한 형태의 언어 사용에도 존재한다는 것을 보여 주었다(예컨대, Jackendoff & Aaron 1991; Semino 2008 참조). 더욱이 시 속의 창조적인 은유 사용의 모든 경우가 다 그러한 인지적 장치의 결과는 아니라는 것도 주목을 받았다. 마크 터너는 많은 경우에 시와 문학 일반이 자신과 포코니에가 말하는 '혼성공간'을 이용한다고 제안했다. 혼성공간에서는 둘 이상의 공간이나 영역, 프레임에서 나오는 다양한 요소가 개념적으로 융합하거나 통합할 수 있다(예컨대, Turner 1996과 Fauconnier & Turner 2002, 이 책의 제2장 참조).

나는 시에서 은유적 창의성의 더욱 폭넓은 잠재력을 설명할 수 있으려면 훨씬 더 나아갈 필요가 있다고 제안할 것이다. 나는 은유의 시적 사용을 더 완벽하게 설명하려면 우리가 시인들이 시를 창조하는 맥락의 가능한 역할을 검토해야 한다고 암시할 것이다. 나는 시인들이 신선한 은유를 창조할 때 평범한 사람들과 동일한 개념적 압력(일관성의 압력)을 받으며 활동하고, 맥락의 효과가 시 속의 창조적인 은유 사용에 부분적으로 책임이 있다고 주장한다. 이제 시 속의 맥락이 무엇을 뜻하는지 명확히 밝혀 보자.

시 속의 맥락

본질적으로 맥락은 시에서 두 가지 방식으로 사용할 수 있다.

1. 시인은 자신이 시를 창조하는 맥락을 기술할 수 있다.
2. 시인은 다른 어떤 것에 대해 말하는 수단으로 맥락을 사용할 수 있다.

첫 번째 방식이 사실일 때, 우리는 어떤 장면을 기술하는 간명한 예를 얻는다. 매슈 아널드(Matthew Arnold)의 〈도버 해변〉(Dover Beach)을 보라.

The sea is calm to-night.
The tide is full, the moon lies fair

Upon the straits,- on the French coast, the light
Gleams and is gone; the cliffs of England stand,
Glimmering and vast, out in the tranquil bay.
Come to the window, sweet is the night-air!
(*Retrieved from http://www.artoJeurope.com/arnold/arn1.htm*)

바다는 오늘 밤 고요하고
만조의 해협 위에 달이 아름답다
프랑스 해안에는 등불이 모이더니 꺼지고
잉글랜드의 절벽은 환한 빛을 발하며
거대하게 조용한 물굽이 속에 솟아 있다
창가로 오라, 밤바람이 좋아라.

하지만 시적 은유의 시각과 특정 시의 연구에서 볼 때, 훨씬 더 흥미로운 것은 다소 축자적으로 생각되는 이 맥락을 은유적으로 사용해 의미—보통은 기술되는 맥락의 의미의 일부로 간주되지 않는—를 표현하는 경우이다. 개념적 은유 이론을 사용해서, 우리는 맥락이 근원영역의 역할을 수행하고, 근원영역을 통해 표현되는 의미가 목표영역의 역할을 수행할 수 있다고 말할 수 있다. 이러한 경우에 흥미로운 질문은 다음과 같다. 아주 축자적으로 생각되는 근원(즉, 맥락)이 전달하고자 하는 의미는 무엇인가? 아널드 시의 속편을 살펴보자.

Only, from the long line of spray
Where the sea meets the moon-blanched land,
Listen! You hear the grating roar

Of pebbles which the waves suck back, and fling,
At their return, up the high strand,
Begin, and cease, and then again begin,
With tremulous cadence slow, and bring
The eternal note of sadness in.
(*Retrieved from http://www.artoJeurope.com/arnold/arn1.htm*)

바다가 달빛에 희어진 육지와 만나는 곳
물보라가 이어진 긴 선, 거기서부터
들어라! 물결이 물러나갔다가 다시 들이칠 때
높은 해안으로 자갈을 치켜 올리는 소리를,
떨리는 느릿한 억양으로
시작했다가 그치고
이어 또 다시 시작하고
그리하여 슬픔의 영원한 곡조를 들여오는 것을.

비록 맥락의 기술이 계속되지만, 독자는 이 시의 주요한 관심사가 물리적인 위치와 시인/관찰자 주변에서 발생하는 사건의 묘사가 아니라는 것을 분명히 느낀다. 사실상, 마지막 행(and bring the eternal note of sadness in)에서 이 의미는 명시적이 된다. 즉, 파도가 들어오고 나가는 것이 명시적으로 진술된 슬픔을 전달한다. 그리고 물론 우리는 파도가 실제로 슬픔이나 슬픈 곡조(notes of sadness)를 들여올(bring in) 수 없다—파도는 우리가 떨리는 느릿한 억양(tremulous cadence slow)을 들을 때 우리의 슬픔 기분에 대해 은유적으로만 책임이 있다—는 것을 안다. 그리고 이 슬픈 느낌은 다음 연에서 강화된다.

Sophocles long ago
Heard it on the Aegean, and it brought
Into his mind the turbid ebb and flow
Of human misery; we
Find also in the sound a thought,
Hearing it by this distant northern sea.
Context and Poetic Metaphor 119
(*Retrieved from http://www.arlofeurope.com/arnold/arn1.htm*)

옛날에 소포클레스는
에게해에서 저 소리를 들었다, 그리고
그 소리는 그의 마음속에
인생고의 혼탁한 썰물과 밀물을 전했다.
우리도 이 먼 북쪽 바닷가에서 저 소리를 들으며,
그 속에 깊은 뜻 숨어 있음을 안다.

따라서 요컨대 시인은 자신이 시를 쓰는 맥락(장면)을 기술할 수 있거나, (근원영역의 역할을 하는) 그 맥락(장면)을 사용해서 (목표영역의 역할을 하는) 자신이 관여하는 그 맥락(장면)(에 대한 기술이 환기하는 의미)을 초월하거나 그 바깥에 있는 사물에 대해 이야기할 수 있다. 나는 맥락, 즉 장면의 이 두 번째 사용에 관심이 있다.

맥락 개념은 한편으로는 질적 다양성 때문에, 다른 한편으로는 공간과 시간 차원 때문에 복잡한 개념이다. 지금까지 고려한 맥락의 종류는 물리적 맥락—즉 환경—이지만, 몇몇 다른 종류의 맥락도 있다. 게다가, 맥락 개념은 언어적 맥락과 상호텍스트적 맥락, 문화적 맥락, 사회적 맥락은 물론 4장에서 기술한 화자, 청자, 주제 등 담화의 주요 개체를 포함한다. 맥락의 공간 차원에 관련해, 우리는 국부적 맥락과 전체적 맥락을 구분할 수 있다. 이러한 맥락은 국부적인 것에서 전체적인 것으로 이어지는 연속체의 끝점을 암시한다(6장 참조). 마지막으로, 우리는 한쪽 끝의 현재 시간에 적용되는 맥락과 시간상 뒤에 도달하는 맥락을 구분할 수 있다. 전체적이고 '무(無)시간적인' 맥락은 이 장의 현재 관심사에서 덜 흥미롭다. 왜냐하면 이러한 맥락은 우리가 은유적으로 말하고 생각하는 것이나 시인이 은유적으로 쓰고 생각하는 것에 대해 매우 일반적인 참조 틀을 제공하기 때문이다. 나의 관심사는 물리적·언어적·상호텍스트적·문화적·사회적·공간적·시간적으로 가장 직접적인 맥락이다. 시 속의 은유 사용을 가장 강력하고 가장 창조적으로 형성하는 것은 다름 아닌 이러한 종류의 직접적인 맥락이라고 가정할 수 있다.

이제 다양한 유형의 맥락을 다루어서, 이러한 맥락이 선정된 시에서 은유의 사용을 어떻게 형성하는지 살펴보자. 나는 은유의 시적 사용에 영향을 미치는 맥락 요인을 제시할 때, 6장에서와 같은 순서를 따라 은유적 언어의 일상적인 사용 속의 국부적 맥락을 논의한다.

물리적 맥락

위에서 물리적 맥락으로 논의를 시작했기 때문에, 이러한 종류의 맥락을 먼저 다루어서, 이 맥락이 시에서 은유의 창조적 사용에 어떻게 영향을 미칠 수 있는지 살펴보자. 예시를 위해 이제 아널드 시로 논의를 계속해 보자.

The sea of Faith
Was once, too, at the full, and round earth's shore
Lay like the folds of a bright girdle furled.
But now I only hear
Its melancholy, long, withdrawing roar
Retreating, to the breath
Of the night-wind, down the vast edges drear
And naked shingles of the world.
(*Retrieved from http://www.artofeurope.com/arnold/am1.htm*)

신념의 바다도
한때 만조가 되어 이 지구 해변 주변에
접어놓은 찬란한 허리띠처럼 누워 있었다.
그러나 내가 듣는 것은 다만
밤바람 숨결에 몰려
광막한 지구의 끝으로
거의 벌거벗은 자갈 위로
물러가는
우렁차고 긴 파도.

이 연에서는 **건강은 온전함과 완벽함/완전함은 둥긂**이라는 두 개의 개념적 은유가 작용한다. 이것은 두 표현—at the *full*(온전함)과 and *round* earth's shore(둥긂)—이 암시한다. 우리는 이 연이 그 당시에 일어나고 있던 변화가 올 때까지 인간 조건이 튼튼하고 완벽하다는 것과 관련이 있음을 이해한다. 이 변화는 종교가 주요한 역할을 했던 세상의 확립된 질서에 대한 변화이다. 극단적으로 일반적인 이 두 은유는 다양한 방식으로 예시할 수 있(고 아널드가 예시할 수도 있었)다. 왜 이 두 은유는 현재의 특별한 방식—"the sea of Faith"라는 은유—으로 개념적으로/언어적으로 발현되는가라는 질문이 생긴다. 이 은유는 개념적 은유 **(기독교) 신앙은 바다**와 **사람은 육지**를 가정한다. 바다는 한때 가득 차서 육지의 전역을 덮었고, 동일한 방식으로 기독교 신앙은 사람들에게 영적인 건강(**건강은 온전함**)과 인간 조건의 완벽한 상태(**완벽함은 둥긂**)를 제공했다. 이것은 아널드가 이 시를 썼던 상황과는 다르다. 게다가, 신앙의 가득한 덮개는 신앙이 없는 세상을 위협하는 새로운 시대의 위험으로부터 사람들을 보호해 주었다. 우리는 이 생각을 이 특별한 방식으로 표현했던 이유가 아널드가 이 시를 창작하던 시기에 바로 자기 앞에서 보았던 것, 즉 바다의 썰물과 밀물 때문이라고 안전하게 가정할 수 있다. 바다가 뒤로 물러갈 때, 즉 신앙이 사라질 때, 세상은 신앙의 보호를 받지 못하는 덜 건강하고 덜 완벽한 장소가 된다.

담화의 주요 개체에 대한 지식

우리는 시적 담화의 몇몇 주요한 개체—화자(시인)와 주제, 청자, 수신자(청중)—를 구분할 수 있다. (뒤따르는 논의에서 화자와 시인을 동일시하고, 수신자와 '실재 청중'을 동일시하는 것에서 오는 어려움은 다 무시한다. 그러한 구분은 이 장의 주요한 주장과 직접적인 관련이 없다.)

화자/시인

시인의 일반적인 물리적·생물학적·정신적·정서적 조건이나 상황이 시인이 시를 쓰는 방식에 영향을 미칠 수 있다는 생각은 잘 알려져 있다. 그리고 이 생각은 시를 감상할 때 흔히 고려한다. 디킨슨(Dickinson)은 충분히 연구된 사례이다. 예를 들어, 디킨슨의 시는 마거릿 프리만(Margaret Freeman 1995, 2000, 2007)과 제임스 거스리(James Guthrie 1998)가 논의했다. 거스리는 이 문제에 관해 이렇게 말한다.

> (…) 나는 시인 디킨슨의 성장에서 지배 요인으로 질병의 사실 자체에 집중해야 한다고 제안한다. 우리는 이미 밀턴(Milton)과 키츠(Keats), 에밀리 브론테(Emily Bronte), 바이런 경(Lord Byron)을 읽으면서 듣는 표현의 언어사용역을 병이나 결함이 조절하는 방식에 대해 생각하는 데 익숙하다. 디킨슨의 경우에, 병은 또한 형성적 경험이었다. 이것은 지각에서 제명(題銘)에 이르기까지 그녀의 전체 시적 방법론을 형성하고, 신념의 토대를 뒤흔들었을 가능성이 매우 높은 경험이었다. 디킨슨이 시를 쓰는 동안 겉보기에 불치병으로부터 격심하게 고통을 겪고 있었다는 것을 충분히 알고 믿으며 디킨슨의 시를 읽어 보라. 그러면 그녀의 많은 시들이 뿌리 깊은 역경과 마주 대하는 다소 평범한 한 사람의 용기 있는 투쟁에 대한 거의 일기체의 기록으로 회복하게 된다. (Guthrie 1998: 4-5)

비슷한 노선에서, 나는 한 시인의 물리적 조건—특히 좋지 않은 건강—이 자신이 쓰고 있는 주제를 은유적으로 개념화하는 방식에 영향을 미칠 수 있다고 제안한다. 내 용어로 말하자면, 이것이 바로 자신의 상황을 맥락 요인으로 보는 자기 인식이 흔히 시인의 창조적인 은유 사용을 이끌어 낼 수 있는 방식이다. 적절한 예로 디킨슨의 시 한 편을 살펴보자.

I reckon — when I count it all —
First — Poets — Then the Sun —
Then Summer — Then the Heaven of God —
And then — the List is done —
But, looking back — the First so seems
To Comprehend the Whole —
The Others look a needless Show —
So I write — Poets — All —
Their Summer — lasts a Solid Year —
They can afford a Sun
The East — would deem extravagant —
And if the Further Heaven —
Be Beautiful as they prepare
For Those who worship Them —
It is too difficult a Grace —
To justify the Dream —
(*Retrieved from. http://poetry.poetryx.com/poems/25201*)

셈에 넣기로 한다면
시인이 첫째고 태양은 그 다음
또 그 다음은 여름, 또 그 다음은 하느님 계신 천국
이러면
꼽을 것은 다 꼽은 셈

하지만 잘 생각해 보면
첫째가 다른 셋을 싸안는 데다
이들 셋은
없어도 괜찮은 셈이기도 해
시인을 앞에 할 수밖에
여름 한 철로
한 해 다 보고
태양 챙기며
환상의 동녘 그리기도 하는 게
시인 아니던가?
그리고 만일 그들이 준비하는 것처럼
그 이상의 천국이 아름답다면
그들을 경외하는 사람들에게는
그 꿈을 정당화하는 것이
너무나도 어려운 은총이리라.

내가 여기에서 던지고 있는 질문은 디킨슨의 눈병이 어떻게 그녀의 시 전반과 이 시에서 은유적 패턴으로 바뀌는가이다. 나는 이 시에 대한 나의 해석과 일치하는 다음과 같은 분석을 제안하려 한다. (하지만 사람들마다 매우 다른 개념적 분석이 필요한 매우 다른 해석을 할 수도 있다.)

나는 이 시의 주제가 시적 창의성—무엇으로 인해 시인이 시를 쓰는가의 문제—이라고 해석한다. 디킨슨은 개념적 은유 **시적 창의성은 (여름 태양의 결과로서) 새로운 바라보기 방식**을 사용해 시적 창의성에 대해 이야기한다. 이 은유를 구성하는 사상—대응—은 다음과 같다. (사상은 근원영역에서 목표영역으로 진행된다.)

여름	→	생산적인 시기
태양	→	영감
새로운 바라보기 방식	→	시적 창의성(시의 창작)

첫 번째 사상의 흥미로운 특징은 축자적인 여름이 축자적인 해를 환유적으로 대신하고, 은유적인 여름이 '항상'을 대신한다는 것이다. 따라서 시인은 항상 창조적이다. 즉, 시인에게는 1년 내내 여름이다.

디킨슨이 의존하는 두 번째 은유는 **시는 천국**이다. 이 은유의 사상은 다음과 같다.

더 먼 천국	→	시
예배자	→	시를 읽는 사람
신	→	시인

이 은유에 다음과 같은 중요한 다른 사상이 있을 수도 있다.

신의 은총	→	시인의 영감

시적 영감이 은유적으로 태양과 동일시되는 이전 은유와 달리, 이 두 번째 은유에서 시인의 영감에 대응하는 것은 다름 아닌 신의 은총이다. 하지만 디킨슨의 영감은 어려운 영감이다. 즉, 자신의 눈병이다. 그녀는 자신의 병에 의존하거나 이 병에 이용해서 시를 쓴다. 이것은 받아들이기 어려운 은총이다.

다시 말해, 시력 손상이라는 자신의 신체적 조건을 디킨슨이 이 시에서 비범한 방식으로 이용한다. 다른 시인들은 자신의 신체적 조건이나 자기 지식을 다른 방식으로 이용할 수 있다. 나는 이러한 종류의 자기 지식을 시인들이 사용하는 정확한 방식에 대해 일반화하기 어려울 것이라고 믿는다. 이와 동시에, 이 맥락 요인은 시인의 작품 속에 있는 외견상 은유의 이상한 사용의 일부를 설명할 수도 있다.

주제와 수신자

수신자와 주제가 시인의 은유 선택에 어떻게 영향을 미칠 수 있는지를 예시하기 위해, 실비아 플라스(Sylvia Plath)의 시 〈메두사〉(Medusa)로 우리의 관심을 돌려보자. 다음은 이와 관련이 있는 행의 일부이다.

Off that landspit of stony mouth-plugs,
Eyes rolled by while sticks,
Ears cupping the sea's incoherences,
You house your unnerving head — God-ball.
Lens of mercies,
Your stooges
Plying their wild cells in my keel's shadow,
Pushing by like hearts,
Red stigmata at the very center,
Riding the rip tide to the nearest point of
departure,
Dragging their Jesus hair.
Did I escape, I wonder?
(*Retrieved from http://www.americanpoems.com/poets/sylviaplath/1412*)

돌로 가득한 입마개들의 해안가를 넘어,
지팡이로 눈동자를 굴리며,
바다의 모순 덩어리들을 귀로 퍼 올리며,
당신은 불안감 가득한 머리를 제공한다—신의 무도회.
자비로움의 수정체,
그대의 꼭두각시들
내 용골의 그림자에 그 거친 세포들을 지피고
마치 심장처럼 밀고 헤쳐 지나가
가운데의 빨간 성흔,
가장 가까운 출발지점까지 역조를 타고 나아가
예수의 머리를 질질 끌면서
내 자신에게 묻는다. 나는 탈출하였는가?

이 시에서 수신자는 실비아 플라스의 어머니이다. 왜 시인이 자신의 어머니를 두 가지 의미—고르곤으로서의 메두사와 해파리로서의 메두사—에서 메두사로 은유적으로 생각하는가라는 질문이 제기된다. 실비아 플라스에 대해 우리가 아는 것은 어머니와의 관계가 불편하고 애증이 엇갈리는 사이였다는 것이다. 이 관계의 불편하고 양가적인 본질은 이 시의 주요한 주제 중 하나이다. 그리스 신화에서 메두사는 머릿결이 뱀이고 자기를 보는 사람들을 돌로 바꾸어 버리는 고르곤이다. 따라서 우리는 플라스와 어머니의 관계의 부정적인 양상이 메두사 은유(your unnerving head)에 유추적으로 반영되어 있다고 제안할 수 있다. 즉, 어머니에 대한 특별한 은유적 이미지를 더 넓은 문화적 맥락—그리스 신화—이 제공한다. 하지만 이 이미지의 선택이 이 담화의 수신자와 주제에 대한 시인의 지식보다 이차적이라는 것에 주목하

라. 즉, 만일 자신의 어머니가 달랐더라면, 플라스는 메두사의 이미지가 아니라 무언가 다른 이미지—다른 특징을 가진 다른 어머니에 어울리는 어떤 이미지—를 선택했을 것이다. 이러한 의미에서, 나는 주로 어머니에 적용되는 이미지의 선택을 지배하는 것은 다름이 아니라 주로 이 담화(시)의 수신자와 주제라고 제안한다. 비록 이 이미지가 문화적으로 정의되는 유추의 형태로 전달되긴 하지만 말이다.

문화적 맥락

앞 절에서 살펴보았듯이, 메두사 이미지의 선택은 부분적으로 더 큰 문화적 맥락이 동기를 제공한다. 메두사를 포함해 그리스 신화의 세 고르곤들이 이 맥락의 일부를 형성한다. 따라서 상징적 신념 체계는 실비아 플라스의 문화 체계의 한 양상이다. 이 시는 다음의 행에서 이렇게 계속된다.

My mind winds to you
Old barnacled umbilicus, Atlantic cable,
Keeping itself, it seems, in a state of miraculous repair.
(*Retrieved from http://wlvw.americanpoems. com/poets/sylviaplath/1412*)

나의 마음은 그대에게로 휘감기고
따개비가 붙은 오래된 배꼽, 대서양 해저케이블,
그 자신을 마치 기적적인 수리상태에 있도록 하는 것처럼 보인다.

문화적 맥락의 또 다른 양상은 우리가 특별한 물리적·문화적 환경에서 발견하는 개체와 관련이 있다. 이 행에서 어머니와의 관계는 은유적으로 umbilicus(배꼽)와 Atlantic telephone cable(대서양 전화 케이블)로 개념화된다. 전자의 경우에, 총칭층위의 개념적 은유 **개인적 관계는 물리적 연결**이 구체적 층위에서 umbilicus로 구체화된다. 물론 이 umbilicus는 문화적 맥락이 아니라 인간 생물학에서 동기를 부여받는다. 이 umbilicus에 은유적 특징을 부여하는 것은 우리가 알기로 시인이 더 이상 배꼽을 통해 육체적으로/생물학적으로 어머니에 연결되지 않는다는 것이다. 이 은유는 아마도 어머니와 아이 사이의 강한 결합이 자연스럽고 필연적임을 전달하는 데 사용된다. 하지만 바로 옆에 있는 은유 Atlantic cable은 주변의 물리적·문화적 환경으로부터 도출된다. 대영제국과 북아메리카 사이의 첫 번째 대서양 횡단 전화 케이블 시스템은 1950년대에 부설했으며, 이 덕택에 사람들은 먼 거리에서 서로 직접 소통할 수 있게 되었다. 이 은유를 통해, 생물학적 결합의 강도가 강화되고, Atlantic cable은 배꼽의 시간적(이 은유적)인 연속으로 간주될 수 있다.

방금 살펴본 바와 같이, 문화적 맥락은 무엇보다도 한 사람의 신념 체계와 물리적·문화적 환경을 포함한다. 이 둘은 다 많은 다른 시에 다양한 특정한 형태로 등장한다. 문화적 신념 체계는 또한 주어진 문화에서 수용하는 종교적 신념도 포함한다. 칼 샌드버그(Carl Sandburg)의 시 〈강철의 기도〉(Prayers of Steel)의 첫 연을 살펴보자.

> LAY me on an anvil, O God.
> Beat me and hammer me into a crowbar.
> Let me pry loose old walls.

Let me lift and loosen old foundations.

(Retrieved from http://www.bartleby.com/134/39.html)

오 신이시여, 나를 모루 위에 놓으소서.
나를 치고 망치질 하여 쇠지레로 탈바꿈 시키소서
나로 하여금 오래된 벽을 뜯어내게 하소서
옛 토대를 들어 올려 해체하게끔 하소서.

여기에서 시인은 신을 환기하고, 신이 자신을 사회적 변화의 도구로 만들어주길 원한다. "old type of man"(옛 유형의 사람)을 "new type of man"(새 유형의 사람)으로 바꾸는 이 만들기는 성경에서 신이 인간을 창조한 것에 유추해서 개념화된다. 다시 말해, 이 은유의 근원영역은 인간 창조의 성경적 행위이고, 목표영역은 세계의 사회적 변화를 이끌어낼 수 있는 새로운 유형의 사람을 만드는 것이다. 이것은 근원영역이 신의 인간 창조와 환유적으로 시인을 대표하는 도구 창조(사용 도구로 사용하는 사람을 대신함) 사이의 유추에 의해 시인의 문화 속 종교적 신념 체계가 제공된다는 것을 의미한다. 따라서 시인은 사회적 변화를 유발하는 새로운 역할을 수행할 수 있다.

샌드버그의 시에서 중요한 물리적 · 문화적 요소—개체—는 마천루이다. 〈마천루(Skyscraper)〉라는 시의 첫 번째 연을 살펴보자.

BY day the skyscraper looms in the smoke and sun and has a soul.
Prairie and valley, streets of the city, pour people into it and they mingle among its twenty floors and are poured out again back to the streets, prairies and valleys.

It is the men and women, boys and girls so poured in and out all day that give the building a soul of dreams and thoughts and memories.

(Dumped in the sea or fixed in a desert, who would care for the building or speak its name or ask a policeman the way to it?)

(*Retrieved from http://www.bartleby.com/165/55.html*)

낮에 마천루는 연기와 태양광 아래 어렴풋이 보이지만 영혼이 있다.

초원과 계곡, 도시의 거리에서 사람들은 마천루 속으로 흘러들어가 20층의 건물 속에서 어우러졌다가 다시 도시의 거리, 계곡, 초원으로 되돌아간다.

그 속으로 매일 흘러들어갔다 나오는 남자와 여자, 아이들이 마천루에 꿈과 생각, 그리고 기억으로 이뤄진 영혼을 부여한다.

(바다 속에 내버려지거나 사막에 고정된다면, 과연 누가 그 건물을 신경쓰고 그 이름을 물어보거나, 경찰에게 그곳으로 가는 길을 물어보겠는가?)

무엇 때문에 마천루는 그렇게 중요한 상징이 되고, 무엇 때문에 샌드버그는 마천루를 선택해서 미국에 대해 말하는가? 이 시는 시카고에서 1916년에 썼다. 주요 미국 도시에서 20세기 전환기에 대대적으로 마천루를 짓기 시작했다. 마천루는 도시 스카이라인의 지배적인 특색이 되었다. 지각적·문화적 현저성 때문에, 마천루는 샌드버그와 많은 다른 사람들에게 미국의 상징이 되었다. 이 상징은 어떤 장소를 특징짓는 현저한 요소(일종의 건물)와 그 장소 자체 사이의 연결에 근거한다. 따라서 **마천루로 미국을 대신함** 환유가 있다. 이것은 총칭층위 환유 **어떤 특징적 속성으로 이 속성이 특징짓는 장소를 대신함**의 특정 층위 버전이다. 이러한 경우에 특징적 속성은 건물의 한 유형으로 구체화된다.

이 실례가 특별히 흥미로운 것은 은유가 아니라 환유라는 점이다. 환유도 부분적으로 국부적인 문화적 영향의 결과로 구축되는 것처럼 보인다. 즉, 마천루는 샌드버그의 시대에 미국 풍경의 두드러진 특징이었고, 이로 인해 이 나라의 환유적 상징으로 자연스럽게 선택되었다.

사회적 맥락

샌드버그 시의 첫 번째 연에 대한 분석에서 우리는 이미 시인이 인간 창조에 유추해서 도구의 형태로 새로운 유형의 인간 창조를 개념화한다는 것을 보았다. 두 번째 연에서도 동일한 개념적 과정이 작용하는 것을 볼 수 있다.

> Lay me on an anvil, O God.
> Beat me and hammer me into a steel spike.
> Drive me into the girders that hold a skyscraper together.
> Take red-hot rivets and fasten me into the central girders.
> Let me be the great nail holding a skyscraper through blue nights into white stars.
>
> (*Retrieved from http://www.bartleby.com/134/39.html*)

오, 신이시여, 나를 모루 위에 놓으소서.
나를 치고 망치질 하여 강철 대못으로 탈바꿈 시키소서
마천루를 지탱하는 대들보 사이로 나를 끼워 넣으소서.
홍염처럼 불타오르는 대갈못으로 나를 중앙 대들보에 고정시키소서.
푸른 밤과 흰색 별들 사이에서 마천루를 지탱할 수 있는 거대한 못이 되게 하소서.

첫 번째 연과 두 번째 연의 중요한 차이는 첫 번째 연에서 창조되는 도구가 구조를 분해하는 데 사용되지만, 두 번째 연에서 창조되는 사물(강철 못, 시뻘겋게 단 대갈못, 대못)은 구조를 결합하는 데 사용될 수 있다는 것이다. 다시 말해, 처음에는 구조를 파괴하는 데 사용되는 도구를 만들고, 그러한 다음에는 새로운 구조를 구성하기 위해 구조의 핵심 자재를 만든다. 이러한 작업 과정은 어떤 목표영역을 위한 근원영역 역할을 한다. 이 목표영역에서는 오래된 사회적 구조를 작업 도구를 통해 제거하고, 이 모든 것을 달성할 수 있는 새로운 유형의 사람을 통해 그 자리에 새로운 사회적 구조를 설치한다. 이 새로운 유형의 사람은 두 가지 일을 다 하는 시인이다. 요컨대, 이것은 개념적 은유 **새로운 사회적 구조의 구성은 새로운 도구와 건축자재의 물리적 만들기**에 근거한다. 다시 말해, 이 시인이 사용하는 유추에 영감을 주는 것은 바로 미국 맥락에서 어떤 다른 것을 만들기 위한 도구 제작과 도구 사용의 특징적인 사회적 상황이다.

그러나 물론 이러한 개념화에는 그 은유를 구성하는 체계적인 사상보다 더 많은 복잡성이 있다. 이 복잡성은 부분적으로 도구와 자재가 환유적으로 시인을 대표하고, 도구의 제작과 자재가 환유적으로 전체 건물의 건축을 대표한다는 사실로부터 도출된다.

맥락 유도적인 개념적 은유와 관습적인 개념적 은유의 상호작용

문화적 맥락에 관한 절에서 마천루가 20세기 초에 미국의 상징 중 하나가 되었다고 지적했다. 이것은 환유 **마천루로 미국을 대신함**의 결과였다. 또한 사회적 맥락에 관한 절에서 은유 **새로운 사회적 구조의 구성은 새로운 도구와 건축 자재의 물리적 제조**가 샌드버그 시의 일반적인 의미에 역할을 한다고 지적했다. 이러한 맥락 유도적인 개념적 패턴은 시에서 관습적인 개념적 은유 **사회는 건물**과 상호 작용한다. 이 관습적인 개념적 은유는 더 일반적인 은유 **복합 체계는 복잡한 물리적 물건**의 특정 층위 유형이다(Kövecses 2002/2010b). **사회는 건물** 은유는 수많은 고정된 관습적 사상으로 구성된다. 다음은 그러한 사상의 일부이다.

건축자	→	사회를 창조하는 사람
건축 과정	→	사회 창조의 과정
건물의 토대	→	사회의 바탕이 되는 기본 원리
건축 자재	→	사회 창조에 사용하는 생각
건물의 물리적 구조	→	생각의 사회적 조직
건물	→	사회

미국은 하나의 사회이기 때문에, 건물—더 구체적으로는 마천루—로 간주된다. 관습적인 개념적 은유 **사회는 건물**은 이 시가 환기하지만,

시인은 이 은유를 넘어선다. 시인은 기본적인 은유를 몇 가지 바꾸어 복합적인 이미지(혼성공간)를 창조한다. 즉, 건물은 마천루가 되고, 건축자는 신/대장장이/시인/노동자가 되며, 건축 자재와 도구는 시인이 된다. 이러한 변화의 많은 부분에 맥락 요인이 동기를 부여한다. 마천루로서의 건물은 물리적 · 문화적 맥락으로부터, 신으로서의 건축자는 종교적 신념 체계로부터, (곧 살펴보겠지만) 대장장이로서의 건축자는 시인의 개인적 역사로부터, 노동자로서의 건축자는 일의 사회적 모형으로부터 동기를 부여받는다.

물론 나는 그러한 관습적인 개념적 은유가 항상 시에 출현한다고 제안하고 있는 것은 아니다. 하지만 나는 시에 출현할 때 개념적 은유가 앞에서 논의한 것과 같은 맥락 요인의 효과에 대한 반응으로 크게 바뀌고 수정될 수 있다고 제안하는 것은 정당한 주장이라고 생각한다.

언어적 맥락

이제 플라스의 시로 되돌아 가보자. 위에서 인용한 시행이 암시하는 바와 같이, 시인은 어머니의 해로운 영향으로부터 벗어나고자 애쓰고 있다. (이것은 시행 "Did I escape, I wonder?"[나는 피했는가, 궁금했는가?]에서 가장 명확히 볼 수 있다.) 여기에서 주목할 만한 것은 이것을 전달하기 위해 시인이 단어 medusa의 나머지 한 의미—'해파리' 의미—를 사용한다는 것이다. (예를 들어, "Your stooges / Plying their wild cells in my keel's shadow"을 보라.) 그녀는 횡포한 어머니에게서 벗어나려고 노력 중이고, 어머니는 유추적으로 해파리로 묘사된다. 해파리 떼는 바다에서 여기저기 돌아다니고, 해파리의 침은 사람들에게 고통을 가하고 심지어 죽음을 초래할 수 있다. 따라서 medusa의 '해파리' 의미를 시인이 사용하는 까닭은 신화적인 메두사가 우선 시의 앞부분(제목)에 소개되었기 때문이라고 제안할 수 있다. 단어 형태 medusa는 자신과 연상되는 모든 지식 구조—이 단어의 두 의미로 주어진—를 환기하고, 시인은 이 지식 구조를 이용하고 있다. 왜냐하면 이 지식 구조가 어머니와의 관계의 본질과 유추적으로 일치하기 때문이다. 두 번째 의미의 사용에 대해 동기를 부여하는 또 다른 잠재적인 요인은 일부 평론가에 따르면 실비아 플라스가 시 〈메두사(Medusa)〉를 썼을 무렵에 해양생물학에 많은 관심이 생겼다는 것이다. 시인의 개인적 관심도 특별한 은유적 이미지—이 경우에는 수신자를 위한 이미지—의 선택에 영향을 미칠 수 있다.

요인들의 결합 효과

맥락 요인이 시에서 은유적 개념화에 영향을 미치는 많은 경우에, 우리가 지금까지 식별한 맥락은 아이디이에 대한 은유적 개념화와 표현에 연합적으로 기여한다. 위에서 분석한 샌드버그의 시를 다시 살펴보자. 다음은 이 시의 전문이다.

> LAY me on an anvil. O God.
> Beat me and hammer me into a crowbar.
> Let me pry loose old walls.
> Let me lift and loosen old foundations.
> Lay me on an anvil. O God.

Beat me and hammer me into a steel spike.
Drive me into the girders that hold a skyscraper together.
Take red-hot rivets and fasten me into the central girders.
Let me be the great nail holding a skyscraper through blue nights into white stars.

(*Retrieved from http://www.bartleby.com/134/39.html*)

오, 신이시여, 나를 모루 위에 놓으소서.
나를 치고 망치질 하여 쇠지레로 탈바꿈 시키소서
나로 하여금 오래된 벽을 뜯어내게 하소서
옛 토대를 들어 올려 해체하게끔 하소서.
나를 치고 망치질 하여 강철 대못으로 탈바꿈 시키소서
마천루를 지탱하는 대들보 사이로 나를 끼워 넣으소서.
홍염처럼 불타오르는 대갈못으로 나를 중앙 대들보에 고정시키소서.
푸른 밤과 흰색 별들 사이에서 마천루를 지탱할 수 있는 거대한 못이 되게 하소서.

우리는 문화적 맥락과 사회적 맥락이 둘 다 시의 언어와 개념화의 특정한 양상 선택에 동기를 부여한다는 것을 보았다. (문화적 맥락에서 나온) 종교적 신념 체계는 새로운 사회적 구조를 구축할 수 있는 새로운 사람의 창조에 대해 생각하고 말하는 역할을 하고, (사회적 맥락에서 나온) 일의 모형은 새로운 사회적 구조의 구축에 대해 말하고 생각하는 역할을 한다. 그러나 시의 개념적 구조에 명확히 기여하기 때문에 논의할 필요가 있는 또 다른 유형의 맥락이 있다. 디킨슨 예와 관련해 위에서 논의한 바와 같이, 이 맥락은 화자/시인의 스스로에 대한 지식이다.

시인이 자신에 대해 지니고 있는 지식은 자신을 특징짓는 생물학적 · 물리적 조건뿐만 아니라 개인적 내력도 포함한다. 우리가 샌드버그의 개인적 내력을 고려한다면, 왜 그가 "Lay me on an anvil, O God/ I Beat me and hammer me into a crowbar"(와 두 번째 연의 into a steel spike)에 대해 말하는지 설명할 수 있다. 그럴듯한 이유는 샌드버그의 아버지가 대장장이였다는 것이고, 이 시인이 대장장이 일을 어릴 때 경험했다고 가정할 수 있다. 한 도막의 철을 가져와서 가열하고 모루에 놓고 유용한 물건으로 모양을 만들어 내는 사람은 다름 아닌 대장장이이다. 그 직업에 대한 이 개인적인 지식은 시인에게 이 이미지를 사용하도록 유도했을지도 모른다.

비록 두 이미지가 동시에 출현하고 중요하지만, 대장장이 이미지가 시에서 신이 인간을 창조하는 이미지보다 우선한다. 성경에서 신은 땅의 먼지로 인간의 모양을 만들고 콧구멍에 생명을 불어 넣어 인간을 창조한다. 하지만 이 시에서, 인간/사물은 대장장이로서의 신이 창조한다. 여기에서 등장하는 것은 인간/사물의 창조를 신/대장장이가 완성하고 그 결과인 인간/사물을 사회적인 일 모형에 따라 근원영역으로 사용해 새로운 사회적 구조의 창조를 개념화하는 복잡한 그림이다. 이것은 포코니에와 터너(Fauconnier & Turner 2002)가 제안한 개념적 통합 즉 혼성의 복잡한 사례이다.

그리고 물론 망치질 이미지와 모루 이미지는 영시—예컨대, 블레이크(Blake)—의 반복되는 주제이다. 이것은 더 큰 (전체적) 맥락의 일부이고, 은유의 사용에 훨씬 더 많은 동기를 부여할 것이다.

이러한 분석이 개념적 통합 이론에 추가하는 것은 혼성공간에 참여하는 특별한 입력 프레임에 대한 **동기부여**를 분명하고 명시적이도록 한다는 것이다. (이 문제에 관해서는 4장 참조하라.) 나의 구체적인 제안은 통합 연결망이 현재와 같은 입력공간(프레임)(성경적 창조, 대장장이 일, 일 모형, 새로운 사회적 구조의 창조)으로 구성되는 이유는 시를 은유적으로 구성하는 동안 사람들의 마음속에서 작용했을 수 있는 다양한 맥락 영향 때문이라는 것이다.

소설 속 은유와 맥락

나는 이 장에서 시적 은유에 대해 말한 모든 것이 소설에도 적용된다고 제안한다. 나는《문화 속 은유》(*Metaphor in Culture*)(Kövecses 2005)의 5장에서 세미노와 스윈들허스트(Semino & Swindlehurst 1996)의 연구에 근거해 그 외에는 완벽한 일상의 개념적 은유—예컨대, **기계** 은유—의 변이가 소설에서도 대대적으로 발생할 수 있다고 지적한다. 켄 키지(Ken Kesey)의 소설《뻐꾸기 둥지 위로 날아가다》(*One Flew over the Cuckoo's Nest*)에서, 인디언 '추장'인 브롬든은 **기계** 은유를 광범위하게 사용한다. 브롬든의 **기계** 은유 사용에서 변이의 차원은 개인 차원과 문체 차원, 하위문화 차원, 통시 차원, 지역 차원을 포함한다. 브롬든은 주변 세계를 매우 특정하게 경험한 개인이며, 이로 인해 그의 은유는 개인적 위상을 부여받는다. 그는 또한 창조적인 독특한 은유를 사용하며, 이로 인해 그의 은유는 문학적 맛을 갖게 된다. 그의 은유는 세상에 대해 왜곡된 시각을 가진 정신적으로 불안한 사람의 마음을 드러내는데, 이는 하위문화 차원을 암시한다. 그의 심한 기계 의존은 2차 세계대전 이후의 매우 산업화된 서구 사회의 산물일 수도 있다. 이것은 통시적 차원과 지역적 차원을 암시한다. 이 모든 것이 브롬든의 창조적인 은유 사용에 합동으로 영향을 미친다.

화자(저자)에 대한 지식도 소설에서 저자의 특유한 은유 집합에 기여할 수 있다. 이것의 특별히 적절한 예는 데이비드 로지(David Lodge)의 소설《귀머거리 형벌》(*Deaf Sentence*)에서 발견할 수 있다. 내레이터(작가)는 대체로 저자 자신의 자기 지식으로부터 도출된 은유에 의해 지배되는 이야기를 할 수 있다. 이러한 경우에, 내레이터의 육체적 조건은 새로운 은유를 창조하는 데 기여할 수 있다. 이것은 디킨슨의 예에서 본 것과 비슷하다. 중요하게도, 소설의 제목이《귀머거리 형벌》이다. 이것은 내레이터의 점차적인 청각 상실로부터 나오는 은유이다. 이 은유가 토대를 두는 사상은 '들을 수 있는 능력 → 완전한 삶을 이끌어 갈 수 있는 능력'이다. **인생은 청각** 은유는 내레이터의 육체적 조건에서 동기를 부여받는 특유하고 신선한 은유이다.

결론

이 장에서 나는 직접적인 국부적 맥락이 시적 은유의 창조에 영향을 미칠 수 있다고 주장했다. 이것은 그러한 맥락이 시에서 비관습적인 은유의 선택을 촉진하거나 점화할 수 있다는 의미이다. 내가 여기에서 조사한 직접적인 맥락은 물리적 환경과 저자에 대한 지식, 주제, 문화적·사회적 배경, 언어적 맥락을 포함한다. 하지만 맥락의 점화 효과가 이러한 특별한 맥락에 국한되는 것이 아니라 4장에서 언급한 모든 맥락 요인에도 적용된다는 것을 강조해야 한다. 이 중에서 문학 속의 특별히 중요한 두 유형의 요인은 이른바 '이전 담화'(즉, 선행하는 문학 작품)와 4장에서 정의한 상호텍스트성이다. 특별한 작가가 사용하는 은유와 상호 텍스트적으로 사용되는 은유가 종종 후기 작품에서 새로운 은유를 생성한다는 것은 흔한 일이다. 이것은 잘 알려진 현상이다. 나는 이 장에서 (블레이크의 대장장이 이미지와 같이 영시에서 반복되는 이미지에 대한 암시를 제외하고는) 그러한 경우의 예를 제시하지 않았다. 맥락 속 은유 사용에 관해 강조할 필요가 있는 또 다른 쟁점은 다양한 맥락 요인이 미치는 영향이 시뿐만 아니라 소설에서도 작용한다고 볼 수 있다는 것이다. 나는 이것의 몇 가지 예를 앞 절에서 간략히 지적했다.

나는 이 장에서 제시하는 시 속의 은유적 언어에 대한 분석이 시 연구와 인간의 인지 일반에 대한 연구의 다양한 쟁점에 상당한 영향을 미친다고 믿는다.

첫째, 이 분석은 시 해석에 대한 제한된 접근법과 제한하는 접근법을 넘어설 수 있다는 것을 암시한다. 시와 시적 언어는 때때로 창조 과정에 대한 사회적·문화적·개인적 배경과는 무관하게 순수한 해석학적/포스트모더니즘 관점에서 연구한다. 다른 한편으로 시는 또한 때때로 시의 텍스트 내적 체계성과 무관하게 순수한 사회적·역사적 관점에서 연구한다. 내가 여기에서 옹호하고 있는 접근법은 외견상 모순되는 두 견해 사이에 자연스러운 교량을 제공한다. 이것은 맥락 유도 은유가 사회적·문화적·개인적 배경에서 나오고, 특별한 시에 일관성 있는 의미 구조를 제공한다고 볼 수 있기 때문이다. 이러한 견해는 예컨대 거스리가 지지한다. 그는 이렇게 말한다.

> 마지막으로, 나는 전기적 증거에 근거한 해석이 지나치게 환원주의적이고 단순하게 되기 쉽다는 것을 단지 너무 잘 알고 있다는 말

을 덧붙이고자 한다. 그럼에도 불구하고, 널리 퍼져 있는 포스터모더니즘 비평 분위기에서 우리가 저자의 문학적 저작물과 개인적 삶을 형성하는 크고 작은 경험 망 사이에 존재하는 친밀함의 정도를 과소평가하는 더 큰 위험에 실제로 처해 있다고 생각한다. (Guthrie 1998: 5)

둘째, 시 속의 은유 연구와 관련한 이 분석의 함축은 많은 경우에 그러한 분석이 시 속의 은유적 창의성의 추가적인 근원을 지적할 수 있다는 것이다. 맥락 기반 은유—맥락 유도 은유—의 사용은 흔히 시에서 색다르다.

그 이유는 간단하다. 시를 창조하는 맥락 자체가 종종 특정 시인에게 특유하고 독특하기 때문이다. 꼭 그만큼 중요하게도, 비록 시인이 세계를 개념화하는 특정 상황(맥락)이 종종 특정 시인에게 독특하고 따라서 그러한 시인이 사용하는 은유도 특유할 수 있지만, 시인이 시를 창조하는 수단인 인지 과정(즉, 맥락이 개념화에 미치는 효과)은 그렇지 않다. 나는 4장에서 맥락 유도 은유가 일상 언어에서 사용된다고 주장했다. 이 4장에서 내가 살펴보았던 것에 비추어 볼 때, 시 속의 은유적 개념화에 특유한 것처럼 보이는 것은 맥락이 시인에게 미치는 영향의 과정이 조밀하고 복잡하다는 것이다. 칼 샌드버그의 시 〈강철의 기도〉(Prayers of Steel)는 다양한 맥락 요인이 어떻게 함께 몇 줄로 이루어진 공간 내에서 시인의 은유를 형성하는지를 잘 예시한다. 다시 말해, 나는 이 장에서 일상 담화와 시가 다르지 않다고 주장하지 않는다. 나의 주장은 그러한 차이가 (어떤 종류의 것이든) 개념적 은유로부터 나오지 않는다는 것이다. (시의 형식적 특성과 같은 다양한 것에 더해) 이 차이를 느끼는 감각은 부분적으로 맥락이 유도하고 몸에 근거하는 시에서 드러나는 은유의 조밀함(density)과 복잡성(complexity)으로부터 도출된다.

셋째, 여기에서 제안하는 견해는 신체화된 인지의 연구에 상당한 영향을 미칠 수 있다. 예컨대, 디킨슨의 사례에서 살펴보았듯이, 만일 시인의 물리적·생물학적 특성이 시를 창작하는 동안 그의 은유적 개념화에 영향을 미칠 수 있다는 것이 사실이라면, 신체화된 인지는 지배적인 유형의 개념적 은유 이론이 가정하는 바와 같이 경험 속 보편적 상관성뿐만 아니라 개인적 경험에 근거할 수 있다. 만일 나의 발견이 옳다면, 신체화된 인지는 은유적 개념화에서 보편적인 신체적 경험뿐만 아니라 사회적 경험이나 문화적 경험 등을 비롯한 다양한 다른 경험에 근거할 수 있다. 그리고 가장 중요하게도 이러한 연결 속에서 개인의 특유한 신체적 경험에 근거할 수도 있다.

제8장
언어적 유머의 개념적 맥락

나는 공유된 의미형성 체계를 전체적인 문화적 맥락으로 간주할 수 있다는 5장 마무리에서 제시한 제안을 한층 더 상세히 설명하고자 한다. 이 장에서는 언어적 유머가 흔히 특별한 의미가 (5장에서 논의한 문화 1의 의미에서) 더 큰 개념적 맥락에서 작용하는 방법에 근거한다고 제안한다. 이것은 이 책에서 지금까지 논의하지 않은 맥락의 유형이다(물론 관습적인 은유적 개념 체계를 맥락으로 간주할 수 있는 가능성을 1장에서 암시했다). 더 구체적으로, 이 장에서는 개념 체계에서 이용 가능한 개념들이 유머러스한 표현과 농담에서 은유를 창조하기 위한 중요한 근원일 수 있다고 제안할 것이다.

여기에서 내가 던지는 구체적인 질문은 다음과 같다. 우리는 왜 어떤 언어 표현을 유머러스하다고 생각하는가? 이것은 겉으로 보기에 간단한 질문으로서, 노력만 하면 이 질문에 쉽고 간단히 답할 수 있다고 생각한다. 그러나 그것은 단순하지 않고 명확하지 않다. 만약 그렇다면, 일반적인 유머와 특별한 언어적 유머에 대한 이론이 수십 개나 심지어는 아마도 수백 개나 있을 필요가 없었을 것이다(예컨대, 몇 가지를 언급하자면 Raskin 1985; Attardo 1994; Ritchie 2004; Shibles n.d., http://www.drbarbaramaier. at/shiblesw/humorbook/; Krikman, n.d. 참조).

이 장은 개념적 은유 이론의 관점에서 앞 단락에서 제기한 질문에 답하려는 하나의 시도이다. 명백하게도, 나의 대답은 나 자신이 인지언어학자라는 사실의 영향을 심히 받는다. 나는 유머 이해에 인지 작용이 관련 있음을 강조할 것이다. (비슷한 노선의 연구는 특히 Barcelona 2003; Coulson 2003, 2005; Feeyaerts & Brone 2005의 연구를 참조하라.) 하지만 이와 동시에 은유나 환유, 혼성과 같은 인지 작용 그 자체로는 유머의 본질을 설명할 수 없다고 제안할 것이다. 다른 연구자들과 함께 나는 불일치의 개념이 우리가 유머러스하다고 느끼게 되는 것의 본질적인 부분이라고 제안하고(예컨대, Koestler 1964; Raskin 1985 참조), 특정한 유형의 불일치 목록도 제공할 것이다.

그렇게 하면서 은유나 몇몇 추가적인 장치와 같은 비유적 장치가 유머러스한 효과를 달성하는 데 매우 특별한 역할을 한다고 제안할 것이다. 즉, 비유적 장치의 도움으로 우리는 유머에 책임이 있는 불일치 자체를 창조한다.

방법론에 관해, 나는 유머러스한 특징을 지니는 표현을 찾기 위해 《케임브리지 고급 학습자 사전》(*Cambridge Advanced Learner's Dictionary*)을 검색했다. 이 검색을 통해 200개 이상의 표현이 나왔다. 이 표현들 중에서 첫 번째 100여개의 표현을 분석했다. 이 장에서는 이러한 표현을 그 정의와 함께 사용할 것이다. 대부분의 경우에, 나는 이 사전에서 발견한 그대로의 예문과 함께 이 표현을 사용할 것이다.

논의를 시작하기 전에 한 가지 중요한 단서를 달 필요가 있다. 나는 유머 표현의 생산과 이해에서 인지적 쟁점이라 여겨지는 것에만 관심을 갖는다. 나는 분석하는 표현의 (아이러니, 풍자, 재담[才談], 과장법, 말장난, 언어의 다른 유희적 효과 등) 미묘한 의사소통 기능을 고려해야만 유머를 완벽하게 설명할 수 있다는 것을 안다. 하지만 나의 의도는 사람들이 언어 표현을 유머러스하다고 생각하는 이유를 다 망라하여 기술하는 것이 아니라, 단순히 이런 일이 일어날 때 사람들이 의존하는 공통적인 인지적 요소의 일부를 지적하는 것이다.

마지막으로 이 장의 후반부에서는 유머러스한 언어 표현에 근거하는 언어적 유머 견해를 농담의 분석에 확장할 것이다. 언어적 유머에 대한 발상을 더 복잡한 농담 장르로 적용할 수 있다는 것은 유머 일반의 연구에 대한 최초의 더 구체적이고 제한적인 이론이 일반적이고 유용하다는 약간의 암시일 수 있다.

유머의 인지 과정

인지언어학적 관점에서 우리가 유머 표현에서 주목하는 한 가지 특징은 유머 표현에 많은 '비유적인' 인지 장치가 아주 두드러지게 출현한다는 것이다. 이러한 장치에는 환유(Lakoff & Johnson 1980; Kövecses & Radden 1998)와 은유(Lakoff & Johnson 1980; Kövecses 2002/2010a), 혼성(Fauconnier & Turner 2002)이 들어간다. 각 장치에 대한 몇 가지 예를 살펴보자.

첫째, gird yourself(채비를 하다)와 gird(up) your loins(마음을 단단히 다잡다)라는 표현을 살펴보자. 《케임브리지 고급 학습자 사전》에 따르면, 이 표현은 '무언가, 특히 어려운 무언가를 하거나 다룰 준비가 되다; 시련에 대처할 각오를 하다'를 의미한다. 이 표현을 예시하는 문장은 We girded ourselves for the fray(우리는 논쟁에 대해 각오를 단단히

했다)와 Europe's finest golfers are girding their loins for the challenge of the Ryder Cup(유럽의 가장 뛰어난 골퍼들은 라이더컵의 도전을 위해 마음을 단단히 다잡고 있다)이다. 준비 행동(허리를 움켜잡는 것)이 어려운 행동을 할 준비 상태를 암시하는 데 사용된다는 의미에서 **환유적**이고, 관습적인 형태로 말하면 **허리띠를 졸라매는 것으로 어려운 것을 다룰 준비 상태를 대신함**이다. 더 일반적으로 이 환유는 **준비 행동으로 준비 상태를 대신함**이고, 한층 더 일반적으로는 **원인으로 결과를 대신함**이다.

영국 영어에서 나온 또 다른 환유적 예는 put the flags out(크게 환영하다)이다. 이 말은 "어떤 일이 발생해서 당신이 기쁘고 놀랄 때" 사용한다. 케임브리지 사전에 나오는 예는 Josh has cleaned the bathroom—put the flags out!(조쉬가 화장실을 청소했다. 열렬히 칭송하자!)이다. 여기에는 상황이 더욱 복잡해서, **깃발을 내거는 것으로 국경일 준수를 대신함** 환유와 **국경일로 특별한 사건을 대신함** 환유의 연쇄가 있다. 이 예에서 조쉬가 화장실을 청소하는 것은 특별한 사건이고, 국경일은 기를 내걸어서 축하하는 특별한 사건을 대표하기 때문에, putting the flags out라는 표현으로 조쉬가 화장실을 청소하는 특별한 사건을 나타낼 수 있다.

둘째, 다른 표현은 **은유**에 의존한다. 이러한 표현의 하나는 '이해하기 매우 어려운'을 의미하는 (as) clear as mud(전혀 분명하지 않은)이다. 이 표현의 한 사례는 His instructions were as clear as mud(그의 지시는 이해하기 매우 어렵다)이다. 이것의 토대가 되는 개념적 은유는 **이해하는 것은 보는 것**이다. 이 은유에서는 '무언가를 관통해 볼 수 있는 능력 → 무언가를 이해함'과 '무언가를 관통해 볼 수 없는 능력 → 무언가를 이해하지 못함'이라는 대응, 즉 사상이 이 표현의 특별한 의미를 설

258

명해 준다.

셋째, 이전 예와 통사 구조는 동일하지만 **개념적 통합**이나 **혼성**이라는 약간 다른 정신 작용에 근거한 표현은 as blind as a bat(앞을 잘 못 보는)이다. 이 표현은 '잘 볼 수 없다'를 의미하고, 그 예는 I'm as blind as a bat without my glasses(나는 안경 없이는 잘 볼 수 없다)이다. 이전 표현은 은유만으로 이해할 수 있지만 이 표현은 개념적 은유가 있어야 한다는 가정을 요구하지 않는다. 안경을 쓰고 잘 볼 수 있는 한 사람이 있는 입력공간1과 앞을 전혀 보지 못하는 박쥐가 있는 입력공간2가 있다. 그리고 혼성공간—간단히 말하면 혼성—이라 부르는 제3의 정신공간에는 보지 못하는 사람이 있다. 박쥐의 특성은 혼성공간으로 투사되고 그곳에서 이 특성이 안경을 쓰지 않은 사람에게 적용된다. 안경이 없는 사람은 입력공간1에서 나오고, 보지 못함은 입력공간2에서 나온다. 이 혼성공간에서 사람과 박쥐의 특성이 융합한다. (유머 속의 혼성에 관해서는 Coulson 2003과 온라인 주소 http://cogsci.ucsd.edu/coulson/funstuff/funny.html을 참조하라.)

이러한 표현이 환유적으로 이해되는지 은유적으로 이해되는지 실시간의 혼성으로 이해되는지, 아니면 이러한 표현이 바로 이러한 과정의 결과로 발생했던 창조물에 불과한지를 두고 인지언어학과 그 경쟁 진영이 열띤 논쟁을 벌인다. 이 장에서는 이 문제에 관심을 두지 않을 것이다. 그 대신에, 내가 탐구하고 싶은 질문은 이러한 과정이 (유머 표현의 실시간 이해라는 의미에서나 유머 표현을 역사적으로 창조한다는 의미에서) 유머를 이해하는 데 필수적인가의 여부이다. 이 문제는 다음에 다룰 것이다.

유머의 인지적 토대

비유적 장치가 유머 효과에 충분조건도 아니고 필요조건도 아니라는 것을 암시하는 두 종류의 증거가 있다. 우선 앞에서 언급한 비유적 장치를 단 하나도 포함하지 않는 유머 표현이 있다. 그리고 그러한 비유적 장치를 포함하지만 효과는 유머러스하지 않은 표현이 있다.

첫째, 나는 명백한 유머 표현이 비유적 장치를 이용하지 않는 경우를 조사할 것이다. 데이터를 보면 위의 비유적인 정신 작용 중 어느 것에도 근거하지 않는 것으로 보이는 표현을 발견할 수 있다. 그 대신에 그러한 표현을 이해하려면 (축자적인) **관습적 지식**과 친숙해야 한다. 하나의 예로 There's a God!(신은 존재한다!)라는 표현을 살펴보자. 이 표현을 '말하는 상황은 좋은 일이 예기치 않게 일어날 때이다.' 이 표현을 해석하기 위해서는 어느 정도의 관습적 지식이 필요하다. 즉, 신의 존재를 의심하는 사람들이 있지만, 신의 존재를 믿으며 곤란에 처해 있는 사람들에게 좋은 일이 일어날 때 그들을 돕는 것은 바로 신이라고 생각하는 사람들도 있다는 등의 지식 말이다.

둘째, 비유적 장치에 근거한 모든 표현이 유머러스한 효과를 갖는 것은 아니다. 위에서 논의한 **이해하는 것은 보는 것** 은유의 다른 예를 보면 그렇다는 것을 알 수 있다. I see your point(무슨 말인지 알겠습니다), That's a transparent argument(그것은 명료한 논쟁이다), It's not clear to me(그것은 나에게 명확하지 않다) 등의 예는 은유를 이용한다. 하지만 그렇다고 해서 이 표현들이 유머러스한 것은 아니다. 이 문장의 see(보다)와 transparent(투명한), clear(맑은)를 조금이라도 유머러스하다고 간주하는 사람은 아무도 없을 것이다. 비록 세 문장이 다 개념적 은유에 근거하고 있지만 말이다.

만일 유머러스하지만 비유적 장치에 의존하지 않는 표현이 있다면, 그리고 만일 비유적 장치를 이용하지만 유머러스하지 않은 표현이 있다면, 언어의 유머에는 비유적 처리 이상의 것이 있음에 틀림없다.

나는 다른 연구자들(특히 Raskin 1985)을 따라, 필요한 '더 많은', 즉 추가적인 특별한 요소가 지식의 개념적 프레임 내의 (또는 그러한 프레임 사이의) 비유적이든 축자적이든 **불일치**나 양립불가능성, 대조의 개념이라고 제안한다. 이 절에서는 데이터에서 흔히 발생하는 불일치나 양립불가능성의 유형을 세밀히 살펴보고, 다양한 종류의 불일치의 토대가 되는 인지 기제를 또한 찬찬히 살펴볼 것이다.

다음은 내가 발견한 불일치의 유형 목록이며, 이 목록은 케임브리지 사전에 등장하는 유머 표현에 대한 연구에 근거한다.

실재 대 가상/가능 대 불가능
사회적 중립/기대/수용가능 대 사회적 수용불가능/지탄/금기
숭고함 대 세속적임
큰 양 대 적은 양
자연싱 대 꾸밈
긍정적 평가 대 부정적 평가
행동 대 사건
논리적 불일치
언어적/담화 불일치

이 모든 것이 똑같이 흔한 것은 아니다. 검토 중인 데이터에서 가장 많은 것은 특히 첫 번째 세 유형이다. 이제 예를 통해 이러한 불일치 범주를 각각 살펴볼 것이다.

실재 대 가상/가능 대 불가능

이것은 우리가 실재한다고 것으로 간주하는 것이 어떤 상상적 상황과 충돌하는 불일치의 경우이다. 이 불일치의 특별한 경우는 실재의 한 양상인 가능한 어떤 것이 흔히 상상적인 불가능한 어떤 것과 충돌하는 경우이다.

예를 들어, That'll put hairs on chest!(그것이 너의 원기를 북돋아줄 거야!)라는 유머러스한 관용어를 살펴보자. 이 관용어는 '알코올이 강한 어떤 술을 마시려 하는 사람이나 배에 포만감을 느끼게 해 줄 만족스러운 어떤 음식을 먹으려 하는 누군가에게 하는 말이다.' 이 관용어는 **결과로 원인을 대신함** 환유나 더 구체적으로 **반응으로 상태를 대신함** 환유에 근거한다. 술의 도수가 매우 높다고 말하는 대신에, 화자는 이 상태와 연관되는 반응을 통해 이것을 암시하고자 할 수 있다. 그러나 실제 쟁점은 그러한 유머러스한 효과가 어디에서 나오는가이다. 모든 **반응으로 상태를 대신함** 환유가 다 유머러스하지 않음은 명확하다. 나는 이 관용어의 유머가 독한 술을 마시는 것을 떠오르게 하는 실제 반응(기침, 현기증 등)과 가상의 불가능한 반응(예: 털을 가슴에 붙이는 것) 사이의 불일치로부터 나온다고 제안한다. 그래서 이 관용어를 이해할 때 우리가 이용하는 환유가 **가상의 반응으로 상태를 대신함**이라고 바꾸어 말할 수 있다. 이 특별한 표현의 유머러스한 효과를 가장 잘 설명한다고 보이는 것은 바로 한편으로 실재하거나 가능한 것과 다른 한편으로 가상의 불가능한 것 사이의 불일치이다.

은유적 예에서도 비슷한 일이 발생한다는 것을 알 수 있다. 표현 be dripping with something을 고려해 보자. 이 표현은 She was absolutely dripping with gold/jewels(그녀는 정말로 금/보석을 주렁주렁 매달고 있었다)에서 보듯이 "많은 것을 주렁주렁 매달다"를 의미한다. 이 경우에 심층의 개념적 은유는 **거대한 양의 사물은 거대한 양의 유체**이다. 이 표현의 유머는 사람이 많은 보석을 몸에 차고 있는 이미지와 사람이 보석을 마치 물처럼 뚝뚝 떨어뜨리고 있는 이미지 사이의 불일치로부터 나온다. 전자는 실재하는 이미지이지만, 후자는 불가능하고 우리의 상상력에 근거한다. 몇몇 형태의 과장은 이러한 불일치 이미지에 근거할 수 있다.

그러나 유머러스한 효과를 이끌어 낼 수 있는 불일치를 창조하기 위해 은유와 환유가 꼭 필요한 것은 아니다. 영국영어 표현 before the flood가 이것을 잘 보여준다. 이 표현의 의미는 '매우 오래 전에'이다. 이 표현과 관련된 우리의 관습적 지식은 성경의 홍수가 수천 년 전에 일어났다고 주장한다. 이 불일치는 (추정컨대) 홍수가 실제로 발생했다는 것과 개인적 사건이 그렇게 오래 전에 발생할 수 없다는 것에 있다.

사회적 중립/기대/수용가능 대 사회적 수용불가능/지탄/금기

이 불일치 범주도 데이터에서 많은 예를 내놓았다. 한편으로 사회적으로 수용 가능하고 중립적이며 존중받고 적어도 중립적인 것과, 다른 한편으로 수용 불가능하고 지탄받고 금기시되는 것 사이에 불일치가 있다. 이 범주에 속하는 예는 흔히 성과 관련이 있다. 왜냐하면 이러한 행동은 사회적으로 수용 불가능하고 금기시되는 행동의 주요한 경우가 되기 때문이다.

먼저 사회적으로 지탄받는 신체부위를 수반하는 관용어를 검토해 보자. 그것은 be the armpit of something(어디에서 가장 지저분한 곳이다)이다. 이 미국영어 표현에 대해 사전은 the armpit of the North(북부에서 가장 지저분한 곳)에서처럼 '매우 불쾌하고 종종은 더러운 장소이다'로 정의한다. 이 표현을 설명하는 매우 일반적인 은유는 **세계는 몸**이며, 이것은 우리가 몸을 통해 주변 세계를 개념화한다는 가정과 기본적으로 동일하다. 이것은 인지언어학과 인지심리학의 '신체화' 개념에 근거한다. 이 은유의 구체적인 경우는 **사회적/공간적/여타의 관계는 인체기관**이다. 이것은 애당초 은유에 근거했던 표현인 in back of, ahead of, at the foot of에서 보듯이 매우 생산적인 개념적 은유이다.

겨드랑이 개념을 참여자로 갖는 은유 체계의 부분인 또 다른 개념적 체계가 있다고 가정하면, be the armpit of something의 유머러스한 효과를 설명할 수 있다. 이 은유는 바로 **불쾌함은 냄새나는 것**, 더 일반적으로 말하면 **나쁜 것은 냄새나는 것**이다. 우리는 인체부위/영역에 관한 지식이 있다. 우리는 겨드랑이 냄새가 불쾌하다는 지식을 사회적으로 구성하게 되었다. 이러한 사회적 구성과 **나쁜 것은 냄새나는 것** 은유를 고려하여, 우리는 겨드랑이를 나쁘고 불쾌한 어떤 것이라는 지식과 어떤 불쾌한 장소에 대해서나 근원영역의 역할을 할 수 있는 인체부위라는 지식을 구성하게 되었다. 이러한 경우에 중립적인 공간 개념과 사회적으로 지탄받는 인체부위 사이에 불일치가 있다. 그리고 그러한 인체부위는 이 공간 개념의 은유적 근원영역 역할을 한다.

우리는 아마도 사회적으로 수용가능과 수용불가능의 구분이 다른 구분—예컨대, 공적인 것과 사적인 것의 구분—과 밀접한 관련이 있다고 간주할 수 있다. 이것은 다시 성적 문제와 관련이 있다. 성적 행동이 사적인 영역에서 지배적으로 발생한다는 점에서 그러하다. 이러한 구분에 적합할 수 있는 한 가지 예는 get to first base(1루에 나가다)이다. 이 미국식 표현은 '성적으로 누군가에게 키스하다, 첫 단계를 통과하지 못하다'이다. 분명히 이것은 **행동은 자체 추진식 이동**, **진척은 전방이동**, **어려움은 장애물**과 같이 **사건구조** 은유(Lakoff 1993)에서 나온 많은 은유뿐만 아니라, **인생은 게임**이나 **사랑은 게임**, **성적인 행동은 게임**과 같은 잘 알려진 개념적 은유와 관련이 있다. 여기에서 환기되는 불일치는 성적인 행동의 사적이고 개인적인 수행과 야구와 같은 경기를 하는 공적인 사회적 행사 사이에 있다.

숭고함 대 세속적임

불일치의 그 다음 큰 범주는 숭고함과 세속적임 사이의 불일치이다. 발상은 간단하다. 우리는 어떤 상황은 숭고하고 특이한 것으로 간주하고, 다른 어떤 상황은 일상적인 것으로 간주한다. 이 범주는 또한 관련된 몇 가지 불일치 구분을 포함한다. 예컨대, 의미심장함 대 사소함, 공식 대 비공식, 시적 언어 대 관습적인 일상 언어의 구분을 숭고함 대 세속적임 구분의 관련 양상이나 사례로 논의하는 것이 우리의 목적에 잘 어울릴 수 있다.

이러한 유형의 불일치는 앞서 논의한 before the flood(노아의 홍수 이전에, 먼 옛날에)라는 표현으로 예증할 수 있다. 이 홍수가 실제로 발생했다는 추정과 이 개인적 사건이 그렇게 오래 전에 발생할 수 없음 사이의 불일치 이외에도, 이 표현의 특징은 (추정상의) 의미심장한 공적인 사건과 덜 의미심장한 세속적인 개인적 사건 사이의 불일치가 정의한다. 성경 속의 이 홍수는 바로 성경의 일부라는 이유로 특별하고 숭고한 지위를 획득했다. 이것은 개인적이어서 세속적이거나 훨씬 덜 중요한 사건—비교 대상이 되는—과 분명한 대조를 이룬다. 다시 말해, 유머 표현은 유머의 많은 근원이 있을 수 있다. 이것은 지금의 이 실례가 잘 보여준다.

이제 call of nature(배변 마려움)라는 은유에 근거한 유머 표현을 고려해 보자. 사전에서 정의하는 이 표현의 의미는 '화장실에 가야 할 필요성'이다. 분명히 자연은 어느 누구도 부르지 않으며, 사람만이 다른 사람을 부를 수 있다. 따라서 우리는 은유—더 정확히는 의인화인 **자연은 사람** 은유—를 처리해야 한다. 어떻게 이 표현은 유머러스하게 되는가? 나는 이 의인화가 인간이 자연에 대해 느끼는 거대한 낭만적인 매력을 환기하고, 이 매력을 사소하고 세속적인 배변 욕구와 대조한다고 제안한다. 결과적으로, 숭고한 어떤 것(큰 낭만적 매력)과 세속적인 것(배변 욕구)의 불일치가 발생한다.

시적 언어와 관습적인 일상 언어 사이의 관련된 대조를 활용하는 마지막 예는 Hark at somebody!(누군가의 말 좀 들어 봐!)이다. 이 표현은 '당신이 생각하기에 그들 스스로 떳떳하지 못한 어떤 일에 대해 당신을 방금 비난한 누군가에게 하는 말'이다. 예를 들어, Hark at him calling me lazy when he never walks anywhere if he can drive!(그의 말 좀 들어봐! 운전을 할 수 있다면 아무 데도 걸어 다니지 않을 그가 나를 게으르다고 비난한다.)를 보라. 이 경우에는 언어사용역에 어떤 불일치가 있다. 이 예에서 보듯이, 고풍의 공식적 단어인 hark가 완전히 비공식적인 일상의 상황에서 사용된다. 유머는 이 두 언어사용역의 불일치로부터 발생한다.

큰 양 대 적은 양

많은 유머 표현은 과장을 수반한다. 우리는 이러한 표현의 일부를 이른바 '많은 양 대 적은 양' 불일치를 가정해 설명할 수 있다. 이러한 종류의 불일치가 반드시 특정한 수나 양에서만 나타나는 것은 아니다. 이 구분은 단지 전제할 수 있다. 표현 can't boil an egg(계란 하나 삶지 못하다)는 '가장 간단한 요리조차 하지 못하다'를 의미한다. 이 의미를 설명하는 많은 환유가 있다. 예컨대 **끓임으로 요리를 대신함**, **행동 방식**

으로 행동을 대신함, **계란 요리로 일반적인 요리를 대신함**, 가장 중요하게도 **계란 요리를 못함으로 요리를 못함을 대신함** 등이다. 요리에 대한 우리의 속설에서, 계란 요리는 전문지식을 거의 요구하지 않는다. 이와 대조적으로, 일반적인 요리는 많은 전문지식을 필요로 한다. 적은 전문지식과 많은 전문지식 사이의 이러한 충돌이 불일치를 창조하고 이 표현의 유머는 이 불일치에 토대를 두고 있다. 더욱이, 우리는 자연스러운 논리도 필요하다. 즉, 당신이 어떤 행동의 간단한 유형을 행하지 못한다면, 동일한 행동의 더 복잡한 유형도 행하지 못한다.

자연성 대 꾸밈

어떤 다른 유머 표현은 자연스럽게 주어진다고 간주될 수 있는 것과 합리적으로 만들어진 것 사이의 불일치를 사용한다. 이러한 불일치 유머의 예로 in the brain department와 in the looks department를 살펴보자. 이 두 표현은 각각 '지능 면에서'와 '매력 면에서'를 의미한다. 예를 들어, He's a bit lacking in the brain department(그는 지능이 조금 모자란다)를 보라. 이 예문은 **사람은 회사/기관** 은유를 가정한다. 이 은유에서 사람의 서로 다른 양상은 서로 다른 부서에 대응한다. 즉, '부서 → 사람의 양상'이라는 사상이 있다. 이 은유가 주어지면, '자연스러운' 사람은 '부자연스러운' 회사 또는 다른 기관과 대조를 이룬다. 이 불일치는 인간의 자연스러운 능력과 회사나 기관의 합리적으로 만들어진 구성 사이에 있다. 불일치의 명확한 느낌은 소기의 목적을 달성하는 근원영역 내의 한 요소를 선택함으로써 달성된다. 이것은 두 영역 간의 '가능한 한 최대의 개념적 거리'를 전면으로 가져오는 요소이다.

긍정적 평가 대 부정적 평가

불일치의 간명한 경우는 동일한 것이 긍정적 평가와 부정적 평가를 둘 다 받는 경우이다. 데이터에 그러한 표현이 하나 있다. 표현 economical with the truth(진실을 다 말하지 않는)는 '어떤 상황에 대한 사실을 말하기를 피하는 것 또는 그 상황에 대해 거짓말을 하는 것'을 의미한다. 이 표현은 관습적 은유 **생각은 일용품**에 근거한다. 근원영역에서 나오는 요소와 목표영역에서 나오는 요소를 결합하는 대응은 이러하다. 당신은 물자, 즉 일용품을 절약할 수 있고, 당신은 생각을 절약할 수 있다. 하지만 절약하는 것은 근원영역과 목표영역에서 평가를 달리 받는다. 근원영역에서는 절약하는 것이 좋은 것이지만, 목표영역에서는 나쁜 것이다. (이것은 정보제공성과 같은 그라이스의 격률과 관련이 있다. 그리고 이것은 또한 혼성의 사례로 분석할 수도 있다. 혼성에서는 근원영역과 목표영역 속의 서로 다른 값이 혼성공간으로 투사된다.) 이 표현의 유머를 설명하는 것은 다름 아닌 이 불일치이다.

행동 대 사건

데이터의 한 실례가 보여주는 불일치는 행동과 사건 사이의 불일치이다. 이 실례는 바로 표현 What's the damage?(돈이 얼마나 든 거야?)이다. 이것은 '무언가로 인해 당신이 얼마나 많은 비용을 들었는지 묻는 데 사용하는' 표현이다. 이 표현에서 사람은 상품으로 간주된다. 따라서 **사람은 상품** 은유이다. 이 의미를 설명하는 특정한 사상은 '상품 손상 → 사람의 희생'이다. 불일치는 사람과 상품 사이는 물론 수행되는 행동(돈 지불)과 상품에게 발생하는 수동적 과정/사건(손상) 사이에서도 드러난다.

논리적 불일치

이 데이터에서, 많은 실례는 '논리적 불일치'로 여겨질 수 있는 것을 보여 준다. 이 불일치는 참과 거짓 사이의 양립불가능성, 잉여성, 논리적 불가능성 등과 같은 다양한 경우와 관련이 있고, 어쩌면 데이터에서 나타나지 않은 몇몇 다른 경우와도 관련이 있다.

A man's gotta do what a man's gotta do(사람은 사람이 해야 할 일을 해야 한다)라는 예에서처럼 잉여성, 즉 항진명제로 이 논의를 시작해 보자. 이 표현은 "당신은 당신이 해야 할 일은 무엇이든지 다 해야 한다. 설령 그 일이 어렵고 힘들지라도 말이다"를 의미한다. 이것은 명확한 것에 대한 진술이다. 여기에는 앞에서 논의한 의미의 어떤 불일치도 없지만, 논리적 양립불가능성이 있다. 여기에서 이 진술은 잉여성, 즉 항진명제를 포함한다. 하지만 논리적 양립불가능성은 이 표현의 표층 형태에만 적용된다. 만일 잉여성의 순수한 경우라면, 이 표현은 현재 의미하는 것—**비록 무언가가 어렵거나 위험할지라도** 당신이 그 무언가를 해야 한다는 의미—을 전달할 수 없다. 이 표현의 의미 중에서 굴림체 부분은 환유 처리—**어떤 범주의 특성으로 그 범주 전체를 대신함**—의 결과로 발생한다. 하지만 여기에서 나는 이것에 관심을 두지 않을 것이다.

참과 거짓의 양립불가능성에 관한 더 복잡한 예는 Excuse/pardon my French(욕을 해서 미안해요)이다. 이 말은 "욕설을 한 것에 대해 미안한 척할 때 사용한다." 예컨대, That sod Wilkins, excuse my French, has taken my bloody parking space(저 재수 없는 윌킨스, 욕설을 해서 미안한데, 저 놈이 빌어먹을 내 주차장을 빼앗아 갔다)라는 예문을 보라. 사회적 관습에 따르면, 욕설을 한 행위에 대해 사과해야 한다. 이 예에서 화자는 그렇게 하는 척한다. 사과 직후에 화자가 다시 욕설을 하기 때문에, 우리는 이것을 안다. 우리는 프랑스어가 욕설의 언어가 아니라, 화자가 욕설과 프랑스어 사이에 사상을 구축한다는 것을 안다. 화자는 욕설의 언어와 프랑스어를 동일시한다. 이 논리적 양립불가능성은 한편으로 프랑스어가 욕설의 언어가 아니라는 사실(참)과 다른 한편으로 프랑스어를 일시적이지만 실시간으로 그러한 언어라고 구성함으로써 생겨나는 자명한 거짓 사이에서 발생한다. 다시 말해, 참과 거짓 사이에 모순이 있다. 모순은 논리적 불일치의 한 형태이다.

언어/담화 불일치

마지막으로 불일치의 한 유형은 개념적 프레임에 근거한 언어 사용과 관련이 있다. 사용된 언어와 이 언어에 대응하는 개념적 프레임은 서로 분리할 수 있다. 이것은 몇몇 별개의 형태로 발생한다. 여기에서는 이 중의 두 가지를 언급할 것이다. 표현 bottoms up!(건배!)을 예로 들어보자. 사전에서는 이 표현의 의미를 '때때로 함께 술을 마시기 바로 전에 다정하게 말함'이라 기술한다. 이 표현의 발생을 역사적 관점에서 이해하려면 그릇에 대한 약간의 지식이 있어야 한다. 즉, 그릇에는 바닥이 있고, 그릇은 마시기용으로 사용하며, 그릇 안에 액체를 담는다는 것을 알아야 하고, 그릇의 바닥을 위로 가게 함으로써 액체가 그릇 밖으로 나온다는 개념도 알아야 한다. 이 표현을 창조하는 것의 결정적인 부분은 **상태로 사건을 대신함** 환유이다. 이 환유에 따르면, 바닥이 위로 가 있는 상태가 마시기 사건을 대표한다(음료가 그릇 밖으로 나온다). 어떤 점에서, 요청 bottoms up!은 전체 시나리오의 작은 부분을 기술하는 단어를 사용하고, 처음에는 이 시나리오와 전적으로 독립적인 것처럼 보인다. 컵, 맥주, 마시기 등에 대한 언급은 전혀 없다. 이 표현에 주어진 낱말—bottom과 up—은 환유를 통해 의미를 구성한다. 사용된 단어들이 개념적 프레임이나 시나리오의 나머지와 외견상 개념적으로 독립적이라는 것은 언어/담화 불일치의 한 종류이다.

언어적 불일치의 독특한 한 종류는 Great minds think alike(위대한 마음은 비슷하게 생각한다)라는 표현에서 발견할 수 있다. 이 표현은 '어떤 사람들이 당신과 똑같은 생각을 지니고 있다는 것을 알고 난 직후에 그들에게 하는' 말이다. 여기에서 이 표현은 **마음은 사람을 대신함** 환유와 (great를 설명하는) **좋음은 큼/중요함은 큼** 은유와 관련이 있다. 이 언어적 양립불가능성은 이 말을 하는 사람—훌륭한 지성인이 아니라 평범한 사람임이 분명한—과 대부분의 사람들이 생각하기에 위대한 지성인 사람들 사이의 구분으로부터 나온다. 즉, 이 언어적 불일치의 생성은 그 표현 자체를 그 표현의 합법적 지시물이 아닌 사람에게 비합법적으로 적용하는 것에 근거한다. 이 표현의 사용자는 이 표현이 자신에게 합법적으로 적용된다고 가장하지만, 동시에 그렇지 않다는 것을 우리도 알고 그도 안다.

유머에서 비유적인 인지 작용이 하는 역할

'유머 속의 인지 과정'이라는 절에서 유머 표현이 종종 환유나 은유, 개념적 통합—혼성—과 같은 비유적인 인지 작용을 활용한다는 것을 살펴보았다. 하지만 '비유의 인지적 토대'라는 절에서는 유머 표현 속의 유머가 이러한 비유적인 인지 작용의 존재로부터 나오지 않는다고 주장했다. 그 대신, 나는 이 유머가 데이터의 유머 표현에 관여하는 많은 종류의 불일치로부터 나온다고 제안한다. 이러한 상황은 우리에게 중요한 질문을 하나 던진다. 그렇다면 **유머에서 이러한 인지 작용의 역**

할은 무엇인가? 유머 표현이 흔히 환유와 은유, 혼성에 근거하지만 이러한 인지적 작용은 그 자체로 유머 표현의 유머러스한 효과에 책임이 없다면, 환유 기반 유머 표현과 은유 기반 유머 표현, 혼성 기반 유머 표현은 왜 그렇게 많이 있는가라는 질문이 나온다. 이 절은 이 문제만을 논의할 것이다.

나의 전략은 데이터로부터 많은 유머 표현을 조사해 그러한 표현에서 어떤 비유적 장치를 활용하는지 살펴보고, 이러한 비유적 장치가 유머러스한 효과를 창조할 때 어떤 역할을 하는지 입증하는 일일 것이다.

환유

우리는 환유를 포함하는 하나의 사례로 논의를 시작할 수 있다. 표현 the birds and the bees(새와 벌, '기본적인 성교육'을 의미)를 예로 들어보자. 이 표현은 '성과 생식에 관한 기본적 사실'을 의미한다. 예를 들어, She's only six, but she already knows about the birds and the bees(그녀는 불과 6세이지만, 성에 대한 기본적인 지식을 이미 알고 있다)라는 문장을 보라. 이 경우에는 우리에게 일반적인 범주 **기본적 사실**이 있다. 이 범주에는 **성에 대한 기본적 사실**이나 **동물 생물학에 관한 기본적 사실**을 비롯한 다양한 구성원이 들어간다. 표현 the birds and the bees는 성과 생식에 대한 기본적 사실에 접근하거나 그러한 사실을 나타내기 위해 동물 생물학에 대한 기본적 사실을 이용한다. 이것은 환유적 사고이다. 이러한 환유적 사고에서는 **기본적 사실 범주의 한 구성원(동물 생물학에 대한 기본적 사실)이 전체 범주(일반적인 기본적 사실)의 또 다른 구성원(섹스에 대한 기본적 사실)을 대신함**. 실제로 이 표현은 birds and bees만을 언급하기 때문에 그 의미를 설명하기 위해 또 다른 환유 **동물 새와 벌**

에 대한 지식은 생물학에 대한 기본적 지식을 대신함을 필요로 한다.

유머러스한 효과를 생산하는 불일치는 공적이고 사회적으로 중립적인 주제(새와 벌에 대한 기본적 사실)와 매우 사적이고 금기시되는 주제(인간의 성) 사이의 충돌에 있다. 나는 그러한 불일치의 가능성 그 자체를 창조하기 위해 우리가 환유를 사용한다고 제안한다. 이러한 결론은 1행 농담에서 어떤 총칭 층위의 관습적인 환유 덕택에 개념적 불일치의 구축이 가능하다는 바르셀로나(Barcelona 2003)의 연구 결과와 비슷하고 또한 이 결과를 보강한다.

더욱이 적절한 개념(들의 집합)은 환유가 허용하는 많은 개념으로부터 선택해야 한다. birds and bees가 적절한 까닭은 환유적 관계를 통해 인간의 성이라는 금기시되는 주제와 연결되는 충분히 중립적이고 공적인 지식을 나타내기 때문이다.

위의 환유는 총칭 층위의 관습적 환유—**어떤 범주의 한 구성원으로 동일한 범주의 또 다른 구성원을 대신함**—이지만, 특정 층위에서는 상당히 비(非)관습적인 환유이다. 이것은 또한 유머 표현에서 사용하는 은유의 흔한 자질이다. 즉, 이러한 은유는 총칭 층위에서는 관습적이지만, 특정 층위에서는 비(非)관습적인 경향이 있다. (그리고 어떤 다른 경우에는 총칭 층위의 은유도 비(非)관습적일 수 있다.)

은유

은유가 흔히 불일치를 창조하는 데 기여한다는 것은 많은 연구자들이 지적했다(예컨대, Barcelona 2003; Feeyaerts & Brone 2004; Krikmann http://haldjas.folklore.ee/~kriku/HUUMOR/Krikmann_HUMFIG.pdf 참조). 하나의 예로 데이터에서 나온 won't break the bank(은행을 파산으로 내몰지 않을 것이다)를 살펴보자. 이 표현은 It only costs two pounds.

That's not going to break the bank(그것은 불과 2파운드 비용이 든다. 이로 인해 은행이 무너지지는 않을 것이다)에서 보듯이 '너무 많은 비용이 들지 않다'를 의미한다. 이 표현이 가정하는 은유는 **사람은 기관**이다. 이것은 총칭 층위의 은유이지만, 아마도 관습적인 은유가 아니다. 심지어 **사람은 은행**이라는 덜 총칭 층위의 은유도 쉽게 관습적인 은유로 볼 수 없다. 이 표현의 의미에 적절한 대응은 '기관의 금융 거래 → 개인의 금융 거래'일 것이다. 여기에서의 불일치는 은행의 운영에 대한 우리의 지식에 근거한다. 즉, 대대적인 금융 거래는 은행을 파괴할 수 있지만, 소규모의 거래는 그럴 수 없다. 이것은 사람의 개인적 금융 거래와 비슷하고 또한 대조를 이룬다. 비슷한 까닭은 은행과 사람 모두 금융 거래를 수행하기 때문이고, 다른 까닭은 전형적으로 은행의 거래에 관여하는 돈의 양이 개인의 금융에 관여하는 돈의 양보다 훨씬 더 많기 때문이다. 다시 말해, 들어가는 돈의 양이 상대적으로 적다는 것과 엄청나게 거대하다는 것 사이에 명확한 대조가 있다. 이러한 불일치가 표현 won't break the bank의 유머에 대한 근원일 수 있다.

이 비관습적인 은유는 적은 양의 돈과 많은 양의 돈이 들어가는 상황을 설정한다. 그리고 은행의 운영 방식에 대한 우리의 지식에 근거해 그렇게 적은 양의 돈이 은행에 타격을 주지 않을 것이고, 따라서 사람의 금융 상황에도 손상을 가하지 않을 것이라고 말할 수 있게 된다.

have a bun in the oven은 '임신하다'를 의미한다. 이 표현은 오늘날의 관습적인 개념적 은유를 반영하지 않는다. (비록 이 표현이 한때는 어떤 개념적 은유를 반영했을지도 모르지만 말이다.) 이 은유는 임신한 여자와 오븐 속 롤빵 사이의 영상도식적인 유사성에 의존한다. 이 둘 사이의 불일치는 몇 가지 양상으로 구성된다. 첫째, 임신의 사회적으로 구축된 경이나 중요성과 롤빵 굽기의 세속적이고 (비교적) 중요하지 않는 행동 사이에 양립불가능성이 있다. 둘째, 섹스 행위(와 그 결과 임신)의 금기시되는 본질과 롤빵 굽기의 금기시되지 않는 행동 사이에 불일치가 있다. 은유라는 인지적 장치의 도움으로 목표영역의 숭고한 특징에 대한 대조의 역할을 하는 적절한 근원영역은 드러나며, 이 근원영역은 임신 유발 행위의 금기시되는 본질을 회피한다.

다음 경우에는 **인간은 동물**이라는 완전히 발달한 관습적인 개념적 은유가 있다. 데이터에서 나온 표현은 be like feeding time at the zoo이다. 이 표현은 Tea-time in our house is like feeding time at the zoo(우리 집의 차 마시는 시간은 동물원의 먹이 주는 시간과 같다)에서 보듯이 '매우 시끄럽고 어수선하고 질서가 없다'를 의미한다. **인간은 동물** 은유는 사회적으로 수용 가능한 행동과 본능적 행동 사이의 불일치를 달성하는 데 사용할 수 있다. 이 표현에서 사회적으로 수용 가능하지 않은(시끄럽고 어수선한) 특정한 행동은 비슷한 특정한 종류의 본능적 행동과 어울려야 한다. 이 본능적 행동은 동물원의 먹이 주는 시간이다. 따라서 하나의 적절한 대응이 이 개념적 은유에서 설정된다. 이 대응은 '먹이 주는 시간의 동물 행동 → 사회적 행사의 시끄럽고 어수선하고 무질서한 인간 행동'이다. 달리 말하면, 이 관습적인 개념적 은유는 그러한 불일치를 달성할 수 있는 적절한 근원영역을 찾기 위한 첫 단계일 수 있지만, 이 사상을 통해 애초의 생각에 대한 가장 좋은 표현—가장 완벽하고 가장 잘 어울리는 짝—을 목표영역에서 찾기 위한 추가적인 한 단계가 필요하다.

like feeding time at the zoo와 관련해 할 수 있는 제안은 이 표현이 더 거대한 총칭 층위의 개념적 은유—**인간은 동물**—의 틀 내에서 생겨나는 유추에 근거한다는 것이다. 개념적 은유의 아무런 인지적 지지 없이 극단적으로 뼈대만 있는 유추에 근거하는 표현은 Do bears shit in the woods?(곰이 숲에서 똥을 싸냐? → 당연한 것 아냐?)이다. 사전에 따르면, 이것은 "당신이 방금 받은 질문에 대한 답이 명백하게 '예'라고 말할 때 사용하는" 표현이다. 이 유추 관계가 뻐대적인 까닭은 이 유추가 '화행: 질문—대답: 예'라는 구성 방식에 있기 때문이다. 이 구성 방식은 질문의 내용과는 아무런 관련이 없고, 대답이 명백한 '예'인 모든 질문에 적용된다. 예로서 대화 A: "Do you want a nice cold beer?"(맛있는 시원한 맥주 한 잔 할래?) B: "Do bears shit in the woods?"(당연하지.)를 고려해 보자. 유머를 설명하는 불일치는 사회적으로 수용되거나 중립적인 질문과 사회적으로 수용 가능하지 않은 저속한 질문 사이의 불일치이다. 뻐대적인 유추 덕택에 화자는 그러한 불일치를 생산할 수 있다.

정반대 경우의 표현으로, be full of the joys of spring을 살펴보자. 이 표현은 He bounced into the office, full of the joys of spring(그는 사무실로 뛰어 들어갔다, 봄의 기쁨으로 가득한 채로)에서 보듯이 '매우 행복하다'를 의미한다. 이것은 두 가지 측면에서 앞 사례의 반대이다. 첫째, 이 표현은 저속한 언어 대신에 시적인 언어를 사용한다. 둘째, 이 표현은 뻐대적인 유추 대신에 관습적인 개념적 은유의 풍부한 집합에 근거한다. 이 표현의 유머러스한 효과는 행복함에 대해 단어 happy를 사용하는 관습적인 일상의 말하기 방식과 시적이고 비(非)관습적인 말하기 방식 사이의 불일치로부터 도출된다. 화자는 어떻게 이 불일치의 두 뿔 사이를 오갈 수 있는가? 나는 **일생은 일년, 감정은 물질, 사람은 그릇, 강도는 양** 등 일련의 결합되는 관습적인 개념적 은유 덕택에 이것이 가능하다고 제안할 것이다. 레이코프와 터너(Lakoff & Turner 1989)가 지적하는 바와 같이, 시적 언어를 생성하는 방법 중의 하나는 개념적 은유들의 그러한 결합이다. 즉, 일상적인 것과 시적인 것 사이의 불일치는 개념적 은유들의 결합에서 나온다.

은유와 환유는 흔히 결합해 유머러스한 비유적 표현을 생산한다. 이러한 표현의 한 예는 hold court이다. Patrick is holding court at the end of the table(패트릭은 탁자 끝에서 사람들의 관심을 끌고 있다)에서 보듯이, hold court는 '특히 사회적 행사에서 이야기를 듣기 위해 주변에 모인 사람들의 많은 주목을 받다'를 의미한다. 이 표현의 의미는 환유 **누군가의 주변에 있음으로 그 사람에게 주의를 기울임을 대신함**뿐만 아니라, 개념적 은유 **주의의 대상은 중심**과 **중요한 것은 중심**을 가정한다. 그러므로 이 표현에서 이러한 일이 일어나는 일상적 상황과 왕의 궁전에서 일어나는 고풍적 상황 사이에서 불일치—양립불가능성—가 발생한다. 따라서 이에 더하여, 이 불일치를 구축하기 위해 필요한 것은 환유 **범주의 특정한 실례로 범주 전체를 대신함**이다. 이 환유에서는 일반적인 주의 개념이 전체 범주이고 이 일반적인 범주의 한 실례가 일상적 상황이고 또 다른 실례가 궁전의 고풍적 상황이다.

혼성

혼성은 불일치를 창조하고 해소하는 데 특별한 유용한 장치이다(예컨대, Coulson 2003, 2005 참조). 먼저 나는 유머러스한 효과의 원천이 실재하는 것과 불가능한 것 사이의 불일치에 있는 두 표현을 살펴보겠다. 그러고 나서 논리적 불일치와 관련이 있는 두 표현을 살펴볼 것이다.

Somebody's eyes are bigger than their belly/stomach(사람의 눈이 위보다 크다)라는 표현에는 눈의 크기와 위(胃)의 크기 사이에 표면적 불일치가 있다. 우리의 지식에 근거해 우리는 이것이 불가능하다는 것을 안다. 즉, 사람의 눈은 위보다 더 크지 않다. 사전에 따르면, 이것은 '누군가가 자신이 먹을 수 있는 양보다 더 많은 음식을 가져갔을 때 말하는' 표현이다. 나는 이 표현의 의미를 '당신이 먹을 수 있는 것보다 더 많은 것을 바라다'로 더 정확히 형식화할 수 있다고 믿는다. 우리는 어떻게 표층적 불일치로 규정되는 이 표현의 특징으로부터 불일치하지 않는 이 표현의 의미에 도달할 수 있는가?

우리는 두 개의 입력공간을 가정할 수 있다. 하나는 눈을 가진 입력공간 1이고, 다른 하나는 위(胃)를 가진 입력공간 2이다. 입력공간 1에서 눈은 환유적으로 바라보기를 대신한다. (**눈으로 바라보기를 대신함**이고, 더 일반적으로는 **도구로 행동을 대신함**이다.) 결국 바라보기의 행동은 욕망을 대신한다. 따라서 **바라보기로 욕망을 대신함**이고, 더 일반적으로 **행동 반응은 감정을 대신함**이다. 더욱이 일상 지식에 근거해 우리는 눈을 크게 뜨는 것이 먹고 싶은 더 강한 욕망을 암시한다는 것을 안다.

입력공간 2에서 위가 환유적으로 먹는 것을 대표하는 것은 **어떤 행동에 관련된 사물은 그 행동을 대신함** 환유 덕택이다. 더욱이 우리는 위에 대한 약간의 일상 지식을 지니고 있다. 즉, 우리는 위가 어떤 용량을 지니고 있으며 이 용량이 바로 우리가 얼마나 많은 양을 먹는지를 책임질 수 있다는 것을 알고 있다.

혼성공간에서는 눈이 위보다 더 크다. 이것은 누군가가 무언가를 먹고 싶은 욕망이 그 사람이 실제로 먹을 수 있는 것보다 더 크다는 것을 의미한다. 따라서 혼성공간은 실재하는 것과 실재하지 않는 것 사이의 표면적인 불일치를 창조하고 동시에 이 불일치를 해소한다.

앞의 예에서는 혼성공간이 표면적 불가능성과 심오한 실재 사이의 양립불가능성을 해소하지만, 다음 예는 해소되지 않은 불일치를 가진 혼성공간을 창조한다. With friends like you, who needs enemies?는 '당신의 친구라고 주장하지만 당신을 매우 나쁘게 대하는 사람에게나 그러한 사람에 대해서 말하는' 표현이다. 입력공간 1에는 친구가 있고, 입력공간 2에는 적이 있다. 친구와 적에 관해 우리는 친구들은 서로 돕고 서로를 해치지 않지만 적은 서로를 해치고 서로를 돕지 않는다는 일상적인 지식을 지니고 있다. 혼성공간에는 당신을 해치는 친구가 있다. 즉, 친구의 본질적 특성이 적의 본질적 특성으로 교체된다. 따라서 혼성공간에는 양립불가능성이 있다. 즉, 당신을 해치는 친구가 있다. 다시 말해, 혼성공간이 어떤 불일치를 창조하고 이 불일치가 유머의 근원이다.

유머 표현의 인지언어학적 설명을 향하여

이전의 분석에 비추어, 우리는 많은 언어 표현에서 드러나는 유머의 최소한 일부를 설명할 수 있는 인지언어학적 설명의 개요에 대한 형식화를 시도할 수 있다. 나는 그러한 뼈대적인 설명이 다음과 같은 요소로 구성된다고 제안한다.

첫째, 이러한 설명은 표현해야 할 특별한 의미가 있다는 것을 인정할 것이다.

둘째, 이 의미는 식별된 값(예컨대, 숭고함—세속적임, 큼—작음)과 같이 이분법적 값의 체계에서 한 개 또는 몇 개의 값을 갖거나 할당받을 수 있다.

셋째, 이러한 값이 주어지면, 표현할 필요가 있는 의미를 지니는 한 표현—하지만 원래 의미의 값에 정반대의 의미를 지니는 한 표현—을 발견해야 한다.

넷째, 어떤 값(들)을 지니고 있고 더 관습적인 형태를 통해 표현하는 원래 의미로부터 의미는 동일하지만 값은 정반대인 덜 관습적인 또 다른 형태로 나타낼 수 있는 표현으로 이어지는 개념적 경로가 있다.

다섯째, 개념적 경로는 환유와 은유, 개념적 통합은 물론 관습적 지식도 포함한다.

분명히 이 제안은 언어적 유머가 어떻게 발생하는지에 대한 매우 개략적인 설명이다. 하지만 적어도 많은 경우에 이 설명이 올바른 길이기를 희망한다. 이 제안이 매우 잘 작동하지 않을 수도 있는 사례의 유형에는 언어적 불일치와 논리적 불일치가 있다. 이 모형을 이러한 종류의 불일치에까지 일반화할 수 있는 정도는 두고 보아야 한다.

이 설명을 농담에까지 확장하기

앞에서 제시한 설명이 어떻게 더 복잡한 유머에 적용될 수 있는지 이해하기 위해 다양한 형태로 인터넷에서 이용 가능한 잘 알려진 농담 하나를 예로 들어 보자. 이 농담은 교황과 랍비의 논쟁에 관한 것이다. 곧 드러나겠지만, 이 농담의 분석은 '간단한' 언어적 유머 표현의 경우보다 훨씬 더 거대한 인지적 복잡성을 포함한다. 이와 동시에 나는 언어 표현을 유머로 만드는 기본적인 자질이 농담에도 적용된다고 제안할 것이다. 다음이 바로 이 농담이다.

랍비와 교황

몇 세기 전에 교황은 모든 유대인들이 바티칸을 떠나야 한다는 결정을 내렸다. 당연히 유대 공동체에 큰 소동이 일었다. 그래서 교황은 내기를 했다. 자신이 유대 공동체의 한 구성원과 종교적 논쟁을 하겠다. 유대인이 이긴다면 유대인들은 머물러도 되고, 자신이 이긴다면 유대인들은 떠나야 한다. 유대인들은 선택권이 없다는 것을 인식했다. 그래서 그들은 자신들을 대표할 모이셰(Moishe)라는 노인을 선택했다. 랍비 모이셰의 라틴어는 형편없었다. 사실상 거의 몰랐다. 그러나 모이셰는 유대 공동체에서 신앙이 깊은 사람으로서 많은 존경을 받았다. 교황은 동의했다. 말없이 하는 논쟁보다 더 쉬운 것이 무엇이겠는가? 위대한 논쟁의 날이 왔다. 모이셰와 교황은 꼬박 1분 동안 반대편에 앉아 있었다. 그러고 나서 교황이 손을 들고 손가락 세 개를 보여주었다. 모이셰는 교황을 되돌아보며 손가락 한 개를 들어 올렸다. 교황은 머리 주위로 손가락을 흔들며 원을 그렸다. 모이셰는 앉아 있던 땅을 가리켰다. 교황은 성체와 와인 잔을 꺼냈다. 모이셰는 사과를 꺼냈다. 교황이 일어서서 말했다. "나는 포기합니다. 이 남자는 너무 훌륭합니다. 유대인들은 남아 있어도 됩니다." 한 시간 후에, 추기경들이 교황 주위에 와서 무슨 일이 있었는지 물었다. 교황은 "처음에 나는 삼위일체를 나타내기 위해 손가락 세 개를 들어올렸다. 그는 손가락 한 개를 들어 올려 우리 두 종교 모두에 공통된 하나의 신이 있다는 것을 나에게 환기시켰다. 그러한 다음 나는 손가락을 내 몸 주위로 돌리며 그에게 신이 우리 주변에 있다는 것을 보여 주었다. 그는 땅을 가리키고 신이 바로 여기에 우리와 함께 있다는 것을 보여 주면서 응수했다. 나는 신이 우리의 죄를 용서해 준다는 것을 보여 주기 위해 와인과 성체를 꺼냈다. 그는 나에게 원죄를 상기시키기 위해 사과를 꺼냈다. 그는 모든 것에 답을 했다. 내가 무엇을 할 수 있었겠는가?" 그러는 사이에 유대 공동체 사람들이 모이셰 주변으로 몰려와 "어떤 일이 있었나요?"라고 물었다. 모이셰가 이렇게 말했다. "글쎄, 먼저 교황이 나에게 유대인들이 여기에서 나가도록 3일을 주겠다고 말했다. 나는 그에게 우리 중 한 명도 떠나지 않는다고 말했다. 그러자 그는 나에게 이 도시 전역에서 유대인들을 쫓아내야 한다고 말했다. 나는 그에게 우리가 바로 여기에 머물고 있다는 것을 알려주었다." 한 여자는 "그리고 나서는요?"라고 물었다. 모이셰가 말했다. "나도 몰라, 그는 자기 점심을 꺼냈고, 나는 내 점심을 꺼냈지."

이 농담을 이해하고 유머 창조의 기본 성분을 공유하는지 알아보기 위해, 몇 가지 추가적인 인지적 도구를 들여와 이 도구에 의존할 필요가 있다.

프레임

필모어(Fillmore 1982)와 몇몇 다른 학자들이 지적하듯이, 단어의 의미는 마음속 프레임에 상대적이며 이 프레임 내에서 단어는 기능을 발휘한다. 단어는 사용되는 동안에 정신적 프레임을 떠오르게 한다. 이 농담의 가장 중요한 사건은 교황과 랍비 사이의 논쟁이다. 단어 debate(토론)나 argument(논쟁)는 많은 요소와 그러한 요소 간 관계를 지닌 특별한 정신 모형—프레임—을 활성화한다. 이 농담의 경우에는 그러한 요소로 논쟁에 참여한 두 사람, 논쟁의 주제, 목적, 양상, 장소, 시간 등이 있다. 이러한 도식적 요소들은 구체적인 예시로 이 농담에서 실현된다. 이 농담을 이해하기 위해서는 구체적인 예시(예컨대, 교황과 랍비) 사이의 사상과 도식적 예시(예컨대, 논쟁하는 두 사람) 사이의 사상을 이해할 필요가 있다.

어떤 마음속 프레임—모형—은 개념적 은유가 정의한다. 농담에서는 토의—논쟁—가 승자와 패자가 있는 싸움이나 스포츠 경기로 나타난다. 따라서 개념적 은유는 **논쟁은 싸움**(이나 게임)이다. 적용되는 기본적 사상은 '싸우는 사람/적 → 토론자'와 '승리 → 설득'이다.

대안적 개념화

다음은 논쟁에 대한 약술이다.

1a: 교황은 손가락 세 개를 들어올렸다.
1b: 랍비는 손가락 한 개를 보여 주었다.

2a: 교황은 손가락을 원 모양으로 흔들었다.
2b: 랍비는 땅을 가리켰다.

3a: 교황은 성체와 와인 잔을 꺼냈다.
3b: 랍비는 사과를 꺼냈다.

분명히도 몸동작을 두 토론자가 서로 다르게 개념화하거나 해석한다. 이것은 인지언어학의 이른바 '대안적 해석'(alternative construal)"이다(예를 들어, Langacker 1987 참조). 나는 동일한 내용(몸동작이나 언어적 메시지)을 어떻게 매우 다르게 해석할 수 있는가의 문제로 관심을 돌리기 전에, 상대의 몸동작에 대해 이 두 참여자가 제공한 대안적 해석을 살펴볼 것이다.

먼저 교황의 몸동작을 교황 자신과 랍비가 어떻게 해석하는지를 보자.

교황은 손가락 세 개를 들어올렸다.

교황의 해석: 삼위일체를 나타낸다.

랍비의 해석: 유대인들은 3일 안에 떠나야 한다.

교황은 손가락을 원으로 흔들었다.

교황의 해석: 신이 어디에나 있다는 것을 보여 준다.

랍비의 해석: 도시 전역에서 유대인들을 쫓아내야 한다.

교황은 성체와 와인 잔을 꺼냈다.

교황의 해석: 신이 우리의 죄를 용서해 준다는 것을 보여 준다.

랍비의 해석: 그는 자기 점심을 꺼냈다.

이제 랍비의 몸동작을 랍비 자신과 교황이 어떻게 해석하는지 살펴보자.

랍비는 손가락 하나를 들어올렸다.

랍비의 해석: 우리들 중 한 명도 떠나지 않으려 한다.

교황의 해석: 여전히 우리의 두 종교에 공통적인 하나의 신이 있다.

랍비는 땅을 가리켰다.

랍비의 해석: 우리는 바로 여기에 머물고 있다.

교황의 해석: 신이 바로 여기에 우리와 함께 있다.

랍비는 사과를 꺼냈다.

랍비의 해석: 나는 내 점심을 꺼냈다.

교황의 해석: 나에게 원죄를 상기시킨다.

이러한 해석에서 알 수 있는 바와 같이, 교황은 자신의 해석이나 랍비의 해석과 관련해 일관되게 **기독교 신학** 프레임 내에 머물고 있다.

교황: 삼위일체를 나타낸다.
교황: 신이 어디에나 있다는 것을 보여 준다.
교황: 신이 우리의 죄를 용서해 준다는 것을 보여 준다.
교황: 우리 종교 모두에 공통적인 하나의 신이 여전히 있다.
교황: 신이 바로 여기에 우리와 함께 있다.
교황: 나에게 원죄를 상기시킨다.

교황과 대조적으로, 랍비는 **머물거나 떠나기**의 문제라는 당면한 프레임 내에 일관되게 남아 있다.

랍비: 유대인들은 3일 안에 떠나야 한다.
랍비: 도시 전역에서 유대인들을 쫓아낼 수 있다.
랍비: 그는 자기 점심을 꺼냈다.
랍비: 우리들 중 한 명도 떠나지 않는다.
랍비: 우리는 바로 여기에 머물고 있다.
랍비: 나는 내 점심을 꺼냈다.

다시 말하면, 몸동작에 대한 교황의 해석과 랍비의 해석 모두 일관성이 있고 동질적이다. 교황은 **기독교 신학**과 관련해 말하고 일어나는 일을 해석하지만, 랍비는 **머물거나 떠나기**의 프레임과 관련해 말하고 해석한다. 유일한 예외는 랍비의 해석 "그는 자기 점심을 꺼냈다"이다. 이것은 **기독교 신학** 프레임의 일부도 아니고, **머물거나 떠나기** 프레임의 일부도 아니다. 이 논제는 나중에 다시 다룰 것이다.

먼저, 무엇이 대안적 개념화를 이렇게 쉽게 만드는가의 문제를 검토해 보자. 두 토론자가 그렇게 쉽게 상대의 의도를 어긋나게 해석하는 일이 어떻게 가능한가? 이것은 농담의 경우에서만 발생하는가? 이전에 암시한 바와 같이, (몸동작이든 언어적 메시지이든) 의미는 프레임에 내포되어 있고, 우리가 그 의미를 이해하는 데 어떤 프레임을 적용하는가에 달려 있다. 두 몸동작은 매우 다른 개념적 프레임에서 전혀 다른 것을 의미할 수 있다. 이것을 확인하기 위해, 먼저 교황의 해석을 검토하고 그 다음에 랍비의 해석을 검토해 보자.

교황은 손가락 세 개를 들어올렸다.
교황의 해석: 삼위일체를 나타낸다.
랍비의 해석: 유대인들은 3일 안에 떠나야 한다.

여기에서 두 참여자는 동일한 개념적 환유—**범주의 특성으로 범주 전체를 대신함**—를 사용한다. 하지만 동시에 이 환유를 서로 다른 프레임 내에서 사용한다. 교황은 **기독교 신학** 프레임 내에서 이 환유를 적용하여, 구체적인 환유 (손가락) **세 개로 삼위일체를 대신함**을 만든다. 반면에 랍비는 구체적인 환유 (손가락) **세 개로 3일을 대신함**을 적용하며, 이 환유는 다시 **머물거나 떠나기** 프레임의 일부를 형성한다.

교황은 손가락을 원 모양으로 흔들었다.
교황의 해석: 신이 어디에나 있다는 것을 보여 준다.
랍비의 해석: 도시 전역에서 유대인들을 쫓아내려 한다.

이 경우에도 교황과 랍비는 둘 다 동일한 개념적 장치를 이용한다. 하지만 이번에는 은유가 **전체성/완전성은 둥긂**이다. 언어 표현 all around(어디에나)와 the whole city(도시 전역)는 이 개념적 은유의 실례이고, 원은 두 경우에서 다 완전성을 암시한다. 하지만 지칭되는 완전성은 서로 다른 프레임에 어울리는 이 두 표현이 암시하는 바와 같이 서로 다르다. 동일한 개념적 은유에서 두 개의 서로 다른 해석이 나올 수 있다. 이 차이는 적용되는 프레임에 의존한다.

교황은 성체와 와인 잔을 꺼냈다.
교황의 해석: 신이 우리의 죄를 용서해 준다는 것을 보여 준다.
랍비의 해석: 그는 자기 점심을 꺼냈다.

이 시점에서 해석 과정의 주요한 변화가 드러난다. 교황의 해석은 총칭 층위의 개념적 은유 **생각은 음식**과 구체적인 층위의 개념적 은유 **신의 말은 음식**에 근거하지만, 랍비는 대신에 환유 **먹는 음식으로 식사를 대신함**(**사과로 점심을 대신함**)에 호소한다. 앞의 두 경우와 비교할 때, 랍비의 해석은 색다른 프레임—**점심** 프레임—에 근거한다. 이 프레임은 교황이 사용하는 프레임이나 랍비가 사용하는 프레임의 일부가 아니다. 이것으로 랍비는 지금까지 사용한 개념화 패턴—**기독교 신학** 프레임과 **머물거나 떠나기** 프레임—에서 벗어난다.

이제 랍비의 제스처를 검토해 보자.

랍비는 손가락 하나를 들어올렸다.
랍비의 해석: 우리들 중 한 명도 떠나지 않는다.
교황의 해석: 여전히 우리의 두 종교에 공통적인 하나의 신이 있다.

교황의 첫 번째 몸동작과 마찬가지로, 랍비와 교황 둘 다 동일한 인지적 기제—**범주의 특성으로 범주 전체를 대신함** 환유—를 통해 랍비의 몸동작을 해석한다. 손가락 하나를 들어 올리는 것은 환유적으로 사용된다. 하지만 둘 중의 한 프레임에서는 이 동작이 한 유대인을 의미하고, 다른 프레임에서는 하나의 신을 의미한다.

랍비는 땅을 가리켰다.
랍비의 해석: 우리는 바로 여기에 머물고 있다.
교황의 해석: 신은 바로 여기에 우리와 함께 있다.

마찬가지로 교황과 랍비는 여기에서도 동일한 환유—**땅을 가리키는 손/손가락으로 땅을 대신함**—를 이용한다. 하지만 서로 다른 프레임 내에서 작용하기 때문에, 이 환유가 이 두 참여자에게 서로 다른 것을 의미할 수 있다.

랍비는 사과를 꺼냈다.
랍비의 해석: 나는 내 점심을 꺼냈다.
교황의 해석: 나에게 원죄를 상기시킨다.

여기에서 랍비의 해석은 **식사/점심** 프레임에 근거하고, **먹는 음식으로 식사를 대신함**(**사과로 점심을 대신함**) 환유를 이용한다. 총칭 층위에서, 상응하는 환유는 **어떤 행동에 관여하는 사물로 그 행동을 대신함**이다. (여기에서 관여하는 사물은 사과이다.) 교황도 이 후자의 총칭적 환유를 사용한다. 여기에서 사과는 원죄의 상징으로 작용한다. 즉, **원죄와 관련이 있는 사과는 원죄를 대신함**. 이러한 연유로, 랍비와 교황이 동일한 총칭 층위 환유를 사용하지만, 해석 틀(**점심**과 **기독교 신학**)이 서로 다르기 때문에, 발생하는 해석은 매우 다를 것이다.

따라서 요컨대, 대안적 개념화가 발생하는 이유는 본질적으로 두 가지이다. 하나는 동일한 개념적 장치(은유나 환유)를 서로 다른 프레임에서 사용한다는 것이다. 다른 하나는 새로운 프레임을 담화에 도입한다는 것이다(여기에서 **점심** 프레임). 두 가지 다 '동일한' 내용의 해석에 영향을 미칠 수 있다.

원형

랍비는 어떻게 성체와 와인을 점심이라고 부를 수 있는가? 이 농담의 이해는 **점심** 개념에 달려 있기 때문에, 이 질문을 좀 더 상세히 조사할 필요가 있다. **아침**에 대한 필모어(1982)의 원형 정의에 유추해서, **점심**의 원형을 이렇게 생각할 수 있다. 점심은 아침 식사와 저녁 식사 사이에 먹는다. 즉, 점심은 하루 중간에 먹는다. 점심은 문화마다 다를 수도 있는 전형적인 음식 메뉴로 구성된다.

농담에서는 점심을 아침 식사 후와 저녁 식사 전에 먹었는지에 관해 아무런 정보가 없고, 우리는 또한 점심을 낮의 어느 시간에 먹었는지도 모른다. 이 두 기준에 근거하면 랍비는 성체와 와인의 섭취를 점심이라고 부를 수 없었다. 하지만 우리는 (랍비와 함께) 성체가 음식의 한 종류이고, 와인은 음료수의 한 종류라는 것을 안다. 이 정보에 근거해, 성체와 와인은 (원형적인 점심은 아닐지라도) 합당하게 점심이라 부를 수 있다. 이것은 교황이 성체를 먹고 와인을 마시는 것을 식사—점심—로 간주하는 랍비의 해석을 설명한다.

개념적 통합

교황이 랍비를 잘못 이해하는 까닭은 랍비의 몸동작을 **기독교 신학** 프레임의 관점에서 해석하기 때문이다. 그리고 랍비가 교황을 잘못 이해하는 까닭은 교황의 몸동작을 **머물거나 떠나기** 프레임에 상대적으로 해석하기 때문이다. 어떻게 이러한 일이 가능한가?

농담 속의 교황과 랍비의 모습이 개념적 통합에 의해 구성된다고 생각한다면, 우리는 이 질문에 답할 수 있다. 우리는 교황을 (공식적인) 교황 개념과 신앙심이 깊은 기독교 신자 개념의 혼성이라고 생각할 수 있다. 한 입력공간에는 엄청난 힘을 가진 교황이 있고, 다른 한 입력공간에는 신앙심이 깊지만 다소 순진하고 의지가 약한 기독교인이 있다. 이 기독교인은 모든 것을 자신의 신앙 렌즈를 통해 해석한다. 그 결과로 우리는 혼성공간에서 신앙심이 깊고 소박하며 의지가 약하지만 (중요한 결정을 내리는) 엄청난 힘을 가진 교황을 발견한다. 동일한 것이 랍비에게도 적용된다. 한 입력공간에는 **랍비** 프레임에 근거한 현명한 랍비가 있고, 다른 한 입력공간에는 효과적으로 주장하고 토론할 수 있는 유대인에 대한 (유대인 집단 내부와 외부의) 고정관념이 있다. 따라서 이 농담 속 랍비는 자질들의 이러한 혼성을 구체화하며, 따라서 교황을 상대로 효과적으로 타협할 수 있는 현명한 랍비가 있다.

이 랍비와 관련해 명확히 할 필요가 있는 또 다른 문제는 이 농담에서 랍비가 기독교 신학에서 성체와 와인이 무엇을 의미하는지 모른다는 것이다. (예컨대, 교황이 자기 점심을 꺼냈다는) 이 랍비의 해석은 정말로 전반적인 상황—이 랍비가 기독교에서 성체와 와인이 전달하는 의미를 알고 있다는 것을 우리가 안다는 것—과 일치하지 않는다. 따라서 이 농담에서는 왜 이러한 견지에서 랍비를 묘사할 필요가 있었는가? 이 묘사는 농담 속 있는 어떤 것으로부터도 나오지 않는다. 더욱이 이 묘사는 이 농담에서 강조하는 랍비의 특징—그가 현명하다는 것—과 모순될 것이다. 우리는 이것을 이해하기 위해 다른 개념적 장치를 하나 더 논의할 필요가 있다.

상위층위의 구성 도식

교황과 랍비 사이의 논쟁은 랍비가 성체와 와인을 교황의 점심으로 해석할 때 유머의 근원이 된다. 개념적 영역 **기독교 신학**의 내용과 **점심**의 내용 사이에 명확한 불일치가 있다. 전자는 신성하고 숭고한 것들의 영역에 속하지만, 후자는 비속하고 세속적이고 일상적인 것들의 영역에 속한다. 이 농담의 유머러스한 효과는 우리가 농담을 하는 동안 이 핵심에 도달할 때 가장 자명하다.

유머러스한 효과가 발생하기 위해서 랍비는 자기 자신의 개념적 프레임(**머물거나 떠나기** 프레임)에서 나와 비속하고 완전히 일상적인 새로운 프레임에 들어가거나 이 프레임을 채택해야 한다. 동시에 그는 교황의 프레임을 다시 짜면서 그 프레임의 내용(즉, **기독교 신학** 프레임의 요소)은 그대로 두어야 한다. 성체와 와인을 점심의 프레임에 다시 넣거나 이 프레임으로 재(再)개념화하면 정확히 이것은 달성된다.

따라서 우리가 발견한 것은 농담과 일반적인 담화가 다양한 일반성 층위에서 구성 도식으로 이루어진다는 것이다. 이 경우의 가장 상위층위 도식은 농담 도식이다. 위의 분석에서 보여 주듯이, 농담은 불일치하는 두 개의 개념적 영역—프레임—을 결합한다. 하나는 신성하고 숭고한 영역이고, 다른 하나는 비속하고 일상적인 영역이다. 농담은 전형적으로 두 개의 불일치하는 영역—도식(프레임)—과 관련이 있다. 이때 불일치의 한 근원은 현재의 사례와 같이 숭고한 영역과 세속적인 영역 사이의 긴장이다.

우리는 불일치하는 두 영역을 농담의 구성 도식으로 간주할 수 있다. 더욱이 우리는 농담 속 원래 프레임(이 농담에서는 **기독교 신학** 프레임과 **머물거나 떠나기** 프레임)의 발달이 개념적 전이를 거쳐야 한다고 가정할 수 있다. 이 개념적 전이의 결과로 이 프레임 중의 하나는 포괄적인 구성 도식에 맞도록 조절된다(즉, **머물거나 떠나기** 프레임이 전이되고, **점심** 프레임이 도입된다). 농담의 급소가 제시되는 때—유머러스한 효과가 생성되는 때—는 바로 이 시점이다. 다시 말해서, 일반적인 구성 도식과 일치하는 이 개념적 전이로 인해 이야기는 농담이 된다.

결론

이 장에서 살펴본 바와 같이, 우리는 종종 은유나 환유, 혼성, 간단히 말하면 우리의 관습화된 프레임 기반 세상사 지식을 사용해 유머러스한 효과를 달성하려 한다. 따라서 은유는 또한 인간 유희의 산물로 등장할 수도 있다.

이 장에서는《케임브리지 고급 학습자 사전》에 유머로 표시된 100여 개의 언어 표현을 조사했다. 특별한 표현에 대한 분석은 이러한 많은 표현이 환유와 은유, 개념적 통합에 근거한다는 것을 보여준다.

그러나 나는 이러한 비유적 장치가 그러한 표현의 유머러스한 효과에 대한 충분조건도 아니고 필요조건도 아니라는 점을 지적했다. 나는 다른 연구자들을 따라, 유머 표현을 설명하기 위해서는 지식의 프레임 내에서나 그 사이에서 개념적 불일치나 양립불가능성 개념에 의존할 필요가 있다고 제안했다.

이러한 분석에 근거해 나는 유머러스한 효과에 책임이 있는 것처럼 보이는 명확히 식별 가능한 많은 유형의 불일치가 있다고 주장했다. 이러한 불일치에는 '실재 대 가상', '가능 대 불가능', '사회적 중립성/예상/수용성 대 사회적 비수용성/지탄/금기', '숭고함 대 세속적임' 등이 있다.

환유와 은유, 혼성에 근거한 유머 표현이 왜 그렇게 많은가의 문제에 관련해, 나는 이러한 비유적 장치가 불일치의 창조를 유도하고 촉진한다고 제안한다.

이러한 연구결과를 고려하면, 언어적 유머에 대한 초기 인지언어학의 설명을 약술할 수 있다. 이 설명의 중심에는 새로운 형태와 새로운 (정반대의) 값으로 특별한 의미를 재창조하는 개념적 경로가 있다. 이 발상은 농담에까지 확장할 수 있는 것으로 보인다. 이것은 교황과 랍비에 대한 농담을 세밀히 살펴봄으로써 입증했다. 하지만 유머에 대한 설명은 고립적 언어 표현에 대한 설명보다 더 많은 인지적 복잡성을 요구하는 것으로 보인다.

더 일반적으로 이 장에서 나는 언어적 유머가 형태/의미 짝(상징 단위 1)으로 어떤 의미를 표현하는 것으로부터 발생하고, 이 의미는 다시 다른 상징 단위(상징 단위 2)를 통해 '어떤 값'과 연결되며, 이 값은 다시 정반대의 어떤 값과 연결되고, 이 경우에는 상징 단위 2의 의미가 상징 단위 1의 의미를 포함한다고 주장한다. 따라서 어떤 측면에서 (공유 의미에도 불구하고) 상징 단위 2는 상징 단위 1의 반대이다. 다시 말해, 우리는 상징 단위 2가 상징 단위 1을 위한 더 큰 개념적 맥락의 일부라 여길 수 있다.

제9장
맥락 속 행복

3장에서 언급했듯이, 개념 체계의 한 기능은 직접적으로나 비(非)직접적으로 접근 가능한 우리의 세상 경험에 대해 완전한 정신적 표상을 제공하는 것이다. 이러한 의미에서 (산물로서의) 개념 체계는 우리의 전체 경험에 대한 정신적 표상으로 간주할 수 있다. 하지만 이것은 **특별한 개념에 연결된** 우리의 전체 지식 표상이 주어진 의사소통 상황에서 이 개념을 은유적으로 개념화하는 동안 활성화할 필요가 있음을 뜻하는 것으로 간주해서는 안 된다. 이 점을 예증하기 위해 이 절에서는 **행복** 개념을 사용할 것이다. 나는 세상에 대한 우리의 정신적 표상 전체 내에서 이 개념의 매우 완전한 지식 표상을 제공하고, 그러한 다음 주어진 의사소통 상황에서 우리가 이 개념의 완전한 표상 중의 아주 작은 부분만을 활용하거나 이 개념을 전적으로 다시 개념화(정의)할 수 있다는 것을 보여주는 두 가지 사례 연구로 관심을 돌리겠다.

나는 매우 다른 세 가지 역사적·문화적 맥락—현대의 일상 영어와 독립선언문, 신약성서—에서 **행복** 개념을 조사한다. 나는 현대 영어의 조사가 이 개념에 대해 단지 하나가 아니라 두 개의 원형적 모형(의미)—직접적 반응으로서의 행복과 가치로서의 행복—을 생성한다는 것을 보여준다. 행복의 (전체) 네 의미—즉 모형—는 명확하고 주요한 차이를 예시한다.

나는 서로 다른 역사적·문화적 맥락이 어떻게 **행복** 개념에 영향을 미치고 이 개념을 형성하는지 지적한다. 이 형성 효과는 주로 감정에 대한 우리의 말하기 방식과 사고방식을 구성하는 개념적 장치—개념적 은유와 개념적 환유, 관련 개념—로부터 발생한다. 상이한 문화적 맥락은 **행복** 개념에 대한 상이한 부분적인 인지모형(이나 프레임)을 생성하는 상이한 개념적 장치를 선호한다.

은유적 개념화에 관한 이전 연구에서 나는 개념적 은유와 은유적으로 구성되는 개념의 보편성과 문화적 변이를 둘 다 설명할 수 있는 은유 이론을 제안했다(Kövecses 2005). 이 시도의 많은 부분은 감정 개념(에 관련한 은유)에 대한 나의 이전 연구에 근거한다(Kövecses 1990, 2000/2003). 일반적으로 나는 (감정) 개념의 보편적 양상이 이러한 개념을 구성하는 사람들을 특징짓는 보편적인 신체적 경험으로부터 발생하고, 은유적 개념화의 변이가 본질적으로 동일한 신체적 경험을 가진 사람들이 개념화를 수행하는 맥락의 유형이 다양한 데에서 나오는 결과라고 주장했다. 나는 또한 보편적 신체화와 맥락의 영향을 엄격하게 분리할 수 없으며 오히려 이 둘이 (감정) 개념을 창조하는 데 함께 작용한다는 주장도 했다(5장 참조).

하지만 이 장에서는 맥락의 영향에만 주의를 집중할 것이다. 즉, 상이한 맥락이 어떻게 하나의 감정—**행복** 감정—에 대한 우리의 개념화를 형성할 수 있는지에 초점을 맞출 것이다. 나는 역사적으로나 문화적으로 다른 세 시기에 영어와 여타의 언어에서 일반적인 **행복** 범주 아래에 포괄할 수 있고 포괄하는 일련의 개념을 조사할 것이다. 구체적으로 18세기 후반의 미국 정치와 현대의 일상 영어, 성경 시대의 기독교 사고와 관련하여 이 개념을 살펴볼 것이다.

더 구체적으로, 나는 **행복** 개념을 밀접하게 관련된 세 의미(곧 살펴보겠지만 실제로는 네 가지)의 측면에서 검토하고자 한다. 이것은 이 세(네) 의미가 매우 다른 세 맥락에서 등장하기 때문이다. 이 **행복** 개념—즉 범주—은 다양한 용어로 지칭할 수 있다. 이러한 용어는 happiness(행복) 그 자체는 물론이고 joy(기쁨), merry(유쾌한), delight(즐거움), rejoice(크게 기뻐하다), glad(기쁜), elation(고양) 등이다. 행복을 가리킬 때 우리가 사용하는 용어는 이 개념을 사용하는 맥락에 따라 다를 수 있다. 나는 그러한 세 맥락—영어로 표상되는 일상 세계(be happy, happiness, joy)와 미국 독립선언문(the pursuit of happiness), 성경의 신약성서(be blessed)—을 살펴볼 것이다.

첫째, 나는 개념적 은유나 개념적 환유, 개념적 원형, 개념적 프레임과 같은 인지적 장치를 사용해서 감정 일반의 개념을 인지언어학의 관점에서 특징짓는다. 둘째, 나는 일상 언어로부터 복원할 수 있는 그대로의 **행복** 개념을 검토한다. 셋째, 독립선언문의 첫 단락에 나오는 the pursuit of happiness라는 표현을 분석한다. 넷째, 신약성서의 마태복음에 있는 "being blessed/happy"라는 밀접하게 관련된 개념을 연구한다. 이른바 더없는 행복(beatitude)은 성경 속의 기독교적 '행복' 개념에 대한 가장 결정적인 해설로 널리 간주된다.

감정 개념의 개념적 구조

나는 감정 개념에 관한 이전 연구에서 감정 개념이 다른 네 성분으로 구성된다는 것을 발견했다. 이 네 성분은 바로 개념적 은유, 개념적 환유, 관련 개념, 인지모형(Kövecses 1986, 1988, 1990, 2000/2003 참조)이다. 이 모든 연구에서 나의 제안은 개념적 은유와 개념적 환유, 관련 개념이 인지모형을 구성한다는 것이었다. 우리가 행복, 화, 사랑, 두려움 등 특별한 감정의 정신적 표상이라고 가정하는 것은 바로 인지모형—개념적 프레임—이다.

이제 이러한 인지모형 각각의 몇 가지 대표적인 예를 검토해 보자.

개념적 은유

개념적 은유란 물리적인 근원영역과 추상적인 목표영역 사이의 대응을 뜻한다(예컨대, Lakoff & Johnson 1980; Kövecses 2002/2010a).

감정을 특징짓는 가장 전형적인 개념적 은유의 일부는 다음과 같다.

감정은 그릇 속 액체(*filled* with emotion)
감정은 열/불(*burn* with emotion)
감정은 자연력(be *overwhelmed* by an emotion)
감정은 물리적 힘(be *struck* by an emotion)
감정은 사회적 상급자(be *governed/ruled* by an emotion)
감정은 적(be *overcome* by an emotion)
감정은 포획당한 동물(*let* go of an emotion)
감정은 자아를 혼란스럽게 하는 힘(be *beside oneself* with an emotion)
감정은 짐(be *weighed down* by an emotion)

이러한 개념적 은유에 관한 전반적인 주장은 이들이 일반적인 힘 역학 패턴의 실례라는 것이었다(Kövecses 2000/2003). 이것은 타미(Leonard Talmy 1988)가 처음으로 힘 역학 패턴을 논의했던 의미의 주장이다. 이 패턴에서는 한 강력한 개체(원인 또는 감정)가 또 다른 강력한 개체(합리적 자아)에 영향을 미쳐서 어떤 결과가 나온다. 이러한 개념적 은유의 힘 역학적 특징을 고려하고, 이 은유들이 감정과 연결되는 개념적 구조의 큰 부분을 구성한다고 말할 수 있다는 점을 고려할 때, 감정 개념은 대체로 힘 역학적으로 구성된다고 제안할 수 있다(Kövecses 2000/2003).

개념적 환유

개념적 환유는 일반적인 두 유형—**감정의 원인으로 감정을 대신함**과 **감정의 결과로 감정을 대신함**—일 수 있다. 후자가 전자보다 훨씬 더 일반적이다. (환유에 관한 인지언어학적 견해를 위해서는 Kövecses & Radden 1998과 Panther & Radden 1999, Barcelona 2000을 참조하라.) 다음은 일반적인 환유 **감정의 결과로 감정을 대신함**의 구체적인 몇 가지 대표적 사례이다.

> **체열로 화를 대신함**(being a *hothead*)
> **체온 하락으로 두려움을 대신함**(getting *cold feet*)
> **가슴 펴기로 자부심을 대신함**(*puffing one's chest out* with pride)
> **도망으로 두려움을 대신함**(*fleeing* the scene)
> **바라보는 방식으로 사랑을 대신함**(*looking* at someone *amorously*)
> **얼굴 표정으로 슬픔을 대신함**(*having* a sad *face*)

개념적 환유의 이러한 구체적인 유형은 특별한 감정과 연결되는 생리적·행동적·표현적 반응에 대응한다. 따라서 **체열로 화를 대신함**과 **체열 하락으로 두려움을 대신함**은 생리적 반응의 개념적 표상이다. **가슴 펴기로 자부심을 대신함**과 **도망으로 두려움을 대신함**은 행동적 반응의 개념적 표상이다. **바라보는 방식으로 사랑을 대신함**과 **얼굴 표정으로 슬픔을 대신함**은 표현적 반응의 개념적 표상이다.

관련 개념

이른바 '관련 개념'은 감정의 주체(즉, 감정을 느끼는 사람)가 감정의 대상이나 원인과 관련해 갖는 감정이나 태도를 말한다. 예컨대, 우정은 사랑의 주체가 원형적으로 사랑하는 사람에 대해 갖는 감정이나 감정적 태도이다. (연구에 따르면 이 감정이나 태도가 비록 비원형적인 것이기는 하지만 말이다.) 누군가가 자신이 다른 누군가와 사랑에 빠졌다라고 말한다면, 우리는 (적어도 낭만적 사랑의 원형적 경우에서) 사랑의 주체가 사랑하는 사람에 대한 우정의 감정적 태도를 또한 보여줄 것이라고 당연히 예상할 수 있다. 이 점에서, (다시 말하지만 적어도 낭만적 사랑의 원형적 경우에) 우정은 낭만적 사랑의 개념에 내재하는 개념이다. (관련 개념은 관련성의 서로 다른 정도를 보여 준다. 내재적인 개념은 특별한 개념과 가장 밀접한 관련이 있다.)

그러한 내재적인 개념이 개념적 환유로 작용한다고 제안할 수 있다. 어쨌든, 나는 그러한 내재적인 개념 하나를 언급함으로써 전체 개념을 가리킬 수 있다. 이 예에서, 우정은 낭만적 사랑을 나타낼 수 있다. 이것은 왜 단어 girlfriend(여친)와 boyfriend(남친)가 낭만적인 사랑 관계에 있는 사람들에 대해 말하는 데 사용할 수 있는지 설명해 준다. (낭만적 사랑과 우정 사이에 그러한 내재적 관계가 없다면, 이러한 용어의 사용은 사랑에 빠진 사람들을 가리키는 데 전혀 동기를 부여하지 못할 것이다.)

관련 개념의 그러한 사용은 **부분으로 전체를 대신함** 환유라고 간주할 수 있다.

인지모형

우리는 레이코프(Lakoff 1987)를 따라 범주가 많은 구성원으로 구성되어 있고, 어떤 구성원은 더 중심적이라 볼 수 있다. 중심적 구성원에 대한 정신적 표상은 원형적인 인지모형의 형태로 제시할 수 있다. 그러한 인지모형은 은유적이거나 환유적일 수 있다.

감정은 개념적으로 마음속에 인지모형, 즉 프레임으로 표상된다. 어떤 특별한 감정은 그 감정에 대한 한 개나 몇 개의 원형적인 인지모형으로 표상할 수 있다. 이것은 범주에는 많은 구성원이 있고, 그 중의 하나 또는 일부가 원형적이고, 많은 것이 비원형적이라는 로쉬의 발상으로부터 나온다(예컨대, Rosch 1978 참조). 감정 범주의 원형적 구성원은 원형적인 인지모형이라 표상하고, 비원형적 구성원은 비원형적인 모형이라 표상한다. 즉, 비원형적인 인지모형은 원형적 모형(이나 프레임)으로부터의 일탈이라 표상한다. (이에 대한 더 많은 내용은 5장을 참조하라.)

개념적 은유와 개념적 환유, 관련 개념은 모두 특별한 감정에 대한 원형적 모형(들)로 수렴된다. 그러한 수렴은 적어도 세 가지 방식으로 발생할 수 있다. 첫 번째 방식에서는 개념적 성분들이 함께 인지모형을 구성한다. 두 번째 방식에서는 개념적 성분들이 이전에 존재하던 인지모형에 근거한다. 세 번째 방식에서는 개념적 성분들 중 일부가 모형의 부분을 구성하고, 일부는 원형적 인지모형에 근거한다. 다음 논의에서는 이 문제에 대해 어느 한쪽 편을 들지 않을 것이다(하지만 Kövecses 1999, 2005 참조).

원형적인 인지모형은 특별한 감정의 (전문 이론과 대립적인) 속설로 볼 수 있다(Kövecses 1990). 3장과 이전 연구(Kövecses 2000)에서 제안했듯이, 감정에 대한 총칭 층위의 가장 도식적인 속설은 다음과 같이 제시할 수 있다.

감정의 원인 → 감정 → (감정 통제) → 반응

이 도식은 감정이 어떤 모습인지에 대한 매우 일반적인 생각을 나타낸다. 즉, 감정을 유발하는 원인이 있고, 우리의 감정은 우리 자신(즉, 자아)에게 어떤 반응을 내놓도록 요구한다. 일반적으로, 어떤 반응이 사회적으로 수용 가능한지에 대한 사회적 제약이 있다. 사회마다 감정에 상이한 통제 기제를 부과할 수 있다.

감정 개념의 일반적인 구조를 이렇게 개관했다. 이제 구체적인 개념인 **행복**으로 주의를 돌려보자.

일상 영어 속 〔행복〕 개념

행복 개념은 우리가 앞에서 **감정**의 개념에 대해 살펴본 것과 동일한 인지적 장치—은유나 환유, 관련 개념, 인지모형—로 특징짓는다. 이 절에서 행복에 대한 기술은 대체로 나의 한 연구(Kövecses 1991a)에 근거한다.

행복의 개념적 은유

행복 개념의 특징은 많은 다양한 유형의 개념적 은유가 정의한다. 구체적으로 행복에 관해 세 가지 유형의 개념적 은유—일반적인 감정 은유와 **행복** 개념을 평가하는 은유, 행복의 현상학적 본성이나 특성을 제시하는 은유—를 식별할 수 있다. 이 세 유형에 속하는 특별한 개념적 은유는 아래에 제시하고, 각각의 개념적 은유에 언어적 실례를 제시한다.

일반적인 감정 은유

행복은 그릇 속의 액체: She was *bursting with* joy.

행복은 열/불: Fires of joy were *kindled* by the birth of her son.

행복은 자연력: I was *overwhelmed* by joy.

행복은 물리적 힘: He was *hit* by happiness.

행복은 사회적 상급자: They live a life *ruled* by happiness.

행복은 적: She was *seized* by joy.

행복은 우리에 갇힌 동물: All joy *broke loose* as the kids opened their presents.

행복은 정신병: The crowd *went crazy* with joy.

행복은 자아를 혼란스럽게 하는 힘: He was *beside himself* with joy.

행복은 질병: Her good mood was *contagious*.

(구글 검색이 보여주는 바와 같이) 이러한 개념적 은유 중 일부는 다른 것보다 더 일반적이다. 하지만 이 개념적 은유들은 모두 다 행복에 대해 말할 때 사용할 수 있다.

위 목록의 개념적 은유는 일반적인 감정 은유라 부른다. 각 은유가 행복뿐만 아니라 대부분의 감정 개념에도 적용되기 때문이다.

행복을 평가하는 은유

어떤 은유는 행복의 평가적 양상을 포착한다.

> **행복은 빛**: He was *beaming* with joy.
> **행복은 (무거운 느낌이 아니라) 가벼운 느낌**: I was *floating*.
> **행복은 위**: I'm feeling *up* today.
> **행복은 천국에 있음**: I was in *seventh heaven*.

당연히 이러한 은유는 행복의 감정을 매우 긍정적으로 평가한다. 빛이나 내리누르지 않는 것, 위에 있는 것, 천국에 있는 것은 모두 매우 긍정적이며, 슬픔이나 우울함과 같이 행복의 반대를 특징짓는 그 반대—어둠이나 내리누르는 것, 아래에 있는 것—와는 다르다. 하지만 지옥에 있는 것은 슬픔의 현대 개념을 특징짓는 것처럼 보이지 않는다(Tissari 2008).

행복의 현상학적 특징을 제공하는 은유

> **행복은 잘 사는 동물**: I was *purring* with delight.
> **행복은 기분 좋은 물리적 감각**: I was *tickled pink*.
> **행복은 술 취함**: It was an *intoxicating* experience.
> **행복은 생명력**: He was full of *pep*.
> **행복은 따뜻함**: What she said made me feel *warm* all over.

이러한 개념적 은유는 행복의 '감각 음조'(feeling tone)를 제공한다. 즉, 행복을 경험하는 사람에게 이 감정이 어떻게 느껴지는지를 묘사한다. 마지막에 있는 두 가지 개념적 은유는 상관관계가 있을 수 있다.

즉, 따뜻함을 느끼는 것은 보통 긍정적 경험으로 평가받는다.

행복의 개념적 환유

행복에 적용되는 구체적인 개념적 환유는 행동적 · 생리적 · 표현적 반응에 대응한다. 이것은 아래에서 볼 수 있다.

행동적 반응

펄쩍펄쩍 뛰기로 행복을 대신함: *jump up and down* with joy
춤추기/노래하기로 행복을 대신함: *dance* with joy

생리적 반응

얼굴의 붉어짐으로 행복을 대신함: *flush/beam* with joy
증가한 심박동 수로 행복을 대신함: *heart beats* with joy
몸의 따뜻함으로 행복을 대신함: be *warm* with joy
동요/흥분으로 행복을 대신함: be *excited* with joy

표현적 반응

밝은 눈으로 행복을 대신함: *shine* with happiness/joy
미소로 행복을 대신함: *smile/laugh*

행복은 흔히 이러한 행동적 · 생리적 · 표현적 반응을 통해 드러난다. 우리는 이러한 반응 중의 어느 하나를 언급함으로써 우리 자신이나 다른 어떤 사람의 행복을 암시할 수 있다(예컨대, Wierzbicka 1999 참조). 예컨대, 미소는 원형적으로 행복함의 신호로 간주된다. 더욱이 흥미롭게도 우리는 이러한 반응에서 문화적 변이의 정도를 발견할 수 있다. 예를 들어, 불교에서는 행복이 심박동 수의 증가라기보다 감소와 연결된다.

관련 개념

많은 다른 감정 개념과 비슷하게, 행복도 몇몇 '관련 개념'으로 구성된다. 즉, 행복의 개념에 내재적이거나 이 개념과 밀접한 관련이 있는 개념으로 구성된다.

이러한 관련 개념에는 다음과 같은 개념이 들어간다.

> **만족(의 느낌)**: a *satisfied* baby, a *satisfied* smile
> **즐거움(의 느낌)**: do it with *pleasure*
> **조화(의 느낌)**: feel happiness and *harmony*

원형적인 경우에, 행복은 어떤 결과에 만족하는 것을 가정한다. 행복과 만족의 관계는 단어 satisfaction에 대해 전자판《미리엄 웹스터 학습자 사전》(*Merriam-Webster's Learner's Dictionary*)에서 제시하는 다음 정의를 보면 알 수 있다.

> 정의: "having a happy or pleased feeling because of something that you did or something that happened to you"
> (당신이 행한 일이나 당신에게 일어난 일 때문에 행복한 느낌이나 즐거운 느낌을 갖는 것)
> 사례: a satisfied customer (행복한 고객)
> There was a satisfied look/smile on her face.
> (그녀의 얼굴에 만족한 표정/미소가 있었다.)

행복은 또한 즐거움의 느낌도 함의한다. 마지막으로 우리는 행복할 때 세상과 조화를 이룬다고 느끼는 경향이 있다.

행복의 원형적 인지모형

인지모형 이론은 범주로서의 행복에 다음과 같이 적용된다. 앞서 언급한 개념적 은유와 개념적 환유, 관련 개념은 함께 행복의 원형적인 인지모형 하나 또는 몇 개에 수렴된다. (이 '합동 수렴'의 세부사항은 Kövecses 1991, 2002/2010a에서 상세히 설명한다.) 이러한 개념적 은유와 개념적 환유, 관련 개념은 원형적 인지모형을 구성하거나 원형적 인지모형에 근거한다.

나는 일반적인 **행복** 개념이 세 개의 원형적인 인지모형을 지니고 있고 또한 이 세 원형을 중심으로 무리를 짓는 많은 비원형적 인지모형을 가지고 있다고 기술하는 것이 최선이라고 제안한다. 나는 이 세 원형을 '직접적 반응으로서의 행복'과 '가치로서의 행복', '기쁨으로서의 행복'이라 부른다. 이 장에서는 앞의 두 원형만을 다룰 것이다.

나의 구체적인 제안은 단어 happiness를 사용하여 지시할 수 있는 있는 의미의 그 많은 음영과 종류 중에서 두드러지는 것은 바로 **행복** 개념의 이 세 용법이라는 것이다. 이 세 용법은 가장 현저한 의미인 것으로 보인다. 하지만 나중에 살펴보겠지만 각 용법에는 이유가 있다.

직접적 반응으로서의 행복

'직접적 반응으로서의 행복'에서 사람은 바람직한 결과에 행복의 어떤 형태로 반응을 보인다. 이와 관련되는 행복의 형태는 흔히 joy(기쁨)라고 부른다. 나는 이것이 단어 joy의 유일한 의미(Fabiszak 2000: 299–303)라고 제안하는 것은 아니지만, 여기에서 내가 분석하는 유일한 의미이다.

앞의 사례 목록이 암시하는 바와 같이, '직접적 반응으로서의 행복'은 특별한 종류의 행복—기쁨—에 대응한다. 이러한 이유로 나는 이 종류의 행복을 '기쁨/행복'이라고 부른다.

개념적 은유와 환유, 기쁨/행복을 연상케 하는 관련 개념, 이러한 개념을 예시하는 언어를 고려하면, 우리는 기쁨/행복을 다음의 인지모형으로 기술할 수 있다.

기쁨의 원인:

당신은 무언가를 성취하고 싶어 한다.
당신은 그 무언가를 성취한다.
당신의 입장에서 이 성취에 대한 직접적인 감정적 반응이 있다.

기쁨의 존재:

당신은 만족한다.
당신은 눈의 빛남과 미소, 웃음, 펄쩍펄쩍 뜀을 비롯해 다양한 표현적·행동적 반응을 보인다.
당신은 활기를 느낀다.
당신은 또한 몸의 따뜻함과 동요/흥분을 비롯해 생리적 반응을 경험한다.
이 상태에 대한 맥락은 흔히 축하와 관련이 있는 사회적 맥락이다.
당신은 세상에 긍정적인 견해를 갖는다.
당신은 이 감정을 다른 사람들에게 전달할 필요를 느낀다.
당신의 이 느낌은 다른 사람들에게로 '퍼져나갈' 수 있다.

당신은 당신의 상태를 기분 좋은 상태라고 경험한다.

당신은 세상과 조화를 이룬다고 느낀다.

당신은 당신 자신이 느끼는 바를 어찌할 수 없고, 당신은 당신의 느낌에 관련해 수동적이다.

당신의 느낌과 경험의 강도는 높다.

어떤 한계를 넘어서면, 강도의 증가는 당신의 기능 장애—통제력 상실—를 야기하는 사회적 위험을 암시한다.

당신이 당신 자신이 느끼는 바를 전달하고 자유롭게 표출하는 것—통제를 상실하는 것—이 전적으로 수용 가능한 것은 아니다.

통제 시도:

당신은 당신 자신이 느끼는 바를 전달하거나 자유롭게 표출하는 것이 전적으로 수용 가능한 것이 아니기 때문에, 감정을 통제하려고 시도한다. 당신은 행동적 반응에 참여하지 않으려 시도하고, 표현적 반응을 보여주거나 느끼는 바를 전달하지 않으려 시도한다.

통제 상실:

그럼에도 불구하고 당신은 통제를 상실한다.

행동:

당신은 행동적 반응에 참여하고, 표현적 반응을 보여주거나 당신이 느끼는 바를 전달한다. 게다가 (흔히 춤의 형태나 노래의 형태, 많은 율동의 힘찬 행동의 형태로) 통제되지 않는 거친 행동을 표출할 수 있다.

'통제 시도' 부분이 다른 부정적 감정의 경우에서만큼 기쁨/행복에서도 그렇게 중요한지는 논란의 여지가 있다. 내가 보기에 서구 문화에서는 일반적으로 강렬한 형태의 감정이 부정적인 평가를 받는다. 이 점은 긍정적인 감정에 '통제 시도'가 출현하는 것을 설명해 줄 것이다. 이 시도는 확실히 낭만적 사랑에서도 찾아볼 수 있다(Kövecses 1988). 하지만 이 주제는 더 깊이 연구를 할 가치가 있다.

우리는 이 모형이 위에서 제시한 구체적인 은유와 환유, 관련 개념으로부터 발생한다고 다음과 같이 생각할 수 있다. 당신이 매우 기쁠/행복할 때, 약간의 통제력 상실이 따라온다는 생각을 예로 들어보자. 이 생각의 지표는 **행복은 자연력**, **행복은 적**, **행복은 우리에 갇힌 동물**, **행복은 정신병** 등 많은 개념적 은유로 제시된다. 이러한 은유의 전형적인 언어적 사례는 기쁨/행복의 강도가 높은 사람이 통제력 상실을 겪을 가능성이 높다는 것을 암시한다. (예를 들어, we are *overwhelmed*[우리는 압도당한 상태이다], we are *seized*[우리는 붙잡힌 상태이다], we go *crazy*[우리는 미쳐 간다] 등을 보라.) 따라서 우리가 행복에 대해 사용하는 언어는 우리가 행복에 대해 사고하는 방식을 드러내 준다. 그리고 행복에 대해 우리가 말하는 방식은 원형적 인지모형으로 주어진다. 이것은 이 장에서 내가 따르는 일반적인 방법론이다.

'즉각적 반응' 모형이 현저한 모형인 이유는 높은 정도로 '현저할 수 있기' 때문이다. 이 모형은 매우 현저한 행동적·생리적·표현적 반응(즉, 개념적 환유)의 지배를 받고, 또한 강도와 통제—결국은 통제 상실로 이어지는—를 암시하는 개념적 은유가 제공하는 개념적 내용의 지배를 받는다. 이것은 기쁨/행복을 강렬한 감정적 사건의 일반적인 힘 역학적 패턴과 일치하는 기본 감정으로 내놓는다. 다른 기본 감정도 비슷한 힘 역학적 패턴을 지닌다. 그리고 각 감정은 개념적 환유를 통해 언어에 반영되는 특징적인 반응 윤곽을 갖는다.

가치로서의 행복

대조적으로 가치로서의 행복은 반대하는 자아와 상호 작용하는 어떤 강력한 감정이 특징짓지 않는다. 그 대신에, 이 형태의 행복은 어떤 현저한 반응이 거의 없고 심지어는 명확히 식별 가능한 구체적인 원인조차 전혀 없는 조용한 상태로 구성된다. (이러한 연유에서 이 행복의 전형적인 모호하고 일반적인 원인은 다음 목록에서 괄호 속에 제시한다.) 이러한 형태의 행복은 흔히 다음과 같은 개념적 은유가 포착한다.

행복은 빛: He was *beaming* with joy.
행복은 (무거운 느낌이 아니라) 가벼운 느낌: I was *floating*.
행복은 위: I'm feeling *up* today.
행복은 천국에 있음: I was in *seventh heaven*.
행복은 탐나는 숨겨진 물건: At long last I have *found* happiness.

첫 번째 네 개의 개념적 은유는 행복의 감정을 매우 긍정적으로 평가한다. (마찬가지로 이 네 은유의 근원영역의 정반대인 **어두움**과 **무거움**, **아래**(와 적어도 역사적으로는 **지옥**[Tissari 2008 참조])는 슬픔이나 우울과 같은 반대 감정을 부정적으로 평가한다.) 게다가, 이러한 개념적 은유는 또한 행복을 기분 좋은 감각이라 보여 주고, **만족**과 (세상과의) **조화**라는 관련 개념은 이 의미에 뚜렷하게 출현한다.

다섯 번째 개념적 은유는 '가치로서의 행복'의 내용과 구조의 많은 부분을 제공한다. 사람들이 사랑을 찾고, 사랑은 얻기가 어려우며, 그럼에도 불구하고 사람들은 사랑을 찾는 일에 노력을 쏟아붓고, 사랑은 얻는 데 많은 시간이 걸리며, 일단 발견하면 사랑은 오랫동안 유지할 수 있다는 것은 **행복은 탐나는 숨겨진 물건** 은유로부터 나오는 귀결이다.

위의 은유를 고려하면, 이것은 다음과 같이 제시할 수 있다.

인생의 목표:

(자유, 건강, 부, 사랑)

이러한 목표와 일치하는 행동:

사람들은 행복을 얻고자 시도한다.

행복을 얻기 어렵다.

행복을 얻는 데는 노력이 필요하다.

행복을 얻는 데는 오랜 시간이 걸린다.

행복은 사람들이 일단 얻으면, 오랫동안 지속된다.

바라는 결과:

목표 달성 → 행복

행복은 긍정적 가치와 연결된다.

행복은 만족을 함의한다.

행복은 유쾌할 수 있다.

행복은 당신에게 세상과의 조화의 느낌을 준다.

탐나는 숨겨진 물건 은유와 **탐나는 이동하는 물건** 은유는 더 상위 층위 은유 **행복은 탐나는 물건**의 유형이기 때문에, '가치로서의 행복' 모형을 특징짓는 몇몇 자질을 생성하는 사상을 공유한다. 추가적인 특징은 위의 네 은유로부터 도출된다. '직접적 반응으로서의 행복'과 대조적으로 '가치로서의 행복'은 매우 현저한 감정 반응과 힘 역학적으로 구성되는 통제 양상이 특징짓지 않는다.

지금까지 살펴본 바와 같이, 앞에서 기술한 행복의 두 형태는 영어에서 다른 단어로 지칭한다. '직접적 반응으로서의 행복'은 joy(기쁨)으로 지칭하고, '가치로서의 행복'은 happiness로 지칭한다. 쾨브체시(Kövecses 1991a)는 여러 변별적인 은유 집합의 관점에서 joy와 happiness를 구분했다. 이 구분은 나중에 코퍼스언어학 연구(Stefanowitsch 2004)와 인지심리학 실험(Tseng et al. 2007)에서 입증했다.

미국 독립선언문 속의 행복

독립선언문의 작성자(들)이 the pursuit of happiness(행복의 추구)라는 어구를 사용할 때 염두에 두었던 행복의 모형은 무엇인가? 이 행복 모형은 '직접적 반응으로서의 행복'인가, 아니면 '가치로서의 행복'인가?

단어 happiness의 가장 잘 알려진 한 용법은 미국 독립선언문에서 발견할 수 있다. 독립선언문의 첫 문장은 이렇게 씌어 있다.

> When in the Course of human events it becomes necessary for one people to dissolve the political bands which have connected them with another and to assume among the powers of the earth, the separate and equal station to which the Laws of Nature and

of Nature's God entitle them, a decent respect to the opinions of mankind requires that they should declare the causes which impel them to the separation.

We hold these truths to be self-evident, that all men are created equal, that they are endowed by their Creator with certain unalienable Rights, that among these are Life, Liberty and the *pursuit* of Happiness.—That to secure these rights, Governments are instituted among Men, deriving their just powers from the consent of the governed,—That whenever any Form of Government becomes destructive of these ends, it is the Right of the People to alter or to abolish it, and to institute new Government, laying its foundation on such principles and organizing its powers in such form, as to them shall seem most likely to effect their Safety and Happiness.

인류의 역사에서 한 민족이 다른 한 민족과의 정치적 결합을 해체하고 세계의 여러 나라 사이에서 자연법과 자연의 신의 법이 부여한 독립, 평등의 지위를 차지하는 것이 필요하게 되었을 때, 인류의 신념에 대한 임징한 고러는 우리로 하여금 독립을 요칭하는 여리 원인을 선언하지 않을 수 없게 한다.

우리들은 다음과 같은 사실을 자명한 진리로 받아들인다. 즉, 모든 사람은 평등하게 태어났고, 창조주는 몇 개의 양도할 수 없는 권리를 부여했으며, 그 권리 중에는 생명과 자유와 행복의 추구가 있다. 이 권리를 확보하기 위하여 인류는 정부를 조직했으며, 이 정부의 정당한 권력은 인민의 동의로부터 유래하고 있는 것이다. 또 어떤 형태의 정부이든 이러한 목적을 파괴할 때에는 언제든지 정부를 개혁하거나 폐지하여 인민의 안전과 행복을 가장 효과적으로 가져올 수 있는, 그러한 원칙에 기초를 두고 그러한 형태로 기구를 갖춘 새로운 정부를 조직하는 것은 인민의 권리인 것이다.

독립선언문에 표현된 견해에서 **행복** 개념은 몇 가지 흥미로운 특징을 지닌다. 첫째, 행복은 (동물) 사물로 간주된다. 동물은 달아나고 있고, 사람들은 이 동물을 뒤쫓고 있다. 인지언어학에서는 이것을 상태가 사물의 존재론적 지위를 부여받는 '존재론적' 은유라 부른다. 이것은 **행복은 사물** 은유로 표상할 수 있고, 이 은유는 총칭 층위 은유 **상태는 사물**의 인가를 받는다. 이러한 은유가 주어지면, 우리는 행복을 추구할 수 있다. (즉, 행복을 구할 수 있고 얻을 수 있다.) 행복은 또한 생성하거나 생산할 수 있는 바라던 결과 상태/사물(효과)로 간주할 수 있다.

둘째, 독립선언문의 견해에서 사람들은 원래 행복한 것이 아니라, 자신들이 행복할 수 있는 조건—행복을 달성할 수 있는 조건—을 창조하는 정부를 설립할 수 있다. 특별한 사회적 제도로 행복을 달성할 수 있다는 개념은 행복에 세속적 상태의 특징을 제시한다. 이 상태는 사람들이 (뒷 절에서 논의하는) 신의 은총에 따른 결과로 당연히 행복하다는 종교적 (기독교적) 상태와 대립된다.

"*pursuit* of happiness"라는 어구가 암시하는 바와 같이, 행복은 어떤 바라는 상태이다. 우리는 행복을 추구하고 있는 까닭은 행복을 얻고 싶어 하기 때문이다. 이것은 **행복은 탐나는 물건** 은유라 부를 수 있(으며 이 은유는 다시 **상태는 사물**에 근거한)다. **탐나는 물건** 은유는 두 유형으로 다가온다. 한 유형에서는 탐나는 동물 물건이 우리—추적자—에게서 달아나고 있고, 우리는 이 동물을 뒤쫓고 있다. 다른 한 유형에서는 탐나는 물건이 숨겨져 있으며, 이로 인해 우리가 이 물건을 찾기 어렵게 된다.

행복은 탐나는 물건

유형 1: **달아나는 탐나는 물건**

사상		
탐나는 물건	→	행복
(물건이) 우리에게서 달아남	→	(물건 얻기의) 어려움
(물건의) 추적자	→	(행복을 얻고자 하는) 사람
(물건을) 잡고자 하는 추구	→	행복을 획득/달성하고자 노력함
(물건을 잡고자 하는) 바람	→	(행복에 대한) 바람
물건 잡기	→	행복 획득

유형 2: **숨겨진 탐나는 물건**

사상		
탐나는 물건	→	행복
(우리에게서 물건이) 숨겨져 있음	→	(물건 얻기의) 어려움
(물건의) 수색자	→	(행복을 얻고자 하는) 사람
(물건의) 수색	→	행복을 획득/달성하려는 시도
(물건을 잡고자 하는) 바람	→	(행복에 대한) 바람
물건 찾기	→	행복 획득

나는 가치로서의 행복에 관한 소절에서 **행복은 탐나는 물건** 은유를 논의했다. 분명히 독립선언문에 등장하는 어구 "pursuit of happiness"에 적용되어 이 어구를 설명하는 것은 바로 이 은유의 **달아나는 탐나는 물**

건 유형이다. 이 두 유형에서 추적자와 수색자는 둘 다 탐나는 물건을 얻을 때까지 이 물건에 더 가까이 간다. 이러한 일이 일어날 때 행복이 달성된다. 이 특징의 결과로, **행복은 탐나는 물건** 은유가 인생에 대한 잘 알려진 은유 **목적이 있는 인생은 여행**과 일치하거나 겹친다. 이 은유를 고려하면, 우리는 있고 싶은 곳에 도착할 때(즉, 우리의 인접한 목적지나 더 먼 목적지에 도착할 때), 즉 우리가 우리의 목표에 도달할 때, 우리는 성공적인 인생을 향유한다. (인접하거나 더 먼) 이 목적지—이 목표—는 **행복은 탐나는 물건** 은유의 탐나는 물건에 대응한다. (성공으로 간주되는) 인생의 목적지에 도달하는 것은 동물을 잡거나 물건을 찾는 것—행복한 것—과 동일하다. 이것은 **행복은 탐나는 물건** 은유와 **인생은 여행** 은유 사이에서 중복을 제공하는 사상이다. 따라서 인생의 성공이 우리를 행복하게 만든다는 점에서 **인생**의 개념화와 **행복**의 개념화는 밀접하게 연결되어 있다.

그러나 독립선언문은 행복 자체가 아니라, '(행복) 추구'가 양도할 수 없는 권리라고 말한다는 점에 주목해야 한다. 달리 말하면, 행복 자체가 모두에게 보장된 것이 아니라, 행복을 추구할 수 있을 뿐이다. 행복의 추구는 어떻게 보장할 수 있는가? **행복은 탐나는 물건** 은유와 **목적이 있는 인생은 여행** 은유는 둘 다 추적자의 목적지인 어떤 (탐나는) 물건을 향한 이동을 포함한다. 만일 물건/목적지를 향한 이동이 근원영역에서 방해받지 않는다면, 우리는 행복/성공을 달성할 자유를 갖는다. 즉, 우리의 설명은 제3의 은유를 필요로 한다. 바로 **행동의 자유는 이동의 자유** 은유와 더 일반적으로는 **행동은 이동** 은유가 필요하다 (Lakoff 1993의 사건구조 은유 참조). 어구 "pursuit of happiness"는 또한 **행동의 자유는 이동의 자유**와 일치한다. 이 은유는 '양도할 수 없는 권리'의 정확한 본질 개념을 알려준다. 그것은 다른 사람들의 방해를 받지 않은 채 행복을 추구할 수 있는 권리, 즉 자유롭게 행복의 상태를 획득할 수 있는 권리이다.

만일 우리가 양도할 수 없는 세 권리—생명권과 자유권, 행복 추구권—를 단순히 독립적인 권리의 목록으로 간주하지 않는다면, 독립선언문의 이 해석이 발생한다. 그 대신에, 우리는 이 세 권리를 개념들의 유의미한 연속체로 간주할 수 있다. 이 경우에는 그러한 연속체에서 생명권과 자유권, 행복 추구권이 자신들의 의미로 인해 밀접하게 관련된다. 나는 앞 단락에서 (인생에서의 성공이 행복을 달성하는 것에 대응한다는 점에서) **인생** 개념이 **행복**에 대한 **탐나는 물건** 은유와 중복되고, 성공/행복을 달성하는 과정이 자유롭게 발생해야만, 즉 은유적으로 말해 성공/행복으로 향하는 이동이 방해받지 않아야만 성공/행복을 달성할 수 있다고 지적했다. 따라서 내가 보기에는 얼핏 서로 무관한 독립적인 세 권리('권리/개념')는 자신들을 특징짓는 세 은유에 의해 밀접하게 연결되는 아이디어 체계를 형성하며, 따라서 이 세 권리는 결코 독립선언문에서 권리의 목록이나 임의적인 권리의 집합이 아니다.

요컨내, 위에서 특징지은 행복에 대한 **탐나는 물건** 은유와 인생에 대한 **여행** 은유, (행동할) 자유에 대한 **이동의 자유** 은유는 다음과 같이 제시할 수 있는 어떤 **행복** 개념을 제공한다.

미국 독립선언문 속의 **행복**:

인생의 목표:

행복은 사람들의 주요한 인생 목표 중 하나이다.

행복은 탐나는 상태이다.

행복은 모든 사람들의 양도할 수 없는 권리이다.

목표와 일치하는 행동:

사람들이 행복을 얻을 수 있도록 보장하는 것은 정부의 책임이다.
사람들은 행복을 얻고자 하는 데 자신의 인생을 바친다.
사람들은 행복을 획득하고자 노력한다.
행복은 얻기가 어렵다.
행복을 얻기 위해서는 노력이 필요하다.
행복을 얻는 데는 많은 시간이 걸린다.
행복은 사람들이 일단 얻으면 오랫동안 지속된다.

바라는 결과:

목표 달성 → 행복

행복에 대한 부분적으로 은유에 근거한 독립선언문 속의 이 견해는 행복의 본질과 행복을 달성할 수 있는 방식을 어느 정도 알려주지만, 일상 모형에서 명시되는 그대로의 이 개념의 전체적 내용에 대해서는 많은 것을 말해 주지 않는다.

'가치' 모형과 비교할 때, 독립선언문에 근거한 모형은 부가적으로 다음을 포함한다.

행복은 모든 사람들의 양도할 수 없는 권리이다.
행복은 사람들의 주요한 인생 목표 중 하나이다.
사람들은 행복을 얻고자 하는 데 자신의 인생을 바친다.
사람들이 행복을 얻을 수 있도록 보장하는 것은 정부의 책임이다.

행복이 모든 사람들의 양도할 수 없는 권리라는 특징은 독립선언문에서 이것을 명시적(이고 축자적)으로 언급한 것에서 도출된다. 행복이 주요한 인생 목표이고, 사람들이 그것 얻기 위해 인생의 많은 것을 바친다는 특징은 **인생은 여행** 은유와 탐나는 인생 목표에 관한 상식적 추론으로부터 나온다. 정부의 책임을 언급하는 특징은 다시 독립선언문에서 축자적으로 진술한다. 달리 말하면, 독립선언문에 근거한 모형 속의 특징의 일부는 가치로서의 행복 모형이 공유한다. (이러한 연유에서 이 일부 특징은 비슷하다고 볼 수 있다.) 하지만 다른 특징들은 독립선언문에만 출현한다.

행복이 양도할 수 없는 권리임에 관한 명시적으로 진술된 특징과 정부의 책임 덕택에 독립선언문 모형은 세속적인 모형이 된다. 하지만 '가치로서의 행복'으로부터 이 특징과 책임이 빠져 있기 때문에 '가치' 모형은 대안적인 (비세속적) 일상 모형이 된다. 이제 우리는 기독교 사고에서 행복에 대한 비세속적(이고 비일상적)인 종교적 모형이 어떤 모습인지 질문할 수 있다.

성경 속의 행복

이 절에서는 신약성서의 행복 개념을 탐구할 것이다. 이 개념에 대한 신약성서 속의 영어 번역(blessed)은 "happy"를 의미하는 그리스어 용어(makarios)에 근거한다. 성경적 의미와 일상적 의미 사이의 밀접한 연결을 보여주는 또 다른 지표는 헝가리어와 같은 일부 언어에서 happy의 일상적 의미를 가진 단어(헝가리어 boldog)를 신약성서의 번역에서 사용한다는 것이다. 성경에서 형용사 *blessed*는 "(blissfully) happy"를 의미한다. (《옥스퍼드 영어사전》(*Oxford English Dictionary*

[OED])에 나열된 의미들을 비교해 보라.)

1. consecrated, hallowed, holy; consecrated by a religious rite or ceremony
   (축성되는, 신성시되는, 거룩한, 종교적 의식이나 의례에 의해 축성되는)
2. that is the object of adoring reverence, adorable, worthy to be blessed by men
   (그것은 흠모하는 숭배의, 흠모할 만한, 사람들의 축복을 받을 만한 가치가 있는 대상이다.)
3. enjoying supreme felicity; happy, fortunate
   (최고의 행복을 즐기는, 행복한, 행운의)

기독교 전통에서 blessed인 것이나 blessed라고 느끼는 것은 신을 참조해서 정의되는 신성한 상태에 있는 것이다. 이 **행복(축복받는 것)** 개념은 일상적인 **행복** 개념이나 우리가 독립선언문에서 발견한 것과 어떻게 비교되는가? 나는 신약성서의 이른바 팔복—격언의 집합—을 분석함으로써 이것을 어느 정도 해명하려 할 것이다. 팔복은 기독교의 '행복'을 조사하는 데 성경 속 최적지를 제공한다. 아래의 격언—팔복—을 살펴보자.

1. 예수님은 무리를 보시고 산에 올라가 앉으셨다. 그러자 제자들이 그분에게 나왔다.
2. 예수님은 입을 열고 그들에게 이렇게 가르치기 시작했다.
3. "마음이 가난한 사람은 행복하다. 왜냐하면 하늘나라가 그들

의 것이기 때문이다."

4. "슬퍼하는 사람은 행복하다. 왜냐하면 그들은 위로를 받을 것이기 때문이다."
5. "온유한 사람은 행복하다. 왜냐하면 그들은 땅을 물려받을 것이기 때문이다."
6. "의에 굶주리고 목말라 하는 사람은 행복하다. 왜냐하면 그들은 만족할 것이기 때문이다."
7. "자비를 베푸는 사람은 행복하다. 왜냐하면 그들은 자비를 받을 것이기 때문이다."
8. "마음이 순수한 사람은 행복하다. 왜냐하면 그들은 하느님을 볼 것이기 때문이다."
9. "평화를 위해 일하는 사람은 행복하다. 왜냐하면 그들은 하느님의 아들이라고 불릴 것이기 때문이다."
10. "의를 위해 박해를 받는 사람은 행복하다. 왜냐하면 하늘나라가 그들의 것이기 때문이다."
11. "나 때문에 사람들이 당신을 모욕하고 박해하고 당신에게 거짓말로 온갖 악담을 할 때, 당신은 행복하다."
12. "기뻐하고 좋아해라. 왜냐하면 당신의 천국 보상이 크고, 그들은 당신 이전의 예언자들도 똑같이 박해했기 때문이다."

(Matthew V. 3-12, *Bible Gateway*)

이름 Beatitudes의 부분적인 기원은 라틴어 형용사 beatus, -a이다. 이 형용사는 "blessed"(축복받는)나 "fortunate"(행운의), 때로는 "saint"(성스러운)를 의미한다(Freedictionary.com). 대체로 은유적 언어로 제시된 이전에 논의한 **행복** 모형—일상 모형과 독립선언문의 세속적 모형—과는 대조적으로, 팔복의 **행복** 모형은 본질적으로 축자적이다. 나는 '본질적으로'라는 말을 사용한다. 이것은 팔복에 명확히 은유적으로 사용된 단어들—*poor in* heart(마음이 가난한), *hunger for* righteousness(의에 대한 굶주림)—이 들어 있지만, 이러한 단어가 **행복** 개념을 개념화할 때 앞에서 논의한 경우와 달리 직접적으로 사용되지 않기 때문이다.

팔복에서 축복 받음/행복함에 대한 필수 자질의 목록에는 다음 자질이 들어 있다. (나의 해석은 http://www.biblestudyguide.org/comment/mcgarvey/ four-fold-gospel/FFG000.HTM에서 가져온 매가비와 펜들턴[W. McGarvey & Philip Y Pendleton]의 《4중 복음》[*The Fourfold Gospel*, 1914])에 근거한다.)

a. 마음이 가난한 사람 (즉, 자신을 가득 채우지 않고, 오만하지 않으며, 다른 사람들보다 우등하다고 느끼지 않는 겸손한 사람)
b. 슬퍼하는 사람 (즉, 죄 때문에 죄의식을 느끼는 사람)
c. 온유한 사람 (즉, 친절하고 평화로우며 인내심이 있는 사람)
d. 의에 굶주리고 목말라 하는 사람 (즉, 도덕적으로 선한 것을 소망하는 사람)
e. 자비를 베푸는 사람 (즉, 관대한 사람)
f. 마음이 순수한 사람 (즉, 사악한 바람과 목적이 없는 사람)
g. 평화를 위해 일하는 사람 (즉, 사람들 사이의 평화를 도모하는 사람)

요점 a–g에 주어진 특징—'특징 X'라 부르기로 하자—은 겸손함과 슬퍼함, 친절하고 평화로움, 도덕적으로 선함, 관대함, 사악한 바람과 목적이 없음, 평화 구축으로서, 예수의 특징과 비슷하고 사실상 하느님의 특징과 비슷하며, 신성한 특징이다. 이러한 신성한 특징을 가지면, 사람들이 예수나 하느님과 비슷하게 된다. 왜 그리고 어떻게 예수가 제시한 특징 X는 누구라도 축복 받게/행복하게 할 수 있는가?

위의 특징 X를 소유하면 받게 되는 보상 목록이 요점 a′–g′에 주어져 있으며, 다음 특징을 포함한다. (이 보상 목록은 '특징 Y'라 부르기로 하자.) (나의 해석은 다시 http://www.biblestudyguide.org/comment/mcgarvey/four-fold-gospel/FFG000.HTM에서 가져온 매가비와 펜들턴[W. McGarvey & Philip Y Pendleton]의 《4중 복음》[*The Fourfold Gospel*, 1914])에 근거한다)

a′. 천국이 그들의 것이다.
b′. 그들은 위로를 받을 것이다.
c′. 그들은 땅을 물려받을 것이다.
d′. 그들은 만족할 것이다.
e′. 그들은 자비를 받을 것이다.
f′. 그들은 하느님을 볼 것이다.
g′. 그들은 하느님의 아들이라 불릴 것이다.

대부분의 경우에, 보상 Y는 특징 X에 상보적이고 함의된다. 예컨대, 죄 때문에 죄의식을 느끼는 사람들은 위로를 받을 것이고, 도덕적으로 선한 것에 굶주린 사람들은 만족할 것이다. 어떤 다른 특징은 간단히 어떤 보상을 함의할 것이다. 사악한 바람과 목적이 없는 사람은 신을 볼 것이다. 일반적으로, 보상 Y 덕택에 특징 X를 소유하는 것이 가치 있게 되고, 사람들이 인간 세상에서 소유할 수도 있는 정반대의 특징 중 어느 하나의 귀결 때문에 고통을 받는 것도 가치 있게 된다.

이 격언(팔복)은 다음의 구조를 갖는다.

> 특징 X를 지닌 사람들이 현재 복에 겨운/행복한 까닭은 나중에 보상 Y를 받을 것이기 때문이다.

'지금의 특징 X, 나중의 보상 Y'라는 구조의 중요한 양상은 사람들이 현재 복에 겨운/행복한 까닭이 나중에 일어날 일 때문이라는 것이다. 하지만 마지막 세 격언은 구조가 약간 다르다는 점에 주목해 보라.

10. "의를 위해 박해를 받는 사람은 행복하다. 왜냐하면 하늘나라가 그들의 것이기 때문이다."
11. "나 때문에 사람들이 당신을 모욕하고 박해하고, 당신에게 거짓말로 온갖 악담을 할 때, 당신은 행복하다."
12. "기뻐하고 좋아해라. 왜냐하면 당신의 천국 보상이 크고, 그들은 당신 이전의 예언자도 똑같이 박해했기 때문이다."

(Matthew V. 3-12, *Bible Gateway*)

이 세 격언(10, 11, 12)에서 사람을 복에 겹게/행복하게 만드는 것은 어떤 특성의 소유가 아니라, 다른 사람들이 특징 X를 소유한 사람들에게 해 왔거나 하는 일이다. 다시 말해, 이 세 격언은 특징 X를 소유하는 사람들에게 일어날 수 있는 일의 결과를 기술하고, 이러한 결과가 사람을 행복하게 만들 수 있다는 것을 기술한다. 이러한 이유 때문에, 10－12는 3－9와 동일한 토대를 지닌 것으로 간주되지 않는다. 게다가, 12의 격언은 더 심오한 주목할 만한 특징을 지닌다. 12에 사용된 몇몇 단어(rejoice와 be glad)가 행복을 '즉각적인 반응으로서의 행복'(즉, 기쁨/행복이라 특징지어졌던 것)—일상 영어의 가장 현저한 **행복** 모형인—으로 보는 개념화를 가리키는 것처럼 보이기 때문이다. 이 점을 보여주는 것은 특별히 joy와 밀접한 관련이 있는 단어 rejoice의 사용이다. 이 주장이 옳다면, **행복**에 대한 신약성서 유형의 진술에는 이 용어의 일상적 의미에서 사람들에게 행복하라고 하는 청원이 들어 있다고 제안할 수 있다. 즉, 성경적 의미의 행복을 달성하면 일상적 의미에서도 우리가 행복하게 되어야 한다.

성경적 (신약성서) 모형은 어떻게 세부사항이 한편으로 이 장의 앞부분에서 약술한 두 가지 일상적 모형(직접적 반응으로서의 행복과 가치로서의 행복)과 다른 한편으로 독립선언문의 세속적 모형과 비교되는가? 먼저, '직접적 반응으로서의 행복'을 살펴보자.

일상적 모형에서는, 당신이 무언가를 달성하고 싶어 하고, 그 무언가를 달성하며, **그 결과로** 당신은 행복하다. 원인은 시간상에서 행복한 상태를 선행한다. 신성의 영역에서는 당신을 행복하게 만드는 것이 바로 미래 원인이다. 당신이 지금 복에 겨운/행복한 이유는 무언가 좋은 일이 나중에 당신에게 발생할 것이기 때문이다. 그 결과, 전에 일어난 일이 아니라 오히려 다가올 일에 대한 기대로부터 충진을 받는 것은 바로 오래 지속하는 상태이다. 종교적으로 복에 겨운/행복한 사람은 어떤 종류의 직접적인 감정적 반응도 겪지 않으며, 그의 행복이 항상 유쾌한 느낌이지는 않을 수 있다. 이와 대조적으로, 일상적인 인간 세상의 행복은 사람들에게 직접적이고 단기적인 즐거움을 준다.

직접적 반응으로서의 행복은 그 특성이 사람들이 일상 세계에서 생리적·행동적으로 자극받고 활동적이라는 데에 있다. 신성한 세계에서는 그렇지 않다. 그러한 세계에서는 사람들의 행복이 생리적·행동적 반응이 아니라, 자신들의 내부 삶과 다른 사람들에 대한 태도에서 드러난다. 일상적 세상에서는 사람들의 반응이 흔히 감정의 통제 상실을 초래할 수 있지만, 신성한 세계에서는 이러한 것을 찾아볼 수 없다.

직접적 반응으로서의 **행복**에 대한 일상적 모형에서는 당신이 무언가를 달성하고 싶어 하고, 그 무언가를 달성하며, 이로 인해 당신은 행복하게 된다. 신성한 모형에는 경쟁에서 승리하는 것과 같은 개인적 달성이 전혀 없으며, 단지 어떤 상태만 있다. 이 상태는 당신을 대부분의 다른 사람들과 구별해 주는 특징이다. 이것은 인간 세상의 '규범'에 반하는 특징이다. 그래서 만일 당신이 이 특징을 소유한다면, 다른 사람들은 당신을 '약하다'고 간주할 수 있다. (이것은 예수가 인간 세상의 싸움에서 맞서 싸우지 않았기 때문에 많은 사람들이 그를 약하다고 보는 것과 마찬가지이다).

지금까지 나는 첫 번째 일상적 모형(즉각적 반응으로서의 행복)을 성경적 모형과 비교했다. 이제는 관심을 돌려 두 번째 일상적 모형(가치로서의 행복)을 성경에서 우리가 발견하는 것과 비교해 보자. 앞에서 언급한 바와 같이, 신약성서 모형에서는 사람들이 지금 복에 겨운/행복한 까닭은 나중에 자신들에게 발생할 좋은 일 때문이며, 그들에게 발생하는 좋은 일은 하느님으로부터 오는 신성한 어떤 것이다. 대조적으로, '가치 모형'은 '지금 당신에게 어떤 원인이 있어서 당신은 행복하다'는 원리에서 작동한다. 게다가, 가치 모형에 관여하는 원인은 세속적인 것이지만, 신약성서 모형에서는 그러한 원인이 신성한 것이다. **행복**의 '가치 견해'와 성경적 모형이 공유하는 것은 둘 다 현저한 반응을 생성하지 않는다는 것과, 둘 다 오랫동안 지속된다는 것, 둘 다의 특징을 세상과의 조화 느낌이 규정한다는 것이다.

마지막으로, 우리는 또한 신성한 세계의 **행복** 개념과 세속적 세계의

행복 개념 사이의 관계가 무엇인지 물을 수 있다. 독립선언문에서 살펴본 바와 같이, 행복은 탐나는 상태이다. 신성한 세계에서는 행복이 그러한 상태가 아니다. 즉 모든 사람들이 두루 이용할 수 있는 상태—행복은 하느님의 은총으로서 하나의 선물—이므로, 행복은 탐나는 물건이 아니다. 독립선언문에서는 행복의 추구가 사람들의 양도할 수 없는 권리이다. 신성한 세계에서는 행복이 양도할 수 없는 권리는 물론 어떤 권리도 아니다. 만일 당신이 예수가 요구하는 특징의 일부나 전부를 소유하고 있다면, 당신은 정말 행복을 지니고 있다. 하지만 그때에만 그러하다. 세속적 세계에서는 행복이 주요한 인생 목표이다. 신성한 세계에서는 행복이 삶의 방식이다. 세속적 세계에서는 행복은 얻기가 어렵고, 행복을 얻는 데는 노력이 필요하고 오랜 시간이 걸린다. 신성한 세계에서는 행복은 얻기가 매우 쉬우면서도 동시에 매우 어렵다. 그것이 쉬운 이유는 사람들이 하느님의 존재를 '단지' 믿어야만 하기 때문이다. 하지만 사람들이 매일매일 예수의 가르침을 따르고자 할 때에는 행복을 얻기가 그렇게 쉬운 것이 아니다. 마지막으로 독립선언문은 정부가 사람들이 행복을 얻을 수 있도록 보장할 책임이 있다고 말한다. 대조적으로 기독교는 행복을 보장하라고 국가에 호소하지 않는다. 이 일은 개인들에게 맡긴다. 예수는 사람들에게 축복 받길/행복하길 원하는지 아닌지에 대해 스스로 책임감 있는 결정을 하라고 요구한다.

결론

나는 현대의 일상 영어와 독립선언문, 신약성서라는 세 가지 매우 다른 역사적·문화적 맥락에서 **행복** 개념을 조사했다. 사실, 현대 영어에 관한 연구에서는 **행복** 개념에 대해 하나가 아니라 두 개의 원형적 모형(의미)이 나왔다(직접적 반응으로서의 행복과 가치로서의 행복).

현대의 일상적인 행복 개념은 두 가지 유형—'즉각적 반응으로서의 행복'(기쁨/행복)과 '가치로서의 행복'('진정한' 행복)—으로 다가온다. 즉각적 반응로서의 행복 유형과 가치로서의 행복 유형은 둘 다 수많은 개념적 은유와 환유, 관련 개념으로 구성된다. (즉각적 반응으로서의) **행복**의 일상적 개념에 대한 더 현저한 원형은 다양한 힘 역학적 은유와 다양한 신체적 반응을 암시하는 환유, 그리고 몇몇 내재적 개념으로 구성된다. 즉각적 반응으로서의 행복은 주요한 구성적인 개념적 은유—**화난 사람은 압축된 그릇**과 같은—로 정의되는 것으로 보이지 않는다(5장 참조). 그 대신에, 다양한 일반적인 감정 은유가 이 **행복** 개념의 양상을 창조하는 데 사용된다. 이 **행복** 개념은 감정이 무엇인지(짧은 사건)와 감정이 어떤 단계로 구성되는지(원인, 존재, 통제 등)에 대한 우리의 평범한 비전문적 이해와 일치한다. 즉각적 반응으로서의 행복이 하나의 감정으로서 특유하게 되는 것은 생리적·표현적·행동적 반응(예컨대, **체온**)을 암시하는 일련의 변별적인 환유뿐만 아니라 어떤 내재적인 개념(**만족**, **조화**, **즐거움**) 덕택이다.

하지만 가치로서의 행복은 주로 변별적인 은유의 집합—**행복은 빛**과 **행복은 무겁지 않음**, **행복은 위**, **행복은 천국에 있음**, 그리고 가장 중요하게도 **행복은 숨겨둔 물건**—으로 구성된다. 이 **행복** 개념은 또한 (**상위** 지향적인 평가적 은유로부터 도출되는) 강한 평가적 성분과 내재적인 **조화** 개념에 의해서도 특징지어진다.

이러한 은유가 주어지면, 사람들은 달성하고자 하는 어떤 일반적인 인생 목표를 가지고 있는 것으로 간주된다. 그들은 이러한 목적에 따라 행동한다. 이러한 목적을 달성할 때, 그들은 행복하고 이로 인해 세상과 조화의 느낌을 갖는다.

독립선언문의 **행복** 모형은 이 개념을 소망하는 미래 상태—달성할 목표—로 묘사한다. 사람들에게 이 목표를 달성할 수 있도록 하는 것은 정부의 의무이다. 인간 삶의 목적과 행복해지려는 바람은 대체로 일치한다. 간단히 말하면, 행복 자체가 인생 목표이다. 이러한 개념은 **행복**의 내적 구조와 내용에 관해 많은 것을 말해 주지 않는다.

독립선언문이 제공하는 **행복**의 모형은 세 개의 개념적 은유—**행복은 달아나는 탐나는 물건, 목적이 있는 인생은 여행, 자유로운 행동은 자유로운 이동**—로부터 나온다. 이 개념을 주로 구성하는 것은 바로 이 세 은유이다.

신약성서에 있는 **행복** 개념의 구조는 이전 두 모형의 **행복** 개념 구조와 매우 다르다. 어떤 특징을 지금 소유하고 있다면, 우리는 행복할 수 있다. ("어떤 특징 X를 지금 가진 사람은 복에 겹다/행복하다.") 즉, 축복 받으려면/행복하려면 일련의 전제조건을 충족해야 한다. 더욱이 사람들의 행복에 대한 근원이나 원인은 어떤 미래 보상으로부터 나온다. ('왜냐하면 그들은 나중에 보상 Y를 받을 것이기 때문이다.') 이 모형에서는 원인이 시간상 (행복한) 결과 상태를 뒤따르지만, 다른 모든 경우에는 원인이 (행복한) 상태를 선행한다.

또한 다른 모형과 달리, 신약성서 모형은 주로 축자적이고 비(非)은유적인 언어로 자세히 펼쳐진다. 하지만 이 모형은 은유적인 기독교적 세계관의 수용을 요구한다. 이러한 세계관에는 전지전능한 하느님이 있고, 예수 그리스도는 하느님이 사람들에게 약속한 보상을 제공할 수 있는 그의 아들이다. 기독교적 견해는 거대하고 정교한 은유 체계에 근거한다(Lakoff 1996과 Kövecses 2007 참조).

이 장에서는 상이한 역사적·문화적 맥락이 어떻게 **행복** 개념에 영향을 미치고 **행복** 개념을 형성하는지 살펴보았다. 이 형성 효과는 주로 우리가 감정에 대해 말하고 사고하는 방식을 구성하는 개념적 장치—개념적 은유와 개념적 환유, 관련 개념—로부터 나온다. 상이한 문화적 맥락은 행복의 상이한 인지모형—즉 프레임—으로 귀결되는 상이한 개념화를 선호한다. 일상적인 행복 개념을 구성하는 개념들의 모든 거대한 망에서, "*pursuit* of happiness"(행복의 추구)라는 은유적 표현을 독립선언문의 작성자들이 선택했던 이유는 이 표현이 권리/개념 중의 하나—행복을 얻을 수 있는 권리가 사람들에게 있다는 것—를 표현하는 데 적절한 은유였기 때문이다. 이 목표영역 의미는 **행복은 달아나는 탐나는 물건** 은유에서 '물건 추구 → 행복을 얻으려는 노력'이라는 사상에 근거한다. 이 의사소통 상황의 목적은 이 특별한 은유 표현의 사용을 요구하고 정당화했다. 개념적 은유 **행복은 달아나는 탐나는 물건**이 존재한다는 점과 이 은유의 사상을 고려할 때, 이 은유는 작성자들에게 자연스러운 선택이었다. 어떤 부가적인 대항하는 맥락 요인도 그 선택을 무효화하는 것으로 보이지 않았다. "*pursuit* of happiness"라는 표현이 생산하는 은유의 정신적 활성화는 아마 (아마도 강도가 점차 감소하는) **행복은 이동하는 물건** 은유에 근거하는 독립선언문 모형과 함께 직접적으로 적합한 사상—즉 이 은유 속의 나머지 사상—의 활성화에 국한된다. 즉 이 활성화가 이 장에서 기술하는 전체적인 행복 체계로 확장할 가능성은 낮다.

신약성서의 경우에는 예수가 대체로 비(非)은유적인 방식으로 **행복** 개념에 접근한다. 그는 행복을 특유한 방식으로 다시 정의한다. 이 재(再)정의는 결코 의미심장한 정도까지 은유를 요구하지 않는 인과관계에 주로 근거한다. (사람들에게 희망을 주는) 이 담화와 이 상황의 목적 덕택에 예수는 은유를 사용하지 않고서도 **행복** 개념을 다시 개념화할 수 있다.

제10장
은유와 맥락

앞 장에서 수행한 수많은 다양한 실례 집합의 분석에 비추어, 이 마지막 장에서는 이 조각들을 결합하고 맥락 속의 은유적 의미형성에 대한 (바라건대) 일관성 있는 견해를 제공할 것이다. 나는 그러한 해명이 의사소통과 그 내부의 은유적 의사소통에 대한 일반적인 특성화로 시작해야 한다고 제안한다. 이것의 결정적인 요소에는 지난 10여 년 동안 많은 학자들이 제안한 적절한 맥락과 지시적 장면, 공동 주의, 공동 행동, 공통 기반이 들어간다. 나는 이러한 개념이 맥락 속 은유 창조의 이론에 중요하다고 지적할 것이다.

이 책에서 제시한 많은 사례 연구에 근거해서 이 장에서는 실제 담화 속의 은유 창조에 역할을 하는 것처럼 보이는 일반적인 열 두 개의 맥락 요인을 제안할 것이다. 그러한 맥락 요인은 많은 더 큰 유형—상황적 요인과 언어적 요인, 개념적·인지적 요인, 신체적 요인—으로 묶을 수 있다. 이러한 맥락 요인은 두 가지 중요한 연속변이를 따라 배열할 수 있다. 하나는 국부/전체 연속변이이고, 다른 하나는 시간의 연속변이이다.

더 나아가 나는 다양한 경험에 대응하는 다양한 맥락 요인이 실제로 은유적으로 개념화하는 경우에 어떤 특별한 은유의 사용을 촉진하거나 점화할 수 있다고 주장할 것이다. 나는 그러한 은유 사용이 (실험 상황이 아니라) 실제 세계에서 발생하는 '생체 내(in vivo)' 점화로부터 나온다고 본다. 판 데이크(Van Dijk 2008)를 따라, 나는 점화가 우리의 은유적인 개념 체계에 직접적으로 영향을 미치는 것이 아니라 '맥락 모형'—프레임—의 중재를 통해 발생한다고 제안한다. 나는 사람들이 빈번하게 출현하는 맥락 요인의 도움을 받아서 은유적 개념화에 대한 그러한 맥락 모형을 구성한다고 가정한다.

마지막으로, 개념적 은유 이론, 최근의 일부 인지 이론, 맥락 속 은유 견해 사이의 관계를 간략히 살펴본다. 이것은 이러한 관계가 이 연구서의 사례 연구로부터 등장했기 때문이다. 나는 현재의 신체화된 마음 이론과 체화된 인지 이론에 따라 '은유적 마음'—은유적 의미형성—이 (맥락으로서의) 몸뿐만 아니라 언어적·개념적/인지적·상황적 맥락에 의해서도 영향을 받고 형성된다는 것을 보여 준다.

은유적 의미형성과 의사소통

은유적 의미형성과 의사소통은 일반적인 의미형성과 의사소통의 한 양상이다. 이 책의 나의 연구와 동일하거나 비슷한 노선에서 연구하는 언어학자, 심리학자, 철학자 등이 개발한 일반적인 이론 역시 은유적 의미형성과 의사소통에 적용된다.

맥락이 어떻게 은유적 의미의 창조와 이해에 영향을 미치는지 이해하기 위해, 맥락 속 의미형성의 몇몇 적절한 이론을 간략히 개관해 보

자. 나는 몇몇 그러한 이론을 간략히 논의할 것이다. 이 모든 이론은 인간의 의미형성이 대면 의사소통 상황에서 발생한다고 특징짓는 것이 최선이라고 가정한다. 이러한 의미형성이 인간이 의사소통하는 방식에 대한 원형이고, 이 원형으로부터 나오는 수많은 다양한 종류의 변이형을 발견할 수 있다.

적절한 맥락

(은유적) 발화에서 화자의 의도를 추론하는 것은 1950년대에 그라이스(Paul Grice)나 설(John Searle)과 같은 철학자들의 주목을 끌었다. 분명히 은유적 의미형성의 기획에서 한 결정적인 문제는 특별한 은유의 사용을 (정확하게) 해석할 수 있는 적절한 맥락을 찾는 것이다. 이 문제를 이렇게 표현하는 것은 청자(개념화자 2)의 관점에서 이 문제를 표현하는 것이다. 이 질문은 화자(개념화자 1)의 관점에서 제기할 수도 있다. 즉, 청자가 이해할 수 있고 정확히 해석할 적절한 은유를 창조하기 위해 내가 이용할 수 있는 것은 현재의 맥락에서 무엇인가? 비록 이 두 문제는 상당한 정도로 명확히 겹쳐 있지만, 이 책에서는 주로 두 번째 문제에 관심을 가져왔고, 이 장에서도 계속 그렇게 할 것이다. 하지만 이 주제에 관한 문헌은 청자(개념화자 2)의 관점에만 주로 초점을 맞춘다. 그런데 청자(개념화자 2)는 맥락 속에서 은유 표현을 이해한다.

(은유적) 발화를 이해하기 위한 적절한 맥락을 찾는 가장 정교한 설명은 스퍼버와 윌슨(Sperber & Wilson 1986/1995)이 제시하는 설명이다. 흥미롭게도, 스퍼버와 윌슨(2008)은 은유의 '디플레이션 이론'을 제시한다. 이것은 은유의 독립적인 존재론적 지위 자체를 인식하지 않고서 은유 해석을 설명할 수 있는 이론이다. (그래서 이름이 '디플레

이션' 이론이다.) 스퍼버와 윌슨에게는 은유적인 문장을 이해하는 것이 발화가 발생하는 맥락(의 일부)과 일치하는 특별한 의미를 생산하는 추론 과정이다. 은유적 의미형성에 대한 그들의 설명이 인지적으로 실재하는 과정으로 생존 가능한지는 하나의 쟁점이다(Gibbs & Tendahl 2011 참조).

이와 관련한 스퍼버와 윌슨의 설명에서 특별히 흥미로운 것은 '상호 인지적 환경' 개념이다. (개념적 은유 이론의 시각과 더 일반적으로 인지언어학의 시각에서 '적합성 이론'의 장점과 단점을 상세히 논의한 연구는 리치의 저서[Ritchie 2006]를 참조하라.) 전반적으로 상호 인지적 환경이라는 개념은 여기에서 개발하는 맥락 개념과 일치하는 듯하다. 비록 세부사항의 일부와 내가 맥락을 특징짓기 위해 내놓는 구분을 적합성 이론 전문가들이 수용하지 않을 수 있지만 말이다. 이 장의 뒷 절에서는 그러한 인지적 환경(즉, 맥락)의 가장 일반적인 성분을 약술할 것이다. 이는 이러한 성분이 앞 장의 연구에서 나오기 때문이다. 이러한 성분을 고려하면서 나는 개념화자들이 맥락에서 은유적 의미를 이해하고 생산할 때 의존할 수 있는 맥락 정보의 도식적 표상을 제안한다.

지시적 장면과 공동 주의

신하(Sinha 2007)가 지적하듯이, 뷜러(Bühler)의 오르가논(Organon) 모형으로 더듬어 올라가 보면, 의사소통 상황에서 화자는 일련의 언어적 상징(이나 다른 상징)을 이용하여 발화를 한다. 그렇게 할 때, 화자는 청자의 주의를 어떤 지시적 상황으로 돌린다. 지시적 상황은 사물, 사건, 상태 등과 관련이 있다. 사용되는 상징은 지시적 상황을 (상징적으로) 표상한다. 이러한 상징은 지시적 상황을 표상할 뿐만 아니라,

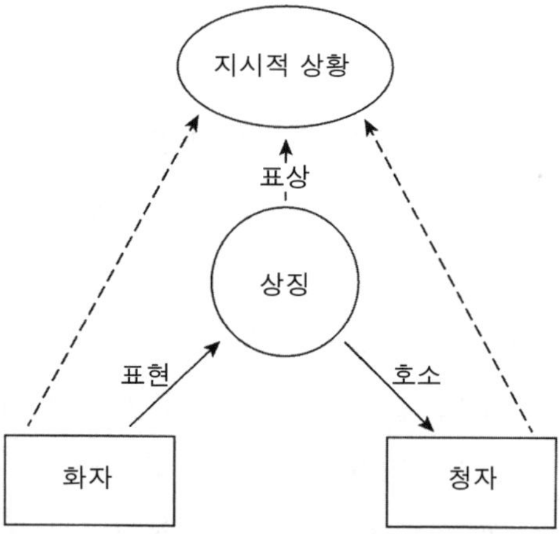

그림 10.1 뷜러의 오르가논 모형의 변이형(옥스퍼드대학출판부의 허가를 받아 여기에 다시 실음)

화자의 의사소통 의도도 표현한다. 이와 동시에 이러한 상징은 "청자에게 자기 자신의 의도적 처리를 지시적 상황에 돌리도록 호소한다"(Sinha 2007: 1282). 더욱이 사용되는 상징은 화자와 청자 사이에 공동 주의의 영역을 창조한다. 화자는 어떤 의도를 표현하고, 청자는 의도적으로 이 의도를 해석한다. 토마셀로(Tomasello 1999)는 발달 관점에서 이 상호주관성 개념을 강조한다. 이것은 신하(2007: 1282)에서 가져온 〈그림 10.1〉로 나타낼 수 있다.

은유적 의미형성은 이 점에서 아무런 차이가 없다. 무언가를 은유적으로 개념화하고 다른 누군가에게 전달할 때, 우리는 지시적 상황에 대한 상징적 표상을 제공한다. 하지만 이번에는 언어적 상징(이나 다른 상징)에 의한 표상이 은유적일 것이다. 마찬가지로 공동 주의의 영역이 창조되지만, 이 영역의 창조 주체는 은유의 사용이다. 우리는 사람들이 어떻게 은유를 통해 온갖 종류의 지시적 상황을 표상하는지와 그렇게 함으로써 어떻게 공동 주의의 영역을 창조하는지를 예시하는 수많은 사례를 이 책에서 계속 살펴보았다. 모든 의사소통 상황이 대면적인 것은 아니지만, 그 중의 일부는 그러했다(특히 4장과 6장의 예를 보시오). 하지만 이 책에서 우리의 진정한 쟁점은 은유적 개념화가 일어나는 구체적인 맥락(의사소통적 상황, 담화 등)이 어떻게 그리고 왜 이 과정—담화 속의 은유 생산—에 영향을 미치는가를 살펴보는 것이었다.

공동 행동과 공통 기반

의사소통 교환의 일부로서 어떤 지시적 상황에 대해 다른 사람과 함께 상징을 사용하는 것—다른 사람을 위해 이 지시적 상황을 상징적으로 표상하는 것—은 '공동 행동'(Clark 1996)의 한 형태이다. 대화에 참여할 때 사람들은 자신들의 행동(예: 테니스 하기)을 조율하는 것과 동일한 방식으로 발화를 조율하고 있다. 더욱이 다른 공동 행동과 마찬가지로 상징을 사용하는 것(발화를 하는 것)은 화자와 청자 사이에 많은 양의 공유된 지식을 가정한다. 클라크(Clark 1996)는 이 지식을 '공통 기반'이라 부른다. 지시적 상황에 대한 조율된 행동과 조율된 상징적 표상은 화자와 청자가 공유하는 지식(공통 기반)에 근거한다. 기술과 사실, 신념, 정보를 공유하지 않는다면, 어떤 (의사소통) 상황의 공동 행동과 의미형성은 어렵게 되거나 성공하지 못하게 된다. 클라크는 어떤 것이 공통 기반이 되려면 공유된 토대를 지녀야 한다고 강조한다. 그는 공통 기반의 증거로 두 종류의 토대를 언급한다. 하나는 '사람들이 속한 문화 공동체에 대한 증거'이고, 다른 하나는 '서로에 대한 사람들의 직접적인 경험으로부터 나오는 증거'(Clark 1996: 100)이다. 클라크는 전자는 '공동체의 공통 기반'이라 부르고 후자는 '개인적 공통 기반'이라 부른다.

은유적 언어를 사용하는 것도 역시 적어도 성공적인 경우에는 공통 기반을 요구하는 공동 행동이다. 이 책에서 나오는 많은 예는 화자와 청자 사이의 공유 지식(물리적·사회적·문화적·언어적 지식 등)을 예시했다. 이 문제는 주로 은유 이해와 관련이 있다. 만일 은유의 사용자가 이해받고자 한다면, 그는 청자와 공유하는 공통 기반에 근거한 은유를 사용해야 한다. 그러한 공통 기반이 없다면, 대부분의 경우에 은유 이해가 발생할 수 없다.

공통 기반의 토대와 관련해 클라크는 만일 우리가 누군가가 특별한 집단에 속한다는 것을 안다면, 이것은 우리가 이 사람에 대해 어떤 가정을 세우기에 충분한 증거이다. 우리의 가정은 '내부 정보'나 '외부 정보'일 수 있다. 우리가 동일한 집단에 속할 때는 내부 정보를 갖고, 집단 밖의 사람일 때는 외부 정보를 갖는다. '문화 공동체'는 다른 사람들이 공유하지 못하는 많은 양의 정보를 공유하는 사람들의 집단이다(Clark 1996: 101). 공유되는 정보는 사람들이 가질 수 있는 어느 정도의 '전문지식'을 구성한다. 이러한 전문지식은 동일한 집단의 다른 구성원들이 공유한다고 가정한다. 전문지식의 토대는 국적이나 직업, 종교, 거주, 언어, 하위문화와 그 밖의 많은 것일 수 있다. 이러한 종류의 정보에 대한 정신적 표상은 다양한 상이한 개념적 프레임—모형—으로 구성되는 백과사전과 비슷하다.

본질적으로 이것은 5장에서 문화의 개념('문화 1'이라 칭함)으로 제시한 것과 동일한 생각이다. 5장에서 나는 일부 (인지)인류학자들과 함께 문화를 공유된 일련의 프레임, 즉 모형이라 정의했다. 이 경우에 프레임은 우리의 세상사 지식을 나타낸다. 사람들이 대부분의 변별적 프레임을 공유하는 문화와 하위문화, 문화 내의 더 작은 집단에서는 이러한 프레임에 근거한 문화 특정적 은유와 하위문화 특정적 은유,

집단 특정적 은유의 사용을 그 구성원들이 손쉽게 이해할 것이다.

클라크에 따르면, 개인적인 공통 기반을 위한 토대는 궁극적으로 두 가지 근원—공유된 지각적 경험과 공동 행동—으로부터 도출된다. 우리는 흔히 몸짓으로 서로의 주의를 사물이나 사건으로 유도하여 개인적인 공통 기반을 확립한다. 또는 우리는 단지 다른 사람이 무언가를 알아차리고 있다는 것을 인식함으로써나 어떤 현저한 지각적 경험(예: 시끄러운 소리)에 함께 노출됨으로써 동일한 지각 활동에 참여할 수 있다. 개인적인 공통 기반을 확립하기 위한 또 다른 주요한 유형의 근원은 공동 행동에 참여하는 것이다. 어떤 활동(예: 게임하기)에 공동으로 참여하는 것은 참여자들에게 공통 기반을 확립해 준다. 언어를 사용하는 것은 공동 행동의 한 유형이다. 개인적인 공통 기반은 클라크가 말하는 '개인적 일기'—두 사람(이나 그 이상의 사람들)이 공유하는 경험의 정신적 일지—의 형태로 기억에 표상될 가능성이 있다.

4장에서 논의한 공유된 지각적 경험의 한 예는 G8 정상회담에서 록 밴드가 내는 시끄러운 소음이다. 그런데 이 경험 덕택에 한 평론가는 신문기자가 다음 진술로 바꾼 논평을 할 수 있었다(Semino 2008에서 발췌). "Dr Kumi Naidoo, from the anti-poverty lobby group G-Cap, said after 'the roar' produced by Live 8, the G8 had uttered 'a whisper.'"(반[反]빈곤 로비 집단 G-Cap 출신의 쿠미니 나이두 박사는 생방송 8시가 생산하는 '으르렁' 소리에 뒤이어 G8이 '휘파람'을 불었다고 말했다.) 공유된 지각적 경험 덕택에 신문기자와 신문 기사 독자들이 쉽게 이해하는 새로운 은유를 창조할 수 있었다. 즉, 기자들과 독자들은 직접적으로나 간접적으로 동일한 지각적 경험을 했다.

공통된 맥락 요인

은유를 생산하는 공동체의 공통 기반이나 개인적인 공통 기반의 구체적인 실례는 무엇인가? 담화에서 은유의 사용은 매우 다양한 맥락 요인의 영향을 받는 것처럼 보인다. 나는 앞 장에서 적어도 다음을 포함해 이러한 요인 중 많은 것을 개관했다.

담화의 주요 요소에 대한 지식

이러한 지식에는 담화의 화자와 청자, 주제에 관한 지식이 들어간다. 은유 생산의 과정에서, 화자에 관한 지식은 자기 지식의 형태를 취한다. 이것은 인간면역결핍바이러스(HIV)에 걸린 뉴욕 사진작가인 프랭크 점프(Frank Jump)의 사례가 잘 보여 주었다. 점프가 자신에 대해 알고 있었다는 데에서 새로운 은유 **반대 예상에도 불구하고 에이즈에서 살아남는 것은 오래된 벽화 광고가 예상 '수명'보다 오래 남아 있는 것**이 생겨났다. 맥락 요인으로서의 주제에 대한 지식은 데이비드 베컴(David Beckham)에 관한 예인 Los Angeles Galaxy are sardines not sharks in the ocean of footy(로스앤젤레스 갤럭시는 축구의 대양에서 정어리이지 상어가 아니다)에서 살펴보았다. 여기에서 적절한 지식은 베컴이 로스앤젤레스 갤럭시 축구팀에서 경기했고, 로스앤젤레스가 온갖 종류의 물고기들이 사는 대양의 연안 도시라는 것을 포함한다. 마지막으로 청자에 대한 지식은 청자의 국적을 포함한다(6장 참조). 청자의 국적은 이탈리아 감독인 파비오 카펠로의 예가 암시하는 바와 같이 은유의 사용을 안내할 수 있다.

주변 담화

주변 담화는 간단히 언어적 맥락—공(共)텍스트(cotext)—이다. 담화 생산자인 화자의 관점에서 볼 때, (화자/개념화자 1이나 청자/개념화자 2에 의한) 선행 담화의 요소는 은유의 선택에 영향을 미칠 수 있다. 이것은 6장의 The Times: which helped to tilt the balance—and Mr Hain—over the edge(더 타임스: 균형—미스터 헤인—을 완전히 무너뜨리는 데 도움이 되었다)에서 나온 예가 보여주었다.

동일한 주제에 대한 이전 담화

현재 담화와 동일한 주제에 대한 이전 담화에서 사용하는 은유 역시 담화에 새로운 은유를 도입할 수 있다. 이것은 앞에서 도입한 은유의 정교화와 확장, 의문시, 부정, 반성, 조롱에서부터 이 은유를 달리 이용하는 것에 이르기까지 다양한 형태를 취할 수 있다. 세미노(Semino 2008)에서 빌려와 6장에서 논의한 토니 블레어의 예인 But when you're on the edge of a cliff it is good to have a reverse gear(그러나 당신이 벼랑 끝에 있을 때는 후진 기어가 있는 것이 좋다)가 적절한 사례이다. 이것은 개념적 은유 **진보는 진빙 이동**에 대한 유머러스한 비틀기이다.

담화의 지배적인 형태와 상호텍스트성

담화의 어떤 형태는 공동체에서 지배적인 지위를 얻을 수 있다. 이러한 일이 발생할 때, 이 담화에서 사용하거나 이 담화에 근거하는 은유는 시간적·공간적으로 널리 퍼질 수 있다. 이러한 종류의 상호텍스트성을 입증하는 데 사용된 예는 기독교 신앙의 담화와 이 담화 속에 있는, 길 잃은 양과 관련이 있는 예수의 우화 중 하나였다(제4장 참조).

담화의 기저에 있는 이데올로기

이데올로기는 은유적 개념화에서 은유를 선택하는 주요한 근원일 수 있다. 이것의 좋은 예는 미국 정치에 대한 조지 레이코프의 연구(Lakoff 1996)이다. 이 연구에서 보수주의자들은 **국가는 엄한 아버지 가정** 은유를 사용하는 경향이 있는 반면, 진보주의자들은 총칭적 은유 **국가는 가정**의 유형인 **국가는 자애로운 부모 가정**을 선호한다. 또 다른 예로 우리는 상부구조 등에 대한 말과 함께 **사회는 건물** 은유의 마르크스주의적 유형과 계급투쟁의 마르크스주의적 발상을 언급할 수 있다. 고틀리(Goatly 2007)는 은유에 근거한 자본주의 이데올로기를 파고든 주요한 탐구이다.

물리적 환경

물리적 환경도 은유적 의미형성을 형성할 수 있다. 이 물리적 환경에는 식물군, 동물군, 풍경, 온도, 기후 등이 있다. 예컨대, 물리적 환경과 관련 있는 미국영어 은유는 다른 영어권 국가의 은유와 현저히 다르다. 어떤 상황의 시각적 사건과 같은 소규모의 국부적 환경도 은유를 형성할 때 영향력을 감지 가능할 정도로 행사할 수 있다. 이 범주에서 살펴본 한 실례는 허리케인 카트리나가 패츠 도미노의 삶에 미친 영향과 여기에서 나오는 은유적 개념화였다.

사회적 상황

인생의 사회적 양상은 전형적으로 성, 계층, 정중함, 일, 교육, 사회기관, 사회적 구조 등과 같은 개념을 중심으로 묶인다. 이것들은 모두 은유적 개념화에 영향을 미칠 수 있다. 예컨대, 콜로드니(Kolodny 1975, 1984)는 미국인 남성과 여성이 무엇을 미국으로 떠올리는지에 대해 매우 상이한 은유적 이미지를 개발했다는 것을 보여 준다. 일하는 방식과 다양한 일 도구도 은유적 근원영역을 생성할 수 있다. 이것은 예컨대 패츠 도미노의 삶을 그와 인터뷰를 한 신문기자가 은유적으로 어떻게 이해하는가에서 확인할 수 있다.

문화적 상황

문화적 상황은 5장과 6장에서 문화 1과 문화 2라고 명명한 것과 관련이 있다. 문화 1은 전체적 맥락(개념 체계 내에 표상되는 공유 지식)에 대응하고, 문화 2는 국부적 맥락(주어진 의사소통 상황 속의 구체적인 지식)에 대응한다. 문화 1이 어떻게 은유적 개념화에 영향을 미칠 수 있는지의 실례는 상이한 개념이 상이한 문화와 언어에서 차별적인 은유를 생산할 수 있는 방식에서 찾아볼 수 있다. 이 실례는 바로 화에 대한 여러 은유이다.

영어나 헝가리어와 같은 수많은 언어에서 **화는 (액체나 고체의) 열**이지만, 중국어에서는 이 은유가 **기체**도 근원영역으로 포함할 수 있다. 따라서 중국어에서는 **화는 (액체나 고체나 기체의) 열**이다. 이것은 음양이론(Yu 1998 참조)의 영향에 따른 결과이다. 문화 2와 비슷한 것은 영화 〈기계의 대두〉(The rise of the machines)에 대해 6장에서 사용한 예였다. 이 경우에 이 은유의 사용을 부분적으로 점화한 것은 바로 더 직접적인 맥락이다.

역사/기억

여기에서 내가 말하는 역사는 공동체나 개인의 삶에서 사건에 대한 기억을 의미한다. 역사적 사건의 기억이 일부 은유의 생산(과 이해)으로 이어질 수 있다는 것은 흔히 주목을 받아왔다(예컨대, Deignan 2003

과 Kövecses 2005 참조). 6장에서 언급한 예는 상이한 역사적 맥락이 어떻게 헝가리 사람들과 미국 사람들에게서 특별한 **인생** 은유에 대해 상이한 선호를 이끌어내는가에 관한 것이다. 은유적 개념화의 행동을 선행하는 어떤 구체적인 의사소통 상황 속의 특별한 사건도 역시 비슷한 효과를 낼 수 있다.

흥미와 관심사

전체 집단과 개인들이 의미를 은유적으로 만드는 방식에 영향을 미칠 수 있는 어떤 특정한 흥미나 관심을 갖고 있다고 말할 수 있다. 미국인들은 삶의 태도가 수동적이라기보다 역동성을 지향한다는 주장이 있고 이와 관련해 일반적으로 스포츠를 사랑하기 때문에, 아주 많은 스포츠 은유를 사용하는 것은 놀라운 일이 아니다. 마찬가지로 어떤 사람이 어떤 종류의 전문적인 관심을 갖고 있다면, 그 사람은 자신의 관심 분야로부터 은유를 이끌어 낼 가능성이 높다(예컨대, Kövecses 2005와 6장 참조).

은유 사용에 영향을 미치는 두 개의 잠재적인 추가 맥락 요인

앞의 몇 장(예컨대 1장과 3장)에서 암시한 바와 같이, 몸과 개념 체계 일반을 은유적 개념화에 영향을 미칠 수 있는 맥락의 일부로 볼 수도 있을 것 같다.

맥락으로서의 몸

지금까지(또한 Kövecses 2005, 2010b에서) 그렇게 해 왔듯이, 몸을 (은유적) 개념 체계 속의 일관성 있는 두 가지 주요한 압력 중 하나로 간주하지 않고, 우리는 몸을 (위에서 나열한 그 많은 다른 양상보다도 우선적으로) 맥락의 또 다른 양상으로 간주할 수 있다. 이 견해에서는 몸—특히 진행 중인 상황에서 활성화되는 몸의 양상—이 은유의 선택에 영향을 미칠 수 있다. 몸과 앞에서 맥락 요인이라 간략히 기술한 요인 사이의 한 가지 중요한 차이는 몸이 은유적 개념화에 영향을 발휘할 수 있는 시간 틀과 관련이 있어 보인다(이것은 나중에 다룰 주제이다).

몸은 주관적 경험과 감각운동 경험 속의 그 많은 상관관계를 통해 수백 개의 개념적 은유를 생산하는 데 책임이 있을 뿐만 아니라(Grady 1997a, b; Lakoff & Johnson 1999 참조), 또한 더욱 직접적이고 국부적인 맥락에서 특별한 은유의 사용을 점화할 수도 있다(예컨대, Boroditsky 2001, Boroditsky & Ramscar 2002; Gibbs 2006; Gibbs & Colston 2012). 다시 말해, 몸은 이전에 언급한 다른 맥락 요인과 동일한 방식으로 담화에서 은유의 생산을 유도할 수 있다. 몸의 지위에 대한 우리 견해의 이 변화는 몸과 맥락을 정반대라고 보는 생각을 포기해야 하고, 몸이 전체적·보편적으로뿐만 아니라 국부적으로도 은유를 생산할 수 있다는 점을 인정해야 한다는 것을 암시할 것이다.

더욱이 개인의 신체적 특이성이 어떤 은유를 특별한 사람들이 사용하는가에 영향을 미칠 수 있다. 예컨대, 카사산토(Casasanto 2009)는 왼손잡이들은 **도덕성은 오른쪽**이 아니라 **도덕성은 왼쪽**이라는 개념적 은유의 사용을 선호한다는 것을 발견했다. 나는 7장에서 디킨슨의 은유 선택에 그녀의 눈병이 어떠한 영향을 미쳤을 수 있는지를 보여주었다.

맥락으로서의 개념 체계

아마도 훨씬 더 급진적으로, 우리는 개념 체계의 어떤 양상을 맥락 속의 부가적인 요인으로 간주할 수 있다. 앞 장에서 개념 체계를 맥락으로 간주했던 방식을 살펴보자.

개념 체계: 해석 작용 더하기 개념들의 체계

나는 개념 체계가 주요한 두 부분—다양한 해석 작용(2장)과 개념들의 체계(3장)—으로 구성된다고 기술했다. 나는 필모어와 바살루의 연구를 따라 개념(의미)이 프레임—모형—으로 표상된다고 제안했다. 프레임은 세계에 대한 우리 지식의 거대한 부분을 구성한다. 이 발상은 어떤 언어 공동체 속의 여러 공유 프레임을 문화로 간주하는 길을 열어 준다(5장 참조). 나는 이 문화 개념을 문화 1이라고 명명했다. 만일 우리가 개념들의 체계를 문화로 간주한다면, 문화가 맥락의 한 양상이기 때문에 문화 1을 맥락으로 간주할 수 있다.

개념들 사이의 은유적 관계

특별한 의사소통 상황에서, 우리가 은유적인 개념 체계 내에 가지고 있는 것은 (개념적이든 언어적이든) 특별한 은유의 선택에 영향을 미칠 수 있다. 의도된 은유적 의미가 주어지면, 우리는 최선의 은유 선택을 위해 관습적인 은유적 개념 체계를 탐색할 수 있다. 이러한 일은 어떤 관습화된 은유적 의미가 어떤 관습적인 언어적 은유를 통해 표현되는 경우에 발생한다. 이때 어울리는 목표 요소는 어떤 기존의 개념적 은유에서 그에 상응하는 사상을 활성화한다. (예컨대, 의미 "논쟁을 지원하는 것"을 개념적 은유 **논쟁은 전쟁**에서 단어 defend[방어하다]로 표현한다.) 우리는 그러한 경우를 사용된 은유를 위한 개념적 맥락으로 간주할 수 있다.

또한 개념들의 어떤 체계 내의 일부 개념은 장기기억에서 서로 은유적 관계—예컨대, **인생은 여행**이나 **논쟁은 전쟁**—를 맺을 수 있다. 그러한 은유적 개념이 주어지면, 은유적인 개념 체계 내에 그러한 개념이 출현하거나 부재하는 것으로 인해 그리고 은유적 개념화의 행동에서 그러한 개념이 다양하게 상호 결합하는 것으로 인해 우리는 특별한 은유에 부여되는 상이한 의미를 생산하고 이해할 수 있다. 이것은 1장의 anchor 예의 경우에서 살펴보았다. 이러한 이유 때문에, 은유적인 개념 체계를 맥락의 일부로 보는 것은 타당해 보인다.

정반대 값을 가진 개념들

개념들의 체계는 정반대 값을 가질 수 있(거나 할당받을 수 있)는 의미적으로 관련된 개념들과 함께 나온다. 개념 체계의 이 양상은 유머에 관한 장(8장)에서 논의했다. 그곳에서는 어떤 값(들)을 지니고 있고 더 관습적인 형태를 통해 표현되는 처음의 의미로부터 동일한 의미를 지니지만 정반대의 값을 지닌 표현으로 이어지는 개념적 경로가 있다고 제안했다. 구체적인 제안은 언어적 유머가 흔히 어떤 '값'과 연결되는 상징 단위 1(즉, 어떤 형태/의미 쌍)을 정반대의 값과 연결되는 또 다른 상징 단위 2(즉, 또 다른 형태/의미 쌍)를 은유나 환유, 혼성을 통해 표현하는 것으로부터 나온다는 것이었다. 상징 단위 2는 상징 단위 1의 반대이기 때문에, 우리는 상징 단위 2를 상징 단위 1에 대한 더 거대한 개념적 맥락—어떤 주어진 개념 체계 내에 있는—의 한 부분으로 간주할 수 있다. 따라서 어떤 은유적 표현의 선택은 또한 (은유적인) 개념 체계 내의 이용 가능하고 접근 가능한 것에 달려 있는 것처럼 보인다. 분명히, 언어나 개념 체계가 어떤 주어진 상황에서 화자들에게 무엇을 이용할 수 있도록 하고 접근할 수 있도록 하는가는 언어마다 다르고 개념 체계마다 상당히 다를 수 있다.

부가적인 개념적 지식

이것은 다양하고 상이한 종류의 정보를 포함하는 거대한 범주이다. 이 정보는 명확히 개념 체계 속에 있는 개념들의 체계에 근거하지만, 이 개념들의 체계의 요소들을 결합하여 더 거대한 다중 양상 구문을 만듦으로써 이 체계를 이용한다. (개념 체계의 더 전통적이고 무[無]양식적인 개념에서는, 그러한 구문이 아마도 명제로 여겨질 것이다). 아래에는 사람들이 흔히 은유를 창조하기 위해 사용하는 개념적 정보의 종류 목록이 있다.

개념화자는 흔히 담화의 주요한 요소인 화자와 청자, 주제에 관한 지식에 의존한다. 이것은 위와 6장, 7장에서 살펴보았다.

은유를 창조하고 이해할 때, 사람들은 또한 진행 중인 담화의 주제와 관련된 이전 담화에 대해 알고 있는 것도 이용한다.

이데올로기도 담화에서 은유의 사용을 형성하는 요인일 수 있다. 주요한 사회적·정치적 쟁점에 관한 누군가의 이데올로기가 은유의 선택을 지배할 수 있다(예컨대, Goatly 2007는 이것을 보여 준다).

이데올로기와 밀접하게 관련된 것은 사회 내의 지배적인 담화 형태에 대한 사람들의 지식이다. 지배적인 담화 형태가 이데올로기의 지위를 획득할 수 있지만, 반드시 그러한 것은 아니다.

개념화자가 공유하는 과거의 사건과 상태(즉, 단기기억 속의 항목과 장기기억 속의 항목)를 아는 것도 담화에서 구체적인 은유의 발생을 유도할 수 있다. 이것의 특별한 경우는 청자가 특별한 정신적 상태를 가지고 있다고 화자가 가정하는 상황과 관련이 있다. 이것은 1장에서 논의한 anchor 예와 마찬가지이다.

마지막으로 사람들은 흔히 실재하는 의사소통 상황에서 세계에 대한 자신들의 흥미나 관심에 상대적으로 특별한 은유—더 정확히는 은유적인 근원영역—를 사용하라는 안내를 받는다(4장과 Kövecses 2005 참조).

위에서 제시한 다양한 유형의 정보는 적어도 느슨하게 개념 체계의 일부로 간주할 수 있다. 이러한 유형의 정보는 모두 특별한 은유의 발생을 촉진하거나 점화함으로써 의사소통 상황에서 은유의 사용에 영향을 미칠 수 있다. 이러한 연유로 나는 이러한 유형의 정보를 맥락으로 간주하는 것이 합당하다고 생각한다. 이러한 종류의 맥락을 기술하기 위해 사용할 용어는 '개념적/인지적 맥락'이다.

맥락 요인의 요약

그러면 우리가 지금까지 이 책과 이 장에서 조사한 다양한 맥락 요인은 몇 가지 유형으로 분류되는 것으로 보일 것이다. 첫째 유형은 이른바 '상황 맥락'이다. 이 유형은 은유적 개념화가 발생하는 물리적·사회적·문화적 상황을 포함한다. 둘째 유형은 내가 말하는 '담화 맥락'이다. 이 유형은 담화에서 특별한 은유의 사용을 선행하는 담화이다. 이것은 보통 맥락이라고도 부른다. 담화 맥락은 또한 현재 담화를 선행하고 현재 담화의 주제와 관련이 있는 담화도 포함한다. 셋째 유형의 맥락으로 구분하는 것은 앞의 소절에서 명시한 '개념적/인지적 맥락'이다. 넷째 유형은 은유적 개념화에서 (몸의 보편적인 양상에서든 개인 특정적인 양상에서든) 인간의 몸 자체와 관련이 있는 맥락이다. 더 관습적인 용어인 '신체화'에 대한 이전 어구와 일치하는 어구를 사용하자면, 이 유형은 '신체적 맥락'이라 부를 수 있다.

다음 소절에서 살펴보겠지만, 상황 맥락과 담화 맥락, 개념적/인지적 맥락, 신체적 맥락은 담화 속 은유 사용에 (다른 방식으로) 영향을 미칠 수 있는 또 다른 요인 집합과 구분할 수 있고 구분해야 한다.

은유 사용에 대한 두 종류의 영향

나의 앞선 연구(Kövecses 2005)에서는 은유 변이에서 어떤 역할을 하는 것으로 보이는 요인을 크게 두 집합으로 구분한다. 하나는 차별적 경험과 관련 있는 요인들의 집합이며, 다른 하나는 차별적인 '인지 스타일'과 관련 있는 요인들의 집합이다. 내가 방금 위에서 요약한 맥락 요인은 다 차별적 경험과 관련이 있다. 2장에서는 (나의 2005년 연구에 근거해) 차별적인 인지 스타일에 관련한 요인을 간략히 기술했다. 차별적 경험 하에 포괄되는 요인은 세계에 대한 (직접적이거나 간접적인) 경험을 반영하는 **내용적 지식**(contentful knowledge)—즉 개념적 내용을 가진 지식—으로 구성된다. (물론 여기에서 '지식'이라는 말은 **의식적** 지식을 뜻하지 않는다.) 특정 상황의 주요한 개체에 대한 지식, 문화적·사회적 지식, 역사 지식, 심지어 몸에 대한 지식 등은 은유의 사용을 촉발할 수 있는 경험을 반영한다.

이와 대조적으로, 인지 스타일에 들어가는 요인은 은유적 의미형성 과정에서 세상 경험을 제시할 필요가 있는 특별한 **방식**을 반영한다. 어떤 층위에서 은유적 생각을 제시하는가(도식성)나, 은유적 생각을 어떻게 프레임에 넣어야 하는가, 어느 정도까지 은유적 생각을 어느 정도까지 관습화해야 하는가, 은유적 생각은 몸의 어떤 양상과 관련이 있어야 하는가(경험적 초점)와 같은 문제는 본질상 **제시 특성**이다. 전자의 요인들은 '무엇'이 특정한 은유의 사용을 촉진하거나 점화할 수 있는가라는 질문에 반응하고, 후자의 요인들은 화자/개념화자의 공동체에서 은유적 개념화를 '어떻게' 제시할 필요가 있는가라는 질문에 반응한다. 하지만 내용 문제와 제시 문제는 어떤 경우에는 분리가 불가능하게 될 수도 있다.

차별적 경험을 구성하는 맥락 요인은 은유의 생산과 이해를 둘 다 특징짓는다. 개념화자들이 은유를 생산하고 이해하기 위해서는 은유에서 이용하는 그러한 경험에 호소할 수 있어야 한다. 이러한 경험은 개념화자들에게 맥락상에서 유도되거나 생성되는 담화 속 은유를 생산하고 이해하도록 해 주는 공통 기반을 제공한다. 이와 대조적으로, 차별적인 인지 스타일 아래에서 나열되는 요인은 화자/개념화자에게만 제약으로 작용한다. 화자/개념화자는 다양한 종류의 **내용적** 경험에 근거해 은유를 제시할 때 언어 공동체의 인지적 관습을 따를 수 있는 사람이다. 청자/이해자는 은유 제시의 과정에 (처음에나 직접적으로) 관여하지 않기 때문에 이러한 식의 제약을 받지 않는다. 그래서 이것이 바로 내가 담화에서 은유 사용에 영향을 미치는 요인을 두 집단으로 구분하는 이유이다.

나는 두 집단의 맥락 요인을 분류함으로써 실제 의사소통 상황에서 은유적 개념화에 영향을 미치는 **모든** 맥락 요인을 다 식별했다고 제안하고 싶지는 않다. 은유에서 맥락이 수행하는 역할에 대한 더 완벽하고 더 완숙한 견해를 위해 고려해야 할 여러 부가적인 요인이 분명히 있다. 화자/청자의 **감정적 상태**나, 특별한 주제에 대한 화자/청자의 **태도**, 유희와 재미와 진지함의 복석을 비롯해 은유 사용의 **목직**과 같은 중요한 요인에 대해서는 이 책에서 많은 이야기를 하지 않았다. 나는 (이 장에서 맥락 요인으로 요약한) 어떤 내용적 경험이 특별한 개념적 내용을 가진 특별한 은유를 점화하고 유발할 수 있는지에 주로 관심을 가졌다. 하지만 감정과 태도, 목적의 경우처럼 어떤 방식으로 이 내용적 경험의 제시를 제약하거나 한계를 정하는 요인에는 관심을 가지지 않았다.

국부적 맥락과 전체적 맥락

나는 이 연구에서 계속 두 유형의 맥락—국부적 맥락과 전체적 맥락—을 구분한다. 국부적 맥락은 직접적인 의사소통 상황의 양상에 대한 개념화자들의 구체적인 지식과 관련이 있고, 전체적 맥락은 공동체를 특징짓는 비(非)직접적인 상황에 관한 그들의 일반적인 지식으로 구성된다. 따라서 국부적 맥락은 어떤 특정한 의사소통 상황에서 개념화자들에게 달라붙어 있는 구체적인 지식을 암시하지만, 전체적 맥락은 공동체 전체의 개념화자들이 공유하는 지식을 암시한다. 적어도 대략적으로 이 구분은 클라크의 개인적 공통 기반 대 공동체의 공통 기반에 해당한다.

지금까지 앞에서 살펴보았던 대부분의 맥락 요인은 국부적 유형과 전체적 유형 둘 다에 존재하는 것처럼 보인다. 하지만 맥락의 이 두 유형 사이에 엄격한 경계선은 없다. 즉, 국부적 맥락이 전체적 맥락으로 변화하는 연속변이가 있다. 실제 의사소통 상황에서, 개념화자들은 두 종류의 요인에 다 호소할 수 있다. 다시 말해, 이 둘은 은유적 의미형성 과정에서 자유롭게 결합할 수 있으며, 이것은 (7장의 시적 은유의 경우와 같은) 많은 예에서 입증되었다. 따라서 이 구분은 본질상 주로 이론적이며, 은유적 의미형성의 실제 경우에 반드시 적용되는 것은 아니다.

국부적 맥락/전체적 맥락의 연속변이 특징은 또한 맥락으로 간주되는 몸과 개념 체계의 특징이다. 예컨대, 우리는 7장에서 시인이나 작가의 질병과 같은 몸의 특별한 상태가 특정한 경우에 특별한 은유적 개념화를 생산할 수 있다는 것을 보았다. 그러한 은유는 인간 몸의 일반적인 특징에 기초해서 발생하는 은유(즉, 일차적 은유)와 대조를 이룬다. 전체 은유적인 개념 체계와 그 체계의 활성화된 상태(즉, 장기기

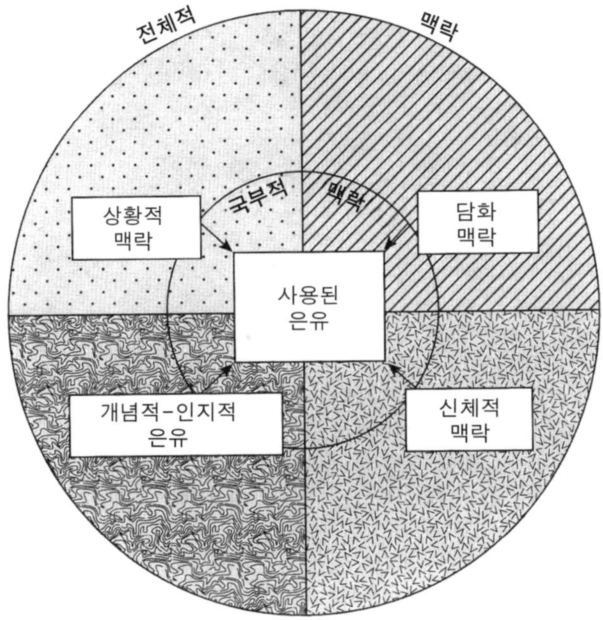

그림 10.2 맥락 요인의 요약

억 속에 있는 우리의 일반적인 은유 지식 대 1장의 리치[Ritchie]의 anchor 예와 관련해 논의한 작동기억 속에 있는 활성화된 국부적 지식, 즉 특별한 정신적 상태) 간의 구분의 경우에서 동일한 것을 관찰할 수 있다.

국부적 맥락/전체적 맥락의 연속변이 특징은 또한 맥락으로 간주되는 몸과 개념 체계의 특징이다. 예컨대, 7장에서 우리는 몸의 특별한 상태가 시인이나 작가의 질병과 같이 구체적인 경우에 특별한 은유적 개념화를 생산할 수 있다는 것을 살펴보았다. 그러한 은유는 인간 몸의 일반적인 특징에 근거해 진화하는 은유(즉, 일차적 은유)와 대조를 이룬다. 우리는 은유적인 개념 체계 전체와 이 체계의 활성화된 상태를 구분하는 경우에도 동일한 것을 관찰한다. (즉, 장기기억 속에 있는 우리의 일반적인 은유 지식 대 작동기억 속에 있는 활성화되는 국부적 지식

즉 특별한 정신적 상태의 구분에서도 동일한 것을 관찰한다. 활성화는 국부적 지식은 1장에서 리치의 anchor 예와 관련해 논의했다.)

〈그림 10.2〉는 지금까지 논의한 다양한 종류/유형의 맥락 요인을 요약한 것이다.

은유 발생 속의 시간 프레임

맥휘니(MacWhinney 2005)는 언어적 형태를 비롯한 다양한 발생 구조가 계통 발생적 시간 척도에서 직접적인 실시간 처리의 초 단위로 확장되는 다양한 시간 프레임에서 발생한다고 제안한다. 이러한 발생주의 사고양식에서 우리는 어떤 시간 척도가 은유 생산에서 상이한 맥락 요인에 적용되는가의 문제를 제기할 수 있다.

일반화의 가장 상위 층위에서는 다양한 국부적(이거나 직접적)인 맥락 속의 요인들이 매우 짧은 시간 척도에서 은유적 형태를 생산하지만, (6장에서 정의한 바와 같이) 우리의 전체적 지식에 근거하는 은유가 발생하는 데에는 더 긴 시간 프레임이 필요하다고 제안할 수 있다. 어떤 상황 속의 가장 직접적인 종류의 지식은 순식간에 은유적 형태를 생산한다고 말할 수 있다. 이때 의사소통 상황을 특징짓는 특별한 지각과 경험, 개념이 어떤 은유를 즉각적으로 생산할 수 있다. 다른 한편으로, 전체적 요인은 훨씬 더 느리고, 더 긴 시간의 흐름상에서 은유의 변화를 이끌어낸다. 예컨대, 공동체가 살고 있는 풍경은 매우 빨리 변하지 않는다. 그래서 이 풍경에 근거한 은유도 따라서 느리게 변할 것이다.

국부적(직접적) 요인과 전체적(비[非]직접적) 요인 사이의 이 구분은 위에서 약술한 상황 맥락과 담화 맥락, 개념적/인지적 맥락, 신체적 맥락이라는 다양한 유형의 맥락에 똑같이 적용된다. 이 네 유형에서

다 국부적인 맥락 요인은 매우 짧은 시간 척도 상에서 담화 속 은유를 생산하거나 이끌어 낼 수 있다. 어떤 상황을 특징짓는 직접적 요인은 은유를 빨리 생산할 수 있고, 그러한 은유는 상황이 변함에 따라 역시 빨리 변할 수 있다. 직접적인 문화적 상황이나 언어적 맥락, 개념적/인지적 상태, 신체적 조건상의 변화는 직접적 맥락에서 새로운 은유의 발생을 이끌어내고, 발생하는 은유는 담화에서 빠르게 잇따라 변화할 수 있다. 하지만 서로 다른 전체적 맥락의 경우에는 예컨대 상징적인 문화적 체계와 매우 관습적이고 고착화된 언어 양상, 개념 체계 전반, 인간의 몸에 적용되는 더욱 느리게 변하는 시간 프레임 때문에 그러한 발생이 훨씬 더 느리다.

하지만 그렇다고 해서 다양한 유형의 **전체적** 맥락에서 요인을 특징짓는 전형적인 시간 척도에 아무런 차이가 없다고 말하는 것은 아니다. 예컨대, 몸에 근거하는 은유(즉, 상관관계 은유—2장 참조)는 예컨대 사회적 요인에 근거하는 은유보다 훨씬 느리게 변한다. 그 이유는 단지 인간의 몸이 매우 느린 계통 발생적 시간 틀 내에서 변하는 반면, 사회적 체계는 (상대적으로) 훨씬 더 빠른 역사적 시간 틀 내에서 변하기 때문이다.

은유가 발생하는 통로인 다양한 시간 틀이 서로를 지지할 수 있고 흔히 그렇게 한다는 점을 또한 지적해야 한다. 예컨대, 물리적 맥락 속의 한 경험에 근거하는 어떤 특별한 은유의 발생(4장에서 분석한 예로 시끄러움 대 속삭임)은 은유적인 개념 체계에 수많은 개념적 은유와 환유가 있어야 한다고 요구한다. 그러한 은유와 환유가 존재하지 않는다면, 그 은유는 특별한 의미를 전달할 생존 가능한 선택권으로 발생할 수 없다. 중요하게도, 소리 관련 경험의 직접성은 장기기억에서 관습적인 은유 체계가 훨씬 더 느리게 발생하는 것과 대조되지만, 빠르게 움직이는 맥락(직접적인 물리적 상황)에서 은유가 성공적으로 발생하는 것은 훨씬 더 느리게 움직이는 개념적/인지적 맥락에 의존한다.

다양한 출판물에서 깁스와 그의 동료들(Gibbs & Cameron 2007; Gibbs 2011; Gibbs & Santa Cruz 2012)은 이러한 쟁점 몇 가지를 논의하기 위해 동역학적 체계 시각을 채택한다. 의미심장하게도 그들은 개념화자들이 담화에서 은유를 이해하는 동안 상호작용 부분—내 용어로는 '맥락 요인'—의 거대한 체계 내에서 '동역학적 결합'(dynamic coupling)을 형성한다고 덧붙인다. 이 동적 결합을 바탕으로 은유적 해석이 다양한 시간 척도를 통해 발생한다. 이러한 견해에서, "은유 이해는 '의미'를 복원하는 것이 아니라, 사람이 세계에 적응하고 순응하는 연속적으로 펼쳐지는 시간적 과정이다"(Gibbs & Santa Cruz 2012: 310).

차별적 경험은 은유 사용을 점화한다

앞 장의 수많은 사례에서, 나는 국부적 맥락과 전체적 맥락에서 우리의 경험(을 알거나 자각하는 것)이 특별한 은유—관습적인 은유이든 색다른 은유이든—의 사용을 점화할 수 있다고 주장했다. 나는 그 과정에 대해 다양한 용어를 사용했다. 나는 다양한 맥락 요인이 담화 속의 은유 사용에 동기를 부여하고 또한 이러한 은유 사용을 일으키고 촉진하고 용이하게 하고 형성한다고 제안했다. 나는 이러한 정신적 사건을 특징짓는 가장 좋은 방법이 이것을 '점화'의 실례로 간주하는 것이라고 믿는다. 점화는 상당한 규모의 많은 문헌이 있는 심리학적·언어심리학적 실험에서 방대하게 사용하는 잘 연구된 인지 과정이다(예컨대, Boroditsky & Ramscar 2002와 Casasanto 2009, Gibbs & Colston 2012,

몇몇 다른 연구 참조). 중요하게도 점화는 상황 맥락과 담화 맥락, 신체적 맥락, 개념적/인지적 맥락에서 어떤 경험을 모의 실험하는 것에 근거한다.

점화를 설계 방법으로 사용하는 실험은 '생체 외(in vitro)' 실험에서부터 '생체 내(in vivo)' 실험에까지 이를 수 있다. '생체 내' 실험에서는 사람들이 단지 특별한 맥락 요인을 구성하는 일상의 일을 경험하고, 연구자들이 참여자들에게 그러한 경험이 주어질 때 특별한 상황을 개념화하는 방식에 대해 질문을 한다. 수많은 연구(앞 참조)는 맥락 요인으로 작용하는 다양한 신체적 경험과 담화 (의미적) 경험이 그러한 경험과 관련이 있는 상황에 대한 실험대상자들의 은유적(이고 비非은유적)인 개념화를 형성한다는 것을 보여준다. 담화 속 은유의 생산과 이해를 가능하게 하는 것은 다름 아닌 공유 경험(어떤 상황에서 역동적으로 진화하는 공통 기반)이다.

개념적 은유 이론에 근거하지 **않은** 문헌에서 나온 이러한 종류의 점화에 관한 하나의 예로, 노벨상 수상자인 심리학자 겸 사회과학자인 대니얼 카너먼(Daniel Kahneman)이 개념화에서 점화가 차지하는 중요성과 힘에 대해 어떤 말을 해야 하는지를 살펴보자(Kahneman 2011). 카너먼은 두 가지 사고방식—체계 1과 체계 2—을 구분했다. 다음은 그가 이 두 체계를 소개하는 방식이다.

> (…) 나는 두 행위자—체계 1과 체계 2—의 은유로 정신적 생활을 기술한다. 이 둘은 각각 빠른 사고와 느린 사고를 생산한다. 나는 직관적인 신중한 사고가 마치 우리 마음속 두 인물의 특성과 기질인 것처럼 이 사고의 특징에 대해 말한다. 최근 연구에서 나오는 그림에서는 직관적인 체계 1이 당신의 경험이 말해 주는 것보다

> 더 많은 영향을 미친다. 그리고 이 체계 1이 당신이 하는 선택과 판단의 많은 부분의 은밀한 저자이다. (Kahneman 2011: 13)

나는 많은 의사소통 상황에서 우리가 체계 1의 작용에 근거하는 은유를 선택한다고 제안하고 싶다. 이 체계 1은 대체로 무의식적이고 직관적이지만 매우 빠른 사고 체계를 말한다. 나의 제안은 이 책에서 다룬 (그리고 이 장에서 요약한) 맥락 요인이 모두 맥락 속의 특별한 은유 사용을 점화할 수 있다는 것이다. 이것은 간단히 은유의 선택이 점화 역할을 하는 맥락 요인과 일관성을 지니기 때문이다. 다시 말해, 나는 맥락 유도 은유의 사용을 연구자가 관여하지 않는 실시간 점화의 결과로 본다. (이 점화는 실험자가 반드시 관여하는 '생체 내[in vivo]' 점화 실험과 다르다.)

카너먼(2011)은 은유적 사고에서 점화 효과가 갖는 힘의 느낌을 우리에게 알려준다. 이것이 바로 은유적 사고와 관련이 있는 실험에 관해 카너먼이 쓴 내용이다.

> 다른 실험은 무의식적 연상에서 상징과 은유가 맡는 역할에 관한 프로이트의 통찰력을 입증해 주었다. 예컨대, 모호한 단어 조각 W _ _ H와 S _ _ P를 고려해 보자. 최근에 자신이 한 부끄러운 행동을 떠올리도록 요청받은 사람들은 이러한 조각을 WASH와 SOAP로 채울 가능성이 더 높지만, WISH와 SOUP로 채울 것 같지는 않다. 더욱이 직장동료의 등을 칼로 찌르는 것에 대해 떠올리는 것만으로도 사람들은 배터리나 주스, 캔디바보다 비누나 살균제, 세제를 구입하는 경향을 더 많이 지니게 된다. (Kahneman 2011: 56)

명확하게도, 이 실험은 개념적 은유 **나쁨/비도덕성은 더러움**과 이 은유(의 근원영역)과 연결되는 몇 가지 행동(세척)과 관련이 있다. 마찬가지로 나는 실생활 속의 다양한 종류의 경험이 사람들에게 목표영역을 개념화하는 과정에서 특별한 은유(의 근원영역)를 선택하도록 점화할 수 있다고 제안한다.

은유적 사용을 위한 맥락의 재(再)개념화

맥락이라는 용어는 전형적으로 'X를 위한/의 맥락'이라는 표현에서 사용한다. 우리의 사례에서 X는 은유이고, 더 구체적으로는 담화 속 은유 사용이다. 이러한 용법이 주어지면, 우리는 은유적 담화를 위한/의 맥락이 담화 속 은유 사용을 통제하거나 이 사용에 영향을 미치는 어떤 체험적 내용이라고 제안할 수 있다. 이 형식화는 맥락에 대해 생각해 볼 몇 가지 방식을 우리에게 제공한다.

한 방식은 은유의 사용을 통제하는 담화 외부 요인을 모두 다 맥락으로 간주하는 것이다. 의미심장하게도 이 요인에 개념 체계가 들어간다.

또 다른 선택 방안은 우리가 담화와 이 담화를 생산하는 개념 체계를 어쨌든 정신 활동의 단일 단위(즉, 담화의 생산자—생산물로서의 담화)로 간주하고, 한 단위로 작용하는 담화와 개념 체계 밖에서 은유 사용을 통제하는 맥락으로 간주하는 것이다.

셋째는 내가 선호하는 선택 방안으로서, 우리는 담화와 개념 체계가 정신적 활동의 단일 단위를 형성한다고 간주할 수 있다. 하지만 이와 동시에 개념 체계가 개념적/인지적 맥락을 논의하면서 앞에서 약술한 여섯 가지 역할 속에서 작용하는 것으로 간주할 수 있다. 다시 말해, 개념 체계는 담화의 생산자**이고** 동시적인 형성자일 것이다. 따라서 이 견해에서는 맥락이 개념 체계가 은유적 담화를 생산할 때 개념 체계를 통제하고 형성하는 모든 요인에 의해 구성될 것이며, 이러한 요인에는 이전에 언급한 개념적/인지적 요인도 포함된다.

어떤 종류의 경험적 내용이 점화 효과를 내는가?

나는 담화에서 은유의 생산과 이해를 통제하거나 이것에 영향을 미치는 것처럼 보이는 많은 요인을 제시했다. 나는 또한 앞 절에서 이러한 통제나 영향이 점화의 형태를 취한다고 제안했다. 그러나 각각의 모든 의사소통 상황에는 다루어야 할 많은 경험적 내용(즉, 지각적 내용과 정신적 내용—후자는 개념적/인지적 지식에 해당함)이 있다. 그 결과 이러한 맥락 요인 중의 어떤 것이 화자에게 은유를 생산하(고 청자가 이 은유를 이해하)도록 점화할 것인가라는 질문이 제기된다.

이 질문에 (적어도 부분적으로) 답하기 위해서, 우리는 맥락 내용을 개념화자가 '맥락 모형'으로 표상한다는 판 데이크(Van Dijk 2009)의 발상으로 주의를 돌려서 그 발상에 의존할 수 있다. 맥락 모형은 수많은 성분으로 구성되는 의사소통이 발생하는 상황에 대한 이상화된 인지모형이다.

상황
- 시간
- 위치
- 환경, 소품

일
- 행위자(개인 또는 집단)

개인적 행위자: 개성, 관심사, 외모
사회적 행위자: 연령, 성, '종족' 사회적 역할, 사회적 관계
정신적 행위자: 지식, 규칙, 의견, 의도, 목표
활동/행위

(Van Dijk, 2009: 39)

일반적이고 도식적인 이 맥락 모형(판 데이크[Van Dijk 2009]가 자신의 저서에서 아주 자세하게 상술하는)은 담화 속 은유적 개념화의 실제 사례를 위해 명시할 수 있다. 만일 이 연구에서 담화 속 은유의 생산에 적합하다고 드러난 맥락 요인을 우리가 고려한다면 말이다. 우리는 이러한 요인을 다음과 같은 질문에 답하는 맥락 모형의 성분으로 간주할 수 있다. (나는 이 장에서 제시한 것처럼 질문 다음에 나오는 굴림체로 된 요인에 대해 원래의 지칭을 사용한다.)

- 나는 화자와 주제, 청자에 대해 무엇을 아는가?
  담화의 주요한 요소들에 대한 지식
- 현재 담화에서 지금까지 무슨 말을 했는가?
  주변 담화
- 이전 경우의 주제에 대해 무슨 말을 했는가?
  동일한 주제에 대한 이전의 담화
- 대중 담화를 지배하는 주요한 담화 유형은 무엇인가?
  담화와 상호텍스트성의 지배적인 형태
- 대중 담화를 지배하는 사고의 체계는 무엇인가?
  담화의 기저에 있는 이데올로기

- 무언가가 개념화되는 물리적 상황의 특징은 무엇인가?
  물리적 환경
- 무언가를 개념화하는 사회적 상황의 특징은 무엇인가?
  사회적 상황
- 무언가를 개념화하는 문화적 상황의 특징은 무엇인가?
  문화적 상황
- 담화 이전에 무슨 일이 일어났는가?
  역사
- 담화에 참여하는 사람들은 무엇에 흥미를 갖고 관심을 갖는가?
  흥미와 관심
- 개념화자의 몸의 특징은 무엇인가?
  맥락으로서의 몸
- 참여자의 개념 체계의 내용은 무엇인가?
  맥락으로서의 은유적인 개념 체계

개념화자들은 이러한 질문에 응답하는 정보를 알고 있고, 아마도 그 정보를 찾으며, 결과적으로 그들은 은유적 개념화가 발생하는 모든 의사소통 상황에서 구체적인 맥락 모형을 형성할 수 있다. 이 모형이 주어지면, 각각의 의사소통 상황을 특징짓는 엄청난 양의 지각·정신적 정보(체험적 내용) 중에서 단지 다루기 쉬운 집합만이 담화에서 특별한 은유의 사용을 점화할 만큼 충분히 활성화될 것이다. 내가 은유를 포함하는 담화와 이 담화를 사용하는 상황을 경험적으로 연구함으로써 잠재적인 맥락 요인에 도달했다는 점을 명심해야 한다. 이러한 의미에서, 그러한 요인은 '자연스러운' 집합을 형성한다. 이러한 연구의 경험적 결과는 은유적 개념화에서 공통된 경향을 보여주지만, 역시 동일한 상황에서 출현하는 다른 종류의 정보는 왜 동일한 목적을 위해 흔히 사용되는 것으로 보이지 **않는가**는 미해결의 문제이다.

국부적 요인 대 전체적 요인의 맥락 속 역할

판 데이크(2009)의 견해에서는 맥락 모형이 국부적 맥락의 요인—자질—만 병합한다. 하지만 일반적인 맥락 모형에 대한 나의 표상에는 국부적 맥락이 아닌 전체적 맥락에서 도출되는 자질도 몇 개 들어있다. 이것은 전체적 맥락의 자질이 은유적 발화가 창조되는 상황에서도 잠재적으로 출현한다고 믿기 때문이다. 이 딜레마는 어떻게 해소할 수 있는가?

나는 맥락의 국부적 자질과 전체적 자질 사이의 차이가 (내용 측면에서든 활성화의 정도 측면에서든) 정도의 문제이며, 따라서 두 유형의 요인이 다 맥락 모형에 존재한다고 제안할 것이다. (앞에서 주장한 바와 같이) 내용과 관련해서 많은 경우에 어떤 자질이 국부적 맥락에 속하고 어떤 자질이 전체적 맥락에 속하는지는 말하기 어려울 것이다. 더욱이 어떤 상황에서는 국부적 자질이 전체적 자질과 중복되거나 일치할 수 있고, 아니면 호혜적으로 서로를 강화할 수 있다.

활성화의 정도와 관련해서는, 국부적 자질이 어떤 주어진 상황에서 일반적으로 더 활성화된다고 가정하는 것이 안전하지만, 전체적 자질도 어느 정도 활성화된다. 그리고 그 차이는 역시 정도의 문제일 수 있다. 우리가 여러 상황에 들어가거나 한 상황에서 또 다른 상황으로 옮겨가는 것이 세계에 대한 우리 지식의 일부가 완전히 비어 있거나 전혀 활성화되지 않는 상태에서 이루어진다는 것은 결코 사실이 아니다. 더욱이 우리의 일반적인 개념 체계가 주어지고 (예컨대, 기독교도라는 것이나 이슬람교도라는 것과 같은) 이 체계의 부분 중 일부의 현저성이 주어진다면, 우리의 상응하는 지식 구조는 국부적 자질만큼 빠르게 활성화될 수 있다. 다시 말해, 우리의 맥락 모형에서는 국부적 자질 외에 전체적 자질도 유지하는 것이 정당해 보인다.

경험적 내용 중 어떤 부분이 활성화되는가?

(위에서 제시한 12개의 일반적인 요인으로) 상당히 제한적이기는 하지만, 개념화자들이 이용할 수 있는 정보는 여전히 매우 많고, 그들이 은유 사용을 위해 지각적 · 정신적 정보 중의 어떤 부분을 이용하는지(즉, 정보의 어떤 부분이 주어진 담화에서 은유적 개념화를 위해 사용 가능하고 유용한 것으로 간주되는지)에 관해 결정을 해야 한다. 담화에서 은유 창조를 목적으로 이용 가능한 정보(즉, 어떤 상황에서 체험적 내용의 다양성에 대응하는 맥락 요인)를 한층 더 제약하는 유일한 방법은 화자/개념화자가 의사소통 상황에서 표현하고 싶어 하는 특별한 목표영역 의미—다시 자신의 의사소통 의도에 의존하는—를 고려하는 것인 것으로 보인다. 이 목표영역 의미가 주어지면, 적절한 근원영역 대 목표영역 사상이 활성화될 수 있다. 구체적인 (목표영역) 의미—예컨대 (4장에서 논의한) "lack of resolve"(결단력 결여)—는 바라는 의미를 전달할 수 있는 특별한 경험—"whisper"(속삭임)이나 "roar"(포효)와 같은—을 그 상황에서 선택할 수 있다. 이러한 방식으로 어떤 특별한 조각/종류의 정보(나 체험적 내용)와 특별한 맥락 유도 은유(whisper)가 그 상황의 이용 가능한 많은 선택 방안으로부터 선택된다.

개념적 경로

4장의 "whisper"(속삭임) 예와 연결해 제시한 바와 같이, 그러한 선택은 몇몇 개념적 은유와 개념적 환유의 상호작용에서 나온 결과일 수 있다. 동일한 복잡성은 1장에서 anchor(닻) 은유와 관련해 살펴보았다. 여기에서는 어떤 특별한 은유의 사용을 유발하는 몇몇 기존의 개념적 은유를 설정했다. 마찬가지로 많은 추가적인 예를 몇 개의 장—특히 6장과 7장, 8장—에서 논의했다. 그러한 경우는 담화 속의 특별한 은유 선택이 흔히 개념 체계 내의 기존 요소(은유와 환유, 혼성)의 영향을 받으며, 또한 외부 세계(즉, 상황적 요인)뿐만 아니라 개념 체계 내의 기존 요소(은유와 환유, 혼성)로부터 우리가 경험하는 것의 영향을 받는다는 것을 보여준다. 이러한 요소는 의도하는 목표영역 의미를 생성할 수 있는 개념적 경로로 재구성할 수 있어야 한다. 그러한 재구성 가능한 개념적 경로가 없다면, 많은 경우에 사람들이 담화의 생산과 이해에서 어떻게 수용 가능한 의미에 도달할 수 있는지 상상하기 어려울 것이다.

적합성 이론(Sperber & Wilson 1995, 2008)이 은유적 의미를 계산하는 이 모형(Tendahl & Gibbs 2008; Gibbs & Tendahl 2011)과 양립할 수도 있다는 점에 주목해 볼 수 있다. 위에서 제시한 바와 같이, 적합성 이론가들은 은유적 의미의 계산이 특별한 은유의 사용을 위한 적절한 맥락에 도달하려고 노력하는 추론 과정이고, 고착된 은유와 환유로 구성된 개념적 경로 자체가 덧쌓여 의도하는 은유적 의미가 되지도 않고 그러한 의미를 생성하지도 않는다고 주장할 수 있다. 이것은 확실히 옳다. 하지만 내가 보기에는 추론 과정으로서의 적합성 이론 설명이 개념 체계에 이미 존재하거나 맥락에서 발생하고 기존의 맥락에 의존하며 스스로 사용상에서 고착되는 은유(와 환유)를 고려하지 않는다면, 의도하는 은유적 의미에 도달하는 과제를 잘 수행하지 못한다는 것도 사실이다. 이러한 이유에서 나는 적절성 이론과 맥락화된 개념적 은유의 견해가 의사소통 맥락에서 은유적 의미에 대한 해명으로 함께 작동할 수 있고 또한 그러해야 한다고 본다.

은유적 개념 활성화의 범위

나는 어떤 개념(의 일부)의 활성화 **정도**를 활성화 **범위**—개념 체계 내에서 활성화가 얼마나 '멀리' 퍼지는가의 쟁점—와 구분한다. 9장에서 우리는 단 하나의 개념(예: **행복**)을 고려하면서 기존의 은유적 체계와 환유적 체계가 얼마나 광범위하고 정교할 수 있는지를 이해했다. 그러한 체계를 구성하는 개념적 은유와 환유는 외부 세계에서 나오는 우리의 경험과 함께 작용할 수 있고, 담화 속 특별한 은유의 사용을 함께 통제할 수 있다. 그리고 상이한 개념과 관련이 있는 몇몇 체계가 서로 상호 작용하고 또한 우리의 경험과도 상호 작용하여, 구체적인 의사소통 상황에서 우리가 은유적으로 개념화하는 동안 사용하는 은유를 생산한다는 것도 흔히 사실이다.

행복과 관련이 있는 정교한 은유와 환유 체계에 대한 9장의 논의는 다른 한 쟁점에 대한 우리의 논의에도 도움이 된다. 즉, 그러한 체계는 한 특별한 양상이 활성화될 때 은유 사용에서 전체적으로 활성화되는가, 그렇지 않은가? 나는 은유적 표현 "the *pursuit* of happiness"(행복 추구)의 사용이 적절한 사상과 이 사상에 근거하는 모형을 넘어서는 개념적 성분을 활성화할 가능성이 없다고 제안했다. 이 사상과 모형은 이 은유적 표현 "the *pursuit* of happiness"를 내포하는 체계의 작은 부분일 뿐이다. 하지만 내 입장에서 이것은 실험 연구로 검증해야 할 가설적 제안일 뿐이다. 행복과 연결되는 체계와 같은 어떤 광범위한 은유 체계가 주어질 때, 행복이나 어떤 다른 추상적 목표영역과 관련된 어떤 특별한 은유 표현을 사용하는 동안 정신적 활성화가 얼마나 멀리 확장할 수 있는지 알아야 할 것이다.

은유와 인지, 맥락

은유는 담화에서 출현한다. 만약 앞에서 제시한 정의에 따라 우리가 맥락으로 의미하는 바가 바로 어떤 개념 체계로 하여금 한 편의 주어진 담화에서 특별한 은유 표현을 선택하도록 이끄는 것이라면, 모든 은유 표현은 각각 상이한 맥락에서 등장한다. 최소한, 그런 변화는 선행 담화 내의 차이와 관련이 있다. 우리는 6장에서 맥락—더 정확히는 공(共)텍스트—에 있는 이 최소의 변화에 대한 예(tilt의 경우)를 살펴보았다. 그리고 이 책에서 내내 부가적인 맥락 유형이 어떻게 담화 속 은유 사용에 영향을 미치는가를 보여 주는 수많은 예를 살펴보았다. 이것은 은유 사용이 전적으로 맥락 의존적이라는 것을 뜻하는가?

동역학적 체계 이론의 원리에 근거하는 최근의 인지 견해와 그 내부의 최근의 은유 견해에서는 그렇다고 주장한다. 이 견해를 고려하면, 인지는 상징의 안정적인 표상 체계가 없이도 작동하고, 모든 은유는 맥락에서 발생한다(즉, 장기기억 속에는 미리 저장된 은유 체계가 전혀 없다)(예컨대, Gibbs & Cameron 2007 참조). 은유 생산에서 맥락이 맡는 중요한 역할과 관련해 깁스와 캐머런의 의견에 동의하지만(Kövecses 2010b), 이 장과 이 책의 다른 여러 곳에서 이 문제에 관해 다소 다른 제안을 했다. 구체적으로 나는 우리가 관습적 은유 체계를 일반적인 유형의 맥락—개념적/인지적 맥락—으로 간주한다고 제안했다. 일단 (공[共]텍스트를 비롯한) 맥락을 담화에서 은유적 개념화 행위를 할 때 개념 체계에 영향을 미치는 요인으로 간주한다면, 나는 이것이 합당한 제안이라고 믿는다. 이전에 논의한 몇 가지 예와 관련해 나는 담화 속 은유적 개념화—예컨대 **논쟁은 전쟁** 은유에서 나오는 defend(방어하다)—가 장기기억 속의 관습적인 개념적 은유와 관련이 있고 이 은유에 의존할 수 있을 뿐만 아니라, 상황 맥락이나 담화 맥락이나 신체적 맥락에 심히 의존하는 은유가 장기기억 속의 이미 존재하던 관습적인 개념적 은유에 의존하는 그러한 사례와 관련이 있고 이 사례에 의존할 수 있다고 지적했다. 따라서 어떤 관습적인 개념적 은유가 장기기억 속에서 이용 가능하고, 이러한 은유를 결합하여 어떻게 (담화상의 한 특별한 지점에서 목표영역 의미를 전달하기 위한) 유의미한 개념적 경로를 형성할 수 있는가의 쟁점은 분명히 맥락과 관련된 문제이다.

나는 장기기억 속의 관습적인 개념적 은유를 맥락의 한 유형으로 보는 것이 역시 표상 문제에 대한 인지과학 전반의 다른 가능한 해결책과 다소 다르다고 생각한다. 예컨대, 머피(Murphy 1996)와 함께 (레이코프와 존슨에게는 실례이지만 신체화된 개념적 은유가 아니라) 관습적인 (언어적) 은유적 의미를 포함하는 상징적인 표상 체계가 우리에게 있다고 제안할 수도 있다. 이것은 무(無)양식적인 표상 체계의 부분일 것이다. 그리고 바살루(Barsalou 2008)가 제안하는 방식의 또 다른 해결책은 양식적인 상징적 표상 체계로 구성되는 (혼합) 인지 체계가 있다는 것이다(3장 참조). 이 둘 중에서 이 책에서 제안하는 해결책은 바살루의 제안—장기기억 속에 존재하는 양식적인 은유적 표상 체계가 있다는 제안—과 더 가깝다. 이 후자의 속성 때문에 바살루의 해결책은 깁스와 캐머런의 발상과 다르게 된다. 깁스와 캐머런은 은유가 항상 맥락에서 발생하기 때문에 장기기억 속에는 이미 존재하는 개념적 은유가 전혀 없다고 생각한다. 나의 제안은 이 둘 다와 다르다. 나는 관습적인 개념적 은유가 상징적인 표상 체계의 일부로 장기기억 속에 존재하지만, 또한 담화 속의 은유적 개념화 행위와 관련해 맥락의 한 유형으로 작용하기도 한다고 보기 때문이다.

하지만 궁극적으로 나는 이 책에서 제시하는 맥락 속 은유 견해가 은유적 개념화와 맥락 사이의 관계에 관한 깁스의 견해나 바살루의 견해 둘 다와 전적으로 양립 가능하다고 믿는다. 한편으로는 비록 담화 속 특별한 은유 표현의 출현을 설명하기 위해 안정적이고 관습적인 개념적 은유를 동원해야 한다고 흔히 생각했지만, 그리고 다른 한편으로는 비록 깁스가 머릿속에 그러한 안정된 개념적 패턴을 설정할 필요가 없다고 설득력 있게 주장하지만, 내가 보기에 실재적인 쟁점은 우리가 개념적 은유가 개념 체계 속에서 (안정성 전무에서 완전 안정성에 이르는 연속변이선 상에서) **얼마나** 안정적이라고 가정하는가이다. 개념적 은유라 불리는 개념적 패턴이 안정성 정도가 다양하고, 이러한 패턴 중의 일부는 거의 안정적이지 않지만 다른 일부는 어느 정도 안정적이거나 상당히 안정적일 수 있다. 오히려 이것은 미래의 경험적 연구만이 결정할 수 있는 문제이다.

마지막이자 더욱 일반적으로, 맥락 속 은유에 대한 이 책의 연구는 은유적 마음이 상당히 상황 의존적이고 담화 (맥락) 의존적이며 개념/인지 의존적이고 신체 의존적임을 보여준다. 이것은 신체화된 인지나 체화된 인지의 최근 몇몇 이론(예컨대, 특히 Lakoff 1987; Wilson 2002; Gibbs 2006; Barsalou 2008 참조)에 따라, 은유를 생산할 때 마음의 작용이 대체로 물리적·사회적·문화적 상황과, 담화 속 은유적 개념화를 선행하는 언어(공[共]텍스트), 인간 몸의 작용에 의존한다는 것을 의미한다. 그리고 마지막이지만 역시 중요하게도, 이 장의 전반부에서 기술한 바와 같이, 이 마음의 작용은 또한 맥락으로서 자신의 고유한 체험적 내용(은유적인 개념/인지 체계)에도 의존한다.

은유는 어디에서 오는가?

이것은 이 책을 시작하면서 맨 처음 했던 질문이다. 나는 이제 이 질문에 타당하고 명확하게 답할 수 있기를 희망한다.

나는 실제 의사소통 상황에서 화자/개념화자가 크게 경험의 네 유형—상황적 맥락과 담화 맥락, 개념적/인지적 맥락, 신체적 맥락—으로부터 은유를 도출한다고 주장했다. 이것은 대부분의 은유가 단순히 어떤 의미를 가진 관습화된 언어 표현에 불과하고, 우리가 그런 의미를 표현하고 싶을 때 은유를 사용한다는 전통적인 견해에 반한다. 이것은 또한 우리가 사용하는 은유가 단순히 우리 머릿속의 개념적 은유에 근거한다는 견해—인지언어학에서 일반적으로 신봉하는—에도 반한다.

더욱이, 여기에서 펼치는 은유적 토대의 견해는 인지언어학의 더욱 최근 견해—은유가 우리의 신체적 경험에 근거한다는—를 보강하고 세련되게 다듬는다. 분명히 이것은 은유의 많은 경우에 사실이다. 하지만 은유 창조에서 몸이 하는 역할은 재해석할 수 있고, 그 결과 우리는 몸을 은유가 발생하는 근원인 몇 가지 맥락(상황적 맥락과 담화 맥락, 개념적/인지적 맥락) 중 하나에 불과하다고 볼 수 있다. 비록 몸이 가장 지배적이고 결정적인 맥락이지만 말이다(Lakoff & Johnson 1999). 이러한 견해는 최근 몇 년 동안에 인간 인지의 본질에 대해 밝혀냈던 것과 더 많이 일치하는 것으로 보인다. 즉, 인간의 인지는 다양한 방식으로 경험에 토대를 두고 있다. 가장 엄격한 의미의 신체화가 그러한 방식 중의 하나이다(Pecher & Zwaan 2005; Gibbs 2006; Barsalou 2008 참조). 이 연구에 비추어 볼 때, 이것은 은유적 인지를 비롯해 인지가 몸뿐만 아니라 사람들이 행동하고 삶을 이끌어가는 상황과 그들이 서로 의사소통하고 상호 작용할 때 언제라도 참여하는 담화, 세상을 경험하는 동안 이 세상에 대해 축적한 개념적 지식에도 근거하기 때문이다.

참고 문헌

Aitchison, Jean. 1987. *Words in the Mind*. Oxford: Blackwell.

Alverson, Hoyt. 1991. Metaphor and experience: Looking over the notion of image schema. In 1. Fernandez (ed.), *Beyond Metaphor: The Theory of Tropes in Anthropology*, 94-117. Stanford: Stanford University Press.

Alverson, Hoyt. 1994. *Semantics and Experience: Universal Metaphors of time in English, Mandarin, Hindi, and Sesotho*. Baltimore: Johns Hopkins University Press.

Attardo, Salvatore. 1994. *Linguistic Theories of Humor*. Berlin/New York: Mouton de Gruyter.

Barcelona, Antonio (ed.). 2000a. *Metaphor and Metonymy at the Crossroads*. Berlin: Mouton de Gruyter.

Barcelona, Antonio. 2000b. On the plausibility of claiming a metonymic motivation for conceptual metaphor. In A. Barcelona (ed.), *Metaphor and Metonymy at the Crossroads*, 31–58. Berlin: Mouton de Gruyter.

Barcelona, Antonio. 2001. On the systematic contrastive analysis of conceptual metaphors: Case studies and proposed methodology. In M. Pütz (Ed.), *Applied Cognitive Linguistics II: Language Pedagogy*, pp. 117-146. Berlin: Mouton.

Barcelona, Antonio. 2003. The case for a metonymic basis of pragmatic inferencing. Evidence from jokes and funny anecdotes. In Klaus-Uwe Panther and Linda L. Thornburg (eds.), *Metonymy and Pragmatic Inferencing*, 81–102. Amsterdam/Philadelphia: John Benjamins.

Barcelona, A., R. Benczes, and F. Ruiz de Mendoza. (eds.) 2011. *Defining*

Metonymy in Cognitive Linguistics. Towards a Consensus View. Amsterdam: John Benjamins.

Barsalou, Lawrence W 1983. Ad hoc categories. *Memory and Cognition*, 11: 211–227.

Barsalou, Lawrence W 1992. Frames, concepts, and conceptual fields. In A. Lehrer and E. F. Kittay (eds.), *Frames, Fields, and Contrasts: New Essays in Lexical and Semantic Organization*, pp. 21–74. Hillsdale, NJ: Lawrence Erlbaum Associates.

Barsalou, Lawrence W 1999. Perceptual symbol systems. *Behavioral and Brain Sciences*, 22: 577-609.

Barsalou, Lawrence W 2008. Grounded cognition. *Annual Review of Psychology*, 59: 617-645.

Basso, Keith H. 1967. Semantic aspects of linguistic acculturation. *American Anthropologist*, New Series, 69(5): 471–477.

Benczes, Réka. 2010. Setting limits on creativity in the production and use of metaphorical and metonymical compounds. In Sascha Michel and Alexander Onysko (eds.), *Cognitive Perspectives on Word Formation*, 219-242. Berlin and New York: Mouton de Gruyter.

Benczes, Réka. 2013. The role of alliteration and rhyme in novel metaphorical and metonymical compounds. *Metaphor and Symbol*, 28: 167-184.

Boers, Frank 1999. When a bodily source domain becomes prominent. In Ray Gibbs and Gerard Steen (eds.), *Metaphor in Cognitive Linguistics*, 47-56. Amsterdam: John Benjamins.

Boers, Frank and Murielle Demecheleer. 1997. A few metaphorical models in (western) economic discourse. In W. A. Liebert, G. Redeker, and L. Waugh (eds.), *Discourse and Perspective in Cognitive Linguistics*, 115-129. Amsterdam: John Benjamins.

Boers, Frank and Murielle Demecheleer. 2001. Measuring the impact of cross-cultural differences on learners' comprehension of imageable idioms. *ELT Journal*, 55: 255-262.

Bokor, Zsuzsanna. 1997. Body-based constructionism in the conceptualization of anger. Paper 17 *C.L.E.A.R.* series (Cognitive

Linguistic Explorations, Applications, Research). Working papers of the Department of English, Hamburg University and the Department of American Studies, Eötvös Loránd University, Budapest.

Boroditsky, Lera. 2001. Does language shape thought? Mandarin and English speakers' conception of time. *Cognitive Psychology*, 43: 1–22.

Boroditsky, Lera and Michael Ramscar. 2002. The roles of body and mind in abstract thought. *Psychological Science*, 13(2): 185-189.

Brandt, Line and Per Aage Brandt. 2005. Making sense of a blend. A cognitive semiotic approach to metaphor. *Annual Review of Cognitive Linguistics*, 3: 216-249.

Brdar, Mario and Rita Brdar-Szabó. 2003. Metonymic coding of linguistic action in English, Croatian and Hungarian. In Klaus-Uwe Panther and Linda L. Thornburg (eds.), *Metonymy and Pragmatic Inferencing*, 241–246. Amsterdam/Philadelphia: John Benjamins.

Brdar-Szabó, Rita and Mario Brdar. 2003. The MANNER FOR ACTIVITY metonymy across domains and languages. *Jezikoslovlje*, 4(1): 43-69.

Cacciari, Cristina. 2008. Crossing the senses in metaphorical language. In R. W. Gibbs (ed.), *The Cambridge Handbook of Metaphor and Thought*, 425-443. New York: Cambridge University Press.

Cameron, Lynne. 2003. *Metaphor in Educational Discourse*. London: Continuum.

Cameron, Lynne. 2007a. Confrontation or complementarity? Metaphor in language and cognitive metaphor theory. *Annual Review of Cognitive Linguistics*, 5: 107-136.

Cameron, Lynne. 2007b. Patterns of metaphor use in reconciliation talk. *Discourse and Society*, 18: 197-222.

Cameron, Lynne and Graham Low (eds.). 1999. *Researching and Applying Metaphor*. Cambridge: Cambridge University Press.

Casasanto, Daniel. 2009. Embodiment of Abstract Concepts: Good and bad in right and left handers. *Journal of Experimental Psychology: General*, 138(3): 351–367.

Charteris-Black, Jonathan. 2003. Speaking with forked tongue: A comparative study of metaphor and metonymy in English and Malay

phraseology. *Metaphor and Symbol*, 18(4): 289-310.
Charteris-Black, Jonathan. 2004. *Corpus Approaches to Critical Metaphor Analysis*. London: Pal grave Macmillan.
Chilton, Paul and George Lakoff. 1995. Foreign policy by metaphor. In C. Schaffner and A. Wenden (eds.), *Language and Peace*, 37-60. Aldershot: Ashgate.
Clark, Herbert. 1996. *Using Language*. Cambridge: Cambridge University Press.
Clausner, Timothy and William Croft. 1997. Productivity and schematicity in metaphors. *Cognitive Science*, 21 (3): 247-282.
Coulson, Seana. 2003. What's so funny? Conceptual integration in humorous examples. http://cogsci.ucsd.edu/coulson/funstuff/funny.html
Coulson, Seana. 2005. Extemporaneous blending: Conceptual integration in humorous discourse from talk radio. *Style*, 39(2): 107-122.
Coulson, Seana. 2008. Metaphor comprehension and the brain. In R. Gibbs (ed.), *The Cambridge Handbook of Metaphor and Thought*, 177-194. New York: Cambridge University Press.
Coulson, Seana and Todd Oakley. 2000. Blending basics. *Cognitive Linguistics* 11-3/4, 175–196.
Coulson, Seana and Todd Oakley. 2003. Metonymy and conceptual blending. In K-U. Panther and L. Thornburg, eds. *Metonymy and Pragmatic Inferencing*. 51–79. Amsterdam: John Benjamins.
Deignan, Alice. 1999. Corpus-based research into metaphor. In Lynne Cameron and Graham Low (eds.), *Researching and Applying Metaphor*, 177-199. Cambridge: Cambridge University Press.
Deignan, Alice. 2003. Metaphorical expressions and culture: An indirect link. *Metaphor and Symbol*, 18(4): 255-271.
Deignan, Alice. 2005. *Metaphor and Corpus Linguistics*. Amsterdam: John Benjamins.
Deignan, Alice. 2010. The cognitive view of metaphor: Conceptual metaphor theory. In Lynne Cameron and Robert Maslen (eds.), *Metaphor Analysis. Research Practice in Applied Linguistics, Social Sciences and the Humanities*, 44-56. London: Equinox.

Deignan, Alice. 2012. Figurative language in discourse. In Hans-Jörg Schmid ed., *Cognitive Pragmatics*. 437-462. Berlin: Mouton de Gruyter.

Dirven, René and Ralph Pörings (eds.). 2002. *Metaphor and Metonymy in Comparison and Contrast*. Berlin: Mouton de Gruyter.

Dobrovolskij, Dmitrij and Elisabeth Piirainen. 2005. *Figurative Language: Cross-cultural and Cross-linguistic Perspectives*. Amsterdam: Elsevier.

Duranti, Alessandro and Charles Goodwin (eds.). 1992. *Rethinking Context: Language as an Interactive Phenomenon*. Cambridge: Cambridge University Press.

Ekman, Paul, R. W. Levenson, and W. V. Friesen. 1983. Autonomic nervous system activity distinguishes among emotions. *Science*, 221 (4616): 1208-1210.

Fabiszak, M. 2000. An application of the Natural Semantic Metaplanguage to diachronic semantics. In I. Taavitsainen, T. Nevalainen, P. Pahta, and M. Rissanen (eds.), *Placing Middle English in Context*, 299-303. Berlin: Mouton de Gruyter.

Fauconnier, Gilles. 1985/1994. *Mental Spaces*. Cambridge: Cambridge University Press. (Originally published in 1985 by MIT Press.)

Fauconnier, Gilles. 1997. *Mappings in Language and Thought*. Cambridge and New York: Cambridge University Press.

Fauconnier, Gilles and Mark Turner. 2000. Compression and global insight. *Cognitive Linguistics* 11, 283-304.

Fauconnier, Gilles and Mark Turner. 2002. *The Way We Think*. New York: Basic Books.

Fauconnier, Gilles and Mark Turner. 2008. Rethinking metaphor. In Raymond Gibbs (ed.), *The Cambridge Handbook of Metaphor*. 53-66. Cambridge and New York: Cambridge University Press.

Feeyaerts, Kurt and Geert Brone. 2005. Expressivity and metonymic inferencing: Stylistic variation in non-literary language use. *Style*, 39(1), 12-35.

Feldman, Jerome. 2006. *From Molecule to Metaphor*. Cambridge, MA: Bradford MIT Press.

Fillmore, Charles 1. 1982. Frame semantics. In The Linguistic Society of

Korea (ed.), *Linguistics in the Morning Calm*, 111–137. Seoul: Hanshin.

Freeman, Margaret H. 1995. Metaphor making meaning: Dickinson's conceptual universe. *Journal of Pragmatics*, 24: 643-666.

Freeman, Margaret H. 2000. Poetry and the scope of metaphor: Toward a cognitive theory of metaphor. In Antonio Barcelona (ed.), *Metaphor and Metonymy at the Crossroads*, 253-281. Berlin: Mouton de Gruyter.

Freeman, Margaret H. 2007. Cognitive linguistic approaches to literary studies: State of the art in cognitive poetics. In Dirk Geraerts and Hubert Cuyckens (eds.), *The Oxford Handbook of Cognitive Linguistics*, 1175-1202. Oxford: Oxford University Press.

Freund, Tamás. 2005. Az önzés es az elmagányosodott ember. [Selfishness and the lonely man] *Magyar Szemle Online* [Hungarian Review Online] *14*(2). http://www.magyarszemle.hulcikk/20060815_az_onzes_es_az_elmaganyosodott_ember.

Gallese, Vittorio and George Lakoff. 2005. The brain's concepts: The role of the sensory-motor system in conceptual knowledge. *Cognitive Neuropsychology*, 22(3, 4): 455-479.

Geeraerts, Dirk and Stephan Grondelaers. 1995. Looking back at anger: cultural traditions and metaphorical patterns. In 1. Taylor and R. MacLaury (eds.), *Language and the Cognitive Construal of the World*, 153-179. Berlin: Gruyter.

Geertz, Clifford. 1973. *The interpretation of Cultures*. New York: Basic Books.

Gentner, Dedre. 1983. Structure-mapping: A theoretical framework for analogy. *Cognitive Science*, 7: 155-170.

Gentner, Dedre and Brian Bowdle. 2008. Metaphor as structure-mapping. In R. W. Gibbs (ed.), *The Cambridge Handbook of Metaphor and Thought*, 109- 128. New York: Cambridge University Press.

Gevaert, Caroline. 2001. Anger in Old and Middle English: A 'hot' topic? *Belgian Essays on Language and Literature*. 89-101.

Gevaert, Caroline. 2005. The anger is heat question: Detecting cultural influence on the conceptualization of anger through diachronic corpus analysis. In N. Delbacque, 1. Van der Auwera, and D. Geeraerts (eds.), *Perspectives on Variation: Sociolinguistic, Historical, Comparative*, 195-

208. Berlin: Mouton de Gruyter.
Gibbs, Raymond W. 1987. Mutual knowledge and the psychology of conversational inference. *Journal of Pragmatics*, 13: 561–588.
Gibbs, Raymond W. 1994. *The Poetics of Mind. Figurative Thought, Language, and Understanding*. Cambridge and New York: Cambridge University Press.
Gibbs, Raymond W. 1999. Taking metaphor out of our heads and putting it into the cultural world. In Raymond W. Gibbs Jr. & Gerard J. Steen (eds.), *Metaphor in Cognitive Linguistics*, 145-166. Amsterdam and Philadelphia: John Benjamins.
Gibbs, Raymond W. 2000. Making good psychology out of blending theory. *Cognitive Linguistics*, 11: 347-358.
Gibbs, Raymond W. 2003a. Prototypes in dynamic meaning construal. In 1. Gavins and G. Steen (eds.), *Cognitive Poetics in Practice*, 27-40. London: Routledge.
Gibbs, Raymond W. 2003b. Embodied experience and linguistic meaning. *Brain and Language*, 84: 1–15.
Gibbs, Raymond W 2006. *Embodiment and Cognitive Science*. New York and Cambridge: Cambridge University Press.
Gibbs, Raymond W (ed.). 2008. *The Cambridge Handbook of Metaphor and Thought*. New York and Cambridge: Cambridge University Press.
Gibbs, Raymond W 2011. Evaluating conceptual metaphor theory. *Discourse Processes*, 48: 529-562.
Gibbs, Raymond. 2012. Metaphors, snowflakes, and termite nests. In F. MacArthur, J. L. Oncins-Martínez, M. Sánchez-García, and A. M. Piquer-Píriz (eds.), *Metaphor in Use. Context, Culture, and Communication*, 347-371. Amsterdam: John Benjamins.
Gibbs, Raymond Wand Lynne Cameron. 2007. Social-cognitive dynamics of metaphor performance. *Cognitive Systems Research*, 9: 64-75.
Gibbs, Raymond Wand Herbert Colston. 2012. *Interpreting Figurative Meaning*. New York: Cambridge University Press.
Gibbs, Raymond Wand Richard Gerrig. 1989. How context makes metaphor comprehension seem special. *Metaphor and Symbolic Activity*, 4: 145-

158.
Gibbs, Raymond Wand Malaika J. Santa Cruz. 2012. Temporal unfolding of conceptual metaphoric experiences. *Metaphor and Symbol*, 27: 299-311.
Gibbs, Raymond Wand Markus Tendahl. 2011. Coupling of metaphoric cognition and communication: A reply to Deirdre Wilson. *Intercultural Pragmatics*, 8-4: 601–609.
Glucksberg, Sam and Boaz Keysar. 1993. How metaphors work. In A. Ortony (ed.), *Metaphor and Thought*, 2nd ed., 401–424. Cambridge: Cambridge University Press.
Goatly, Andrew. 1997. *The Language of Metaphor*. London: Routledge.
Goatly, Andrew. 2007. *Washing the Brain: Metaphor and Hidden Ideology*. Amsterdam: John Benjamins.
Grady, Joseph. 1997a. *Foundations of Meaning: Primary Metaphors and Primary Scenes*. Ph.D. diss., Department of Linguistics, University of California at Berkeley.
Grady, Joseph. 1997b. THEORIES ARE BUILDING revisited. *Cognitive Linguistics*, 8: 267-290.
Grady, Joseph. 1999. A typology of motivation for conceptual metaphors: Correlations vs. resemblance. In Ray W. Gibbs and Gerard J. Steen (eds.), *Metaphor in Cognitive Linguistics*, 79-100. Amsterdam and Philadelphia: John Benjamins.
Guthrie, James R. 1998. *Emily Dickinson's Vision: Illness and Identity in Her Poetry*. Gainesville, FL: The University Press of Florida.
Győri, Gábor. 1998. Cultural variation in the conceptualization of emotions: A historical study. In Elzbieta Tabakowska and Angeliki Athanasiadou (eds.), *Speaking of Emotions: Conceptualization and Expression*, 99-124. Cognitive Linguistics Research 10. Berlin: Mouton de Gruyter.
Haiman, John. 1985. *Natural Syntax: Iconicity and Erosion*. Cambridge: Cambridge University Press.
Hampe, Beate (ed.). 2005. *From Perception to Meaning: Image Schemas in Cognitive Linguistics*. Berlin: Mouton de Gruyter.
Hansford, Gillian. 2005. My eyes are red: Body metaphor in Chumburung.

Journal of West African Languages, XXXII(1–2): 135-180.

Harré, Rom. 1986a. An outline of the social constructionist viewpoint. In Harré, Rom (ed.), *The Social Construction of Emotions*, 2-14. Oxford: Basil Backwell.

Harré, Rom. 1986b. *The Social Construction of Emotions*. Oxford : Basil Backwell.

Harré, Rom. 1994 (May). Emotion and memory: The second cognitive revolution. Paper presented at the Collegium Budapest, Budapest, Hungary.

Heine, Bernd. 1995. Conceptual grammaticalization and prediction. In J. Taylor and R. MacLaury (eds.), *Language and the Cognitive Construal of the World*, 119-135. Berlin: Mouton de Gruyter.

Heine, Bernd, Ulrike Claudi, and Friederike Hünnemeyer. 1991. *Grammaticalization: A Conceptual Framework*. Chicago: University of Chicago Press.

Heine, Bernd and Tania Kuteva. 2002. *World Lexicon of Grammaticalization*. Cambridge: Cambridge University Press.

Holyoak, Keith and Paul Thagard. 1996. *Mental Leaps: Analogy in Creative Thought*. Cambridge, MA: The MIT Press.

Jackendoff, Ray and David Aaron. 1991. Review Article: *More than cool reason: A field guide to poetic metaphor* by George Lakoff and Mark Johnson. *Language*, 67(2): 320-328.

Johnson, Mark. 1987. *The Body in the Mind: The Bodily Basis of Meaning, Imagination, and Reason*. Chicago: The University of Chicago Press.

Kahneman, Daniel. 2011. *Thinking, Fast and Slow*. London: Penguin.

King, Brian. 1989. *The Conceptual Structure of Emotional Experience in Chinese*. Ph.D. diss., Ohio State University.

Koestler, Arthur. 1964. *The Act of Creation*. London: Hutchinson.

Koller, Veronika. 2004. *Metaphor and Gender in Business Media Discourse: A Critical Cognitive Study*. Basingstoke and New York: Palgrave.

Kolodny, Annette. 1975. *The Lay of the Land: Metaphor as Experience and History in American Life and Letters*. Chapel Hill: The University of North Carolina Press.

Kolodny, Annette. 1984. *The Land Before Her: Fantasy and Experience of the American Frontiers, 1630-1860*. Chapel Hill: The University of North Carolina Press.

Kövecses, Zoltán. 1986. *Metaphors of Anger, Pride, and Love*. Amsterdam: John Benjamins.

Kövecses, Zoltán. 1988. *The Language of Love*. Lewisburg, PA: Bucknell University Press.

Kövecses, Zoltán. 1990. *Emotion Concepts*. Berlin and New York: Springer-Verlag.

Kövecses, Zoltán. 1991a. Happiness: A definitional effort. *Metaphor and Symbolic Activity*, 6(1): 29-46.

Kövecses, Zoltán. 1991b. A linguist's quest for love. *Journal of Social and Personal Relationships*, 8(1): 77-97.

Kövecses, Zoltán. 1999. Does metaphor reflect or consitute cultural models? In R. Gibbs and G. Steen (eds.), *Metaphor in Cognitive Linguistics*, 167-188. Amsterdam: John Benjamins.

Kövecses, Zoltán. 2000c. *American English: An Introduction*. Peterborough, CA: Broadview Press.

Kövecses, Zoltán. 2000a. *Metaphor and Emotion*. Cambridge and New York: Cambridge University Press.

Kövecses, Zoltán. 2000b. The scope of metaphor. In A. Barcelona (ed.), *Metaphor and Metonymy at the Crossroads*, 79-92. Berlin: Mouton.

Kövecses, Zoltán. 2002. *Metaphor: A Practical Introduction*. Oxford and New York: Oxford University Press.

Kövecses, Zoltán. 2005. *Metaphor in Culture: Universality and Variation*. Cambridge: Cambridge University Press.

Kövecses, Zoltán. 2006. *Language, Mind, and Culture: A Practical Introduction*. New York: Oxford University Press.

Kövecses, Zoltán. 2007. The biblical story retold: Symbols in action. In Mario Brdar, Stefan Gries, and Milena Žic Fuchs and (eds.), *Converging and Diverging Tendencies in Cognitive Linguistics*, 325-354. Amsterdam: John Benjamins.

Kövecses, Zoltán. 2008a. Conceptual metaphor theory: Some criticisms and some alternative proposals. *Annual Review of Cognitive Linguistics*, 6: 168-184.

Kövecses, Zoltán. 2008b. Metaphor and emotion. In R. Gibbs (ed.), *The Cambridge Handbook of Metaphor and Thought*, 380-396. New York: Cambridge University Press.

Kövecses, Zoltán. 2009a. Metaphor, culture, and discourse: the pressure of coherence. In Andreas Musolff and Jörg Zinken, (eds.), *Metaphor and Discourse*, 11–24. London: Palgrave Macmillan.

Kövecses, Zoltán. 2009b. The effect of context on the use of metaphor in discourse. *Ibérica* (*Journal of the European Association of Languages for Specific Purposes*), No. 17, Primavera/Spring, 11–23.

Kövecses, Zoltán. 2010a. *Metaphor: A Practical Introduction*. Second edition. Oxford and New York: Oxford University Press.

Kövecses, Zoltán. 2010b. A new look at metaphorical creativity in cognitive linguistics. *Cognitive Linguistics*, 21(4): 663-697.

Kövecses, Zoltán. 2011. Methodological issues in conceptual metaphor theory. In Hans-Jörg Schmid and Sandra Handl (eds.), *Windows to the Mind: Metaphor, Metonymy, and Conceptual Blending*. Berlin: Mouton de Gruyter.

Kövecses, Zoltán. 2013. The metaphor-metonymy relationship: correlation metaphors are based on metonymy. *Metaphor and Symbol*, 28: 2, 75-88.

Kövecses, Zoltán and Günter Radden. 1998. Metonymy: Developing a cognitive linguistic view. *Cognitive Linguistics*, 9-7: 37-77.

Kövecses, Zoltán, Veronika Szelid, Eszter Nucz, Olga Blanco-Carrion, Elif Arica Akkök, and Réka Szabó. 2015. Anger metaphors across languages: A cognitive linguistic perspective. In Roberto Heredia and Anna Cieślicka (eds.), *Bilingual Figurative Language Processing*. Cambridge and New York: Cambridge University Press.

Köves, Nikoletta. 2002. Hungarian and American dreamworks of life. Term paper. Department of American Studies, Eötvös Loránd University, Budapest.

Krikmann, Arvo. n.d. On the similarity and distinguishability of humor and figurative speech. http://haldjas.rolklore.ee/~kriku/HUUMOR/

Krikmann_HUMFIG.pdf.

Lakoff, George. 1987. *Women, Fire, and Dangerous Things: What Categories Reveal About the Mind.* Chicago: The University of Chicago Press.

Lakoff, George. 1993. The contemporary theory of metaphor. In A. Ortony (ed.), *Metaphor and Thought*, 202-251. New York and Cambridge: Cambridge University Press.

Lakoff, George. 1996. *Moral Politics: How Liberals and Conservatives Think.* Chicago: The University of Chicago Press.

Lakoff, George. 2008. The neural theory of metaphor. In Raymond Gibbs (ed.), *The Cambridge Handbook of Metaphor*, 17-38. Cambridge and New York: Cambridge University Press.

Lakoff, George and Mark Johnson 1980. *Metaphors We Live By.* Chicago: The University of Chicago Press.

Lakoff, George and Mark Johnson. 1999. *Philosophy in the Flesh: The Embodied Mind and its Challenge to Western Thought.* New York: Basic Books.

Lakoff, George and Mark Johnson. 2003. *Metaphors We Live By.* New edition with Afterword. Chicago: The University of Chicago Press.

Lakoff, George and Zoltán Kövecses. 1987. The cognitive model of anger inherent in American English. In D. Holland and N. Quinn (eds.), *Cultural Models in Language and Thought*, 195-221. Cambridge and New York: Cambridge University Press.

Lakoff, George and Mark Turner. 1989. *More Than Cool Reason: A Field Guide to Poetic Metaphor.* Chicago: The University of Chicago Press.

Langacker, Ronald. 1987. *Foundations of Cognitive Grammar: Theoretical Prerequisites*, Vol. 1. Stanford: Stanford University Press.

Langacker, Ronald W. 2008. *Cognitive Grammar: A Basic Introduction.* Oxford/New York: Oxford University Press.

LeDoux, Joseph. 1996. *The Emotional Brain.* New York: Simon and Schuster.

Leezenberg, Michiel. 2001. *Contexts of Metaphor.* Amsterdam: Elsevier.

Levenson, R. W., P Ekman, K. Heider, and W. V. Friesen. 1992. Emotion and autonomic nervous system activity in the Minangkabau of West Sumatra. *Journal of Personality and Social Psychology*, 62: 972-988.

Levy, R. I. 1973. *Tahitians: Mind and Experience in Society Islands*. Chicago: The University of Chicago Press.

Maalej, Zouhair. 2004. Figurative language in anger expressions in Tunisian Arabic: An extended view of embodiment. *Metaphor and Symbol*, 19(1): 51–75.

MacArthur, Fíona, Jose Luis Oncins-Martínez, Manuel Sánchez-Garcia, and Ana María Piquer-Piriz (eds.). 2012. *Metaphor in Use: Context, Culture, and Communication*. Amsterdam: John Benjamins.

MacWhinney, Brian. 2005. The emergence of linguistic form in time. *Connection Science*, 17: 191–211.

Matsuki, Keiko. 1995. Metaphors of anger in Japanese. In J. R. Taylor and R. E. MacLaury (eds.), *Language and the Cognitive Construal of the World*, 137— http://www.biblestudyguide.orglcomment/mcgarvey/four-fold-gospel/FFG000.HTM151). Berlin: Mouton de Gruyter.

McGarvey, J. W. and Philip Y. Pendleton. 1914. *The Fourfold Gospel*. http://www.biblestudyguide.orgicommentlmcgarvey/four-fold-gospel/FFG000.HTM.

McMullen, Linda and John Conway. 2002. Conventional metaphors for depression. In S. Fussell (ed.), *Verbal Communication of Emotion: Interdisciplinary Perspectives*, 167-181 . Mahwah: Lawrence Erlbaum.

Mey, J. L. 2001. *Pragmatics: An Introduction*, 2nd ed. Oxford: Blackwell.

Munro, Pamela. 1991. ANGER IS HEAT: Some data for a crosslinguistic survey. Unpublished manuscript, Department of Linguistics, University of California at Los Angeles.

Murphy, Gregory. 1996. On metaphoric representations. *Cognition*, 60: 173-204.

Mussolff, Andreas. 2001. Political imagery of Europe: A house without exit doors? *Journal of Multilingual and Multicultural Development*, 21(3): 216-229.

Musolff, Andreas. 2004. *Metaphor and Political Discourse: Analogical Reasoning in Debates about Europe*. London: Palgrave Macmillan.

Musolff, Andreas and Jörg Zinken (eds.). 2009. *Metaphor and Discourse*. London: Palgrave Macmillan.

Nerlich, Brigitte 2007. Media, metaphors and modelling: How the UK newspapers reported the epidemiological modelling controversy during the 200 I foot and mouth outbreak. *Science, Technology & Human Values*, 32(4): 432-457.

Panther, Uwe-Klaus and Günter Radden (eds.). 1999. *Metonymy in Language and Thought*. Amsterdam: John Benjamins.

Panther, Uwe-Klaus and Linda Thornburg (eds.). 2003. *Metonymy and Pragmatic Inferencing*. Amsterdam: John Benjamins.

Parrott, Gerard. 1995. The heart and the head. Everyday conceptions of being emotional. In James A. Russell, José-Miguel Fernandez-Dols, Anthony S. R. Manstead, and Janet C. Wellenkamp (eds.), *Everyday Conceptions of Emotions*, 73- 84. Dordrecht: Kluwer.

Pecher, Diane and Rolph A. Zwaan (eds.). 2005. *Grounding Cognition: The Role of Perception and Action in Memory, Language, and Thinking*. Cambridge: Cambridge University Press.

Pragglejaz Group. 2007. MIP: A method for identifying metaphorically used words in discourse. *Metaphor and Symbol*, 22(1): 1–39.

Quinn, Naomi. 1991. The cultural basis of metaphor. In J. Fernandez (ed.), *Beyond Metaphor: The Theory of Tropes in Anthropology*, 56-93. Stanford: Stanford University Press.

Radden, Gunter and Zoltán Kövecses. 1999. Towards a theory of metonymy. In Uwe-Klaus Panther and Günter Radden (eds.), *Metonymy in Language and Thought*, 17-59. Amsterdam: John Benjamins.

Rakova, Maria. 2002. The philosophy of embodied realism: A high price to pay? *Cognitive Linguistics*, 13-3: 215-244.

Raskin, Victor. 1985. *Semantic Mechanisms of Humor*. Dordrecht: D. Reidel.

Reddy, M. 1979. The conduit metaphor—a case frame conflict in our language about language. In A. Ortony (ed.), *Metaphor and Thought*, 1st ed., 228-324. Cambridge and New York: Cambridge University Press.

Rigotti, F. 1995. The house as metaphor. In Z. Radman, ed. *From a Metaphorical Point of View*. 419-445. Berlin: de Gruyter.

Ritchie, David. 2003. "ARGUMENT IS WAR"—Or is it a game of chess?

Multiple meanings in the analysis of imiplicit metaphors. *Metaphor and Symbol*, 18(2): 125-146.

Ritchie, David. 2004. Metaphors in Conversational Context: Towa rd a Connectivity Theory of Metaphor Interpretation. *Metaphor and Symbol*, 19: 265-287.

Ritchie, David. 2006. *Context and Connection in Metaphor*. Houndmills, Basingstoke, Hampshire: Palgrave Macmillan.

Ritchie, Graeme. 2004. *The Linguistic Analysis of Jokes*. London and New York: Routledge.

Rohrer, Tim. 2007. Embodiment and Experientialism. D. Geeraerts and H. Cuyckens, eds. *The Oxford Handbook of Cognitive Linguistics*. 25-47. Oxford and New York: Oxford University Press.

Rosch, Eleanor. 1975. Cognitive reference points. *Cognitive Psychology*, 7: 532-547.

Rosch, Eleanor. 1978. Principles of categorization. In E. Rosch and B. B. Lloyd (eds.), *Cognition and Categorization*, 27-48. Hillsdale, NJ: Lawrence Erlbaum.

Ruiz de Mendoza Ibáñez. Francesco. 2000. The role of mappings and domains in understanding metonymy. In Antonio Barcelona (ed.), *Metaphor and Metonymy at the Crossroads*. 109- 132. Berlin: Mouton de Gruyter.

Ruiz de Mendoza Ibáñez, Francesco. and Mairal, Ricardo. 2007. High-level metaphor and metonymy in meaning construction. In G. Radden, K-M. Köpcke, T. Berg, and P. Siemund (eds.), *Aspects of Meaning Construction*, 33-51. Amsterdam and Philadelphia: John Benjamins.

Schmid, Hans-Jörg (ed.). 2012. *Cognitive Pragmatics*. Berlin: de Gruyter.

Semino, Elena. 2005. The metaphorical construction of complex domains: The case of speech activity in English. *Metaphor and Symbol*, 20-21: 35-70.

Semino, Elena. 2008. *Metaphor in Discourse*. Cambridge: Cambridge University Press.

Semino, Elena and Kate Swindlehurst. 1996. Metaphor and mind style in Ken Kesey's *One Flew Over the Cuckoo's Nest*. *Style*, 30, 1,143-166.

Shibles, Warren. n.d. *Humor Reference Guide: A Comprehensive Classification and Analysis*. http://www.drbarbaramaier.atlshiblesw/humorbook/

Sinha, Chris. 2007. Cognitive linguistics, psychology, and cognitive science. In D. Geeraerts and H. Cuyckens (eds.), *The Oxford Handbook of Cognitive Linguistics*, 1266- 1294. New York: Oxford University Press.

Solomon, Robert. 1984. Getting angry: the Jamesian theory of emotion in anthropology. In R. A. Shweder and R. A. LeVine, eds. *Culture Theory*. 238-254. Cambridge: Cambridge University Press.

Sperber, Dan and Deidre Wilson. 1986/1995. *Relevance: Communication and Cognition*. Cambridge, MA: Blackwell.

Sperber, Dan and Deidre Wilson. 2008. A deflationary account of metaphor. In R. Gibbs (ed.), *The Cambridge Handbook of Metaphor and Thought*, 84-105. New York: Cambridge University Press.

Steen, Gerard. 1999. From linguistic to conceptual metaphor in five steps. In R. Gibbs and G. Steen (eds.), *Metaphor in Cognitive Linguistics*, 57-77. Amsterdam: John Benjamins.

Steen, Gerard. 2011. The contemporary theory of metaphor—now new and improved! *Review of Cognitive Linguistics*, 9-1: 26-64.

Stefanowitsch, Anatol. 2004. Happiness in English and German: A metaphorical-pattern analysis. In Michel Achard and Suzanne Kemmer (eds.), *Language, Culture, and Mind*. 137-149. Stanford: CSLI.

Stefanowitsch, Anatol. 2007. *Words and their metaphors*. In Anatol Stefanowitch and Stefan Th. Gries (eds.), *Corpus-based Approaches to Metaphor and Metonymy*, 64-105. Berlin: Mouton de Gruyter.

Sternberg, Robert. 1990. *Metaphors of Mind*. Cambridge: Cambridge University Press.

Strauss, Claudia and Naomi Quinn. 1997. *A Cognitive Theory of Cultural Meaning*. Cambridge and New York: Cambridge University Press.

Sullivan, Karen. 2013. *Frames and Constructions in Metaphoric Language*. Amsterdam: John Benjamins.

Sweetser, Eve. 1990. *From Etymology to Pragmatics*. Cambridge/New York: Cambridge University Press.

Talmy, Leonard. 1988. Force dynamics in language and cognition. *Cognitive*

Science, 12: 49-100.

Talmy, Leonard. 2000. *Toward a Cognitive Semantics*, Vol. I. *Concept Structuring Systems*. Cambridge, MA: MIT Press.

Tendahl, Markus and Raymond Gibbs. 2008. Complementary perspectives on metaphor: Cognitive linguistics and relevance theory. *Journal of Pragmatics*, 40: 1823-1864.

Tissari, Heli. 2008. On the concept of sadness: Looking at words in contexts derived from corpora. In Barbara Lewandowska-Tomaszczyk (ed.), *Corpus Linguistics, Computer Tools, and Applications: State of the Art* (PALC 2007), 291–308. Frankfurt am Main: Peter Lang.

Tomasello, Michael. 1999. *The Cultural Origins of Human Cognition*. Cambridge, MA: Harvard University Press.

Tseng, Meylysa, Yiran Hu, Wen- Wei Han, and Benjamin Bergen. 2007. "Searching for Happiness" or "Full of Joy"? Source Domain Activation Matters. In *Proceedings of the 31st Annual Meeting of the Berkeley Linguistics Society*.

Turner, Mark. 1996. *The Literary Mind*. New York: Oxford University Press.

Turner, Mark and Gilles Fauconnier. 2000. Metaphor, metonymy, and binding. In A. Barcelona, ed. *Metaphor and Metonymy at the Crossroads*. 133-145. Berlin: Mouton de Gruyter.

USA TODAY. January 25-27, 2013.

Van Dijk, Teun. 2008. *Discourse and Context: A Sociocognitive Approach*. Cambridge: Cambridge University Press.

Van Dijk, Teun. 2009. *Society and Discourse: How Social Contexts Influence Text and Talk*. Cambridge: Cambridge University Press.

Van Dijk, Teun. 2014. *Discourse and Knowledge: A Sociocognitive Approach*. Cambridge: Cambridge University Press.

Verschueren, Jeff. 1999. *Understanding Pragmatics*. London: Arnold.

Wierzbicka, Anna. 1988. *The Semantics of Grammar*. Amsterdam: John Benjamins.

Wierzbicka, Anna. 1999. *Emotions Across Language and Cultures*. Cambridge: Cambridge University Press.

Wikipedia: http://en.wikipedia.org/wiki/Self

Wilson, M. 2002. Six views of embodied cognition. *Psychonomic Bulletin & Review*, 9: 625-636.

Wolf, Hans-Georg. 1994. *A Folk Model of the "Internal Self" in Light of the Contemporary View of Metaphor*. Frankfurt-am-Main: Peter Lang.

Yu, Ning. 1995. Metaphorical expressions of anger and happiness in English and Chinese. *Metaphor and Symbolic Activity*, 10, 59-92.

Yu, Ning. 1998. *The Contemporary Theory of Metaphor in Chinese: A Perspective from Chinese*. Amsterdam: John Benjamins.

Yu, Ning. 2008. Metaphor from body and culture. In Raymond Gibbs (ed.), *The Cambridge Handbook of Metaphor and Thought*, 247-261. New York: Cambridge University Press.

Zinken, Joerg. 2007. Discourse metaphors: The link between figurative language and habitual analogies. *Cognitive Linguistics*, 18(3): 445-466.

문학 출처

Arnold, Matthew

Dover Beach. Retrieved from http://www.artofeurope.com/arnold/arnl.htm.

Dickinson, Emily

I reckon—when I count it all—. Retrieved from http://poetry.poetryx.com/poems/2520/.

Plath, Sylvia

Medusa. Retrieved from http://www.americanpoems.com/poets/sylviaplath/1412.

Sandburg, Carl

Prayers of Steel. Retrieved from http://www.bartleby.com/134/39.html.

Skyscraper. Retrieved from http://www.bartleby.com/165/55.html.

찾아보기

ㅈ

ㅊ

ㅌ

ㅍ

ㅎ

은유는 어디에서 오는가
은유 속 맥락의 역할

초판 발행 1쇄 2020년 11월 30일

지은이 졸탄 쾨브체시
옮긴이 유석훈·김동환·나익주
펴낸곳 고려대학교출판문화원
www.kupress.com
kupress@korea.ac.kr
(02841) 서울특별시 성북구 안암로 145
Tel 02-3290-4230, 4232
Fax 02-923-6311
찍은곳 네오프린텍(주)

ISBN 979-11-90205-55-9 93800

값 28,000원
※ 잘못 만들어진 책은 바꿔 드립니다.